아카이브 프리즘 총서

유현목 더 시네아스트 *Yu Hyun-Mok: The Cineaste*

일러두기

이 책의 기획과 구성, 책임편집은 한국영상자료원 학예연구팀장 정종화와 연구원 이수연이 맡았다.

영화의 작품명과 연도는 한국영상자료원 한국영화데이터베이스(KMDb)를 따랐다. 감독명, 제작 연도, 배우 이름 등 영화 관련 정보는 ( ) 안에 표기하되, 본문 괄호와 구분되도록 작은 글씨로 표기하였다.

문헌 자료의 경우, ( ) 안에 한국영상자료원 관리번호를 명기했다.

맞춤법과 띄어쓰기는 국립국어원의 《표준국어대사전》을 따랐다. 논문 및 영화 등의 작품명은 〈 〉, 문헌이나 저서·정기 간행물(학회지 포함)·신문은 《 》, 직접 인용은 " ", 강조 및 간접인용은 ' '로 표기했다.

인명이나 지명은 국립국어원의 외래어 표기용례를 따랐다. 단, 널리 알려진 이름이나 표기가 굳어진 명칭은 그대로 사용했다.

한국영상자료원이 기증·수집을 통해 보유한 이미지 자료에는 별도의 출처를 표기하지 않았다. 아울러 한국영화 포스터 컬렉션을 제공해 주신 수집가 양해남 선생께 깊이 감사드린다.

목차

책을 펴내며

2025년 유현목 감독 탄생 100주년을 맞아 '아카이브 프리즘 총서'의 세 번째 권을 선보이게 되어 뜻깊게 생각합니다. 이번 책은 한국영화사의 중요한 층위를 형성한 유현목 감독의 생애와 작품 세계를 가능한 한 폭넓게 조망하는 동시에, 동시대 연구 성과를 반영하여 그의 미학과 사유를 새로운 관점에서 재해석하고자 하였습니다. 유현목이라는 한 창작자가 구축한 영화적 지평은 여전히 현재형의 질문을 던지고 있으며, 이를 체계적으로 정리해 영화를 사랑하는 독자와 연구자에게 다시 제시하는 것이 이번 총서의 핵심적 목적입니다.

이 책의 제목인 '유현목 더 시네아스트Yu Hyun-mok: The Cineaste'는 '더the'와 '더more'라는 중의적 의미를 반영해 정한 것입니다. 1950년대 중반 한국영화산업이 본격적으로 자리 잡기 시작한 시기부터 1960년대의 전성기를 거쳐 1970~80년대의 침체기에 이르기까지, 유현목 감독은 충무로라는 산업적 환경 속에서도 예술영화 감독으로서의 지향을 일관되게 밀고 나갔습니다. 그가 추구했던 '더 깊은', '더 나은' 영화적 세계를 오늘의 관점에서 다시 조명하고자 하는 의도를 이 제목에 담았습니다.

유현목 감독의 영화는 한국전쟁 이후 급격한 사회 변동 속에서 인간과 사회에 대한 본질적 질문을 집요하게 밀고 나간 드문 사례로 평가됩니다. 〈오발탄〉, 〈김약국의 딸들〉, 〈춘몽〉 등 그의 대표작은 리얼리즘과 모더니즘의 이분법을 넘어, 한 시대의 윤리적 균열을 예민하게 포착한 시선과 세련된 영화 문법으로 한국영화사에 독자적인 좌표를 남겼습니다. 유현목의 작품을 단순한 '전후 리얼리즘의 정점'으로만 이해하는 관성을 넘어, 그가 구축한 영화적 사유의 지평과 현대적 감각을 다시 검토하는 일은 지금 이 시점에 더욱 절실합니다.

이번 총서는 감독의 생애와 작품 분석은 물론, 제작 환경과 검열 제도, 동시대 관객 문화와의 관계까지 두루 살피며 유현목을 둘러싼 영화적·역사적 조건을 입체적으로 제시하고자 했습니다. 한국영상자료원이 오랜 시간 축적해 온 자료—시나리오, 스틸, 심의서류, 구술사—를 기반으로 새로운 사실을 발굴하고, 기존 연구와의 대화를 통해 좀 더 폭넓은 서술을 구성했습니다. 이 책이 연구자들에게는 신뢰할 수 있는 기본 자료로, 일반 독자에게는 유현목의 영화 세계로 들어가는 탄탄한 출발점이 되기를 바랍니다. 더불어 한국영화사의 기억을 보존하고 다음 세대와 공유해 나가는 것이 아카이브의 책무임을 다시 한 번 되새기며, 이러한 작업이 앞으로 이어질 연구와 창작에도 의미 있는 기반으로 작용하기를 기대합니다.

이 책이 독자 여러분께 유현목이라는 넓고 깊은 스펙트럼을 통해 한국 사회의 문화적 흐름을 다시 바라보는 창이 되기를 바랍니다. 그의 영화가 던졌던 질문들은 여전히 현재를 향해 열려 있으며, 그 질문들을 따라가다 보면 우리 시대의 감정과 윤리, 사회를 바라보는 새로운 시선이 자연스럽게 드러날 것입니다. 이 총서가 유현목의 작품을 처음 접하는 독자에게는 함께 탐구할 길잡이가, 이미 그를 연구해 온 분들에게는 또 다른 발견의 계기가 되기를 희망합니다. 무엇보다도 이 책이 한국영화사를 더 깊이 이해하는 데 작은 영감을 더해 주기를 기원합니다.

2025년 12월

한국영상자료원 원장 **김홍준**

학예연구팀장 **정종화**

전후戰後의 충무로에서 유현목은 늘 더 깊은 질문을 붙잡는 시네아스트였습니다.
예술영화에 대한 지향을 견고히 지키면서도,
그는 장르영화를 통해 관객과 만나는 일을 게을리하지 않았습니다.
그의 영화 속 한순간을 포착한 스틸에는 시대의 균열과 인간의 고통,
그리고 영화라는 언어로만 말할 수 있었던 사유가 선명하게 새겨져 있습니다.
이러한 이미지들이 보여 주듯, 그는 영화언어와 영화예술의 가능성을 확장하며
한국영화가 나아갈 또 다른 지평을 모색해 왔습니다.
유현목 탄생 100주년을 맞아,
이제 다시 그의 세계 속으로 들어가는 문을 엽니다.

프롤로그

유현목 탄생 100주년을 맞아:
충무로에서 시네아스트로 살아남는다는 것

정종화 | 한국영상자료원 학예연구팀장

1925년 7월 2일 황해도 사리원에서 태어난 유현목은 북한 땅과 가까운 경기도 파주에서 말년을 보내다 2009년 6월 28일 별세했다. 1948년 처음 영화 현장에 발을 들였고, 1956년 〈교차로〉로 감독 데뷔한 이후 1995년 〈말미잘〉까지, 정확히 40년간 42편의 극영화를 남겼다. 우리가 떠올릴 수 있는 1960년대 중흥기의 다작 감독들에 비하면, 분명 그의 필모그래피는 과작이다. 물론 그의 작품 역시 한국영화가 산업적으로 성장하고 번성했던 1950년대 후반부터 1960년대까지에 집중되어 있고, 1968년 한 해만 그의 영화 6편이 개봉되기도 했다. 또한 그 역시 1970년대 이후 한국영화의 쇠퇴 일로를 몸소 겪었다.

우리는 유현목을 〈오발탄〉으로 대표되는 예술영화 감독으로 기억하지만, 혹은 흥행과는 거리가 먼 감독으로 오해하고 있지만, 그의 필모그래피는 장르영화와 예술영화가 복잡한 층위로 구성되어 있으며 자신이 원하는 영화를 만들기 위해 고군분투한 역사, 그 자체이기도 하다. 그라고 해서 대중 관객들의 사랑을 받길 원하지 않았을까. 그는 한국형 작가주의 영화에 다름 아닌 문예영화에 열중했지만 결코 남발하지 않았고, 멜로드라마가 싫었지만 그 누구보다 근사한 멜로를 뽑아냈으며, 코미디와 공포영화 같은 새로운 장르에 도전할 때마다 평단과 관객의 마음을 훔쳤다. 국가와 영화 자본의 노골적인 이해가 만난 반공영화 역시 그의 연출 세계에서는 끝모를 심연이 더해졌다. "유현목은 영화다"라는 변인식의 선언을 이렇게 다시 말해 볼 수 있을까. '유현목은 한국영화다'.

그동안 유현목의 작품 편수가 45편 전후에서 혼란스럽게 정리됐지만, 극영화만 보면 42편이 맞다. 〈회전목마〉(1969)는 완성되지 못했으므로 극영화 목록에서 제외해야 하고, 정진우·김기영 감독과 함께 옴니버스영화로 연출한 〈여〉는 한 편으로 봐도 무방할 것이다. 극영화 외에도 문화영화 〈산업시찰〉(서울편, 1969), 기록영화 〈조국의 등불〉(2부작, 1990)이 그간의 작품 목록에 포함됐고, 실험영화 〈선〉(13분, 1964)과 〈손〉(50초, 1967)은 포함되지 않았다. 유현목 감독은 후배 영화인들을 먹여 살리기 위해 1972년 유프로덕션을 설립하고 다수의 문화영화를 연출하고 제작했다. 이는 그가 극영화 필모그래피를 넘어서는 영화 작업에 관여했고, 우리가 디지털화되지 않은 비非극영화 필름을 일일이 검색하지 않으면 그 전체상을 파악하기 힘들다는 말이기도 하다. 앞서 거론한 광의의 비극영화 전체를 포함해, 그가 감독으로 크레딧을 올린 비극영화는 현재의 KMDb 기준으로 22편에 달한다. 이제는 유현목의 비극영화에 대해 본격적으로 연구하고 그 목록을 정비해야 할 것이다.

다시 그의 극영화 필모그래피로 돌아가자. 그는 이규환 감독의 〈춘향전〉(1955)이 공전의 히트를 기록하자 조감독이었던 그 역시 몸값이 올라가 감독 데뷔 기회를 얻는다. 첫 연출작은 이청기의 오리지널 시나리오를 영화화한 〈교차로〉(1956)이다. 전후戰後 사회를 배경으로 쌍둥이 자매의 운명을 그린 멜로드라마였는데, 평론가들로부터 새로운 감각을 인정받으며 신인 감독으로 확실한 눈도장을 찍었다. 두 번째 작품 〈유전의 애수〉(1956) 역시 세련된 화법의 멜로드라마로 흥행에 성공했고, 세 번째 작품 〈잃어버린 청춘〉(1957)은 범죄영화 톤의 멜로드라마였는데, 흥행보다는 평단의 찬사를 받고 이해 감독상을 휩쓸었다. 그의 증언에 의하면, 영화 테크닉의 과시에서 벗어나 영상으로 주제 의식을 표현하려고 고심한 첫 작품이다. 이처럼 유현목은 당시 한국 관객에게 가장 친숙한 장르인 멜로드라마를 빌려 영화언어를 체화하고 자신만의 색깔을 찾아갔다.

그의 초기 필모에서 이 대목을 얘기하고 싶다. 〈유전의 애수〉와 〈잃어버린 청춘〉 두 작품 모두 유두연의 각본이었는데, 〈유전의 애수〉는 "프랑스영화 〈인생유전〉과 미국영화 〈애수〉를 연상시키는 작품"(《한국일보》 1956년 9월 9일자)으로 평가받았고, 〈잃어버린 청춘〉의 각본은 일본영화 〈요루노오와리夜の終り〉(1953) 시나리오를 차용한 것이었다. 후자의 경우, 번안된 문자를 넘어서는 유현목의 미학적 연출이 펼쳐졌음은 물론이다. '한국'영화의 개척기, 영화감독이 서구영화와 일본영화의 영향을 직간접적으로 받고 자신의 작품으로 표출한 것은 흠이라기보다 당연한 과정이다. 특히 유현목에게는 연출력을 가다듬으며 여덟 번째 작품 〈오발탄〉으로 모든 역량을 응축시키는 과정이기도 했다. 형 철호와 동생 영호의 시간이 각각 예술영화의 화법과 범죄 멜로드라마 장르로 교직된 〈오발탄〉은 한국 모던시네마의 가장 앞자리에 위치시켜야 할 것이다.

4·19와 5·16을 거치며 〈오발탄〉의 작품적 운명이 희비의 극단을 오간 다음, 그는 사극 프로젝트에 참가했는데 바로 〈성웅 이순신〉(1962)과 〈임꺽정〉(1961)이다. 후자는 5·16쿠테타 군사정부가 들어선 후 만들어져, 민중의 히어로 임꺽정을 내세우면서도 그 저류에 부패한 권력의 몰락과 새로운 권력의 등장을 표시했다. 사실 전자는 1959년 여름에 착수됐다가 중단된 후, 박정희의 성웅 사업과 맞물려 공보부 영화금고의 첫 케이스로 지원받고 1962년 4월 개봉했다. 두 작품 다 유현목에게는 도전적 프로젝트였고, 1960년대 초반 극장가의 대형 사극 붐과 연동된 것이다. 이후 그는 '멜로 리얼리즘'을 표방한 〈아낌없이 주련다〉(1962)로 흥행은 물론 작품상과 감독상을 휩쓸며 평단의 지지를 확고히 했고, 1966년 문예영화의 제도적 유행 이전부터 〈김약국의 딸들〉(1963), 〈잉여인간〉(1964), 〈순교자〉(1965)를 작업하며 예술영화 화법을 세련했다.

그 역시 1960년대 한국영화계의 심각한 문제였던 일본영화 '시나리오'의 표절과 번안 기조에 기대기도 했다. 대중작가 이시자카 요지로의 소설을 영화화한 〈푸른 산맥〉(1963)이 원작인 〈푸른 꿈은 빛나리〉(1963), 마스무라 야스조의 1961년작 동명 영화를 리메이크한 〈아내는 고백한다〉(1964), 일본에서도 성적 검열의 대표작으로 기록되는 〈백일몽〉(1964)을 저본으로 삼은 〈춘몽〉(1965)이 그것이다. 그가 표절 감독이라는 얘기를 하려는 것이 아니다. 앞의 두 작품인 청춘영화와 멜로드라마를 통해 그의 대중영화 필모가 확장되었고, 〈춘몽〉에서는 그가 꿈꿔 오던 실험영화 언어를 충무로 상업영화에 적용해 보는 흔치않는 기회를 잡았다.

그가 이만희 감독의 〈7인의 여포로〉(개봉명 〈돌아온 여군〉(1965))를 옹호하는 발언으로 반공법 위반과 〈춘몽〉의 음화제조죄 기소로 곤욕을 치른 후, 1960년대 후반기 필모그래피부터는 새로운 경향이 추가됐다. 코미디와 공포영화라는 무엇보다 흥행을 감안한 장르를 시도하는 한편, 영화사가 수익과 직결되는 외화 수입쿼터를 받을 수 있는 반공-문예영화 연출에 착수했다. 1966년 전후 시점부터 그는 직업감독으로서 계속 생존할 수 있을지 고민이 많았던 것 같다. 라디오 연속극을 영화화한 〈특급 결혼작전〉(1966)과 〈공처가 삼대〉(1967), 두 편의 코미디가 성공하며 연출 폭을 넓혔다는 평가를 받고, 희곡 《토끼와 포수》를 영화화한 〈몽땅 드릴까요〉(1968)를 추가했다. 한국 전설을 옴니버스 형식으로 구성한 공포영화 〈한〉(1967)과 〈한(속)〉(1968)은 마치 동양화가 펼쳐지는 듯한 정제된 이미지에 에로티시즘과 그로테스크를 결합한 연출로 걸작이라는 찬사까지 들었다.

그의 반공영화 작업은 〈카인의 후예〉(1968), 〈악몽〉(1968), 〈나도 인간이 되련다〉(1969)를 거쳐 〈불꽃〉(1975), 〈장마〉(1979)로 이어졌다. 유현목은 반공주의자인가? 그럴 수도 있고 아닐 수도 있다. 그는 반공이 국시**國是**일 수는 없다고 주장해 국가적 폭력에 노출됐지만, 인민재판의 잔혹함을 생생히 목격하고 월남한 그에게 반공주의는 국가이념이기 이전에 체험에서 비롯된 정서적 반응이었을 수 있다. 질문을 바꿔 보자. 그는 반공영화를 만들고 싶었을까. 그는 반공영화를 연출해야 한다면, 기존 반공영화에서처럼 국군의 총에 북한군이 일제히 쓰러지는 도식적 재현을 거부하고, 사람이 아닌 시스템의 차원에서 반공을 사유하는 영화를 만들고자 했다.

예술영화 감독으로서의 지위도 꿋꿋하게 유지했다. 이만희, 김수용, 이성구가 모더니즘 영화에 골몰한 시기, 유현목은 〈막차로 온 손님들〉(1967)로 대답했고, 방영웅 원작의 〈분례기〉(1971)를 연출해 문예영화에서의 작가적 인장을 확인시켰다. 기독교적 세계관과 영상미학을 일치시킨 〈사람의 아들〉(1980)은 사실상 그의 필모그래피를 마감한 작품이다. 1976년 동국대학교 연극영화학과 교수로 취임한 그는 저서와 번역서를 내놓으며 후학을 양성했다. 그의 마지막 극영화는 1995년에 개봉한 〈말미잘〉이었다.

해방과 한국전쟁은 한국 근현대사의 전환점이자, 깊은 상처를 남긴 비극의 역사였다. 유현목은 이 격변의 시기를 온몸으로 통과하며 삶 그 자체를 영화에 밀착시켰고, 수많은 생사의 갈림길을 견뎌 낸 끝에 마치 운명처럼 영화감독이 되었다. 그는 〈오발탄〉에 이르기까지 서구 영화문법을 체화하며 자신의 스타일을 모색했으며, 〈춘몽〉 이후에는 예술영화 감독으로 살아남기 위해 역설적으로 새로운 장르에 도전했다. 동시에 반공영화 역시 설득력 있게 만들기 위해 고심했고, 정권의 통치 이데올로기에 부합하는 문화영화 제작도 이 시기에 본격화되었다. 그의 삶은 물론 작품 세계 전반을 관통한 '절망과 구원'이라는 문제의식은, 20세기 '한국'영화가 직면했던 운명이기도 했다.

▲

교차로(1956)

제작사 금성영화사 각본 이청기 촬영 김덕진

주연 조미령 · 이택균 · 강명 · 서월영

개봉극장 국도극장 개봉일 1956년 1월 15일

流轉의 哀愁

開封迫頭

◀ **유전의 애수**(1956)

제작사 한성영화사 각본 조남사 촬영 김명제

주연 최무룡·문정숙·백성희·최남현

개봉극장 단성사·중앙극장 개봉일 1956년 7월 25일

◀ **잃어버린 청춘**(1957)
제작사 조광영화사 각본 유두연 촬영 김명제
주연 최무룡 · 이경희 · 문정숙 · 변기종
개봉극장 중앙극장 개봉일 1957년 9월 18일

▼ **그대와 영원히**(1958)
제작사 삼성영화사 각본 박성호 촬영 변인집
주연 이룡 · 도금봉 · 최봉 · 최명수
개봉극장 국도극장 개봉일 1958년 1월 15일

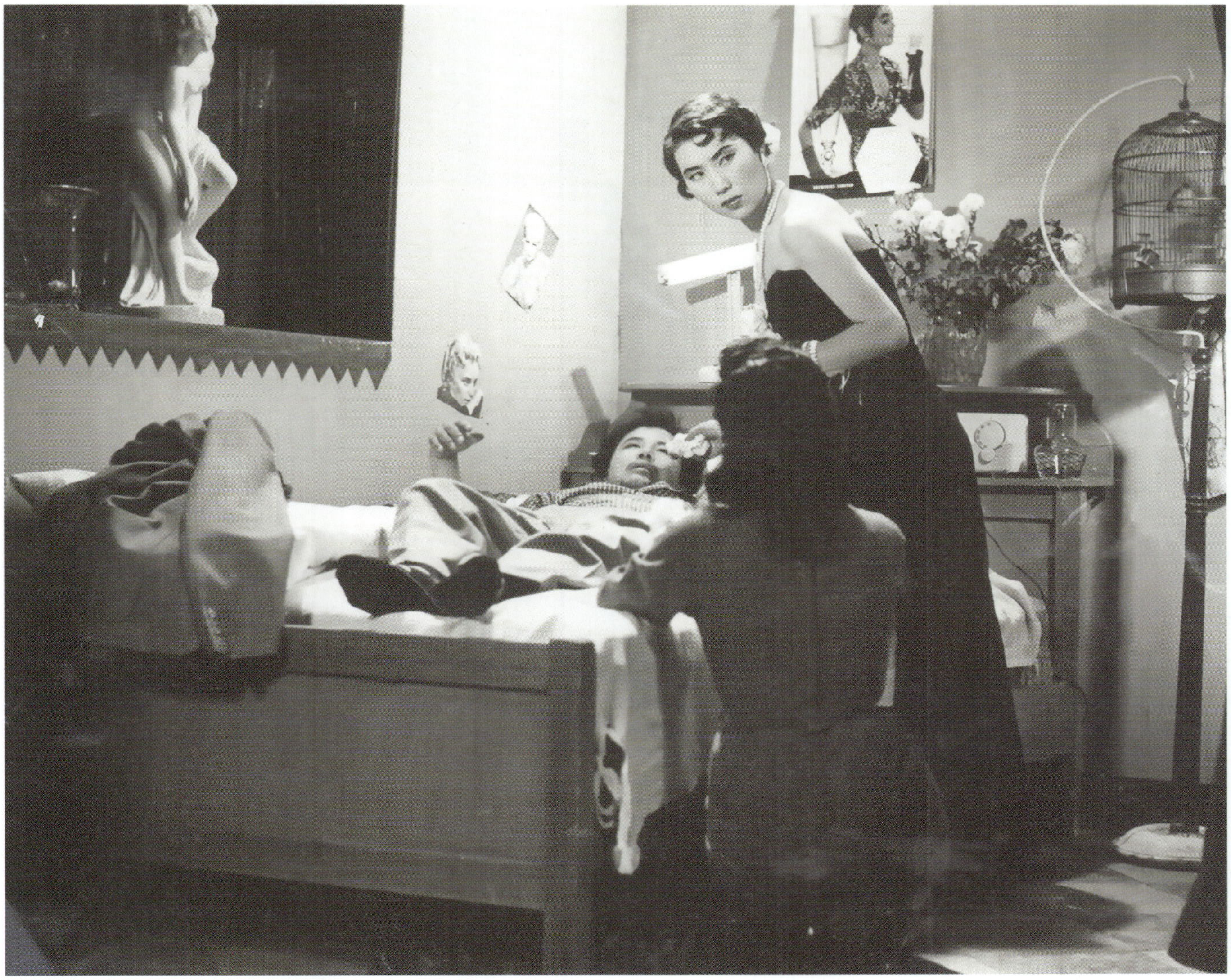

▲

인생차압(1958)

제작사 삼성영화주식회사 각본 오영진 촬영 홍동혁
주연 김승호 · 유계선 · 황정순 · 최남현
개봉극장 국제극장 개봉일 1958년 10월 29일

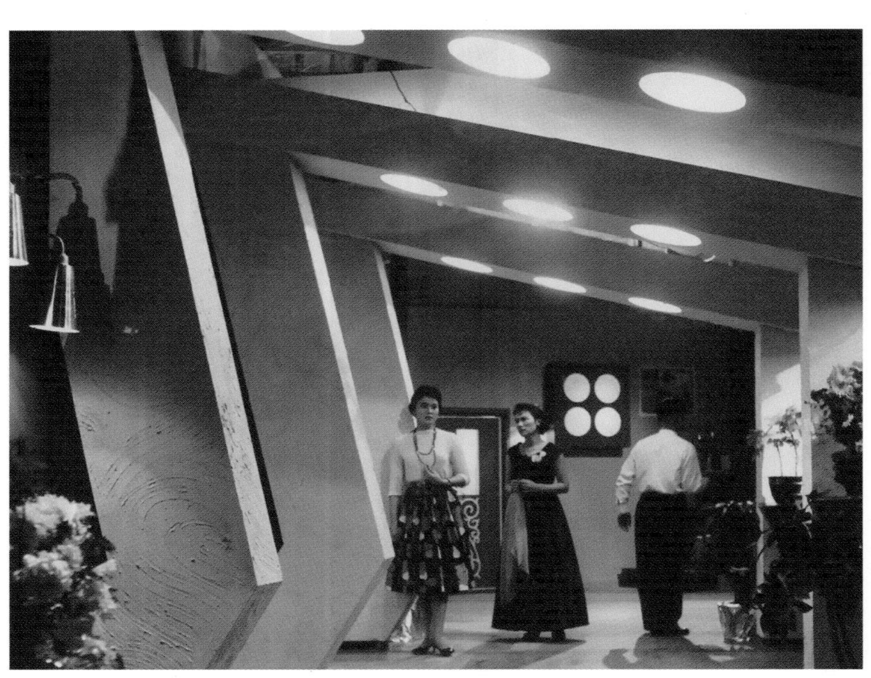

◀ **아름다운 여인**(1959)

제작사 대륙영화사 각본 김인호 촬영 김덕진
주연 박암 · 문정숙 · 장민호 · 김의향
개봉극장 단성사 개봉일 1959년 2월 27일

▲

구름은 흘러도(1959)

제작사 유한영화사 원작 야스모토 스에고安本末子

각색 김지헌 촬영 김형근

주연 김영옥 · 박성대 · 엄앵란 · 박광수

개봉극장 단성사 개봉일 1959년 11월 5일

◀ **오발탄**(1961)

제작사 대한영화주식회사 원작 이범선 각색 이종기 · 이어령
촬영 김학성 주연 김진규 · 최무룡 · 서애자 · 김혜정
개봉극장 국제극장 개봉일 1961년 4월 13일

▼ **임꺽정**(1961)

제작사 전국영배주식회사 각본 김강윤 · 이정선 · 나소운
촬영 김학성 주연 신영균 · 문정숙 · 최무룡 · 엄앵란
개봉극장 국도극장 개봉일 1961년 12월 31일

▲

성웅 이순신(1962)

제작사 세연영화사 원작 이은상 각색 나소운
촬영 심재흥 · 조근재
주연 김승길 · 김승호 · 조미령 · 윤일봉
개봉극장 국도극장 개봉일 1962년 4월 14일

◀ **아낌없이 주련다**(1962)

제작사 극동흥업주식회사 원작 한운사 각색 유한철
촬영 변인집 주연 이민자 · 신성일 · 허장강 · 엄앵란
개봉극장 국제극장 개봉일 1962년 11월 9일

▼ **김약국의 딸들**(1963)

제작사 극동흥업주식회사 원작 박경리 각본 유한철
촬영 변인집 주연 최지희 · 엄앵란 · 황정순 · 김동원
개봉극장 국제극장 개봉일 1963년 5월 1일

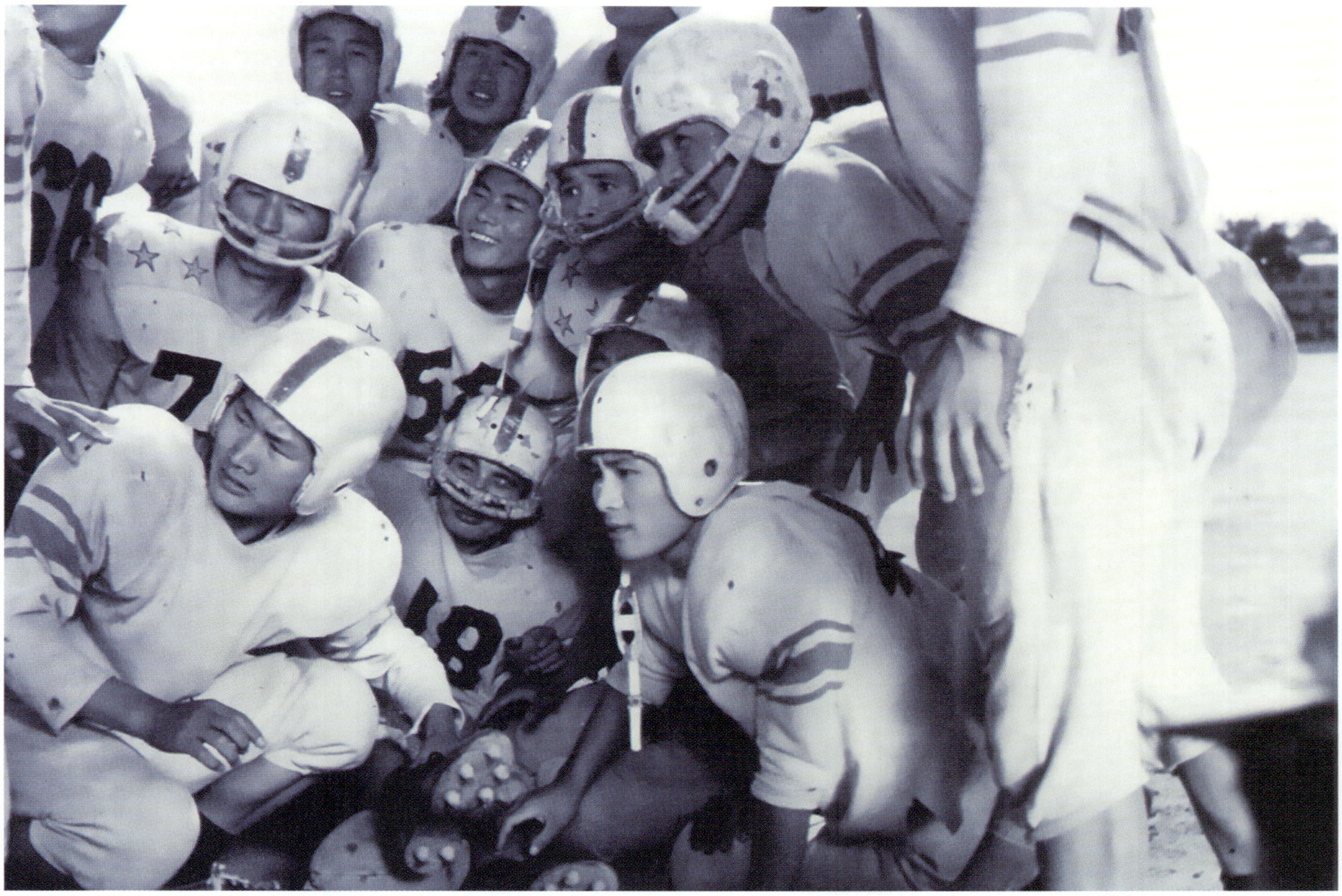

▲

푸른 꿈은 빛나리(1963)

제작사 극동흥업주식회사 원작 이시자카 요지로石坂洋次郎
각색 서윤성 촬영 유재형
주연 유수미애 · 김진규 · 태현실 · 남석훈
개봉극장 국제극장 개봉일 1963년 9월 14일

◀ **잉여인간**(1964)

제작사 한양영화공사 원작 손창섭 각색 임희재 · 신봉승
촬영 홍동혁 주연 김진규 · 신영균 · 박암 · 도금봉
개봉극장 아카데미극장 개봉일 1964년 4월 11일

▲

아내는 고백한다(1964)

제작사 세기상사주식회사 원작 마루야마 마사야円山雅也

각본 이종택 촬영 심재흥

주연 김혜정 · 김석훈 · 박암 · 태현실

개봉극장 아카데미극장 개봉일 1964년 4월 11일

◀ **푸른 별 아래 잠들게 하라**(1965)

제작사 세기상사주식회사 각본 최금동 촬영 심재흥

주연 신성일 · 엄앵란 · 김승호 · 최남현

개봉극장 아카데미극장 개봉일 1965년 4월 24일

※자료 제공: 부산시 · 부산영화체험박물관

◀ **순교자**(1965)

제작사 합동영화주식회사 원작 김은국(리차드 김)
각색 이진석 · 김강윤 촬영 심재흥
주연 김진규 · 남궁원 · 장동휘 · 박수정
개봉극장 아카데미극장 개봉일 1965년 6월 17일

※자료 제공: 부산시 · 부산영화체험박물관

◀ **태양은 다시 뜬다**(1965)

제작사 극동흥업주식회사 각본 김지헌 · 조운태 · 백결
촬영 변인집 주연 김진규 · 엄앵란 · 허장강 · 이예춘
개봉극장 아카데미극장 개봉일 1966년 5월 5일

▲

춘몽(1965)

제작사 세기상사주식회사 각본 김한 촬영 심재홍

주연 신성일 · 박수정 · 박암 · 조희란

개봉극장 명보극장 개봉일 1965년 7월 3일

◀ **특급 결혼작전(1966)**
제작사 대지영화사 원작 송숙영 각색 신봉승 촬영 심재흥
주연 태현실 · 신성일 · 김석훈 · 남석훈
개봉극장 아카데미극장 개봉일 1966년 11월 17일

▼ **공처가 삼대(1967)**
제작사 합동영화주식회사 원작 유호 각본 김지헌 촬영 최영지
주연 고은아 · 신성일 · 허장강 · 조미령 · 황정순 · 최남현
개봉극장 아카데미극장 개봉일 1967년 2월 9일

▲

종야(1967)

제작사 연방영화주식회사 각본 김지헌 촬영 전조명
주연 고은아 · 신성일 · 안인숙 · 김신재
개봉극장 아카데미극장 개봉일 1967년 6월 3일

◀ **한**(1967)

제작사 동양영화흥업주식회사 각본 이상현 촬영 장석준
주연 문희 · 이순재 · 이자영 · 윤일봉 · 조미령 · 남궁원
개봉극장 명보극장 개봉일 1967년 8월 12일

◀ **막차로 온 손님들**(1967)

제작사 한국영화주식회사 · 동양영화흥업주식회사
원작 홍성원 각본 이상현 · 이은성 촬영 민정식
주연 이순재 · 문희 · 성훈 · 남정임
개봉극장 명보극장 개봉일 1967년 12월 14일

◀ **한(속)**(1968)

제작사 한국영화주식회사 각본 이상현 촬영 장석준
주연 김동훈 · 유혜성 · 김석훈 · 윤정희 · 박노식 · 남정임
개봉극장 명보극장 개봉일 1968년 1월 30일

▼ **아리랑**(1968)

제작사 세기상사주식회사 원작 나운규 각본 나한봉
촬영 김학성 주연 박노식 · 남궁원 · 홍세미 · 태현실
개봉극장 국도극장 개봉일 1968년 4월 4일

◀ **카인의 후예**(1968)

제작사 한국영화주식회사 원작 황순원 각본 이상현
촬영 이석출 주연 김진규 · 문희 · 박노식 · 장동휘
개봉극장 명보극장 개봉일 1968년 6월 1일

▼ **악몽**(1968)

제작사 태창흥업주식회사 각본 박성조
촬영 이석출
주연 신성일 · 윤정희 · 박암 · 최성호
개봉극장 명보극장 개봉일 1968년 6월 29일

◀ **몽땅 드릴까요**(토끼와 포수)(1968)
제작사 태창흥업주식회사 원작 박조열
각색 김정옥 · 이유민 촬영 이석출
주연 김진규 · 조미령 · 오현경 · 손방원
개봉극장 명보극장 개봉일 1968년 7월 27일

◀ **여(女)**(정진우 · 유현목 · 김기영, 1968)
제작사 한국예술영화주식회사 원작 김유봉
각색 이은성 · 김승옥 · 김기영
촬영 장석준 · 손현채 · 최호진
주연 신성일 · 문희 · 김지미 · 최은희
개봉극장 중앙극장 개봉일 1968년 12월 13일

▲

수학여행(1968)

제작사 한국영화주식회사 · 동양영화흥업주식회사
각본 이상현 촬영 민정식 주연 구봉서 · 문희 · 황해 · 장동휘
개봉극장 명보극장 개봉일 1969년 1월 23일

▲

나도 인간이 되련다(1969)

제작사 동양영화흥업주식회사 원작 유치진 각본 여수중
촬영 유영길 주연 김진규 · 고은아 · 김혜정 · 이예춘
개봉극장 국제극장 개봉일 1969년 9월 16일

▲

회전목마(미완성)

제작사 연방영화주식회사 원작 이건영 각본 김소연
촬영 변인집 주연 문희 · 윤소라 · 김성옥 · 안인숙

◀ **여보**(1970)

제작사 동양영화흥업주식회사 각본 신봉승 촬영 유영길
주연 문희 · 김진규 · 김성옥 · 안인숙 개봉극장 명보극장
개봉일 1970년 2월 28일

▲

분례기(1971)

제작사 태창흥업주식회사 원작 방영웅 각색 이상현
촬영 유영길 주연 윤정희 · 허장강 · 이순재 · 안인숙
개봉극장 국도극장 개봉일 1971년 5월 6일

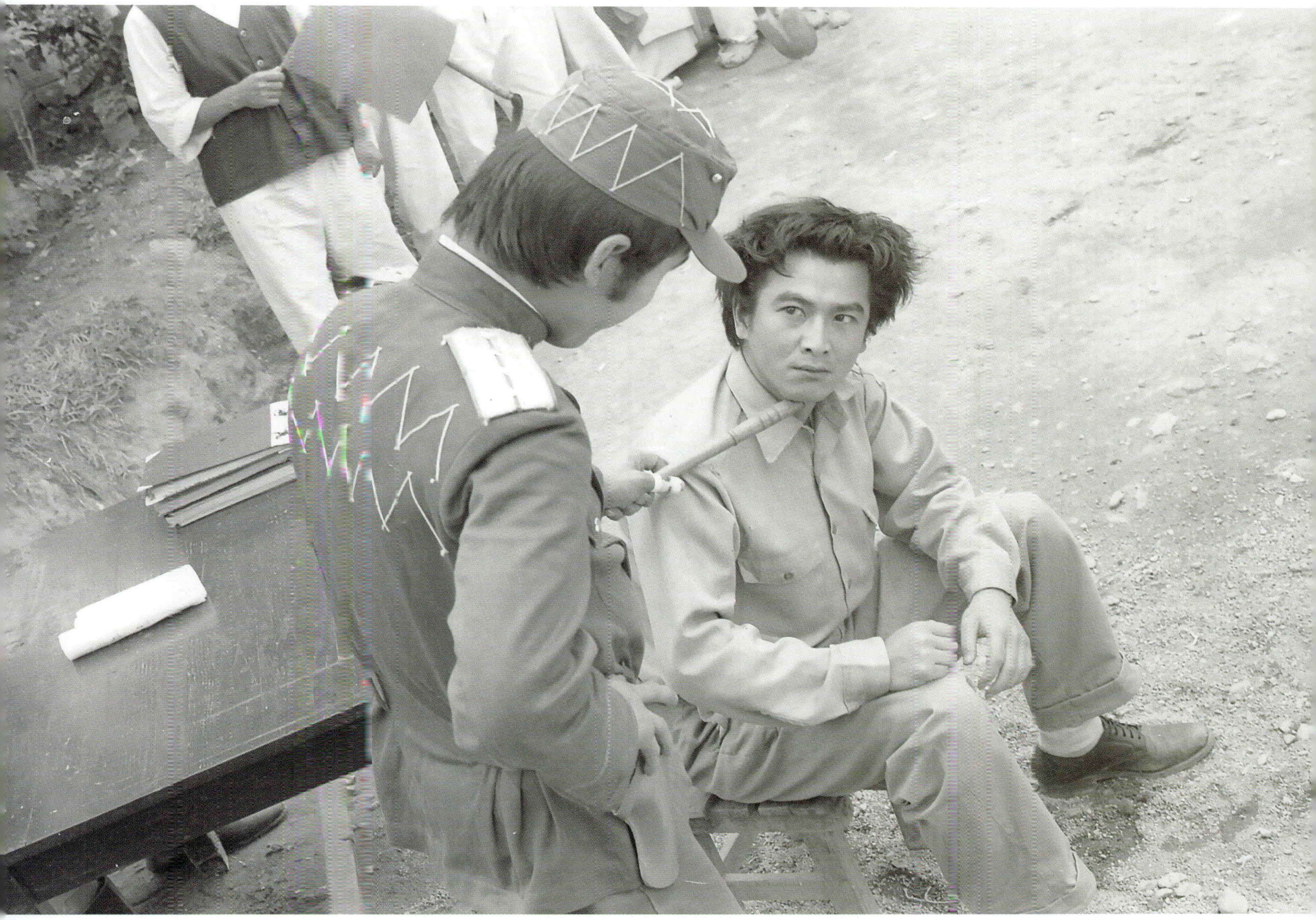

▲
불꽃(1975)
제작사 남아진흥주식회사 원작 선우휘 각색 이은성 · 윤삼육
촬영 정일성 주연 하명중 · 김진규 · 고은아 · 윤소라
개봉극장 단성사 개봉일 1975년 11월 8일

◀ **문**(1977)
제작사 주식회사 삼영필름 각본 김지헌 촬영 정일성
주연 최불암 · 박근형 · 이경하 · 방희

▲

옛날 옛적에 훠어이 훠이(1978)

제작사 주식회사 삼영필름 원작 최인훈 각본 김지헌
촬영 정일성 주연 백일섭 · 정희 · 전원주 · 박정자

◀ **장마**(1979)

제작사 남아진흥주식회사 원작 윤흥길 각본 윤삼육
촬영 유영길 주연 황정순 · 이대근 · 김신재 · 김석훈
개봉극장 코리아극장 개봉일 1981년 5월 14일

▲

다함께 부르고 싶은 노래(1979)

제작사 (주)화천공사 각본 나소원 촬영 김덕진

주연 정호·이대근·이경희·국정환

◀ **사람의 아들**(1980)

제작사 합동영화주식회사 원작 이문열 각본 홍파
촬영 정일성 주연 하명중 · 최불암 · 강태기 · 이순재
개봉극장 서울극장 개봉일 1981년 1월 1일

▼ **상한 갈대**(1984)

제작사 신한영화주식회사 각본 김용진 촬영 정일성
주연 최정민 · 박일준 · 문순섭 · 이자영

▲

말미잘(엄마와별과말미잘)(1994)

제작사 경죽영화주식회사 각본 권재우 촬영 전영호

주연 천영덕 · 안성기 · 나영희 · 이영하

개봉극장 명보극장 · 동아극장(서울) · 반도시네마 등

개봉일 1995년 4월 1일

유현목 감독의 Magnum Opus,
곧 그의 예술적 성취가 가장 응축된 작품들과 그 사유의 흐름을 따라가고자 합니다.
〈오발탄〉이 보여 준 비극의 윤리는 작품 내부의 세계를 넘어,
냉전과 권위주의 시기부터 탈냉전과 민주화 시대에 이르기까지
한국 사회가 품어 온 현실과 욕망을 예민하게 비추어 왔습니다.
문예·반공영화 체제 속에서 형성된 형이상학적 질문, 기독교적 세계관,
그리고 실험영화로의 도전에 이르기까지
유현목 감독은 시대의 균열을 관통하며 독자적인 영화언어를 구축했습니다.
그의 예술영화 세계가 지닌 깊이와 넓이를 비추어 보며,
한국영화사에서 한 시네아스트가 만들어 낸 '정점'의 의미를
새롭게 가늠해 보기를 바랍니다.

〈오발탄〉이 걸어온 길: 전쟁과 혁명 후의 예술가

—— 〈오발탄〉 〈잉여인간〉 〈푸른 별 아래 잠들게 하라〉

이념 위에 선 형이상학: 우수영화 제도와 유현목의 문예·반공영화

—— 〈김약국의 딸들〉 〈아리랑〉 〈악몽〉 〈나도 인간이 되련다〉 〈분례기〉 〈불꽃〉

세속적 예술의 원천으로서 프로테스탄티즘: 유현목 영화와 기독교

—— 〈순교자〉 〈카인의 후예〉 〈사람의 아들〉 〈눈물 골짜기의 샘물〉 〈상한 갈대〉

유현목의 실험영화와 새로운 영화로의 도약

1부

Magnum Opus

〈오발탄〉이 걸어온 길:
전쟁과 혁명 후의 예술가

이순진 | 한국영화사연구자

광복 30년을 맞은 1975년에 평론가 변인식은 1961년이 "영화사적으로 볼 때 춘사 나운규가 〈아리랑〉을 발표했던 1926년과도 비교될 수 있는 매우 중요한 해"라고 썼다. "오랜 진통 끝에 유현목의 〈오발탄〉이 마침내 햇볕을 쬘 수 있었던 해"였기 때문이라는 것이다.[1]

〈오발탄〉이 〈아리랑〉에 비견할 만한 영화라는 '역사적' 평가가 나온 것은 이 무렵부터였을 것이다. 〈오발탄〉은 1961년 개봉 때부터 이미 비평가들의 지지를 받았지만, 그것은 당대의 비평적 견해였을 뿐이다. 1975년은 당대의 평가가 역사적 감각을 통해 재배치되는 시기였으며, 그때 〈오발탄〉이 〈아리랑〉과 나란히, 어떤 역사적 지평에 놓였다는 사실은 의미가 깊다. 그것은 식민지 조선으로부터 해방 후 한국으로 이어지는 '리얼리즘' 영화사의 줄기가 세워졌다는 것을 뜻했다.

중요한 사실은, 〈아리랑〉과 〈오발탄〉이 모두 1926년 또는 1961년이라는 역사의 한순간에 붙박이지 않았다는 것이다. 두 영화는 중요한 역사적 국면마다 되풀이 소환되었으며, 그때마다 새로운 의미를 생산했다. 이영일은 〈아리랑〉이 "나운규의 여러 가지 전설적인 문제가 투영"[2]된 영화라고 말한 바 있지만, 〈아리랑〉의 '전설'은 1926년부터 1960년대 말까지 수십 년에 걸쳐 만들어진 것이었다. 따라서 거기에는 식민의 현실뿐 아니라 냉전 한국영화의 어떤 현실 또는 욕망까지도 '투영'되어 있었다. 마찬가지로, 1961년부터 1990년대까지의 긴 여정을 통해 만들어진 〈오발탄〉의 '전설'에는 냉전, 권위주의 시대뿐 아니라 탈냉전, 민주화 시대 한국영화의 현실 또는 욕망까지도 새겨져 있었다.

1961년, 혁명과 영화

1960년 4월혁명 직후부터 1961년 5·16쿠데타 즈음까지 1년 남짓한 기간은 시끄러우면서도 활력이 넘치는 시기였다. 영화계는 구악舊惡의 청산과 새로운 제도의 마련이라는 시대적 과제를 앞에 놓고 혼선을 거듭했지만, 다른 한편으로는 1950년대 말부터 성장해 온 영화시장과 혁명의 열기가 만나면서 새로운 제작 의욕으로 달아올랐다. 곽학송은 동인同人 프로덕션을 4월혁명과 연결하고 새 시대 한국영화의 전망을 모색한다. "4·19혁명을 계기로" "새로운 영화의 활로를 찾기 위해 대두된 운동의 하나"로서 "동인제 문제가 진지하게 논의되고 있다"는 것이다. "상업자본과 타협하지 않고 영화인들 스스로의 기술을 자본"으로 삼는 동인 프로덕션은 1959년 전홍식, 이성구, 이종기 등이 결성한 신예프로덕션으로 시작되었고, 4·19를 전후해서 활성화되었다.[3] 김기영을 중심으로 한 김기영프로덕션, 〈표류도〉를 제작하고 있던 권영순의 동인 그룹, 이봉래 중심의 후반기프로덕션이 당시의 대표적인 동인 프로덕션이었고, 유현목·김성춘·김학성 등도 동인 방식으로 〈오발탄〉을 제작했다.[4]

전주錢主보다는 창작자를 중심으로 하는 동인 프로덕션은 새로운 현상은 아니었다. 일찌감치 나운규프로덕션이 있었고 1950년대 동안에도 여러 영화인들이 '동인'을 결성하고 영화제작에 나선 사례가 있기 때문이다. 그러므로 곽학송이 말한, "운동의 하나"로서 "동인제 문제"는 혁명의 기운이 약동하고 표현의 자유가 확대된 4월혁명 국면에서 가시화되었던, 창작자 중심의 어떤 움직임을 뜻했다. 그런 의미에서 이 시기의 동인 프로덕션은 제2차 세계대전 후 냉전적 세계질서에 도전했던 전후 세대의 뉴웨이브와 맥락을 함께하는 것이었다. 《요미우리신문》의 히노 게이조日野啓三는 영화 〈오발탄〉이 세계적 흐름에 동참하고 있다는 점을 이렇게 강조했다. 〈오발탄〉은 "단지 한국의 최첨단적인 작품이라는 것뿐이 아니고 프랑스의 루이 말, 아스트뤽, 미국의 큐브릭, 폴란드의 바이다 등 현재 세계 영화사상의 최전선에서 영화예술의 방법적 혁신을 위해 투쟁하고 있는 젊은 감독들의 새로운 모든 작품과 동등하게 논의"[5] 될 작품이다.

한국전쟁 후 폐허가 된 명동 거리에서 카뮈와 사르트르를 논했던 한국의 지식인, 예술가들은 영화 〈오발탄〉에 대한 이와 같은 공시적共時的synchronic 감각을 공유했다. 〈마부〉가 아닌 〈오발탄〉을 베를린영화제에 내보내야 한다고 주장했던 것도, 2년 뒤 〈오발탄〉의 해금解禁을 위해 함께 노력했던 것도 그러한 믿음을 공유한 지식인, 예술가들이었다. 유현목이 영화 〈오발탄〉의 작의를 "현대라는 부조리한 사회구조 속에서 인간이 아무리 발버둥 쳐 봤자 소용없다는, 문학이 표현한 철학적 과제를 영화에서 어떻게 표현할 것인가를 시도"[6]한다고 말했을 때, 그 역시 '전후戰後'라는 보편적 세계에 살고 있다는 믿음을 드러낸 것이었다.

다분히 유럽중심적인, 보편적 세계에 대한 그들의 믿음이 4월혁명의 추동력 가운데 하나였음은 분명하다. 하지만 5·16쿠데타 직전까지도 진행 중이었던 혁명은, 분단 현실을 극복하고자 하는 의지와 중립화의 길에 대한 모색으로 진화하고 있었다. 영화 〈오발탄〉이 그와 같은 진화의 방향으로 함께 가고 있었는가를 질문한다면, 어느 정도는 그렇다고 대답해야 할 것이다. 5·16쿠데타 이후 한국영화 가운데 〈오발탄〉만이 상영 금지되었다는 사실이, 그리고 1963년 재검열 과정에서 특히 문제가 되었던 장면들이 이를 입증한다. 하지만 영화 〈오발탄〉이 아니라 영화감독 유현목에 대해서 같은 질문을 한다면 어떨까? 그가 한국의 지정학적 특수성에 매몰되기보다는 서구의 보편적 세계에 속하기를 원했다는 사실은, 지난했던 재검열을 통과하고 마침내 샌프란시스코영화제로 나아가는 과정에서 여실히 드러났다.

1963년, 검열

쿠데타가 발발한 지 불과 일주일 만인 1961년 5월 23일, 공보부는 1958년 이후 개봉된 영화 가운데 국산영화 35편, 외국영화 22편에 대한 재검열에 착수했다. 7월 20일에 〈오발탄〉은 상영 보류 결정을 받았고, 그해 연말에는 국제영화제 출품 신청 작품에서 제외됐다.[7] 1962년 3월 22일에 〈오발탄〉은 다른 외국영화 6편과 함께 최종 상영 금지되었다.

핵심적인 문제는, 훗날까지도 〈오발탄〉이 상영 금지된 이유로 회자되던, 노인의 "가자"라는 대사였다. "저 푸른 벌판의 양떼를 따라가자"를 넣는 자진 개작을 했음에도, 상영 금지 해제 당시에 "가자"와 관련해서 대사 삭제 4곳, 화면 삭제 2곳의 지적을 추가로 받았다.[8] 실향민 노인이 '가자'는 곳이 북한 땅일 수밖에 없다는 작품 내적인 논리는 핑계가 될 수 없었다. 반공을 국시로 삼았던 쿠데타 세력은 "가자 북으로 오라 남으로"를 구호로 내걸었던 4월혁명 후 통일운동의 맥락에서 받아들여질 만한 대목에 민감했다.

그런데 유현목은 "그케 바꿔서 난 아무렇지 않았다"고 말한다. 그가 "가자"를 통해 표현하려 했던 것은 분단이라는 냉전 한국의 모순이기보다는 "유토피아"에 대한 동경 같은 '보편적' 정서였기 때문이다.[9]

샌프란시스코영화제 당시 현지 인터뷰에서도

그는 “이 영화가 한국의 비참한 생활상을 보여 주는 것으로 이해되기보다는 전 세계 젊은 지식인들이 느끼는 절망과 우울의 연장선상에서 해석되기를 바란다”[10]고 말했다.

리처드 다이어 맥캔Richard Dyer MacCann은, 앞서 언급한 히노 게이조와 함께, 자신의 작품이 보편적 예술 세계에 속해 있다는 유현목의 확신을 뒷받침해 준 인물이었다. 미국 남가주대학교(USC) 교수였던 맥캔은 미 국무부의 지원을 받아 1963년 4월 22일 한국에 왔다. 4개월 체류하는 동안 그는 국립영화제작소와 중앙대에서 다큐멘터리를 강의했다. 극작가 이근삼의 추천을 받고 국립영화제작소에 요청하여 관람한 〈오발탄〉은, 그가 한국 체류 중에 보았던 한국영화 16편 가운데 하나였다.[11] 베니스영화제 출품작 선정에 대한 의견을 요청한 이성철(국립영화제작소 소장)에게 보낸 서신에서, 맥캔은 〈오발탄〉의 “스토리가 부정적이고 비극적인 세계관을 보여 주지만 다른 많은 영화들도 그렇다”면서 “외국 관객들은 여기에서 아름다운 영화적 테크닉과 높은 예술성으로 제시되는 보편적인 문제들을 보게 될 것”이라고 썼다.[12]

맥캔의 추천이 검열 당국을 바로 설득하지는 못했지만, 배석인(국립영화제작소 감독), 신봉승(시나리오작가, 공보부 검열 담당 직원)이 공보부 내부에서 기울인 은밀한 노력, 그리고 이근삼을 비롯한 예술인들과 영화인협회의 지원에 맥캔의 영향력이 더해지면서 ‘〈오발탄〉 구하기’는 마침내 성공을 거두었다. 1963년 8월 29일 상영 금지가 해제되고 곧이어 샌프란시스코영화제에 출품하게 된 것이다. 이들의 은밀한 협업이 어떻게 이루어질 수 있었는지, 그 전모를 가늠하기란 쉽지 않다. 다만 배석인이 신봉승에게 맥캔을 소개했고, 신봉승은 〈오발탄〉 검열 서류를 작성하면서 문인과 기자들의 도움을 받았으며, 맥캔은 친분이 있던 공보부장관 임성희에게, 유현목은 김종필에게 각기 〈오발탄〉의 해금을 부탁했다는 증언과 자료들이 편린으로 남아 있을 뿐이다.[13] 이들 모두가(심지어는 검열 당국까지도) 협업하여 마침내 세상에 나온 〈오발탄〉의 1963년 판본이 서구 세계의 보편적 공감을 얻으리라는 기대는, 한사코 〈오발탄〉의 해금을 거부했던 정부조차도 품었던 것으로 보인다. 유현목, 김진규와 함께, 이례적으로 공보부 영화과장 김동석까지 샌프란시스코영화제에 동행하고, 샌프란시스코 영사관 또한 이들의 방문을 적극적으로 지원했기 때문이다.

하지만 기대와 달리, 샌프란시스코영화제에서 〈오발탄〉은 공감을 끌어내지 못했다. 유학생으로 영화제에 참여했던 하길종의 전언에 따르면, 〈오발탄〉은 “한국의 현실이 이처럼 비참하니 원조라도 해 달라는 ‘걸립乞粒 영화’냐는 투의 신랄한 비판”을 받았다고 한다.[14] 〈오발탄〉의 해금과 영화제 출품을 위해 노력했던 배석인은 샌프란시스코 영사관으로부터 ‘앞으로 이처럼 비참한 한국의 모습을 담은 영화는 보내지 말라’는 요청을 받았다고 말했다.[15] ‘걸립 영화’ 운운하는 반응을 통해 한국전쟁 후의 빈곤을 세계사적 보편성 안에 위치 짓고자 했던 의도와는 달리, 그것이 미국인들에게는 대한對韓 원조 프로그램의 실패로 받아들여졌음을 짐작할 수 있다. 영화 〈오발탄〉의 실패는 제2차 세계대전 후 서유럽과 한국전쟁 후의 한국을 동일시하면서 스스로를 보편적인 현대 세계의 일원이라고 믿었던 이들을 좌절시켰지만, 정작 유현목은 샌프란시스코영화제 참관과 미국 여행으로 다른 길을 보고 있었다.

샌프란시스코영화제 그 후

근래의 역사적 연구들은 냉전기 국제영화제가 ‘문화냉전cultural cold war’에 일익을 담당해 왔음을 주장한다. 예컨대 제니퍼 프로스트Jennifer Frost는 1958년 미·소 문화교류협정으로 조성된 데탕트 분위기에서, 미국영화가 동구권 영화제에 참여하는 일이 어떻게 냉전 문화외교의 일부가 되었는지를 탐구한다.[16] 동구권에 카를로비바리영화제가 있었다면, 미국에는 샌프란시스코영화제가 있었다. 1958년 이후 샌프란시스코영화제에는 소련을 비롯한 동구권 영화들이 출품되고 영화인들이 초청되었다.[17] 1963년에도 동구권 영화들이 대거 출품되었고, 유현목은 파티에서 소련 영화인들과 만나기도 했다.[18]

샌프란시스코영화제는 글로벌 문화냉전의 현장이었던 한편으로, 지역 기반의 영화제로서 분명한 성격을 갖고 있었다. 이 지역에서 다수의 극장을 운영하던 어빙 레빈Irving M. Levin이 설립한 샌프란시스코영화제는, 할리우드 대신에 지역의 유력한 개인 또는 기관들과 협력함으로써 기반을 닦았다. 특히 아시아영화 유치에서는 샌프란시스코에 본부를 둔 아시아재단의 협력이 긴요했는데, 1963년에도 영화제 측은 아시아재단에 유현목, 김진규, 문정숙을 초청하도록 도와 달라고 요청했다.[19] 아시아재단이 구체적으로 무엇을 도왔는지 확인하기는 어렵지만, 유현목과 김진규의 미국 방문에 리처드 다이어 맥캔, 샌프란시스코영화제, 그리고 아시아재단을 잇는 네트워크가 작동했음은 분명하다.

미국 서부의 실험영화 중심지였던 지역적 특성 또한 영화제 프로그램에 반영되었다. 샌프란시스코와 베이 지역the Bay area에는 실험영화와 다큐멘터리를 제작하던 많은 예술가들이 있었고, 샌프란시스코영화제에서 유달리 실험·단편영화 비중이 높았던 것은 그들 작품의 일부가 제도 안으로 들어온 결과였다. 유현목은 "하루에 실험단편영화 두세 편, 그리고 극영화는 하나 혹은 두 편을 상영하는데 특기할 만한 것은 실험영화의 전위성에 놀랄 만한 기상천외의 작품이 많았다"[20]고 했다. 그는 뉴욕 현대미술관Museum of Modern Art을 방문하면서 추상표현주의나 실험영화 같은 '순수'한 예술운동이 엘리트 문화기관에 의해 승인받는 현장도 목격했다. 요컨대 유현목은 영화제 참가와 미국 여행을 통해서, 냉전시대 영화작가에게 '순수'한 예술을 위한 대안적 길이 놓여 있음을 터득하게 되었던 것이다.

귀국 직후인 1964년 1월에 최일수와 함께 결성한 '씨네포엠'은 그가 걸었던 대안적 길의 초입에 있었다. 주류 영화감독으로서 경력을 이어 가는 동안에도 그는 아시아재단의 지원을 받아 실험영화 〈선〉(1964)을 만들었고, 몬트리올국제박람회에 50초짜리 단편영화 〈손〉을 출품했으며(1967), 유프로덕션을 설립했다(1972). 유프로덕션은 정부 발주 문화영화를 주로 만들었지만, 다른 한편으로 '영상시대'나 '카이두' 같은 젊은 영화인들이 기댈 언덕이 되어 주었다. 그는 아마추어들의 소형영화 모임(소형영화작가회)을 만들고(1970),[21] 동국대 교수(1976)가 되어 제자를 키웠으며, 독일문화원의 동서영화연구회(1979)를 이끌면서 젊은 영화인들의 스승이 되었다. 아마도 한국영화사에서 유현목만큼 대안적 영화의 흐름에 지속적으로 관여했던 주류 영화감독을 찾기는 어려울 것이다. 아시아재단이나 외국 문화원 같은 냉전 문화기관들의 지원과 정부가 허용한 비주류 영화(문화영화)의 울타리, 그리고 대학교수나 대한민국예술원 회원(1981)에게 주어지는 문화적 권위 같은 것들이 이와 같은 지속적 헌신을 가능하게 했다. 요컨대 샌프란시스코영화제 이후에 그는 다른 방식으로 문화권력을 확보했고, 이는 〈오발탄〉이 80년대 세대에 의해 재발견되고 90년대 내내 "한국영화 올타임 1위로 꼽히는"[22] 위상을 누리는 데 밑바탕이 되었다.

1986년, 재발견

광복 30주년이 되는 1975년은 긴급조치의 해이기도 했다. '사법살인'의 대표적 사례로 거론되는 인혁당 사건과 남베트남 패망도 모두 이해의 일이다. 대대적인 광복 30주년 기념행사가 기획된 것은 그와 같은 맥락에서다. 정권의 입장에서는 조국 근대화의 성과를 과시하고 반공 태세를 강화하는 것이 그 어느 때보다 긴요한 상황이었다. 대규모 군사 퍼레이드와 함께 광복 30주년 기념 음악제, 민속예술경연대회, 한국영화상영회 등이 열렸다.

영화진흥공사가 주최한 한국영화상영회는 〈자유만세〉(최인규, 1946)부터 〈내일의 팔도강산〉

(강대철, 1971)까지, 광복 이후의 한국영화 12편을 선정하여 전국을 순회하며 상영하는 행사였다. 이러한 '회고전'은 과거의 영화들을 수집·보존하는 필름보관소(한국영상자료원의 전신)가 설립(1974)됨으로써 가능해졌다. 만약 이때 필름보관소가 만들어지지 않았더라면, 영화 〈오발탄〉은 영영 사라져 버렸을지도 모른다. 〈오발탄〉의 원판과 국내 유통 프린트들이 유실된 상황에서, 샌프란시스코영화제에 출품했던 프린트를 필름보관소가 수집했던 것이다. 해방 후 한국영화사를 조명하는 국면에서 기사회생한 〈오발탄〉은, 그러나 권위주의 정권에 의해 또 한 번의 시련을 겪게 된다. 행사를 앞두고 "문공부의 검열에서 문제작으로 지적돼 상영할 수 없게 됐"[23]던 것이다. 10여 년 전 우여곡절 끝에 재검열을 통과하고 외국 영화제까지 다녀온 〈오발탄〉의 1963년 판본에 또다시 가해진 제약은, 검열이 상황에 따라 가변적이고 어느 정도는 자의적인 것임을 알려 준다. 긴급조치를 연발하는 극단적으로 경색된 정국과 한국의 특수 상황을 강조하는 이른바 '한국적 민주주의'의 시대에 1963년의 〈오발탄〉은 다시 불온한 영화가 되었다.

1983년에 와서야 〈오발탄〉은 비로소 80년대 세대와 만났다. 1983년 11월에 한국영화평론가협회는 '한국영화재조명' 행사의 일환으로 〈오발탄〉의 시사회와 간담회를 진행했다.[24] 그 자리에는 "발이 얼어붙는 듯한" 충격을 받은 장기철도 있었다. 외국어대학교 영화서클 '울림'의 일원이었던 장기철은 한국영화 가운데서 "아버지 노릇을 할 만한 영화"를 비로소 발견하고 유현목 감독의 영화들을 수소문하기 시작했다. 그는 유현목 감독에게서 〈오발탄〉의 16mm 필름과 관련 자료들을 받았으며, 〈막차로 온 손님들〉은 KBS 자료실에서 찾아냈고, 16mm 순업巡業을 하던 이들에게서 또 다른 영화들을 확보했다.[25] 그렇게 해서 1986년 외국어대에서 열린 '유현목 영화제'는 10편의 상영작으로 구성된 본격적인 감독 회고전이었다.[26]

이 영화제의 영향력은 두 갈래로 뻗어 나갔다. 첫째는 유현목의 '재발견'을 통해 80년대 세대가 한국영화의 역사에 본격적인 관심을 갖게 되었다는 것이다.[27] 이는 곧 《닫힌 현실 열린 영화: 유현목 감독 작품론》(전양준·장기철 책임편집, 제3문학사, 1992)의 발간으로 이어졌다. 두 번째는, 장기철의 '발품'으로 만들어진 유현목 영화의 16mm 패키지가 대학가 영화제나 사설 시네마테크, 또는 영화 소모임 같은 1980년대의 대안적 영화 상영 통로를 통해 광범위하게 유통되었다는 점이다. 그 가운데서 특히 〈오발탄〉은 20여 개 대학에서 상영되면서 민주화운동의 시대적 흐름을 탔다. 월간 《스크린》은 1987년에 "영화계에도 민주화가 오는가?"라고 질문하면서, 6월항쟁에도 불구하고 여전히 영향력을 잃지 않은 검열제도를 역사적으로 성찰하는 첫자리에 "〈오발탄〉 사건"을 놓았다.[28] 80년대 세대가 〈오발탄〉을 '재발견'하면서 검열이라는 쟁점에 먼저 주목했던 것은 그들이 여전히 검열제도와 맞서 싸우는 중이었기 때문이다. 하지만 검열의 피해자라는 이력이 전부는 아니었다. 새로운 사회와 영화를 꿈꿨던 당대의 영화청년들이 〈오발탄〉을 '아버지 영화'로 받아들이도록 만든 힘은 무엇보다도 영화 〈오발탄〉에서 나왔다.

1990년대, 리얼리즘과 모더니즘

〈오발탄〉이 "리얼리즘 영화의 대표작인 동시에 모더니즘 영화의 대표작"[29]이라는 이효인의 주장은 언뜻 모순되어 보인다. 리얼리즘이 세계의 충실한 재현을 추구한다면, 모더니즘은 재현 가능성을 불신하고 매체의 자기반영성을 강조하기 때문이다. 1960년대 세계 영화의 뉴웨이브가 할리우드 고전영화의 리얼리즘에 반대하는 모더니즘 영화운동이었다는 사실이나, 1980년대 문예운동에서 모더니즘이 리얼리즘과는 대척점에 있는 것으로 여겨졌던 사실을 생각한다면, '리얼리즘이자 모더니즘'이라는 말은 일종의 형용모순이다.

그러나 〈오발탄〉을 '리얼리즘이자 모더니즘'으로

보는 것은, 1963년에 이영일이 "리얼리즘 영화의 절정"이자 "리얼리즘 영화의 한계를 탈출시키는 한 작품"이라고 말했을 때부터 이미 〈오발탄〉을 평가하는 지배적인 시각이었다. 이영일에 따르면, "나갈 길 없는 현실을 치열하고 철저하게 묘사"함으로써 〈오발탄〉은 "한국 리얼리즘 영화의 절정"에 도달했다. 하지만 정작 〈오발탄〉의 "예술적(미학적)인 문제성"은 "극적 클라이맥스"를 설정하는 데 실패하고 그 대신 "김진규를 방황시키는 영상미학의 방법론"을 획득한 데 있었다. 〈오발탄〉의 영상미학은 "극적 허구의 상실, 실패"로부터 얻어진 것이며, 이는 영화 〈오발탄〉이 "반허구적 경향"으로 흐르던 당시 세계 영화의 뉴웨이브, 즉 모더니즘 영화운동과 호흡을 같이한다는 것을 의미했다.[30]

영화의 정치성을 회복하고자 했던 80년대 세대의 영화운동이 모더니즘과 리얼리즘을 둘러싸고 각기 다른 두 가지 방향으로 나아갔던 것은 영화 〈오발탄〉이 재평가되는 데 중요한 담론적 지형을 제공했다. 첫째, '정치적 모더니즘political modernism'에서 영감을 얻은 젊은 영화인들은 영화에서 형식의 급진성이 정치적인 메시지보다 더욱 정치적인 것이라는 테제를 〈오발탄〉에 적용했다. 〈오발탄〉은 그들이 알고 있던 한국 상업영화의 타성적인 언어와 심상으로부터 벗어나 있는 작품이었으며, 바로 그 점이야말로 이 영화가 검열의 피해자였다는 사실과 더불어 〈오발탄〉의 정치적 급진성을 보여 주는 것이었다. 《닫힌 현실 열린 영화》로부터 《유현목: 한국 리얼리즘의 길찾기》(이용관·이효인·정재형 책임편집, 도서출판 큰사람, 1999)에 이르기까지, 많은 연구자들은 현대 영화이론의 분석적 도구들을 동원하여 〈오발탄〉을 비롯한 유현목 영화들의 형식 분석에 매진함으로써, "나갈 길 없는 현실에의 가열한 작가적 저항"[31]을 증명하고자 했다.

둘째, 1980년대 문예운동이 창작방법론으로 삼았던 리얼리즘은 한국영화의 사회비판적 리얼리즘과는 다르고 서구 모더니즘과는 대척점에 위치한 것이었다. 1980년대 후반 사회변혁운동의 노선 투쟁이 격화하면서 문예운동 조직 또한 여러 갈래로 분화하였고, 이에 따라 리얼리즘론도 다양하게 분화·발전했다. 이영일로부터 80년대 비평가들에 이르기까지, 한국영화의 리얼리즘은 사회비판 의식의 담지자로서 예술가/지식인을 주체로 세우는 엘리트주의와 현실 직시의 정신을 강조하는 그 관념성으로 인해 영화운동 진영에서는 오히려 극복의 대상이 되었다. 이영일이 말한바, "한국 리얼리즘 영화의 절정"은 "극적 허구의 상실, 실패"로 획득한 "영상미학의 방법론"으로써 "탈출"해야 하는 것이 아니라, 한국 사회의 근본적 모순을 폭로하고 생산계급의 역사적 전망을 드러냄으로써 도달해야 하는 것이었다. 요컨대, 한국 사회의 변혁을 추구하던 영화운동 진영에 〈오발탄〉은 더 이상 "리얼리즘"도, "아버지 영화"도 아니었다.

김소연은 1980년대 〈오발탄〉의 재발견이 '리얼리즘의 정신'과 '모더니즘적 스타일'이라는 "절충"으로 귀결되었다고 지적한다.[32] 유현목 스스로도 말했듯이,[33] 〈오발탄〉은 네오리얼리즘과 누벨바그 같은 동시대 서구의 모더니즘 영화운동의 자장 안에 있었다. 하지만 '리얼리즘'은 그렇게 간단하게 정산되지 않는다. 우리가 익히 알고 있는, 〈아리랑〉에서 〈오발탄〉으로 이어지는 리얼리즘의 한국영화사는 "한국영화의 피와 땀, 비애, 육체적 고통과 기쁨, 그것이 오직 여기[리얼리즘]에 모여 있"[34]다는 믿음 위에서 구축된 독보적인 세계로서 존재해 왔기 때문이다. 만약 2025년 현재 〈오발탄〉을 소환하여 한국영화의 리얼리즘에 대해 다시 묻고자 한다면, 그것은 또 다른 한국영화사를 서술하는 출발이 되어야 하지 않을까 생각한다. ●

주

1 변인식, 〈[해방 30년, 문화 1세대 (7)] 외화 홍수 속 칠전팔기〉, 《경향신문》 1975년 8월 25일자 5면.

2 이영일, 《한국영화전사(개정증보판)》, 도서출판 소도, 2003, 101쪽.

3 곽학송, 〈4·19혁명을 계기로 한 한국영화계의 전망〉, 《국제영화》 1960년 7월호, 81쪽.

4 〈감독, 기술자들이 주동, 영화계 동인제로 불황 타개〉, 《동아일보》 1960년 4월 20일자 4면; 〈[이모저모] 이봉래 감독의 동인회〉, 《영화세계》 1960년 6월호, 197쪽.

5 〈외국인이 본 우리 영화 〈오발탄〉 국제수준의 문제작, 탁월한 색채 처리 〈성춘향〉〉, 《한국일보》 1961년 2월 18일자 석간 4면.

6 〈양에서 질로 변천하는 국산영화〉, 《조선일보》 1960년 4월 23일자 4면.

7 〈영화계 동정〉, 《국제영화》 1961년 12월호, 181쪽.

8 《〈오발탄〉 심의서류》, 한국영상자료원 소장.

9 조혜정 채록연구, 《2003년도 한국 근현대예술사 구술채록연구 시리즈 15: 유현목》, 한국문화예술진흥원, 2004, 127쪽.

10 *THE FILM DAILY*. November 12 1963, Margaret Herrick Library 소장.

11 〈영화계 동정〉, 《국제영화》 1963년 6·7월호, 166쪽; Richard Dyer MacCann, "Films and Film Training in the Republic of Korea", *Journal of the University Film Producers Association*, Vol. 16, No. 1 (1964), pp. 4-6, 17-18.

12 《〈오발탄〉 심의서류》, 한국영상자료원 소장.

13 배석인 인터뷰, 2014년 5월 30일; 신봉승 인터뷰, 2013년 8월 1일; 조혜정 채록연구, 앞의 책, 172쪽; 임영, 〈7년간의 침묵 깬 노감독, 유현목씨 〈오구〉 준비, 풍부한 연출력 기대〉, 《조선일보》 1991년 8월 30일자 13면.

14 하길종, 《사회적 영상과 반사회적 영상》, 한국영상자료원, 2009, 441~447쪽.

15 배석인 인터뷰, 2013년 3월 18일.

16 Jennifer Frost, "Cinema as Cultural Diplomacy and the Cold War: US Participation in International Film Festivals behind the Iron Curtain, 1959–1971." *Journal of Cold War Studies* 25.1 (2023): 75-100.

17 Miguel Pendas 인터뷰, 2014년 4월 26일.

18 유현목, 《예술가의 삶: 영화인생》, 혜화당, 1995.

19 "San Francisco International Festival" October 3, 1963, Box P-233, The Asia Foundation, Hoover Institution Archives.

20 유현목, 〈[〈오발탄〉 귀국보고] 샌프란시스코영화제를 다녀와서〉, 《국제영화》 1964년 3월호, 65쪽.

21 〈나도 감독. 활발해진 소형영화 제작〉, 《조선일보》 1987년 3월 22일자 9면.

22 임영, 〈7년간의 침묵 깬 노감독, 유현목씨 〈오구〉 준비, 풍부한 연출력 기대〉, 《조선일보》 1991년 8월 30일자 13면.

23 〈광복기념 감상회 〈오발탄〉 상영금지〉, 《경향신문》 1975년 8월 8일자 5면.

24 〈한국영화재조명 행사, 11일 영진공 시사실서〉, 《조선일보》 1983년 11월 9일자 12면.

25 장기철 인터뷰, 2014년 7월 15일.

26 〈외대, '유현목 영화제' 19일 개막, 국내 첫 영화작가 주간, 대표작 10편 상영〉, 《조선일보》 1986년 11월 12일자 12면.

27 정재형 인터뷰, 2014년 7월 4일.

28 〈9월의 스크린 이슈: 사회성 영화와 검열파동〉, 《스크린》 통권 43호 (1987년 9월호), 215~221쪽.

29 이효인, 〈1960년대 한국영화〉, 한국영상자료원 편 ,《한국영화사 공부 1960~1979》, 이채, 2004, 75쪽.

30 이영일, 〈〈오발탄〉의 문제성〉, 《경향신문》 1963년 11월 2일자 5면.

31 이영일, 〈〈오발탄〉의 문제성〉, 《경향신문》 1963년 11월 2일자 5면.

32 김소연, 〈오발탄은 어떻게 '한국 최고의 리얼리즘 영화'가 되었나?〉, 《환상의 지도: 한국영화, 그 결을 거슬러 길을 묻다》, 울력, 2008, 91쪽.

33 조혜정 채록연구, 앞의 책, 170쪽; 〈오발탄〉 DVD 유현목 인터뷰 영상, 2002.

34 한국예술연구소 편, 《이영일의 한국영화사 강의록》, 도서출판 소도, 2002, 178쪽.

고쳐 가며, 쉬어 가며 1년 만에 완성

당시의 신문 기사가 전한 대로라면, 영화 〈오발탄〉 제작에는 13개월이 소요되었다.[1] 제작자 김성춘이 당국에 '국산영화상영신고서'를 제출한 1961년 2월 9일로부터 역산해 보면, 영화제작이 시작된 것은 1960년 1월 무렵이었을 것이다. 촬영은 1960년 4월 말에 시작[2]되어 이듬해 초[3]까지 이어졌고, 1961년 1월에 후반작업을 진행했다. 영화윤리전국위원회(이하 영윤)의 심의를 거쳐 국제극장에서 개봉한 것은 1961년 4월 13일이었다. 유현목은 〈오발탄〉의 녹음에 보름이 걸렸다면서, 3일 정도 녹음하는 다른 영화들에 비하면 오래 걸린 것이라고 했다.[4] 녹음만이 아니었다. 8개월여의 촬영 기간도 이례적일 만큼 긴 것이어서 당시 영화잡지에서는 이 영화가 과연 완성될 수 있을지에 의문을 표하기도 했다.[5] 이처럼 제작 기간이 길었던 것은 일차적으로는 제작비 문제 때문이었다. 김성춘, 유현목, 김학성이 동인 프로덕션을 구성하여 직접 제작함으로써 인건비를 절감했고,[6] 주요 배역을 맡은 배우들이 개런티를 받지 않았기 때문에, 〈오발탄〉은 당시 한국영화 제작비 평균인 3,500만 환의 4분의 1에도 못 미치는 800만 환만을 제작비로 지출했다.[7] 그조차도 마련하기가 쉽지 않았던 사정을 유현목은 이렇게 술회한다.

> 그 돈이 있나? 그래 뭐 자기[제작자 김성춘-인용자 주] 집 잽히고, 뭐 어 조카 놈한테, 이야 얼마 좀 내라, 뭐 이래서, 또 한, 한 주 쉬다가 또, 어 필림 한 이천 자 생기면 또 몇 씬 찍고 {아} 또 한 보름 놀면, 그래 가지고 그니까, 이제 4·19 때에 시작했거든요. 그 표현의 자유가 있으니까 어느 정도 {네} 이제 검열이라는 게 자유로와지니까, 또 많이 고쳤죠. {예} 시나리오를. {예} 고전에 자유당 때 했더라면 많이 잘릴 텐데. {아} 전체 안 나올 수도 있고 {예, 예} 곤쳐 가며 곤쳐 가며 이제 1년, 꼭 1년 걸렸어.[8]

〈오발탄〉 제작 서류가 복잡한 것은 제작 기간이 길었던 사정과 관련되어 있다. 특히 4·19 이후 검열이 완화되었기 때문에 시나리오를 "곤쳐 가며 곤쳐 가며" 할 수 있었고, 그래서 다양한 버전의 시나리오가 생산되었다. 6종의 시나리오가 확인되는데, 그중 1종은 당시 영화잡지에 게재된 것이고, 5종은 한국영상자료원 유현목 컬렉션이 소장한 것이다. 유현목 컬렉션에는 시나리오뿐 아니라 신 리스트나 촬영계획표 같은 서류도 포함되어 있다.

촬영 전preproduction, 1959년 10월~1960년 4월

남아 있는 시나리오 중 가장 먼저 집필된 것은 《시나리오문예》 제5집에 수록된 이종기·이이녕 작의 〈시나리오 〈오발탄〉〉(이하 시나리오①) 이다. 《시나리오문예》 제5집은 2월 25일 인쇄, 3월 1일 발간이므로 시나리오 ①은 적어도 2월 25일 이전에 쓰인 것이다. 당시 영화잡지에는 시나리오들이 고정적으로 게재되었다. 영화화를 전제로 쓰인 시나리오뿐 아니라, 그저 읽힐 목적으로 외국영화 시나리오의 번역본이나 영화를 소설로 재구성한 영화소설이 실리는 경우도 많았다. 유현목 컬렉션에 남아 있는 신 리스트(DZK0000472_01)가 시나리오 ①을 기반으로 작성된 것으로 보아, 시나리오 ①은 영화화를 전제로 쓰였을 뿐 아니라,

1 〈명중한 '오발탄'〉, 《경향신문》 1961년 2월 23일자 4면.
2 〈양에서 질로 변천하는 국산영화〉, 《조선일보》 1960년 4월 23일자 4면.
3 〈영화가 만보: 예술은 길고 신파는 짧다〉, 《국제영화》 1961년 2월호, 42~45쪽.
4 조혜정 채록연구, 《2003년도 한국 근현대예술사 구술채록연구 시리즈 15: 유현목》, 한국문화예술진흥원, 2004, 173쪽.
5 〈영화가 만보: 빗맞은 유감독의 〈오발탄〉〉, 《국제영화》 1960년 11월호, 88~89쪽.
6 〈감독, 기술자들이 주동, 영화계 동인제로 불황 타개〉, 《동아일보》 1960년 4월 20일자 4면.
7 〈[신영화] 문제의 작품, 문제의 감독, 〈오발탄〉 촬영진행 호조〉, 《서울신문》 1960년 8월 19일자 석간 4면.
8 조혜정 채록연구, 앞의 책, 125쪽.

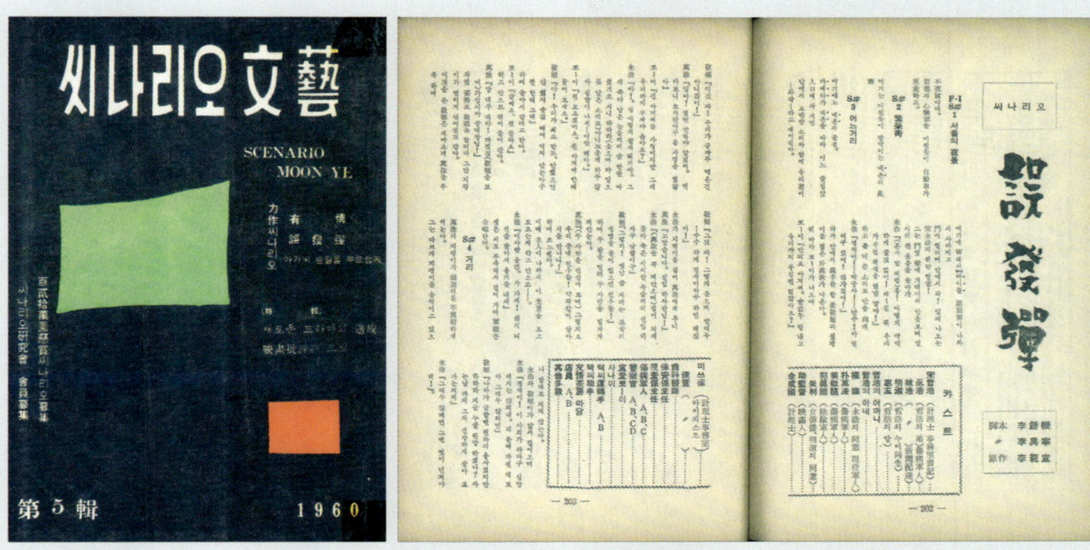

❶ 이종기·이이녕, 〈시나리오 〈오발탄〉〉, 《시나리오문예》 1960년 3월호 제5집

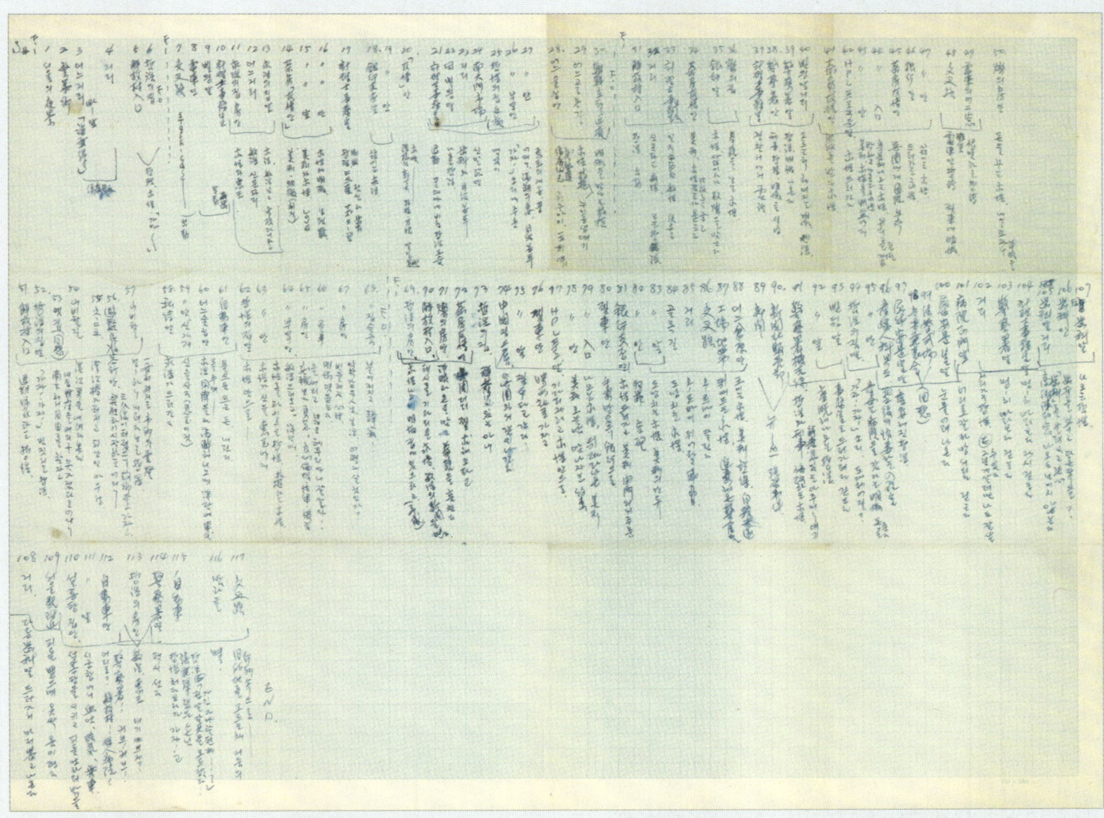

〈오발탄〉 신 리스트 (DZK0000472_01)

제작의 어느 단계까지는 실제 사용되었던 것으로 보인다.

두 번째 버전으로 추정되는 것은 CKN002518_01의 〈오발탄〉 오리지널 시나리오이다(이하 시나리오 ②). 시나리오 ②는 원고지에 육필로 쓴 것인데, S#57까지만 남아 있다. 필체로 보아 여러 사람이 나누어 쓴 것으로 생각된다. 시나리오 ②는 인쇄된 책자 형태로 된 CKN002169_01(이하 시나리오 ③)의 또 다른 〈오발탄〉 시나리오의 저본으로 추정할 수 있다. 시나리오 ①, ②, ③을 비교해 보면, 초기 시나리오 작업에서 작가와 감독이 가장 고심했던 대목이 설희라는 캐릭터와 관련되어 있음을 알 수 있다. 완성된 영화에서 설희는 부상당한 영호를 돌봐 주던 간호장교였으며 현재는 대학생이다. 그녀는 영호와 우연히 재회한 후 그의 연인이 되는데, 옆방에 사는 시인 지망생 청년의 스토킹 때문에 결국 비극적으로 죽게 된다. 중요한 것은 그녀의 유품인 권총이 영호가 은행 강도를 결행하는 계기를 제공한다는 점이다. 시나리오 ①에서는 설희라는 캐릭터는 존재하지 않고 대신 우연히 만난 옛 친구(캐릭터 이름은 권찬)의 서랍에 있던 권총을 영호가 훔쳐서 은행 강도를 저지르는 설정이다.

시나리오 ②의 마지막 부분에는 설희와 영호의 관계를 묘사하는 두 가지 버전의 신이 적혀 있어서 설희 캐릭터와 관련하여 고민이 깊었음을 짐작케 한다. 두 가지 가운데 두 번째 버전이 시나리오 ③에 채택되었다.

CKN002552_01은 9쪽짜리 인쇄물로 된 〈오발탄〉의 줄거리다. 당시에는 지방 흥행업자에게 영화를 입도선매할 때나 언론에 홍보할 때 사용하기 위해 줄거리 인쇄물을 별도로 제작하기도 했다. 이동일 작 《(영화소설) 오발탄》은 CKN002552_01과 마찬가지로 시나리오 ③을 저본으로 삼고 있다. 《(영화소설) 오발탄》이 수록된 《국제영화》 1960년 6월호는 4월 20일 인쇄, 5월 1일 발행이므로 시나리오 ③은 4월 20일 전에 완성되었을 것이다.

촬영production,
1960년 4월 말~1961년 1월

제작팀이 시나리오 ③을 가지고 촬영에 임했음은 시나리오 앞부분에 다섯 장 분량의 촬영 계획표가 붙어 있는 것을 통해서 알 수 있다. 계획표 마지막 장에는 "11월 15일"이

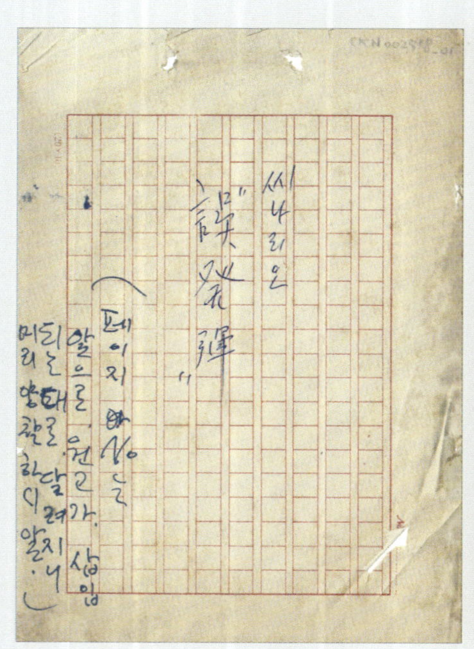

❷ 〈오발탄〉 시나리오 (CKN002518_01)

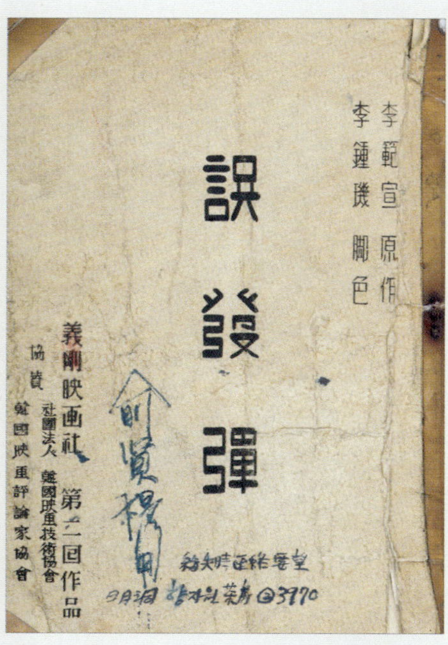

❸ 〈오발탄〉 시나리오 (CKN002169_01)

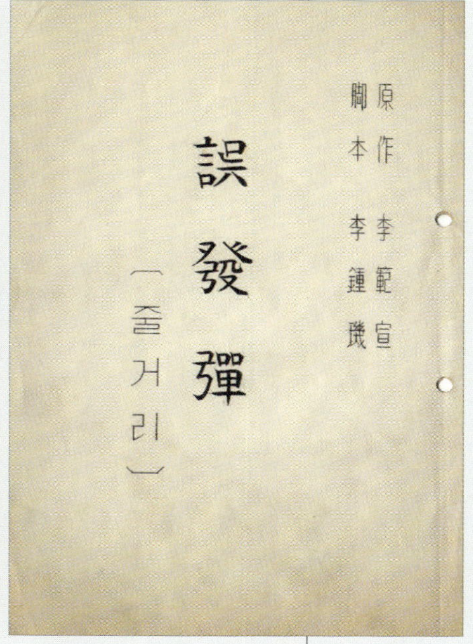

〈오발탄〉 줄거리 (CKN002552_01)

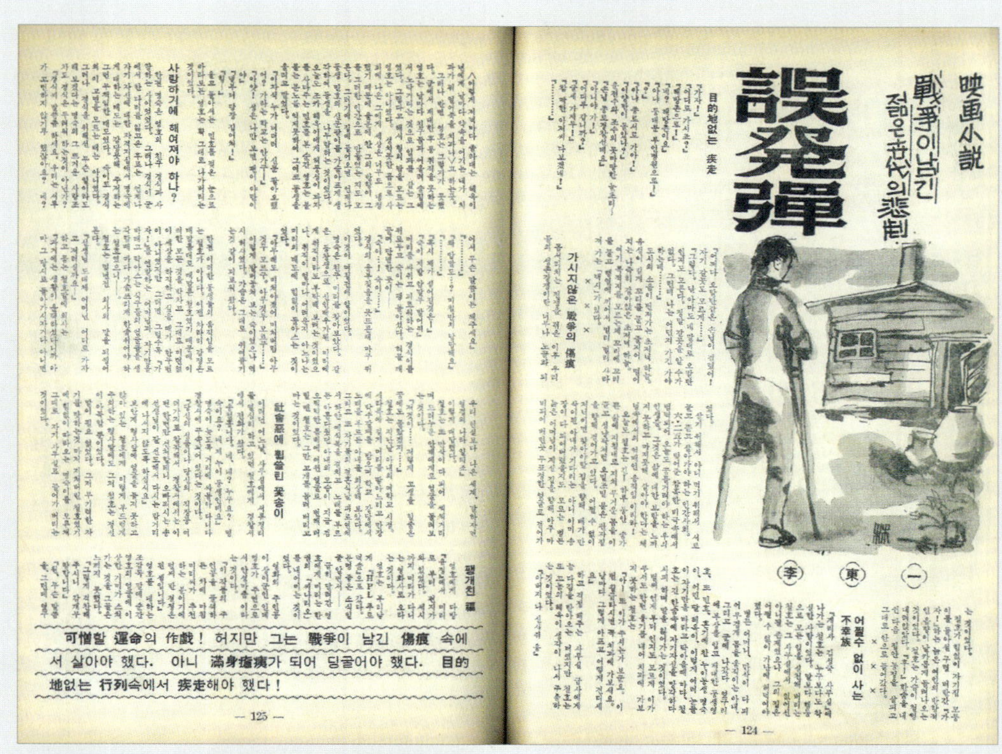

映画小説

「戰爭이 남긴 젊은 世代의 悲劇」

誤発彈

李 東 一

目的地없는 疾走

가시지않은 戰爭의 傷痕

어쩔수 없이 사는 不幸族

— 124 —

팽개친 福

可憎할 運命의 作戱! 허지만 그는 戰爭이 남긴 傷痕 속에서 살아야 했다. 아니 滿身瘡痍가 되어 딩굴어야 했다. 目的地없는 行列속에서 疾走해야 했다!

— 125 —

이동일, 〈[영화소설] 오발탄〉, 《국제영화》 1960년 6월호

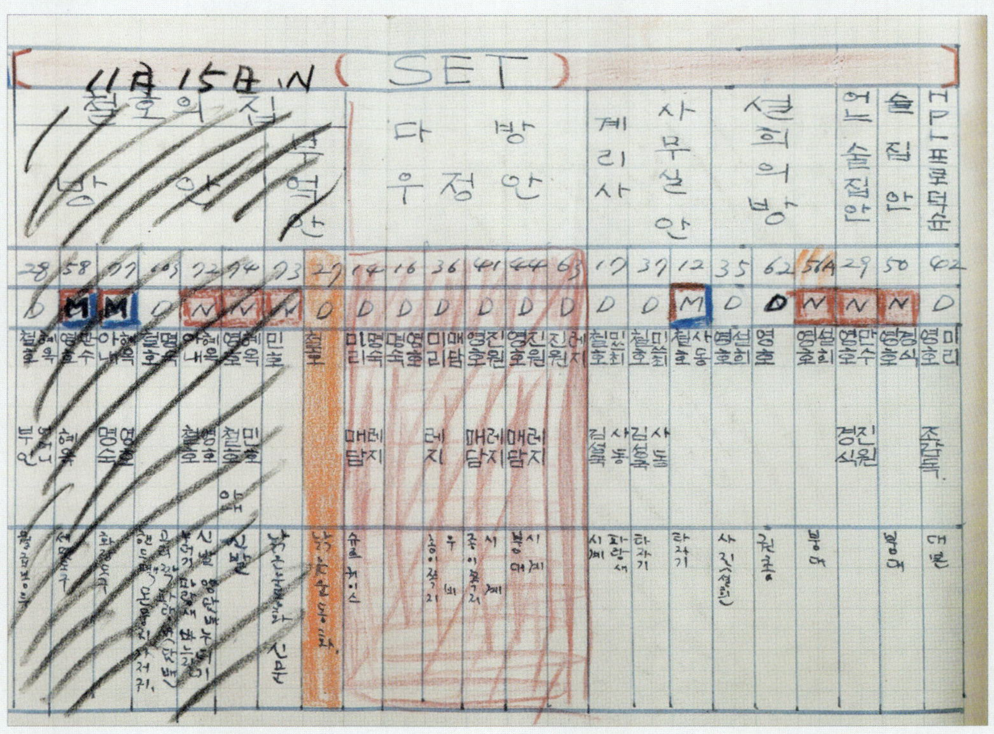

〈오발탄〉 촬영 계획표의 일부

라는 날짜가 적혀 있는데, 제작 서류에 표기된 촬영 일자 가운데 가장 나중의 것이다. 참고로 남은 촬영에 대한 계획을 적은 '잔여촬영구분표'(ZK0000633_01)에 기재된 날짜는 10월 1일이다.

시나리오 ③의 표지에는 "兪賢穆 用, 紛失時 連絡要望 明洞 향자원茶房 ②3970"이라고 손글씨로 쓰여 있고, 본문에는 촬영 메모와 대사의 첨삭이 있어서 유현목 감독이 촬영 기간 내내 이 시나리오를 사용했음을 알 수 있다. CKN003083_01과 CKO016324_01 은 별도의 묶음이지만, 본래는 하나였을 것으로 추정되는데, 둘 다 시나리오 ③의 일부를 오려 붙이고 그 위에 첨삭하거나 백지에 새로 장면을 써서 중간에 삽입하는 방식으로 수정했다. 시나리오 ④-1은 43쪽으로 S#1~S#29, 시나리오 ④-2는 18쪽, S#99~S#123(끝)이다.

후반작업postproduction과 두 번의 검열, 1961년 1월~1963년 8월

일반적으로 녹음대본은 창작 과정에서 생산된 여러 시나리오들 가운데 완성된 영화와 가장 가까운 것으로 평가된다. 후반작업의 마지막에 해당하는 후시녹음을 위해 만들어진 것이기 때문이다. 따라서 필름이 남아 있지 않을 경우, 녹음대본은 영화의 원 모습을 가장 가깝게 추정해 볼 수 있는 자료가 된다. 그런데 〈오발탄〉의 경우는 녹음대본과 현존하는 영화 사이에 상당한 차이가 있을 뿐 아니라, 그 차이가 중요한 의미를 갖는다는 점에서 독특한 사례라고 할 수 있다.

〈오발탄〉은 민간 자율 심의기구인 영윤의 심의를 받고 1961년 4월 13일 개봉되었다. 이때는 "개천 하수도에서 어린이를 업은 여인이 목매단 장면"을 삭제하라는 지적을 받고 해당 장면을 삭제한 채 상영하였다. 5월 16일 쿠데타로 정권을 잡은 군부 세력은 1958년부터 상영된 영화들에 대한 대대적인 재검열에 들어갔고, 1962년 3월 22일에 〈오발탄〉을 비롯한 총 7편의 영화에 상영 금지 처분을 내렸다. 1963년 1월부터 8월에 이르기까지, 〈오발탄〉을 구하려는 노력이 다방면으로 전개되었다. 당시 국립영화제작소에 고문으로 와 있던 미국인 영화학자 리처드 다이어 맥캔Richard Dyer MacCann의 로비와 신봉승, 배석인, 이근삼 등 문화계 인사들의 노력이 있었던 한편으로, 검열 당국과 제작자 사이에 표현의 수위를 정하는 긴 줄다리기가 있었다. 8개월 동안 제

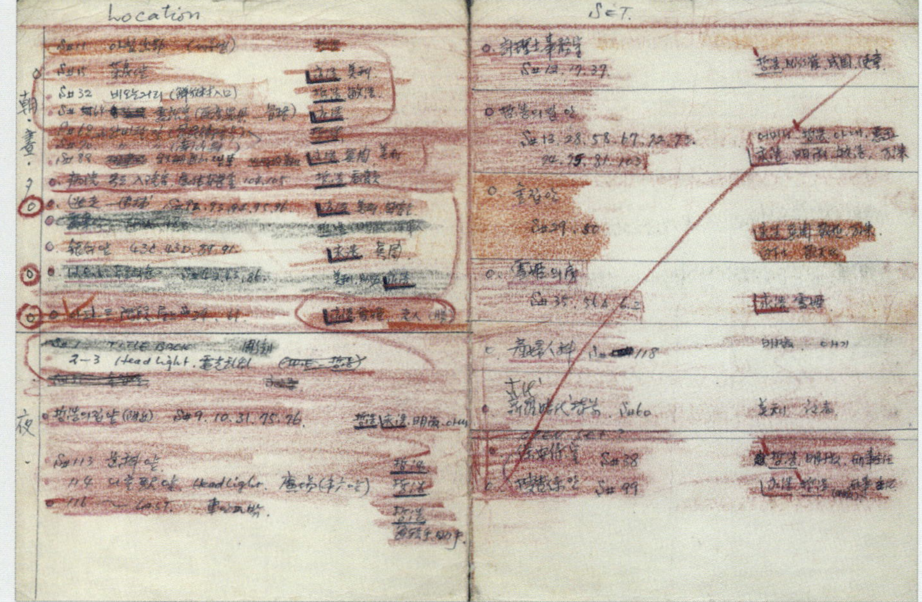

〈오발탄〉 잔여촬영구분표 (ZK0000633_01)

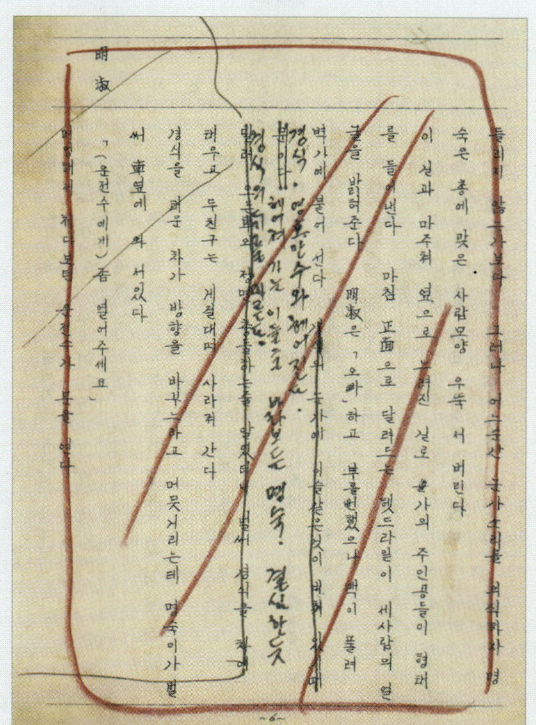

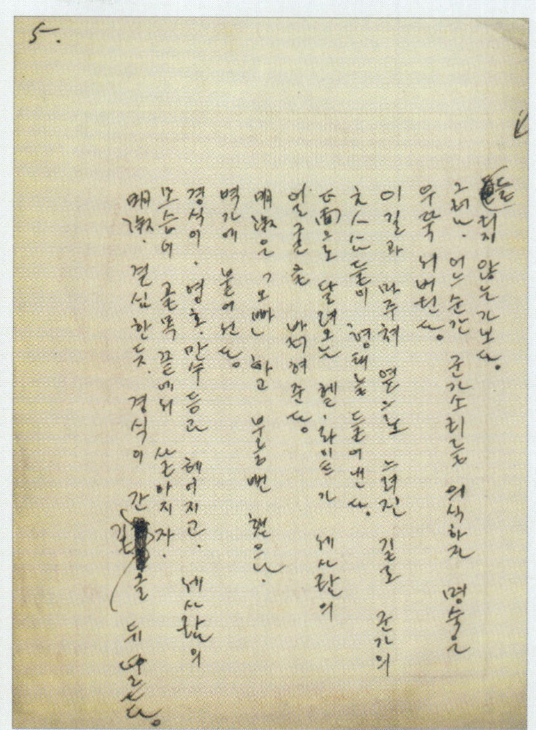

❹-1 〈오발탄〉 시나리오 (CKN003083_01) 중 기존 S#5(왼쪽)와 자필 수정 페이지(오른쪽)

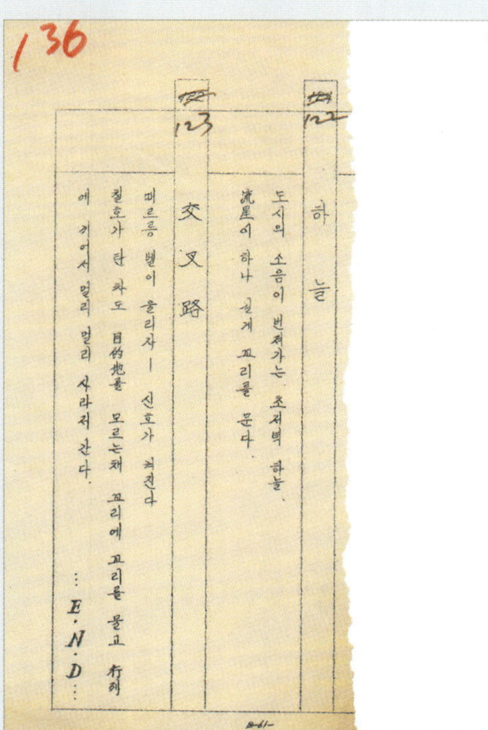

122 하 늘

도시의 소음이 번져가는 초저녁 하늘.
流星이 하나 길게 꼬리를 문다.

123 交叉路

따르릉 벨이 울리자 — 신호가 켜진다
칠호가 탄 차도 目的地를 모르는채 꼬리에 꼬리를 물고 行列에 끼어서 멀리 멀리 사라져 간다.

… E. N. D …

-61-

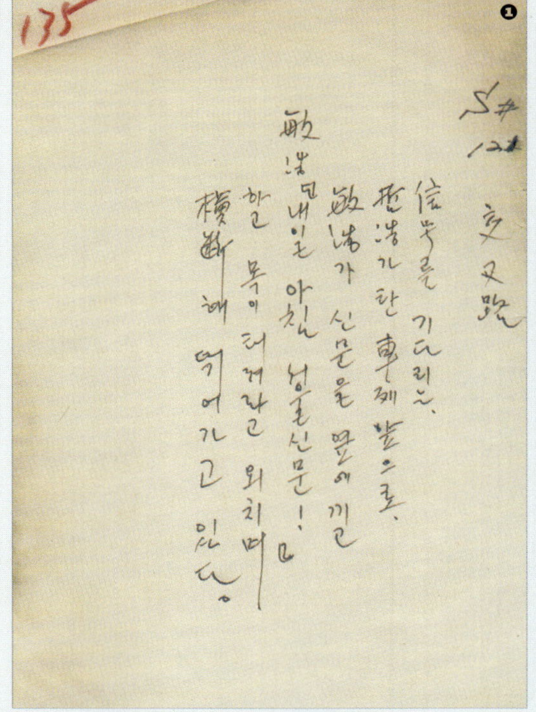

❹-2 〈오발탄〉 시나리오 (CK0016324_01) 중 S#121~S#123 페이지

작자는 여러 차례에 걸쳐 탄원서를 제출하고 자진 개작 의사를 밝혔으나, 당국은 번번이 상영 금지 해제를 거절했다. 결국 1963년 8월 28일, 제작자가 자진 개작한 부분 외에, 9개처의 화면 및 대사 삭제와 화면 단축을 조건으로 영화 〈오발탄〉의 상영 금지는 해제되었다. 특기할 만한 것은, 1961년 개봉 당시 삭제되었던 "여인이 목매단 장면"이 이때는 살아남았다는 사실이다.

이와 같은 검열 과정을 통해 〈오발탄〉의 두 가지 판본이 생산되었다. 1961년 판본과 1963년 판본이 그것이다. 녹음대본은 삭제 이전의 프린트(즉, 원판과 일치하는)에 맞춰 만들어진 것이기 때문에, 녹음대본과 각 판본을 비교해 보면 해당 시기 검열로 사라진 장면이 무엇인지를 알 수 있다. 현전하는 것은 1963년 판본뿐이므로, 녹음대본과 현전하는 영화를 비교해 보면 1963년의 재검열로 삭제된 부분이 무엇인지를 구체적으로 확인할 수 있다.●

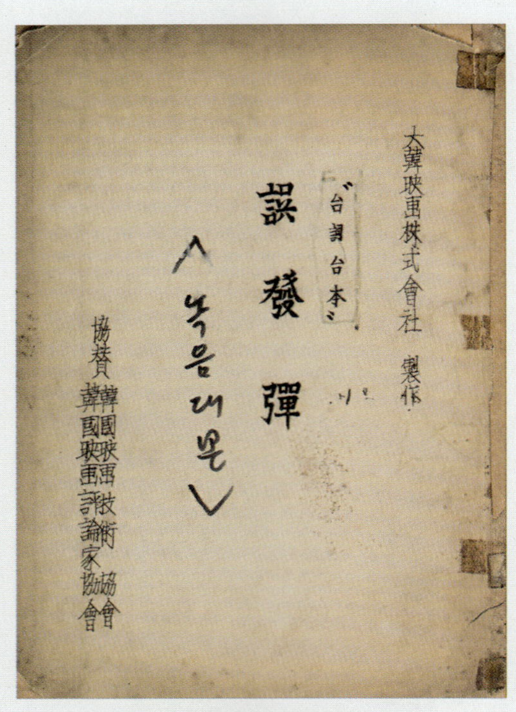

❺ 〈오발탄〉 녹음대본 (CKN002163_01)

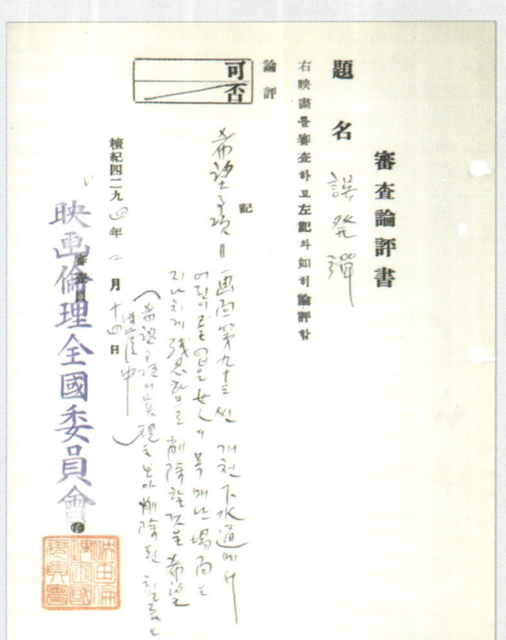

審查論評書

題名 誤發彈

右映畫를審查하고左記와如히論評함

可否

論評

記

檀紀四二九四年二月十四日

映畫倫理全國委員會

영화윤리전국위원회, '심사평가서 제명 "오발탄"', 〈오발탄〉 심의서류, 1961년 2월 14일

영화윤리전국위원회(영윤)의 심의 결과, S#90의 '개천 하수도에서 어린이를 업은 여인이 목매단 장면을 삭제'하라는 지적을 받았다.

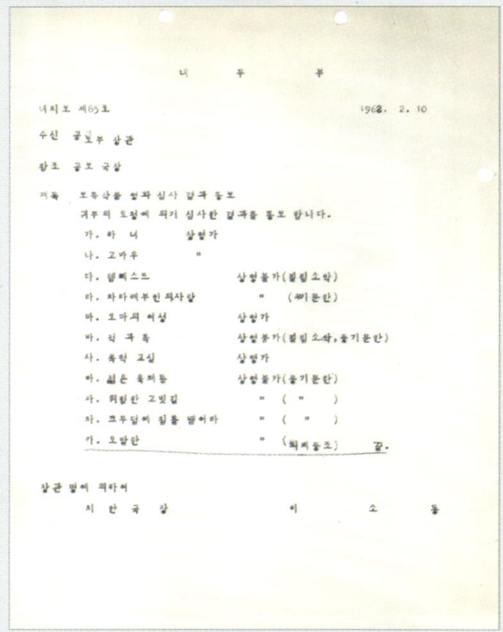

내 무 부

내치보 제65호 1962. 2. 10

수신 공보부 장관

참조 공보 국장

제목 보류작품 영화 심사 결과 통보

귀부의 요청에 의거 심사한 결과를 통보 합니다.

가. 하 녀 상영가

나. 고바우 "

다. [illegible] 상영불가([illegible])

라. [illegible] " ([illegible])

마. 로마의 여성 상영가

바. [illegible] 상영불가([illegible], 풍기문란)

사. 폭력 교실 상영가

아. 젊은 육체들 상영불가(풍기문란)

자. 위험한 고빗길 " (")

차. 그무덤에 침을 뱉어라 " (")

카. 오발탄 " (퇴폐풍조) 끝.

장관 명에 의하여

치안국장 이 소 동

내무부, '보류작품 영화 심사 결과 통보', 〈오발탄〉 심의서류, 1962년 2월 10일

상영 보류 판정을 받은 총 57편의 작품(한국영화 35편, 외국영화 22편) 중 재심의 판정을 받은 11편(한국영화 3편, 외국영화 8편)에 대한 심의 결과 통보서. 〈하녀〉(김기영, 1960)와 〈고바우〉(조정호, 1959)는 상영가 판정을 받았으나, 〈오발탄〉은 상영 허가를 받지 못했다.

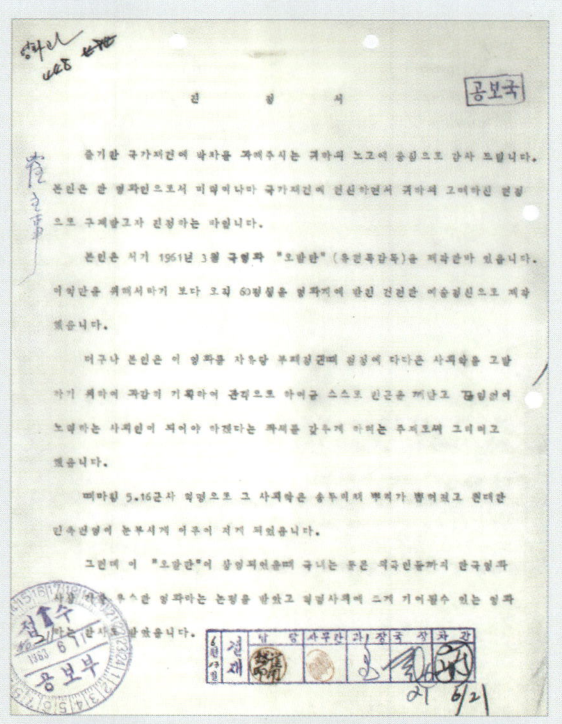

진 정 서

공보국

중기한 국가재건에 박차를 가해주시는 귀하의 노고에 충심으로 감사 드립니다. 본인은 한 영화인으로서 미력이나마 국가재건에 진신하면서 귀하의 고매하신 관심으로 구제받고자 진정하는 바입니다.

본인은 지난 1961년 3월 국영화 "오발탄"(유현목감독)을 제작한바 있습니다. 이익만을 위해서하기 보다 오직 60명정을 영화계에 받친 건전한 예술정신으로 제작했읍니다.

더구나 본인은 이 영화를 자유당 부패정권때 질곡에 타락한 사회악을 고발하기 위하여 과감히 기획하여 관객으로 하여금 스스로 빈곤을 깨닫고 [illegible] 노력하는 사회인이 되어야 하겠다는 자세를 갖추게 하려는 주제로써 그리려고 했읍니다.

때마침 5.16군사 혁명으로 그 사회악은 송두리채 뿌리가 뽑혀졌고 원대한 민족진영이 눈부시게 이루어 지게 되었읍니다.

그런데 이 "오발탄"이 상영되었을때 국내는 물론 외국인들까지 한국영화사상 가장 우수한 영화라는 논평을 받았고 영화사계에 크게 기여될수 있는 영화라는 찬사를 받았읍니다.

그러나 지적받때 너무 어두운 생활상을 그린것이니 혹시 혁명과업에 해가 미칠까봐 상영보류 처분을 받았읍니다. 본인은 혁명과업 완수를 위해서라면 어떤 조치라도 달게 받기로 했읍니다.

그런데 본인은 굳건한 국가재건의 터전이 이루어진 오늘 영화 "오발탄"이 혁명과업 완수에 해가 미칠 우려가 없다고 싶으며 오히려 국민이 예술영화를 즐기며 부패를 막고 오직 국가재건에 이바지 할수있는 동기를 마련할수 있음을 자부할수 있도록 각기 당국에서 지적한 부분을 다음과 같이 대폭 수정하였읍니다.

다시 상영허가를 해주시기를 앙망합니다.

수 정 부 분

1. 영화내용에 정신이상이된 노모가 "가자" 하는 헛소리하는 구절이 대중에게 오해될 우려가 있어 그 구절을 "어두운 밀란의 솔때를 따라가자" 하는 내용으로 한결 명확히하여 인간이 평화스러운 유토피아를 그리워하는 본질을 강조했읍니다.
2. 영화 끝머리의 100척이상의 필름에 혁명정부의 과감한 시책을 찬양하는 자막을 넣어 질삼과 기아선상에 허디기던 구정권을 규탄하였고 관객으로 하여금 이 영화를 관람하므로써 혁명과업 완수에 더욱 적극성을 고취하게 했읍니다.
3. 영화 마지막에 혁명공약 제4항을 넣어서 건전한 재건의욕을 강조했읍니다.

대한영화사, '(오발탄 재허가 요청) 진정서', 〈오발탄〉 심의서류, 1963년 6월 11일

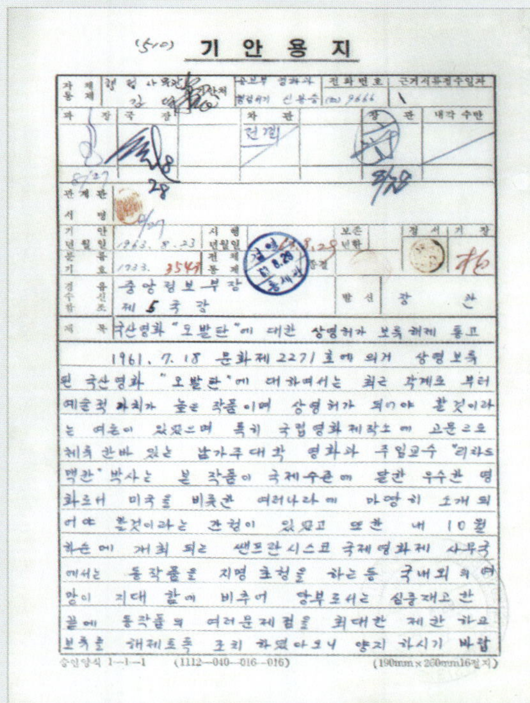

(510) 기 안 용 지

기안년월일 1963. 8. 23 / 시행년월일 63. 8. 29 / 분류기호 1733. 3549

경유 수신 참조: 중앙정보부장, 제5국장 / 발신: 장관

제목: 국산영화 "오발탄"에 대한 상영허가 보류해제 통고

1961. 7. 18 문화제2271호에 의거 상영보류된 국산영화 "오발탄"에 대하여서는 최근 각계로 부터 예술적 가치가 높은 작품이며 상영허가 되어야 할것이라는 여론이 있었으며 특히 국립영화제작소에 고문으로 취축 한바 있는 남가주대학 영화과 주임교수 "리차드 맥칸" 박사는 본 작품이 국제수준에 달한 우수한 영화로서 미국을 비롯한 여러나라에 마땅히 소개되어야 할것이라는 견해이 있었고 또한 내 10월 하순에 개최되는 쌘프란시스코 국제영화제 사무국에서는 동작품을 지명 초청을 하는등 국내외의 여망이 지대 함에 비추어 당부로서는 심글재고 한 끝에 동작품의 여러문제점을 최대한 제한 하고 보류를 해제토록 조치 하였아오니 양지 하시기 바랍

승인양식 1-1-1 (1112-040-016-016) (190mm×268mm16절지)

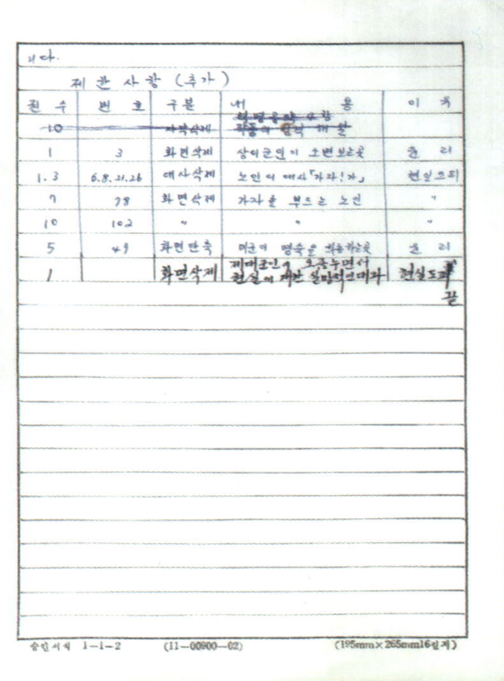

니다.

제한사항 (추가)

권수	번호	구분	내용	이유
~~10~~		~~자막삭제~~	~~혁명공약 4항 [illegible]~~	
1	3	화면삭제	상이군인이 소변보는곳	순리
1. 3	6.8.21.26	대사삭제	노인이 대사「가자!가」	현실도피
7	78	화면삭제	가자를 부르는 노인	〃
10	102	〃	〃	〃
5	49	화면단축	미군이 명숙을 희롱하는곳	순리
1		화면삭제	제대군인이 오줌누면서 현실에 대한 불만하는 대사	현실도피

끝

승인서식 1-1-2 (11-00900-02) (195mm×265mm16절지)

공보부 영화과, '국산영화 "오발탄"에 대한 상영 허가 보류 해제 통고', 〈오발탄〉 심의서류, 1963년 8월 29일

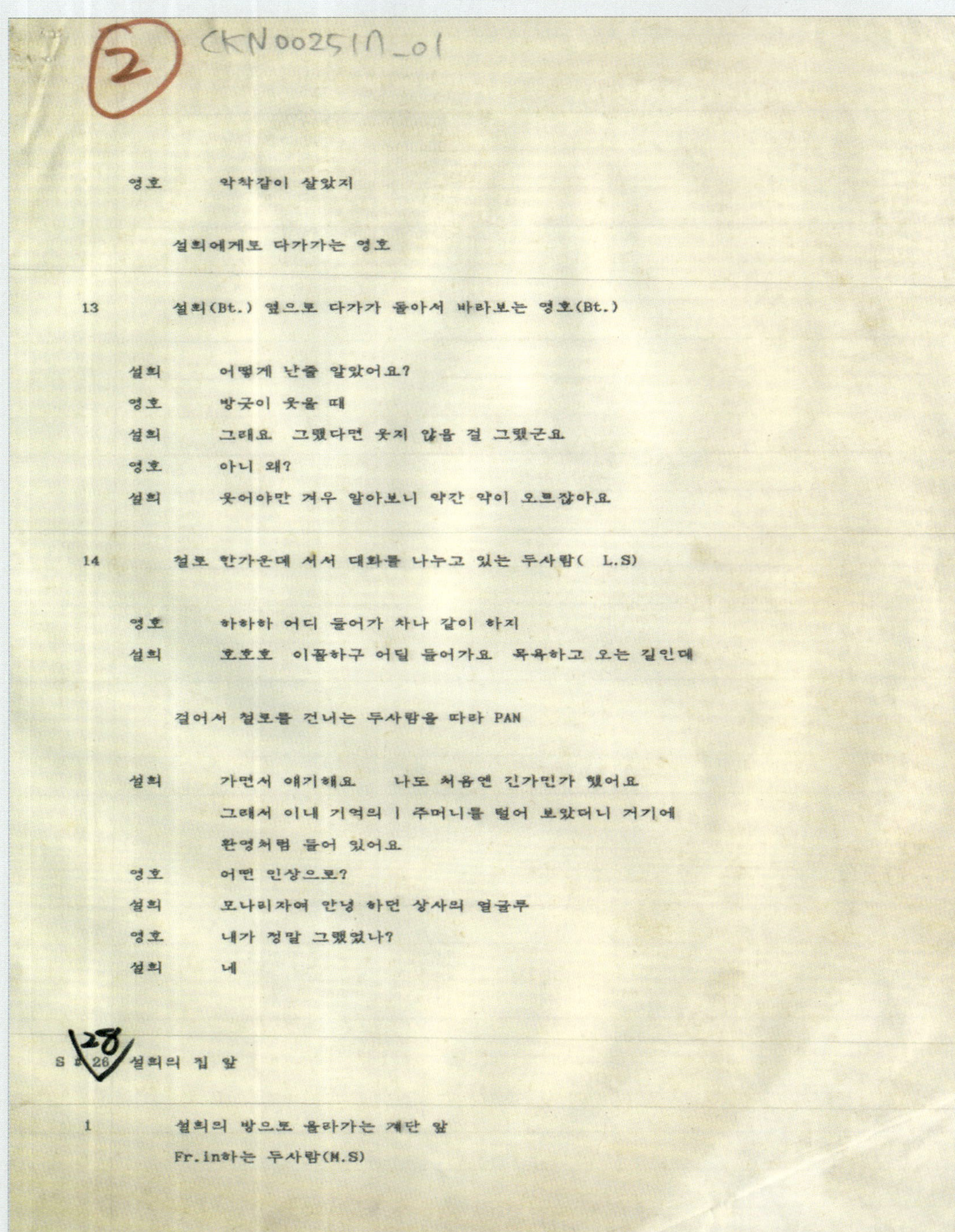

② CKN002517_01

영호　　악착같이 살았지

설희에게로 다가가는 영호

13　　설희(Bt.) 옆으로 다가가 돌아서 바라보는 영호(Bt.)

설희　　어떻게 난줄 알았어요?
영호　　방긋이 웃을 때
설희　　그래요 그랬다면 웃지 않을 걸 그랬군요
영호　　아니 왜?
설희　　웃어야만 겨우 알아보니 약간 약이 오르잖아요

14　　철로 한가운데 서서 대화를 나누고 있는 두사람(L.S)

영호　　하하하 어디 들어가 차나 같이 하지
설희　　호호호 이꼴하구 어딜 들어가요 목욕하고 오는 길인데

걸어서 철로를 건너는 두사람을 따라 PAN

설희　　가면서 얘기해요　나도 처음엔 긴가민가 했어요
그래서 이내 기억의 | 주머니를 털어 보았더니 거기에
환영처럼 들어 있어요
영호　　어떤 인상으로?
설희　　모나리자여 안녕 하던 상사의 얼굴루
영호　　내가 정말 그랬었나?
설희　　네

S # 26 (28) 설희의 집 앞

1　　설희의 방으로 올라가는 계단 앞
Fr.in하는 두사람(M.S)

❻ 〈오발탄〉 시나리오 [CKN002517_01]

가로쓰기로 타이핑된 CKN002517_01은 유현목과 〈오발탄〉이 재평가된 1980~1990년대 무렵에 완성된 영화를 기반으로 다시 쓰인 시나리오로 추정된다. 그 시기에 많이 사용되던 도트프린터 인쇄용지와 글씨체인 것으로 보이기 때문이다.

군사정권 초반 사전심의제의 틈새

개봉 당시에 "〈오발탄〉의 자매편"이라는 평을 들었을 만큼, 영화 〈잉여인간〉은 여러 가지 면에서 1961년작 〈오발탄〉과 짝을 이룬다. 원작 〈오발탄〉(이범선 작)과 〈잉여인간〉(손창섭 작)은 모두 1959년에 발표된 단편소설로, 피폐한 전후 한국 사회를 다루었지만 그 강조점은 다르다. 〈오발탄〉이 해방촌과 실향민, 실업과 빈곤의 전후 현실을 직접적으로 다루고 있다면, 〈잉여인간〉은 구체적인 사회 현실보다는 개인의 실존적 공허에 좀 더 비중을 두었다. 따라서 영화 〈잉여인간〉과 〈오발탄〉이 "어디로든 가야겠지만 갈 곳을 모른다'는, 방향감각을 상실한 현대인의 오뇌"[1]로 상통하는 영화가 된 것은 유현목의 영화적 해석이 가미된 결과다.

예컨대 가난 때문에 속절없이 아내를 잃은 익준과, 역시 돈 때문에 병원을 잃은 만기가 갈 곳을 몰라 하는 영화 〈잉여인간〉의 결말은 〈오발탄〉의 마지막 장면을 곧바로 연상시킨다. 원작에는 없는 승범이라는 캐릭터가 〈오발탄〉의 영호를 떠올리게 한다는 점도 지적할 수 있을 것이다. 미국 유학을 하고 왔으나 한국에서 일자리를 얻지 못한 승범은 다시 미국으로 돌아갈 경비를 마련하려고 금품을 훔쳐 달아나다 경찰의 총에 맞는다. 그는 영호와 마찬가지로, 결국에는 범법자가 되어 버린 사회부적응자다. 도시 사무직 또는 전문직 종사자면서도 가족을 부양하는 무거운 짐을 감당하기 어려운 주인공(〈오발탄〉의 철호, 〈잉여인간〉의 만기—두 역할 모두 김진규가 맡았다)이 서사를 이끌어 가는 설정 또한 같다.

요컨대 〈오발탄〉과 〈잉여인간〉은 원작으로 환원되지 않는 유현목이라는 영화작가의 주제적 일관성을 보여 주는 작품들이라 하겠는데, 불행하게도 〈잉여인간〉은 필름이 남아 있지 않다. 아쉬운 대로 그 공백을 메워 준다는 점에서 시나리오와 콘티북의 사료적 가치를 찾아볼 수 있다.

CKN002520_01은 원고지에 손글씨로 쓰인 시나리오의

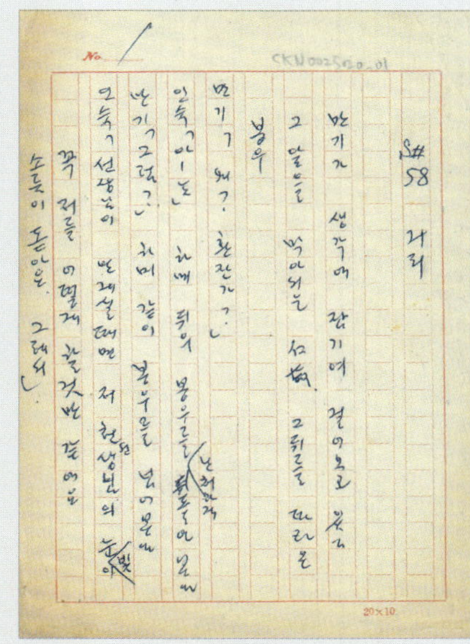

〈잉여인간〉 오리지널 시나리오 (CKN002520_01)

〈잉여인간〉 심의대본 (DCK006238_02)

1 〈〈잉여인간〉, 아름답게 승화시킨 비극〉, 《경향신문》 1964년 4월 18일자 8면 참조.

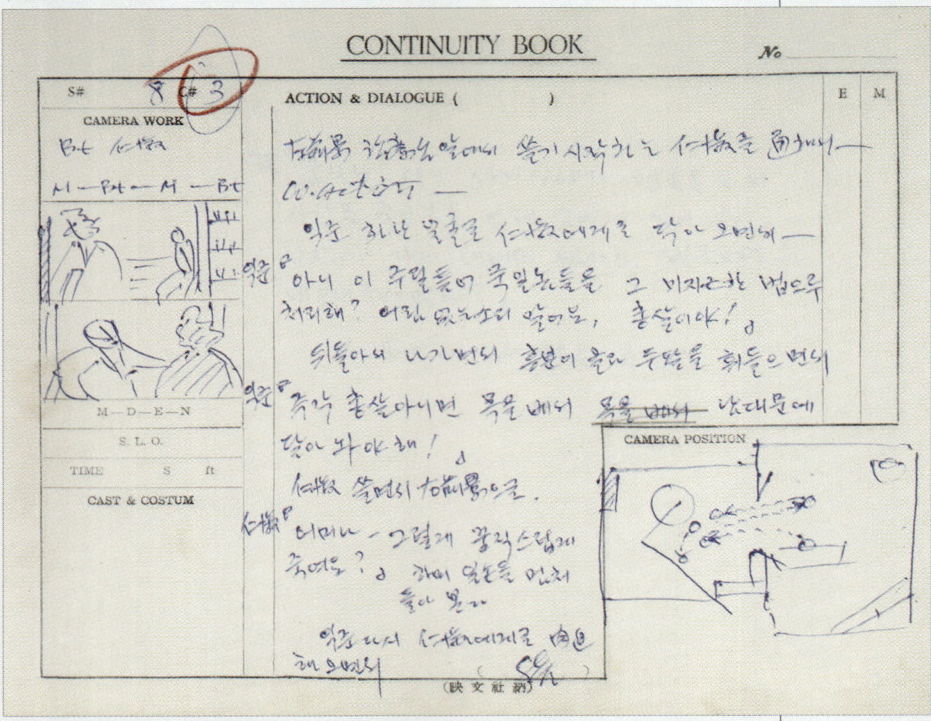

〈잉여인간〉 콘티 (CKT000039_01)

일부로, 총 25쪽이며 S#58에서 S#60에 해당한다. 내용은 전체가 남아 있는 심의대본(DCKD006238_02)의 해당 신과 거의 일치한다. CKT000039_01는 S#1에서 S#103까지 컷별로 작성한 콘티북이다. 심의대본에 따르면, 〈잉여인간〉은 총 110신으로 구성되어 있는데, S#104에서 110까지는 콘티북 작성 이후에 추가되어서 콘티북에 포함되지 않은 것으로 보인다.

일반적으로 행정절차로서의 영화 검열은 법과 원칙에 따라 집행되리라 기대된다. 하지만 많은 영화의 심의서류철에서는 오히려 업계 관계자와 검열관 사이에서 벌어진 이면 협상이나 검열관의 재량이 작동한 흔적이 자주 발견된다. 영화 〈오발탄〉의 경우처럼 예외적 상황을 정당화하는 데 필요한 복잡한 서류 작업으로 심의서류철이 두툼해질 수밖에 없었던 사례도 적지 않다.

영화 〈잉여인간〉의 심의서류철은 제작 신고와 허가, 그리고 상영 허가 신청과 허가로 구성되어 있어서 간결하고 그 자체로 완결적이다. 두 차례에 걸친 검열 절차에서 크게 문제될 만한 부분은 없었고, 제작 허가 당시에 10개 처, 상영 허가 당시에 5개 처의 삭제 또는 수정이 요구되었다. 흥미로운 사실은, 〈잉여인간〉의 심의서류철이 1960년대 초반 박정희 정권의 영화 검열이 의외로 느슨하게 작동했음을 보여 준다는 것이다.

우선 제작 신고와 관련해서 보자면, 〈잉여인간〉의 영화 제작 신고서가 접수된 것은 1964년 3월 18일, 영화 상영 허가 신청서가 접수된 것은 1964년 4월 9일이다. 영화제작을 신고하고 제작이 허가된 후에 제작에 착수할 수 있다는 원칙을 상기해 보자면, 이 영화는 불과 20여 일 만에 제작을 완료했다는 뜻이 된다. 물론 그것은 불가능했을 터인데, 당시 기사를 참조하면 실제로 〈잉여인간〉은 1964년 2월 24일에 이미 크랭크인하였고, 제작 신고를 한 3월 18일에는 촬영이 거의 끝나 가고 있었다.[2] 요컨대 제작 허가 이후에야 제작을 개시할 수 있다는 원칙이 무시되었던 것이다.

두 번째로, 제작 허가 당시에 삭제 명령이 내려졌던 2개 처의 대사(2항 "지까짓게"와 "아버지 죽어라", 5항 "말 못하는 요즈음 세상에")가 상영 허가를 받기 위해 제출된 필름에 여전히 남아 있었다는 점이다. 시나리오 사전심의가 제대로 작동하지 않고 있었다는 뜻이다. 이 같은 절차와 원칙의 위반이 별다른 문제를 야기하지 않았다는 점은 특기할 만한 일이지만, 이것이 1960년대 영화 검열의 일반적인 상황이었는지에 대해서는 좀 더 많은 자료 검토가 필요하다.●

2 〈유 감독, 다시 활약〉, 《동아일보》 1964년 2월 24일자 6면; 〈활기 띨 문예영화〉, 《동아일보》 1964년 3월 25일자 6면.

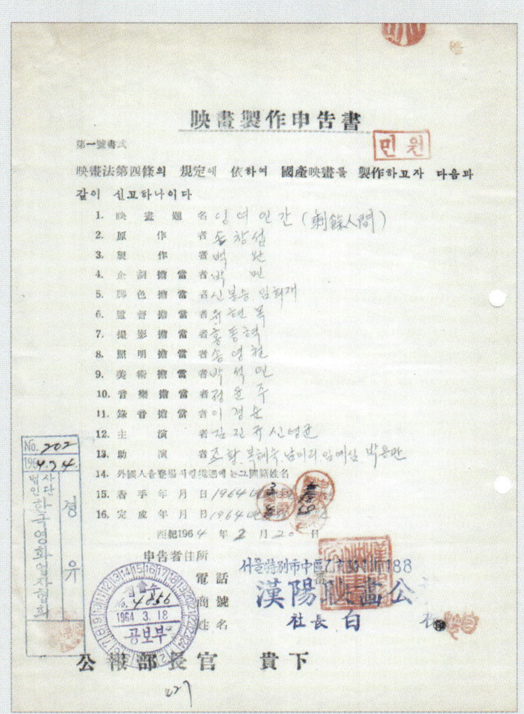

映畫製作申告書

第一號書式

映畫法第四條의 規定에 依하여 國産映畫를 製作하고자 다음과 같이 신고하나이다

1. 映畫題名 잉여인간(剩餘人間)
2. 原作者 손창섭
3. 製作者 백 [illegible]
4. 企劃擔當者 박 [illegible]
5. 脚色擔當者 신봉승 임희재
6. 監督擔當者 유현목
7. 撮影擔當者 [illegible]
8. 照明擔當者 [illegible]
9. 美術擔當者 [illegible]
10. 音樂擔當者 [illegible]
11. 錄音擔當者 [illegible]
12. 主演者 김진규 신영균
13. 助演者 조항, 최혜숙, 남미리, 엄앵란, 박용만
14. 外國人을 登場시킬 境遇에 는그國籍姓名
15. 着手年月日 1964[illegible]
16. 完成年月日 1964[illegible]

西紀1964年 2月 20日

申告者住所 서울特別市中區[illegible]188
電話
商號 漢陽映畫公[illegible]
姓名 社長 白

公報部長官 貴下

한양영화공사, '영화제작신고서', 〈잉여인간〉 심의서류, 1964년 2월 20일

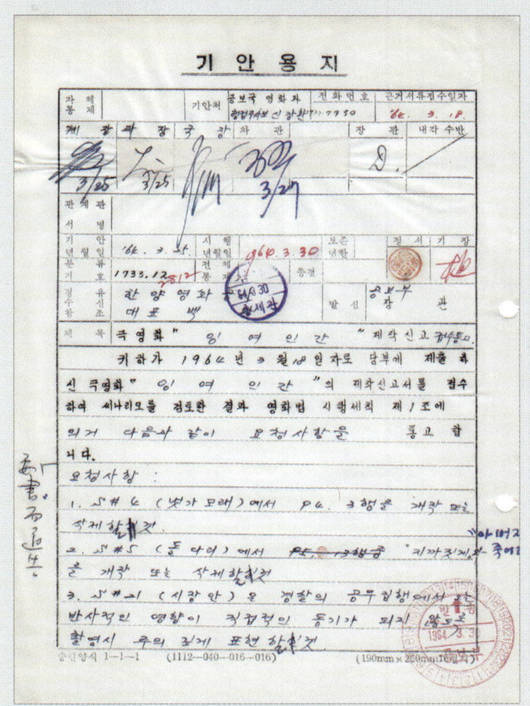

기 안 용 지

기안처: 공보국 영화과
전화번호
근거서류접수일자: '64. 3. 18.

계 / 과 / 국장 / 차관 / 장관 / 내각수반

기안년월일: '64. 3. 25.
시행년월일: 1964. 3. 30
분류기호: 1733.12
경유/수신/참조: 한양영화 대표 백
발신: 공보부 장관

제목: 극영화 " 잉여인간 " 제작신고 접수통고

귀하가 1964년 3월 18일자로 당부에 제출하신 극영화 " 잉여인간 "의 제작신고서를 접수하여 씨나리오를 검토한 결과 영화법 시행세칙 제1조에 의거 다음과 같이 요청사항을 통고합니다.

요청사항 :
1. S# 6 (냇가 모래)에서 P6. 3행을 개작 또는 삭제할 것.
2. S# 5 (돌다리)에서 ~~P5. 12행중~~ '[illegible]'을 개작 또는 삭제할 것
3. S# 21 (시장 안)은 경찰의 공무집행에서 [illegible] 반사적인 영향이 직접적인 동기가 되지 않도록 촬영시 주의 깊게 표현할 것.

공보부 영화과, '극영화 "잉여인간" 제작신고 접수통고', 1964년 3월 25일

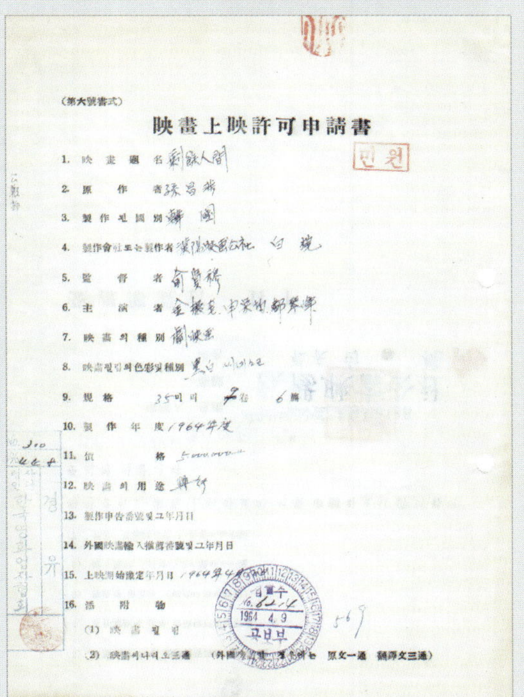

(第六號書式)

映畫上映許可申請書

1. 映畫題名 剩餘人間
2. 原作者 孫昌涉
3. 製作된國別 韓國
4. 製作會社또는製作者 漢陽映畫公社 白[illegible]
5. 監督者 兪賢穆
6. 主演者 [illegible]
7. 映畫의種別 劇映畫
8. 映畫필림의色彩및種別 黑白 [illegible]
9. 規格 35미리 [illegible]卷 6[illegible]
10. 製作年度 1964年度
11. 價格 [illegible]
12. 映畫의用途 [illegible]
13. 製作申告番號및그年月日
14. 外國映畫輸入推薦番號및그年月日
15. 上映開始豫定年月日 1964年4[illegible]
16. 添附物
(1) 映畫필림
(2) 映畫시나리오三通 (外國[illegible] 原文一通 飜譯文三通)

한양영화공사, '영화상영허가신청서', 〈잉여인간〉 심의서류, 1964년 4월 9일

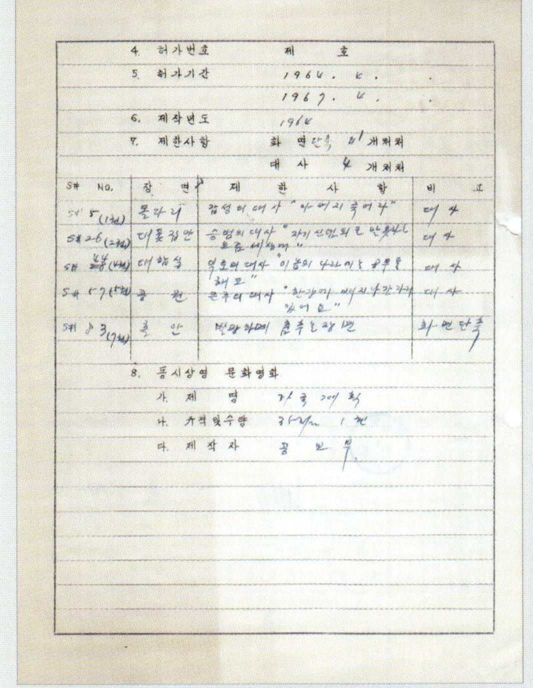

4. 허가번호 제 호
5. 허가기간 1964. 4. .
1967. 4. .
6. 제작년도 1964
7. 제한사항 화면단축 1개처
대사 4개처

S# NO.	장면	제한사항	비고
S# 5 (1권)	돌다리	[illegible]	대사
S# 26 (2권)	대폿집 안	[illegible]	대사
S# [illegible] (4권)	대합실	[illegible]	대사
S# 57 (5권)	공원	[illegible]	대사
S# [illegible] (7권)	혼안	[illegible]	화면단축

8. 동시상영 문화영화
가. 제명 [illegible]
나. 규격및수량 35m/m 1권
다. 제작자 공보부

공보부 영화과, '국산영화 "잉여인간" 상영 허가', 〈잉여인간〉 심의서류, 1964년 4월 10일

'캄캄한 무덤'이 '푸른 별'로 바뀐 까닭

영화 〈푸른 별 아래 잠들게 하라〉가 소재로 삼은 세칭 '최 일병 연서 사건'은 1962년 7월 8일에 일어났다. 서울대학교 천문기상학과 재학 중에 입대한 최영오 일병이 애인의 연서를 상습적으로 뜯어 보는 등 자신을 괴롭힌 선임병 2명을 총기로 사살한 것이 사건 개요다. 최영오는 군사재판에서 사형을 언도받고 이듬해 3월 18일에 총살당했고, 행상으로 대학생 아들을 뒷바라지하던 홀어머니가 같은 날 한강에 몸을 던져 아들과 운명을 함께했다.

시나리오작가 최금동은 세상을 떠들썩하게 했던 고 최영오 일병의 비극적 이야기를 영화화하기로 결심한다. 그가 "목욕재계하고 엄숙한 마음으로 붓을 들었던" 날은 1963년 4월 19일이었고, 2고를 탈고했던 날 또한 "공교롭게도" 이듬해 4월 19일이었다.[1] 1964년 4월 30일에 최금동은 두 번째 시나리오를 감독 유현목에게 보냈다. 그렇게 이 영화의 제작이 시작되었다. 최금동이 '4월 19일'이라는 날짜를 강조하는 데서 알 수 있다시피, 이 영화는 1960년 4월혁명의 자장에 놓여 있다. 구체적으로는, 4월혁명의 주역인 청년학생의 이야기라는 점, 군대 내 인권과 하극상의 문제를 다룬다는 점에서 그렇다.

하지만 4월혁명을 짓밟고 등장한 군부 세력이 통치하던 시기에 이 사건이 불러일으킨 인권과 하극상이라는 쟁점이 얼마나 민감한 것이었을지 짐작하기는 어렵지 않다. 더구나 영화화가 개시된 1964년은 한일회담 반대 시위로 다시 한 번 대학가가 뜨거워지고 박정희 정권이 계엄령을 선포해야 했을 만큼 심각한 정치적 위기를 맞고 있던 시점이었다. 이러한 시대 상황에 비추어 보았을 때, 4월혁명으로 시작하여 군대 내 괴롭힘과 상관 살해로 이어지는 이야기(〈캄캄한 무덤에 잠들게 하라〉)가 대학가의 정치운동을 악마화하는 이야기(〈푸른 별 아래 잠들게 하라〉)로 개작되기까지는 아마도 상당한 우여곡절이 있었을 것이다. 하지만 이와 관련한 자료는 찾기 어렵다. 감독 유현목이 이 사안에 대해서 언급한 적이 없고, 제작을 주도했던 최금동은 "한참 제작 진행하다가 안 된다 해 가지고 전부 내용 뭐, 주제까지 다 바꿔 버"[2]렸다는 모호한 증언만을 남겼기 때문이다.

정치적으로는 정반대 입장에 서 있는 두 편의 시나리오, 즉 〈캄캄한 무덤에 잠들게 하라〉와 〈푸른 별 아래 잠들게 하라〉가 결국 하나의 영화였다는 사실은 작가성authorship의 차원에서는 설명하기 어렵다. 하지만 바로 그처럼 급작스런 전회轉回 혹은 훼절毁節 또한 한국영화사의 일부로 존재해 왔다는 점을 이 두 편의 시나리오가 깨닫게 해 준다.

콘티를 꼼꼼하게 작성하고, 또 그것을 여럿 후세에 남긴 이로는 유현목을 따를 감독이 없을 것이다. 그의 콘티북은 화면구성에 대한 감독의 고민이 얼마나 깊었는지, 그가 왜 유달리 '영상파'로 칭해지곤 했는지를 알려 준다. 〈푸른 별

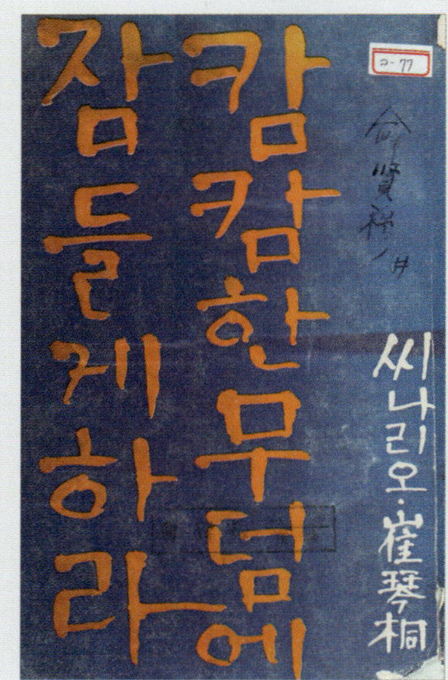

〈캄캄한 무덤에 잠들게 하라〉
시나리오 (CKN002521_01)

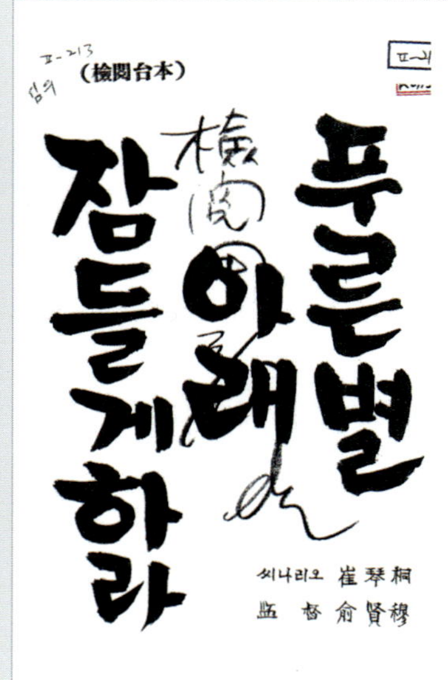

〈푸른 별 아래 잠들게 하라〉
심의대본 (DCKD002691_01)

1 최금동, 〈〈촬영일지: 〈푸른 별 아래 잠들게 하라〉〉 촬영 현장에서 나는 보았다〉, 《실버스크린》 1965년 4월호, 128~131쪽.

2 한국예술연구소 편, 《이영일의 한국영화사를 위한 증언록: 성동호, 이규환, 최금동 편》, 도서출판 소도, 2003, 250쪽.

아래 잠들게 하라〉의 콘티북이 셋으로 나뉘어 있는 것은 이 영화의 복잡한 제작 과정과 관련되어 있다. 유현목은 최금동이 이 영화의 제작을 위해 설립한 영화사인 삼영사와 1964년 10월 5일에 계약하였고, 10월 15일 공보부에 작품의 제작 신고를 한 후 10월 22일부터 촬영에 들어갔다.

S#17 C#1로 시작하여 S#171A C#2로 끝나는 콘티북 CKT000047_01은 개작 이전의 시나리오, 즉 〈캄캄한 무덤에 잠들게 하라〉에 맞춰 작성되어 10월 22일 촬영부터 사용되었던 것이다. 모종의 사정으로 〈푸른 별 아래 잠들게 하라〉로 개작함에 따라 변경한 장면들의 콘티를 모아 놓은 것이 CKT000048_01과 CKT000050_01이다.

음악감상실은 영도와 진순의 로맨스가 전개되는 핵심적인 장소다. 인쇄된 콘티 용지의 뒷면에 음악감상실 도면이 그려져 있고, 도면의 오른쪽 끝에는 신Scene 번호, 밤낮 구분(D/N), 등장인물 등이 적혀 있다. 콘티 용지 앞면에는 음악감상실 앞 거리에서 촬영할 신 번호(19, 26, 28, 30)가 적혀 있다. 신 번호로 유추해 보건대, 이 도면은 개작 이전, 즉 시나리오 〈캄캄한 무덤에 잠들게 하라〉에 맞춰 제작된 것이다.

영화 〈푸른 별 아래 잠들게 하라〉 심의서류는 이 영화의 검열 절차가 1964년 12월 11일('영화제작 신고서')에 시작되어 1965년 4월 14일('영화 학생관람 허가 신청에 대한 회신')에 끝난 것으로 기록하고 있다. 하지만 서류가 모든 것을 말해 주진 않는다. 오히려 이 영화의 심의서류는 검열의 핵심적 과정이 진행된 이후, 마지막 단계에서의 정리에 가깝다. 비유하자면,

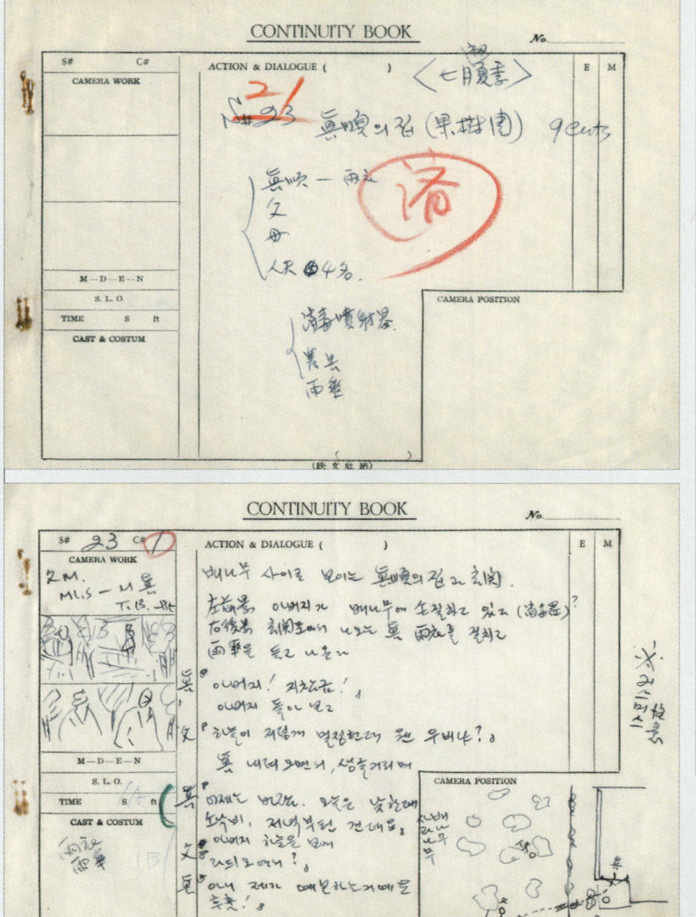

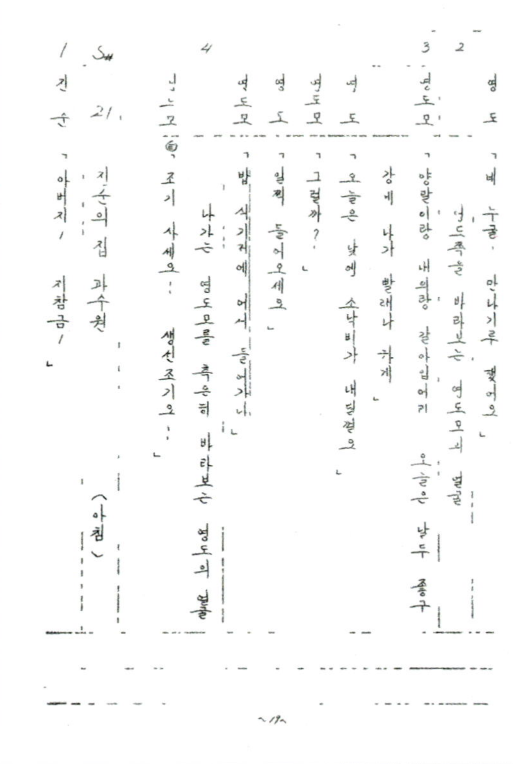
영도 「네 누굴 만나기루 했어요」

2 영도모 「양말이랑 내의랑 갈아입어라 오늘은 날두 좋구 강에 나가 할래나 가게」

영도쪽을 바라보는 영도모의 얼굴

3 영도 「오늘은 날에 소낙비가 내릴껄요」

영도모 「그럴까?」

영도 「일찍 들어오세요」

영도모 「밥 식기전에 어서 들어가니」

나가는 영도모를 측은히 바라보는 영도의 얼굴

4 순모 「조기 사세요… 생선조기요…」

S# 21. 진순의 집 과수원 (아침)

1 진순 「아버지! 지참금!」

〈푸른 별 아래 잠들게 하라〉 콘티 (CKT000047_01)

S#23은 개작 후 S#21이 되었고 이는 심의대본(위)에도 반영되었다.

산불 진화 이후의 잔불 정리에 해당하는 것이라고나 할까.

이 영화의 기획자이자 시나리오작가인 최금동이 〈캄캄한 무덤에 잠들게 하라〉라는 제목으로 공보부에 제작 신고를 하고, 그와 동시에 국방부에 군사 지원 청원서를 제출한 것은 1964년 10월 15일이었다. 감독 유현목이 콘티를 작성하고 10월 22일부터 촬영에 들어간 것으로 보아 첫 번째 제작 신고는 별 탈 없이 받아들여진 것으로 보인다. 그런데 12월 11일 전면적으로 개작되고, 〈푸른 별 아래 잠들게 하라〉로 제목까지 바뀐 채 다시 제작 신고가 되었다. 남아 있는 첫 번째 심의서류가 바로 그것이다. 그러니까 10월 15일의 첫 번째 제작 신고와 그 이후의 개작 과정을 담은 서류는 남아 있지 않은 것이다(어쩌면 첫 번째 제작신고와 개작 과정은 서류로 작성된 적이 없을수도 있다).

이에 대해서 최금동은 국방부 지원이 무산되면서 개작할 수밖에 없었다고 말한 바 있다. 하지만 시나리오 개작의 범위는 국방부 지원이 있어야 찍을 수 있는 장면을 바꾸는 수준에 국한되지 않았다. 4·19에서 6·3으로 이어지는 청년 학생들의 정치참여를 음험한 정치세력의 조종에 의한 것으로 매도하는 개작의 방향은, 4월혁명의 정신을 스크린에 형상화한다는 애초의 기획의도를 정면으로 배반하는 것이었다. 급작스런 정치적 입장의 선회가 자의에 의한 것이 아니었음을 짐작하기는 어렵지 않다. 그러니까 이 심의서류는 오히려 기록되지 않은, 또는 서류로 남아 있지 않은 검열 과정을 거슬러 올라가 실체적 진실에 다가가기 위한 하나의 단서로 여겨야 한다. 한국영화사 연구에서 검열이라는 쟁점은 남아 있는 서류에 대한 독해를 넘어서, 폭넓은 맥락화의 작업을 요구한다는 사실을 〈푸른 별 아래 잠들게 하라〉의 사례가 환기시킨다고 하겠다. ●

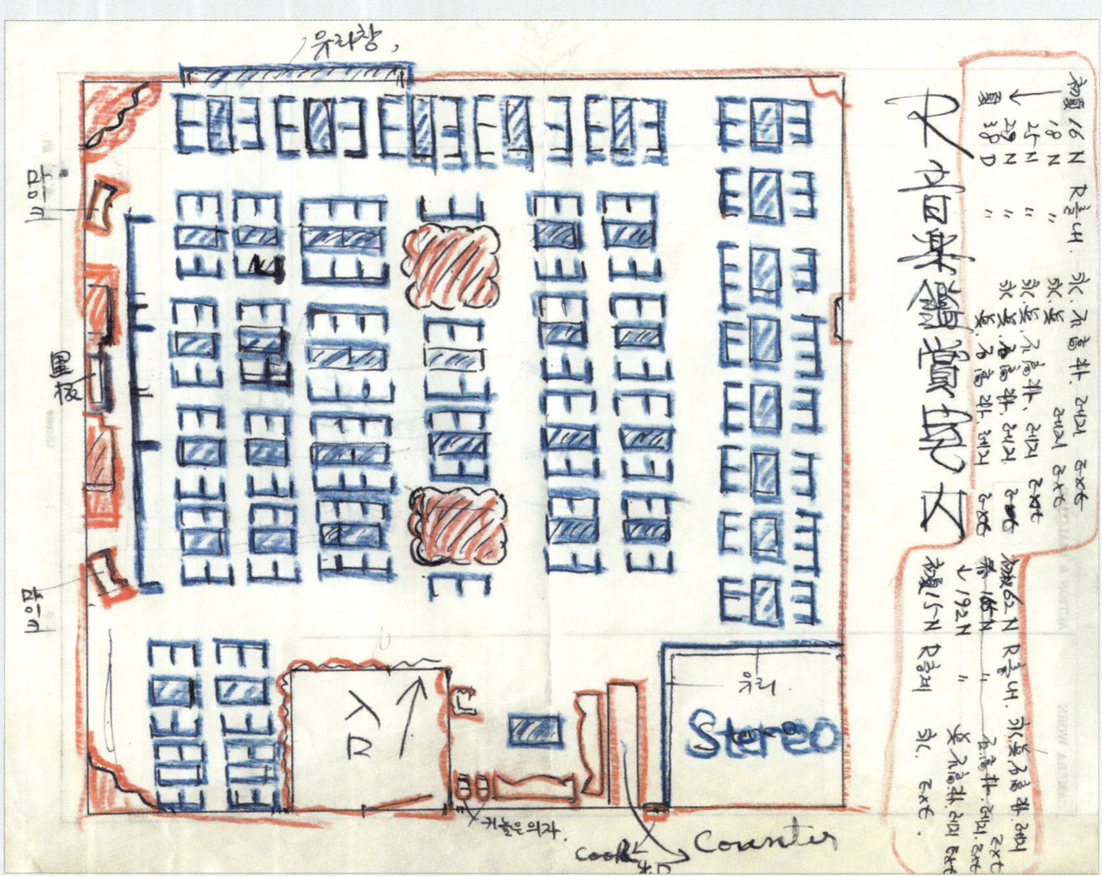

〈푸른 별 아래 잠들게 하라〉의 음악감상실 도면 (ZK0000634)

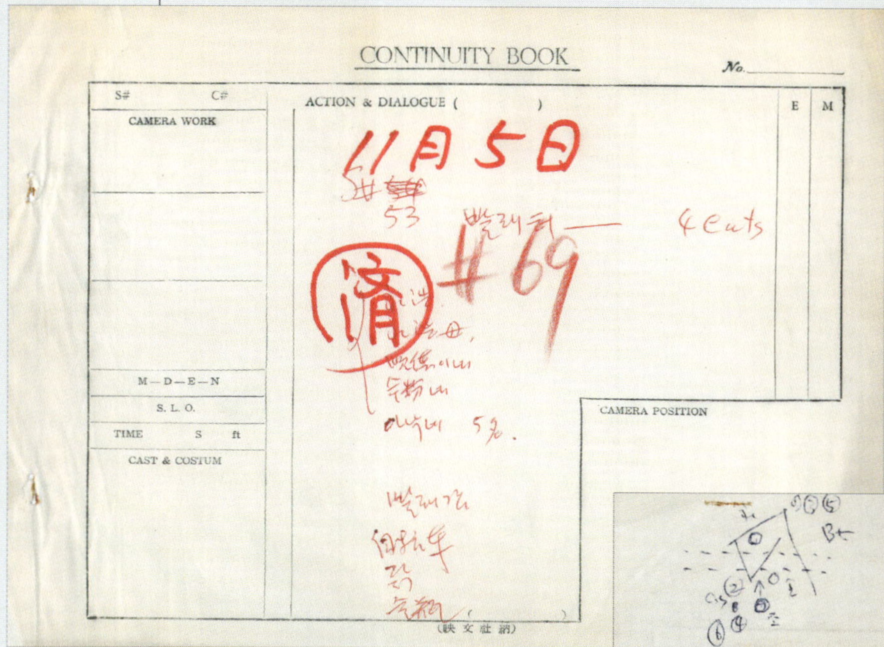
CONTINUITY BOOK No.

S# C# ACTION & DIALOGUE ( ) E M

CAMERA WORK

11月 5日

53 4 cuts

#69

M—D—E—N

S. L. O.

TIME S ft

CAST & COSTUM

CAMERA POSITION

(鉄文社 謹)

〈푸른 별 아래 잠들게 하라〉 콘티
(CKT000048_01)

11월 5일 이후 개작 내용이 표기되어 있다.

S#139 矯導所 面會室 (日晩春) 手匣

① 창살안에 영도 —.
김교수와 조선재 면회를 하고 있다.

金교수 「체념은 나약한 지성인의 약점이야. 난 자네에게 체념하라고 가르치진 않았어.」

② C.S 영도 「——」

③ 조선재 「학생과는 오래전부터 사귀어 온것 같군——」

김교수 「사회 여론도 5.16후 차츰 자넬 살려야 한다고 떠들기 시작하는데 왜 고집을 부리나?」

④ C.S 영도 「——」

⑤ 조선재 「혁명후 모든 흑막이 드러났네! 끝이 폭로하려던 학원내의 구악도 밝혀지고 말았어.」

⑥ C.S 영도 「(별로 감동도 없이) 「네.」

⑦ C.S 김교수 「일이 이쯤 됐는데 왜 한마디 변명도 없이, 게다가 항소도 하지 않겠단 말인가?」

⑧ 영도 「(천천히 얼굴을 들어) 김교수님, 그리구 처음뵙는 조선생님! 내게 있어서 그 백서는 T史의 산 증언이라기 보다 내 젊음의 기념비로서 밖엔 아무런 의미도 없었던 것입니다. 그러나 나는 역시 비겁한 놈이었읍니다」

⑨ C.S 김교수 「음——」

영도 「나는 사람을 죽인 살인범 입니다! 그러나 선생님 (흥분하여) 제가 누구를 죽였단 말입니까?

⑩ 영도 「제 손으로 두사람씩이나 죽이다뇨! 아닙니다. 어떻게 사람이 사람을 죽일수 있어요? 제 속에 도사리고 있는, 나아닌 또 하나의 내가 죽인것입니다. 그건 잔인한 악마입니다. 저도 그 악마와 싸우다가 죽는겁니다. 이미 죽고 말겁니다——. 죽고만 저에게 무슨 변명이 필요합니까? 무엇에 매달려 무어라 애걸 합니까?」

〈푸른 별 아래 잠들게 하라〉 콘티
(CKT000050_01)

CKT000047_01과 CKT000048_01 콘티에는 포함되어 있지 않은 #139의 재촬영을 위해 별도로 만들어진 콘티로 보인다.

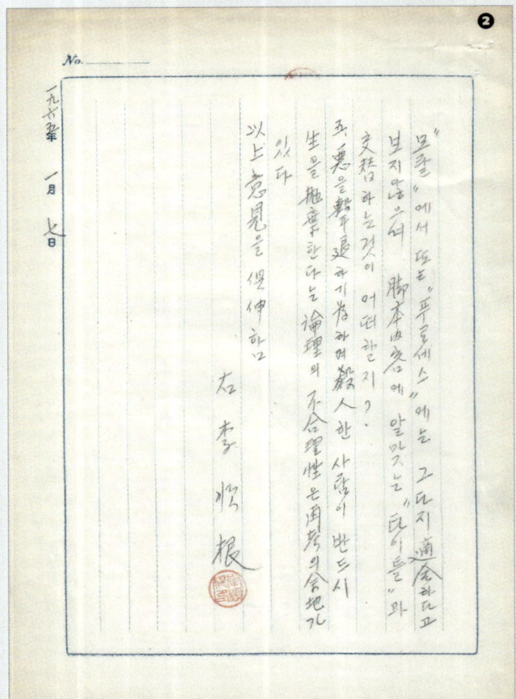

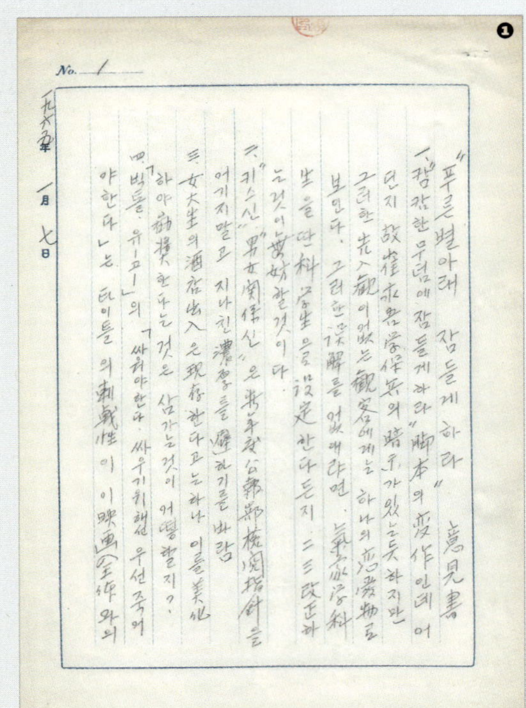

이순근, '"푸른 별 아래 잠들게 하라" 의견서', 〈푸른 별 아래 잠들게 하라〉 심의서류, 1965년 1월 7일

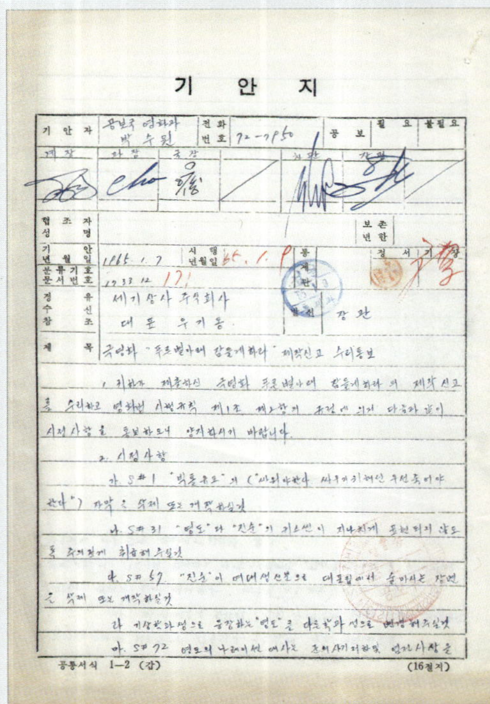

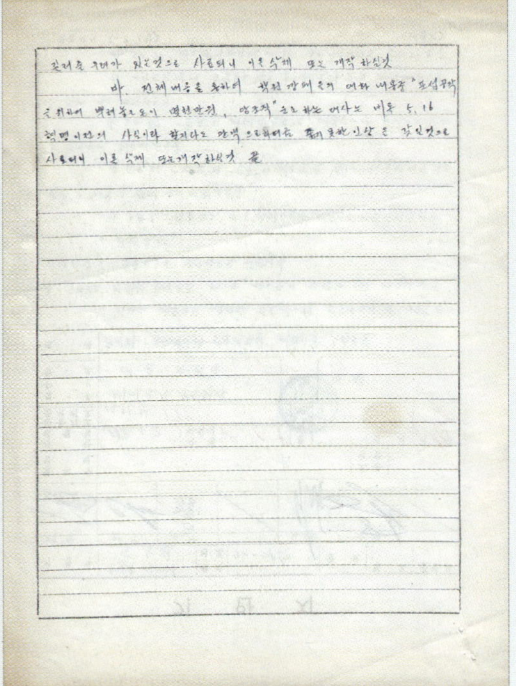

공보부 영화과, '국산영화 "푸른 별 아래 잠들게 하라" 제작신고 수리통보', 〈푸른 별 아래 잠들게 하라〉 심의서류, 1965년 1월 9일

이념 위에 선 형이상학:
우수영화 제도와 유현목의 문예·반공영화

정영권 | 부산대학교 영화연구소 학술연구교수

유현목 하면 누구나 떠오르는 것은 수십 년 동안 한국영화사 베스트에서 부동의 1위로 뽑혔던 〈오발탄〉(1961)일 것이다. 전후 한국 사회 현실의 황폐함과 음울함을 선연한 비판 의식으로 묘사하면서도, 단지 리얼리즘이라는 용어로는 포괄되지 않는 〈오발탄〉의 양식적인 미장센과 과감한 몽타주, 사운드의 파격적 사용은 그것을 표현주의로 부르든, 모더니즘으로 부르든 한국영화 미학의 한 이정표가 되었다. 즉, 〈오발탄〉은 주제 면에서나 형식 면에서 한국영화의 금자탑이었다.

그러나 〈오발탄〉은 한편으로 유현목에게 '비판적'이라는 수사에 머물지 않고 '저항적', 더 나아가서는 '진보적' 영화감독이라는, 어쩌면 그에겐 부담스러울 수도 있는 이름을 부여하기도 했다. 그것은 영화학과 교수이기도 했던 그가 1980년대에 저항적 영화운동·이론·비평 작업을 했던 젊은 대학생·지식인 그룹의 든든한 후원자이기도 했고, 본격적인 독립영화 자체가 없었던 1980년대 이전까지 〈오발탄〉이야말로 한국 사회를 가장 현실적이고 비판적으로 재현한 '필견의 영화'로 이 그룹에게 다가갔기 때문일 것이다.

영화 텍스트의 측면에서 〈오발탄〉이 그런 역할을 했다면, 영화 담론의 측면에선 이만희의 〈7인의 여포로〉(1965)가 반공법에 저촉되었을 때 유현목이 그를 두둔하면서 반공은 대한민국의 국시國是가 될 수 없다고 말했다는 것인데, 이는 와전된 것이었음에도 오랫동안 하나의 신화처럼 확대재생산되었다. 어쩌면 〈오발탄〉의 감독이었기에 이런 말이 더 쉽게 수긍되어 전파되었을 것으로 보인다. 그토록 날카로운 비판 의식을 가진 감독이라면 서슬 퍼런 군사독재 시대에도 그 정도 말쯤은 했을 것이라 여겨졌기 때문이다.

그러나 당시 신문 기사(《경향신문》 1965년 3월 24일자 5면)에 실린 유현목의 〈은막의 자유〉 주제 발표의 요지를 보면, 그는 한국의 영화작가는 은막의 자유를 누리지 못하고 있으며, 그것은 관官이 절대적인 힘으로 간섭하기 때문이라면서 "반공을 국시로 하는 나라로서 반공사상을 보다 고차원적인 면에서 제공·주입할 시점에 놓여" 있다고 분명히 말하고 있다. 그러면서 "만일 반공이라는 국시 때문에 언제까지나 괴뢰군을 인형으로만 설정하고 그래서 생명을 부여하지 않는다면, 갈등은 어디서 만들어 내고 '드라머'는 어떻게 꾸려 가며 영화예술의 차원은 어떻게 높여" 갈 수 있겠느냐고 꼬집고 있다. 즉, 유현목은 반공이 국시가 될 수 없다고 말한 적이 없으며, 반공을 국시로 하는 나라에서 차원 높고 예술적인 반공영화를 만들어야 하는데 국가기관의 편협하고 근시안적인 감시의 눈이 이를 막고 있다고 말했을 뿐이다. 그럼에도 유현목은 이만희에 이어 반공법 위반 혐의로 입건되었다.

이런 점들 때문에 유현목은 본인의 의도와 무관하게 체제비판적 감독으로 평가받았지만, 기실 그는 공산화된 황해도 사리원에서 월남한 독실한 기독교인답게 철저한 반공주의자였다. 다만, 개인의 자유와 실존, 신의 존재와 구원이라는 형이상학적 주제에 심취했던 감독답게 한국 사회 현실의 재현에서 드러낸 심각하고 진지했던 예술가적 태도가 그를 다른 상업영화 감독과 다른 위치에 올려놓았을 수는 있다. 어쩌면 유현목이 〈오발탄〉과 '반공 국시' 발언으로 인해 '비판적', '진보적' 감독으로 여겨졌던 것은 그의 이념과는 상관없이 한국 사회가 〈오발탄〉이라는 기념비적인 영화를 연출한 감독에게 바라는 시대적 판타지였을지도 모른다.

한국 '예술영화'로서의 문예영화

〈오발탄〉이 나왔던 1961년은 5·16군사정변이 일어난 해였고, 이후 18년간 박정희 군사독재 시대가 지속되었다. 바로 이때가 유현목 영화의 대표작들이 양산된 시기이기도 하다. 특히 같은 시기를 구가한 다른 거장 감독 김기영, 신상옥에 비해 유현목은 문학작품을 각색한 문예영화를 유독 많이 연출했다. 지금은 장르 용어로서 거의 쓰이지 않지만, 일본에서 건너온 '문예영화'라는 용어는 꽤 오랫동안 한국영화에서 상업성보다는 예술성이 중심이 된 고품격 영화로 통용되었다. 그래서 문학작품을 원작으로 하지 않은 이만희 감독의 〈만추〉(1966)가 우수영화 문예 부문에 선정되는 일도 있었는데, 이는 문예영화가 단지 문학작품 원작 여부가 아니라 일종의 '예술영화art cinema' 같은 것으로 취급되었음을 말해 주는 사건이다. 영화감독 하길종도 일본에서 문예영화란 오락성이 짙은 영화에 반대되는 개념으로 사용되어 온 말이라고 썼다.

유현목이 영화에 입문하기 전에 신학과 문학, 연극에 심취했다는 것은 잘 알려져 있다. 동국대학교 국문학과에 진학했고, 이해랑·유치진 등의 연극을 보고, 오영진·백철의 시나리오 강좌를 들으며 극작가가 되고자 했던 그는, 여러 인터뷰에서 전했듯이 도스토옙스키의 원작을 프랑스 감독 피에르 셰날Pierre Chenal이 연출한 〈죄와 벌Crime et châtiment〉(1935)을 보고 영화감독이 되기로 마음을 굳힌다. 유현목은 노년에 《키노》(1998년 8월호)와의 인터뷰에서 "언어문자로서의 소설과 영상언어로서의 영화가 갖는 독특한 차이와 문장에서 얻지 못하는 이미지들 때문에 영화를 선택"했다고 말했다. 문장에서 얻지 못하는 이미지들이란 눈앞에 직접적으로 펼쳐 놓는 영화 이미지의 현시성을 가리키는 것일 터이다. 그러나 유현목은 단지 이것을 영화의 현실 기록 능력으로 여긴 존재론적 리얼리스트는 아니었다. 그에게 문예영화는 단지 문학을 영상으로 옮기는 매개체가 아니라 문학에 표현된 문자적 관념을 가장 영화적인 스타일로 번역하는 작업이었던 것이다.

그렇다면 유현목은 왜 문예영화를 많이 만들었을까? 이에 대한 답은 당시의 영화계를 둘러싼 다양한 요소들과 유현목 개인의 영화적 욕구에서 찾아야 할 것이다. 한국영화의 첫 번째 르네상스였던 1960년대까지, 더 길게 잡으면 한국영화가 세계 유수의 영화제에서 굵직한 상을 받기 시작하는 1980년대까지 영화는 문학보다 하위의 예술이었다. 아니, 예술이기보다 단순 오락으로 취급되었다. 그런 점에서 국제영화제에 출품하거나 지식인 관객을 소구하는 데 문학작품을 각색한 문예영화는 유리한 점이 있었다. 원작이 이미 베스트셀러라면 독자들을 극장으로 오게 만들고, 또 각종 상까지 수상한다면 흥행성과 작품성이라는 두 마리 토끼를 잡을 수 있었다. 질 좋은 오리지널 시나리오가 많지 않았고, 그래서 1950년대 후반~1960년대 초반에는 이미 인기가 검증된 라디오드라마 원작이 성행하기도 했다. 유현목의 〈오발탄〉, 〈김약국의 딸들〉(1963), 〈잉여인간〉(1964), 신상옥의 〈사랑방 손님과 어머니〉(1961), 〈상록수〉(1961), 〈벙어리 삼룡〉(1964) 등의 영화들 역시 이 시기 국내외 영화제에서 높은 평가를 받은 문예영화들이다.

유현목 개인의 차원에서 보면 그가 영화화했던 문학작품들이 대체로 남성 지식인의 고뇌와 시련,

결단과 행동을 다룬 것이라는 점에서 문예영화를 선호했다고 유추할 수 있다. 이범선 원작의 〈오발탄〉, 김은국 원작의 〈순교자〉(1965), 선우휘 원작의 〈불꽃〉(1975), 이문열 원작의 〈사람의 아들〉(1980) 등이 그 예이다. 1960년대 문예영화의 대표작들이 〈벙어리 삼룡〉, 〈물레방아〉(1966), 〈메밀꽃 필 무렵〉(1967), 〈감자〉(1968) 등 원작이 일제강점기에 나왔던 작품들이고 소위 '로컬 컬러' 혹은 '향토적 서정'이라 불린 작품들이었다는 점에서, 유현목의 문예영화는 차별성을 갖는다. 물론 유현목의 〈분례기〉(1971)를 이 범주에 넣을 수도 있겠지만, 이 영화는 1967년에 나온 동명 소설을 영화화한 것으로 개봉 당시에는 위의 영화들이 갖는 시대적 거리감이 없었을 것이다.

〈김약국의 딸들〉, 〈분례기〉는 유현목의 문예영화에서 여성 주인공이 이야기를 이끌어 가는 흔치 않은 예이다. 전자는 박경리 원작, 후자는 방영웅 원작으로서 두 소설 모두 베스트셀러였고, 문학적으로도 높은 평가를 받았다. 특히 소설 《분례기》는 1967년 《창작과 비평》에 연재될 당시 춘원 이광수의 《무정》 이래 최고의 문학적 성과라는 고평을 낳기도 했다. 〈분례기〉는 똥예(윤정희)라는 여성을 중심으로 전개되지만, 〈김약국의 딸들〉에는 어머니 한실댁(황정순)과 네 딸 용숙(이민자), 용빈(엄앵란), 용란(최지희), 용옥(강미애)이라는 다섯 여성이 등장한다. 특히 〈김약국의 딸들〉의 용란은 〈분례기〉의 똥예와 비교 가능하다. 용란이 성적 본능과 욕망에 충실한 여성이라면, 똥예는 순박하고 무지하면서도 질긴 원시적 생명력을 갖고 있다. 용란의 남편 연학은 성불구이고, 똥예는 사람들이 고자라고 손가락질했던 용팔에게 겁탈당하는데, 두 캐릭터를 연기한 배우는 허장강이다. 용란의 남편 연학, 똥예의 남편 영철(이순재) 모두 집안을 돌보기는커녕 아내에게 폭력을 일삼는다. 두 영화는 이러한 시련과 고난을 하나의 피할 수 없는 운명처럼 취급한다. 그래서 용란은 연학에게 어머니 한실댁과 연인 한돌(황해)이 살해당하자 미치게 되고, 똥예 역시 자신을 연모했던 콩조지에게 남편 영철이 죽임을 당한 후에 실성하게 된다. 〈김약국의 딸들〉에서 이런 불행의 굴레를 끊어 내는 것은 기독교 신앙에 충실하고 도시에서 신식 교육을 받은 이지적 여성 용빈이다. 이는 한실댁과 용란이 무속의 힘을 빌려 액운을 막아 보고자 했던 것과 대조된다. 독립운동가로서 지사적 풍모를 풍기는 강극이 용빈의 반려자가 될 것임을 암시하는 마지막 장면 또한 이를 뒷받침해 준다.

나운규의 〈아리랑〉(1926)을 리메이크한 〈아리랑〉(1968)에서도 주인공은 실성한 영진(박노식)이지만, 유현목이 더 힘을 실어 주는 인물은 지식인이자 선각자적 면모를 보이는 현구(남궁원)이다. 그는 마을 사람들 앞에서 '왜놈'들에 대한 부역을 거부하자고 웅변한다. 그러나 원작에 입각한 것이라 하더라도 유현목은 지식인의 웅변 혹은 선동에 완전히 동조하지 않는데, 이는 그만한 책임을 요구하는 것이기 때문이다. 이것이 신상옥의 〈상록수〉나 〈쌀〉(1963)의 남자 주인공들과 다른 점이다. 이들은 확고한 신념과 흠결 없는 도덕성으로 농촌을 개척해 나가고 농민들은 이들의 지도하에 물질적으로나 정신적으로나 개화하고 계몽된다. 이에 비해 유현목의 남자 주인공들은 주저하거나 무력하다. 그들은 깊은 고뇌와 회의에 빠져든다.

정책적 제도화에 포획된 반공영화

그렇다면 유현목의 남자 주인공들은 왜 고뇌하고 회의하는가? 외적인 행동으로 뻗어 나가기보다는 내적으로 침잠하는 이 주인공들은 유현목 자신의 분신들이기도 하다. 그는 어린 시절 화상으로 인한 충격으로 심한 자폐증을 앓기도 했고, 몸이 약해서 집에 혼자 있는 시간이 많았다고 한다. 그런 환경은 그의 내향적인 성격을 더 강화했고, 《죄와 벌》처럼 개인의 고뇌와 내적 갈등을 다룬 소설들에 매혹되게 했다. 어린 시절의 문학적 세례와 6·25전쟁 직후 폐허 속에 국내에 당도한 서구 실존주의 철학은 유현목이 인간과 세계를 바라보는 관점에 깊은 영향을 끼쳤다. 〈오발탄〉의 저 황폐한 세계는

'빈곤의 미학'을 추구했던 네오리얼리즘의 세례와 함께, 목적 상실과 방향 상실이라는 실존주의적 고뇌, 여기에 신의 침묵과 인간 구원의 부재라는 기독교적 질문이 결합되어 나온 결과물이다.

그러나 영화 캐릭터의 성격을 감독 개인의 인생으로 환원하는 것은 너무 순진하고 낭만적이다. 유현목처럼 가장 작가주의적 감독이라도 말이다. 특히 1960년대 중반에서 1970년대 후반 박정희 시대, 유현목의 문예영화와 반공영화를 이야기할 때에는 영화를 둘러싼 시대적 상황을 빼놓을 수 없다. 서두에서 언급했듯이 유현목은 월남한 반공주의자였다. 예술 표현의 자유가 어디까지인지를 고민하고, 개인의 실존 문제를 관념적으로 사고하며, 기독교적 구원을 형이상학적으로 재현하고자 하는 이가 공산주의(정확히 말하면, 스탈린주의와 그 '조선'적 변종으로서의 김일성주의)를 수용할 수는 없다. 그러나 남한의 반공주의 역시 날로 심화하는 남북 대립 속에서 예술의 자유를 억압했으며, 영화계에서 이는 이만희와 유현목의 반공법 위반 혐의로 나타났다. 유현목은 반공법 위반 혐의를 받았던 해인 1965년에 6·25전쟁 당시 북한군이 저지른 기독교인 학살을 다룬 〈순교자〉를 내놓았지만, 이 영화는 당대엔 반공영화로 거의 불리지 않았다. 그에 비해서 1960년대 후반~1970년대 후반에 연출한 다섯 편의 영화 〈악몽〉(1968), 〈카인의 후예〉(1968), 〈나도 인간이 되련다〉(1969), 〈불꽃〉(1975), 〈장마〉(1979)는 반공영화로 분류된다. 이 중 오리지널 시나리오에 기반한 〈악몽〉을 제외한다면, 나머지 네 편은 원작이 있는 문예영화이기도 하다.

이 시기에 반공영화와 문예영화는 소위 '우수영화'라는 국가제도의 포상 대상으로서 여기에 선정되면 외국영화를 수입할 수 있는 권리(외화수입쿼터)를 주었다. 반공법 제재가 영화인들을 길들이기 위한 채찍이라면, 우수영화 선정은 영화인들을 국책적 영화제작으로 유도하는 당근이었던 것이다. 1966년에는 대종상에 반공영화작품상과 반공영화각본상을 신설해 수상 영화에 외화수입쿼터를 부여했으며, 같은 시기에 공보부에서는 반공영화 시나리오 공모를 실시하기도 했다. 〈대좌의 아들〉(이강천, 1968), 〈칼맑스의 제자들〉(강범구, 1968) 등은 이 공모전에서 당선된 시나리오로 영화화되었다. 그런 점에서 '반공영화'는 1960년대 중후반 국가가 정책적으로 제도화하여 양산한 기형적 장르라고 할 수 있다. 물론 그전에 반공영화가 없었다는 것은 아니다. 분단 이후 극심한 남북 대립과 분단 고착화 속에서 전쟁영화와 간첩/첩보영화는 어떤 식으로든 반공적인 성격을 띨 수밖에 없었다. 그러나 반공영화는 단지 반공적인 영화를 가리키는 말이 아니라 정책적 제도화로 포획된 개념으로, 특히 국산영화 제작권 배정제로 제작사별로 전체 제작 편수의 40퍼센트 이상을 반공 및 계몽영화로 책임 제작하도록 한 1967년 이후 국책적으로 양산되기 시작했다. 그래서 1968년부터는 한 해에 몇 편의 반공영화가 제작되었는지 알 수 있는 단계로까지 나아갔다(이해 212편의 한국영화 중 반공영화는 24편이었다).

그에 비해 문예영화는 처음엔 자연스러운 장르 사이클의 과정을 거쳤다. 〈갯마을〉(김수용, 1965)이 큰 성공을 거둔 후 〈유정〉(김수용, 1966), 〈물레방아〉, 〈만선〉(김수용, 1967), 〈꿈〉(신상옥, 1967), 〈메밀꽃 필 무렵〉(이성구, 1967), 〈안개〉(김수용, 1967) 등이 잇따랐다. 반공영화와 마찬가지로 그전에도 문예영화는 있었지만, 문학작품을 각색한 영화를 문예영화로 칭하며 대거 양산되고 있다고 보도하는 저널리즘의 인식은 문예영화를 장르로 여기게 했고, 1967년은 '문예영화의 해'로 언급되기도 했다. 그러나 우수영화 제도는 이 문예영화도 놓치지 않았는데, 그 이유는 정치성이 제거된 '순수한' 영화라는 점과 반공영화에 비해 예술적으로 높이 평가되어 영화인들과 관객들에게도 인식이 좋았기 때문이다.

유현목의 반공영화 역시 이러한 역사적 맥락으로부터 자유로울 수 없었다. 특히나 그는 이만희를 '엄호한 죄'로 반공법에 저촉된 이력이 있는 '요주의' 인물이었다. 이러한 맥락은 〈7인의 여포로〉로 고초를 겪은 이만희가 마치 '속죄'하듯이 '진짜 반공영화' 〈군번없는 용사〉(1966)를 만들었던 것으로도 설명된다. 이 영화에서 신성일은 반공 유격대를 지원하던 아버지(최남현)를 죽여야 하는 인민군 장교로 나오는데, 유현목의 〈악몽〉에서도 신성일은 월남을 시도하다 붙잡힌 애리사(윤정희)를 어떻게 처리해야 할지를 놓고 괴로워하는 인민군 장교로 등장한다. 애리사에게 연정을 품을수록 그는 북한 체제에 의혹을 갖게 되고, 유현목 특유의 회의하는 인간이 된다. 북한 체제는 개인의 사랑마저도 갈라놓는 비정한 체제로 그려지는데, 유치진의 동명 희곡을 영화화한 〈나도 인간이 되련다〉는 그러한 주제를 전면화하고 있다. 특히 해방기의 북한을 무대로 한 이 영화에서 북한 국립예술극장의 전속 작곡가 석봉(김진규)은 예술가라는 점에서 유현목 자신을 반영한다. 그는 월북한 약혼자 복희(고은아)가 실종된 이후 백방으로 그녀를 찾아다니지만 점점 미궁 속으로 빠져들고, 그 배후에 자신을 좋아하는 소련 대사관 문화 담당관 나타샤(김혜정)가 있음을 알게 된다. 또한, 복희의 오빠(이예춘)가 반공 유격대 대장이었다는 것도 밝혀진다. 이 영화는 헤어날 길 없는 구렁텅이에 빠지는 한 남자와 정치권력·성적 매력을 무기로 그를 유혹하는 팜파탈적 여성이 등장한다는 점에서 고전적 필름 누아르를 연상시킨다. 여기에 기울어진 앵글, 어두운 조명, 몽환적인 사운드 등 표현주의적 요소가 불균질하게 뒤섞이면서 묘한 분위기를 자아내는데, 특히 동료 예술단 단원들이 석봉에게 부르주아 형식주의에 물들었다며 자아비판을 강요하는 장면에서는 급속한 컷 전환을 활용한 몽타주 편집으로 "지금 동무들의 비판을 절대 지지하면서…!"라는 대사가 수십 명의 인물들 입에서 열 번 이상 반복된다(그 인물들 중에는 유현목 자신의 카메오도 있다). 이 반복되는 대사의 편집은 신경이 끊어질 것 같은 긴장감을 유발하며 북한 체제의 무자비함을 폭로한다.

그러나 유현목의 반공 문예영화에서 변화의 지점을 포착할 수 있는 영화들은 1970년대에 나온 〈불꽃〉과 〈장마〉이다. 〈불꽃〉은 선우휘의 동명 원작에 바탕을 두고 있으며, 선우휘가 유현목과 비슷한 세대(1922년생. 유현목은 1925년생)라는 점, 그리고 두 사람 다 청년 시절인 해방기에 월남했다는 점, 1950년대에 작품 활동을 시작했다는 점에서 비교 가능하다. 〈불꽃〉에서 고현(하명중)은 3·1운동으로 아버지를 잃고, 무슨 일이든 앞에 나서지 말라고 호통치는 조부(김진규)의 인생 신조를 받아들인다. 그래서 그는 학생 시절 대동아공영권을 설파하는 일본인 교수에게 비판적 언사를 했다가도 이내 움츠러들고, 거사를 도모하는 독서 모임에 나오라는 동급생들의 제의도 거절한다. 어떤 집단적 힘에 의존하거나, 전체를 위해 개인이 희생해야 하는 것을 극도로 혐오하는 현을 행동에 나서게 하는 것은 고향 친구 연호가 6·25전쟁 당시 인민군이 되어 귀향해서 벌인 가혹한 인민재판이다. 특히 현이 개인적 삶과 자유를 꽃들의 개성에 비유하며 꽃의 아름다움을 온전히 누릴 수 있는 삶을 희구하는 것은, 그러한 삶을 짓밟는 공산주의의 학정과 비교된다. 이는 영화에서 형형색색의 꽃밭과 칙칙한 무채색의 철조망이 소프트포커스로 번갈아 제시되면서 극명한 대조를 이룬다. 지나친 도식화일 수도 있지만 소설의 묘사("그런데 인간은 꽃에다 제멋대로의 의미를 붙인다. 뿐더러 인간 자신을 색깔로 갈라놓고 편과 편을 만들어 서로의 가슴에 칼날을 겨눈다.")를 영화적으로 형상화한 것으로서 손색이 없다.

회의하던 인간이 행동에 나서는 〈불꽃〉의 결말은 이른바 행동주의 문학으로 일컬어지는 선우휘 원작을 충실히 따른 것이기도 하지만, 수세적인 반공에서 벗어나 더 적극적 반공을 요구했던 유신체제 이후 반공영화에 대한 '위로부터의 시대적 요청'이기도 했다. 영화진흥공사의 창립작이 관제 반공영화 〈증언〉(임권택, 1974)이었던 만큼, 〈불꽃〉이 제작된 1975년은 더 노골적이고 공격적인 반공성을 요구했기 때문이다. 그러나 불과 4년 후 〈장마〉에서 유현목은 놀랍게도 이념적 화해를 이야기한다. 물론 이 역시 윤흥길 원작의 설정이지만, 좌우 이념을 가진 두 가족의 화해가 무속의 힘으로 이루어진다는 점은 〈김약국의 딸들〉의 무속이 사라져야 할 전근대적 유물로 그려졌다는 점을 상기하면 특기할 만하다. 〈장마〉의 마지막 장면에서 동만의 외할머니(황정순)가 담 넘어 들어온 구렁이를 빨치산으로 입산했다가 돌아오지 않는 사돈집 아들 순철(이대근)로 여기면서 정성껏 위로하여 고이 보내는 장면은 황정순의 관록 있는 연기로 빛을 발하는 명장면이다. 〈불꽃〉에서 〈장마〉로 이어지는 이 변화의 지점은 유현목 개인의 것일 수도 있지만, 한편으로는 유신체제의 끝자락에서 반공주의가 서서히 저무는 것으로도 읽을 수 있다. 이듬해에 나온 임권택의 〈짝코〉(1980), 이두용의 〈최후의 증인〉(1980)이 천편일률적인 반공영화가 아니라 탈반공의 시대를 열어젖힌 '분단영화'로 볼 수 있듯이 말이다.

"잉마르 베리만을 좋아하고 내 욕심은 프랑스의 로베르 브레송 감독 같은 영화를 만들고 싶었다." 《KINO》(1998년 8월호)와의 인터뷰에서 유현목은 이렇게 말했다. 신 앞에 선 개인의 고독과 실존, 끊임없이 신의 존재를 회의하는 개인의 고뇌, 그러한 개인의 자유를 억압하는 전체주의의 폭력. 해방과 분단이 동시에 이루어진 한국, 그것도 거의 반세기 동안 반공주의가 지배했던 남한 사회에서 유현목은 문예영화를 통해 단순한 오락이 아닌 예술을 사유하고자 했다. 그렇기에 그는 많은 감독들이 반공성을 가장해 오락적인 전쟁·첩보 액션영화를 만들 때에도 심각하고 진지한 반공영화를 만들었다. 그러나 베리만과 브레송이 되기에는 그에게 주어진 시대가 형이상학을 온전히 허락하지 않았다. 영화로 형이상학을 사고하기에는 20세기 중후반 한국 사회가 너무 '동물적'(시장통의 생존주의)이었거나 '즉물적'(관념이 지적 유희가 될 수밖에 없는 극도의 현실주의)이었을지 모른다.
그럼에도 유현목이 영화를 통해 형상화하고자 했던 형이상학적 관념은 어느 정도 정책적으로 양산된 문예영화와 반공영화에서조차 심원한 위치를 점하고 있다. ●

용빈은 왜 고향에 남았을까?

박경리의 장편소설《김약국의 딸들》은 1962년에 출간되었고, 유현목은 바로 이듬해인 1963년에 이를 영화화했다. 단편소설로 작품 활동을 시작한 박경리는 최초의 장편《표류도》를 1959년《현대문학》에 연재했고, 1년 후인 1960년 권영순이 이를 영화로 만들었다. 영화〈김약국의 딸들〉의 심의서류 중 '해설' 부분에는 동명의 원작이 "1962년 및 1963년도 상반기 최고 '베스트쎄러'"였다고 내세우면서 "'숙명과 싸우는 인간의 모습'을 '리얼'하게 그려 보겠다는 유현목의 열의와 더불어 최고의 '스탶'과 최고의 '골든 캬스트'가 엮는 이 영화〈김약국의 딸〉은 방화 사상 최고의 금자탑이 될 것을 믿어마지 않는다."(원문 그대로 표기-필자)고 종결짓고 있다. 방화 사상 최고의 금자탑. 이 말이 단지 심의 당국의 허가를 얻기 위한 수사로만 여겨지지 않는 것은 박경리가 문학성뿐 아니라 대중성을 겸비한 작가였다는 점, 감독인 유현목이〈오발탄〉(1961)을 통해 진지한 작가 감독으로 평가받고 있었다는 점 때문이다. 두 예술가가 한국문학사와 한국

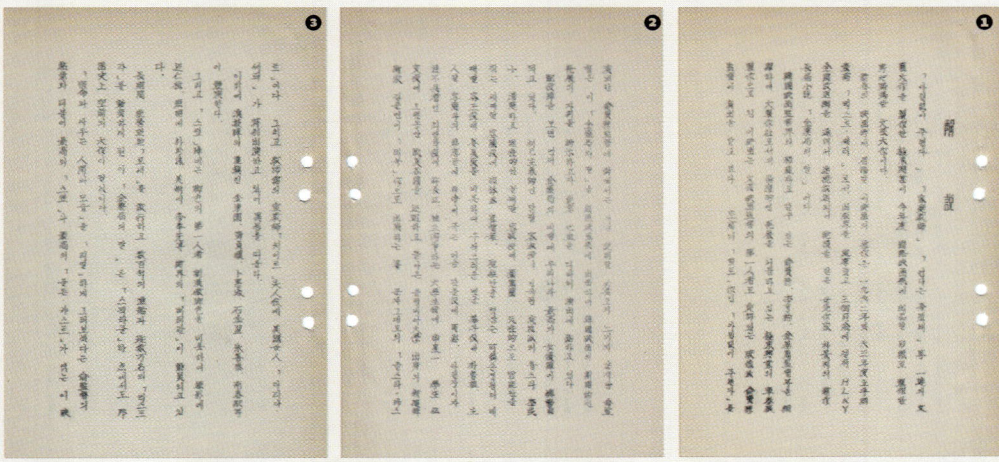

극동흥업주식회사, '영화제작신고서' 중 영화 해설,〈김약국의 딸들〉심의서류, 1963년 1월 14일

심의서류 원문

해설

「아낌없이 주련다」,「가정교사」,「언니는 좋겠네」등 일련의 문예대작을 제작한 극동흥업이 금년도 국제영화제에 출품할 목표로 제작한 야심만만한 문예대작이다.

신춘의 영화가에 군림할 이 영화의 원작은 1962년 및 63년도 상반기 최고 '베스트쎄러'로서 출판계를 풍미했고 3개월여에 걸쳐 HLKY 전국방송망을 통해서 연속방송되어 절찬을 받은 여류작가 박경리의 신작 장편소설「김약국의 딸」이다.

한국영화감독계의 정수라고 할 수 있는 유현목, 이형표, 김기덕 감독 등을 망라하여 대제작사로서의 비약적인 발전을 거듭하고 있는 극동흥업의 차태진 제작으로 된 이 영화는 문예영화 감독의 제일인자로 정평있는 영상파 유현목 감독이 연출을 맡고 있다. 공전의 '힛트'작인「아낌없이 주련다」를 연출한 유현목 감독에 대해서는 새삼 증명할 필요조차 느끼지 않지만 유 감독은 이「김약국의 딸」을 국제영화제에 출품하여 한국영화의 획기적인 발전의 자취를 과시하고자 예의 심혈을 다바쳐 연출에 임하고 있다.

배역진을 보면 먼저 김약국의 네 딸에 우리나라 최고의 여우진이 총동원 되고 있다. 이기주의적인 맏딸 용숙 역에 원숙한 연기파의 톱스타 이민자, 청초하고 이성적인 둘째 딸 용란빈 역에 엄앵란, 천성적으로 관능만을 찾는 세째딸 용란 역에 육체파 최지희, 성경만을 벗삼는 가련순정형의 네째딸 용옥역에 강미애를 비롯하여 우왁스러운 뱃군 기두 역에 박노식, 주인딸 용란과의 비련 끝에 비명에 죽는 머슴 한돌 역에 황해, 아편장이자 성불구자인 최연학 역에 허장강, 독립투쟁하는 대학생에 신성일, 학생 강극 역에 오랫동안 구미 각국을 순회하고 돌아온 콜럼비아대학 출신의 신진무용가 김준연이 '데뷰'작으로 출연하는 등 문자 그대로의 '올스타 캬스트'이다. 그리고 목사관의 선교사 '케이트' 부인 역에 미국 여인 '마리아 세퍼'가 특별출연하고 있어 이채를 띠운다.

이밖에 연기진의 중진인 김동원, 황정순, 복혜숙, 석금성, 주선태, 남춘역 등이 경연한다.

그리고 '스탶'진에는 각색의 제일인자 유한철 각색을 비롯하여 촬영에 변인집, 조명에 박진수, 미술에 이봉선 등 사계(斯界)의 '베테란'이 동원되고 있다.

장기간 통영 현지 '로케'를 감행하고 수백척의 어선과 연 수만명의 '엑스트라'를 동원하게 될 이「김약국의 딸」은 '스펙타클'한 점에서도 방화사상 공전의 대작이 될것이다.

'숙명과 싸우는 인간의 모습'을 '리얼'하게 그려보겠다는 유 감독의 열의와 더불어 최고의 '스탶'과 최고의 '골든 캬스트'가 엮는 이 영화 '김약국의 딸'은 방화사상 최고의 금자탑이 될 것을 믿어마지 않는다.

영화사에서 각각 《토지》와 〈오발탄〉으로 불후의 금자탑을 세웠다는 점도 자칫 허황된 수사처럼 보일 수 있는 이 문구에 고개를 끄덕이게 한다.

익히 알려져 있듯, 〈김약국의 딸들〉은 경상남도 통영을 배경으로 구한말에서 일제강점기에 이르는 수십 년간의 세월을 다룬다. 그러나 영화적 시간의 가장 많은 부분을 차지하는 것은 김약국(김동원)의 장성한 딸들이 모진 세파를 헤쳐 나가는 일제강점기다. 프롤로그에 해당하는 앞부분은 김약국의 어머니가 남편의 의처증에 비상을 먹고 자살하는 것으로 짧게 할애한다. 이는 '비상 먹고 죽은 사람의 자손은 번성하지 못한다'는 비언飛言을 통해 이 영화를 일종의 운명 비극으로 만드는 역할을 한다. 그중 셋째 딸인 용란(최지희)이 비상 먹고 죽은 할머니를 닮은 것으로 설정되는데, 유교적 정절을 의심받고 자살한 할머니처럼 용란은 누구의 시선도 아랑곳하지 않고 자신의 본능과 욕망에 충실한 여성으로 그려진다.

그 대척점에 신식 교육을 받고 도시에서 교사로 일하는 용빈(엄앵란)이 있는데, 그녀는 영화에서 거의 유일하게 지성과 이성을 갖춘 여성이다. 그래서인지 그녀는 자매들의 불행에서 다소간 떨어져 있다. 언니인 과부 용숙(이민자)은 아들을 돌봐 준 의사와의 사이에 아이를 낳은 후 살해했다는 비난을 받고, 용란은 아편쟁이인 연학(허장강)에게 시집간 후 폭력에 시달리며, 막냇동생인 용옥(강미애)은 집안 사업인 어장을 관리하는 기두(박노식)와 결혼한 후 남편의 무관심과 시아버지의 겁탈 위협에 노출된다. 이에 비해 용빈의 '불행'은 가세가 기울자 연인 홍섭이 변심한 것 정도인데, 그를 대체하는 남자는 원작에도 등장하지만 영화만큼 강렬한 인상을 주지는 않았던 강극이다.

마지막 장면은 어떻게 달라졌을까?

감독 노트-콘티-심의 시나리오-영화 비교하기

강극은 몇 장면 등장하지 않으면서도 중요한 역할을 한다. 독립운동가로서 경찰에 끌려가면서도 의연한 모습을 보여 용빈에게 깊은 감명을 주는 장면이 전반부에 배치되고, 종반부에서도 실성한 용란이 물에 빠졌을 때 주저 없이 물속에 뛰어든다. 마지막 장면에서 통영을 떠나려는 용빈을 돌려세워 김약국이 있는 고향에 남게 하는 것도 강극이다. 이 결말은 대체로 원작에 충실한 〈김약국의 딸들〉이 원작과 가장 다른 부분이다. 원작에서는 용빈이 영화에는 등장하지 않는 다섯째 딸 용혜와 함께 통영을 떠나는 것으로 제시되

감독 노트

3

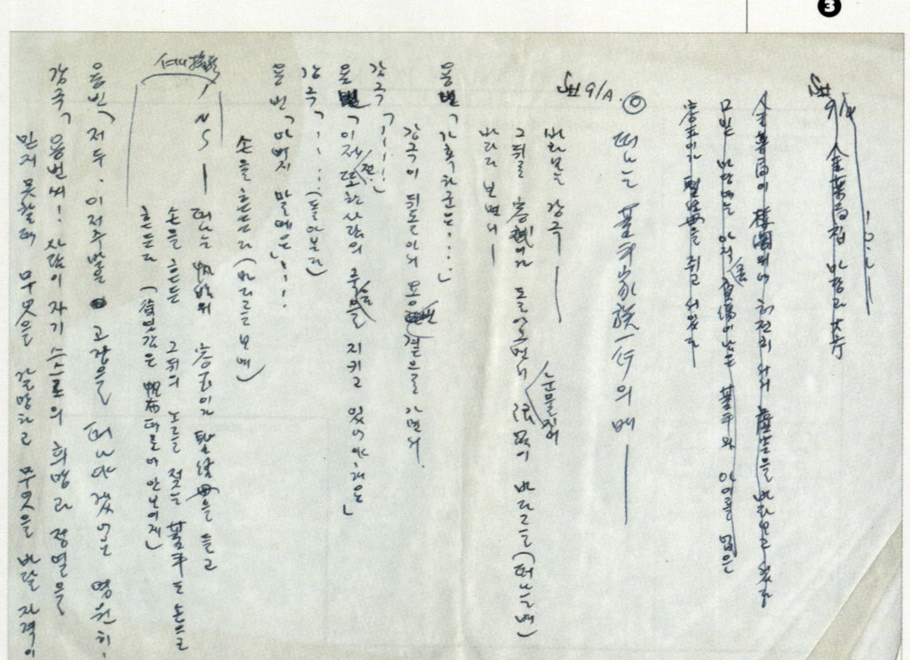

는 데 반해, 영화에선 기두와 용옥(원작에서는 배가 침몰하여 익사하는)의 배웅을 받으며 떠나려다가 강극의 청혼과 설득으로 고향에 남게 된다.

이 결말에는 상당한 고심이 있었던 것으로 보인다. 심의 대본에는 강극과 용빈이 함께 배를 타고 담담히 떠나는 것으로 암시되지만, 콘티와 감독 노트에는 사뭇 절절한 대사들이 넘쳐 난다. 저주받은 고장을 떠나겠다는 용빈의 말에, 강극은 이 세상 어디인들 우리의 안식처는 없을 테지만 젊음을 다 바쳐서라도 힘껏 버텨야 한다고 답한다.

콘티에는 "용빈 씨! … 나 같은 사람이라두 다소나마 도움이 될 수 있다면 … (힘주어) … 우리 결혼합시다!"라며 청혼하는 장면이 제시된다. 그러나 완성된 영화에서 강극은 김약국에게 결혼 허락을 받은 후 용빈에게 결혼하자면서 아버지가 계신 곳으로 가자고 말한다. 둘이 발길을 돌리는 모습을 언덕 위에서 바라보는 김약국의 얼굴이 영화의 마지막을 장식하는데, 이는 원작의 진취적 여성 용빈을 몰락한 가부장의 그늘에 가두는 것 같아 적잖이 당혹스럽다. 영화는 그렇게 해서라도 어떤 '희망'을 제시하려 한다. 불행과 저주의 땅이더라도 고향은 지켜야 할 터전이라는 것이다. 영화가 개봉한 1963년은 아직 본격적인 산업화가 시작되기 전이다.●

❷

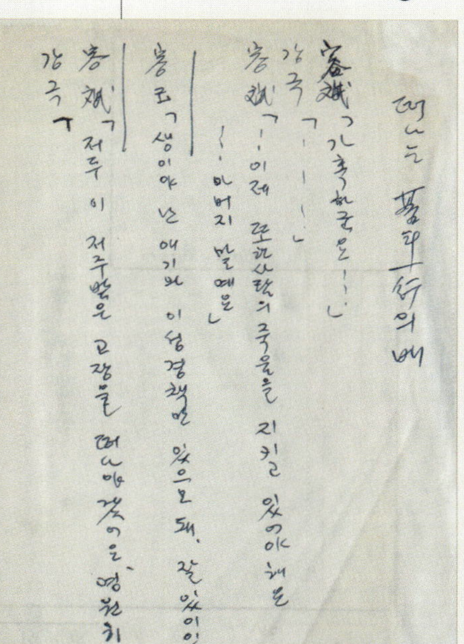

떠나는 [illegible]의 배
容斌「가족들은…!」
강극「……!」
容斌「…이제 [illegible]의 죽음을 지킬 있어야 해요
…아버지 말씀은」
용옥「[illegible] 난 애기와 이 [illegible] 있으면 돼. 잘 있어요」
容斌「저두 이 저주받은 고장을 떠나야겠어요, 영원히…」
강극「

❶

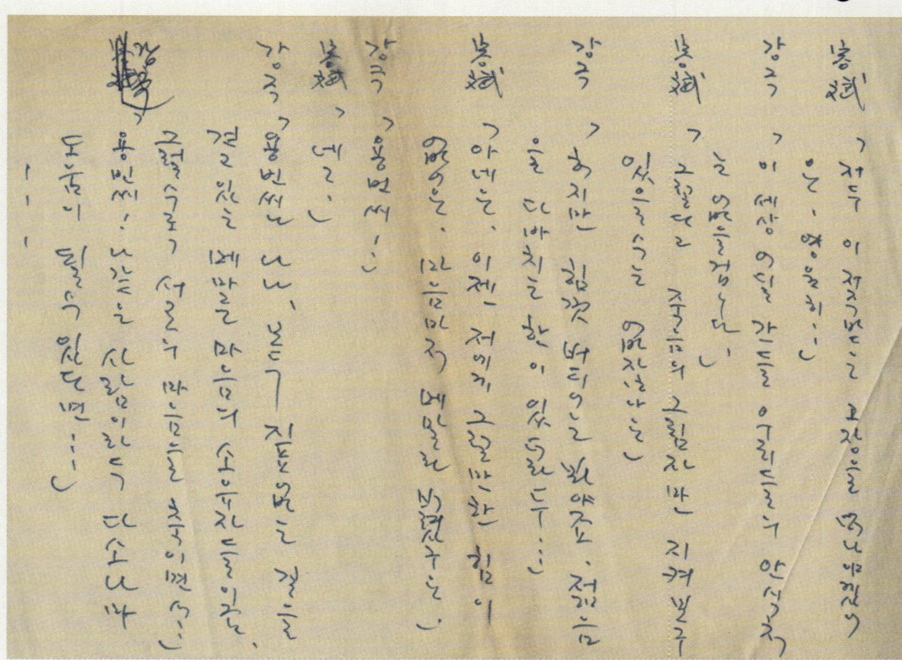

容斌「저두 이 저주받은 고장을 떠나겠어요. 영원히…」
강극「이 세상 어딘들 우리들의 안식처는 없을겁니다.」
容斌「그렇다고 죽음의 그림자만 지켜보구 있을 수는 없잖아요.」
강극「하지만 힘껏 버티어 봐야죠. 젊음을 다 바칠 한이 있더라두…」
容斌「아네요, 이제 저에게 그럴만한 힘이 없어요. 남김없이 메말라 버렸어요.」
강극「용빈씨…」
容斌「네?」
강극「용빈씨나 나나, 본시 집도 없는 [illegible] 메말라 마음의 소유자들인걸요. 그럴수록 서로가 마음을 축이면서…」
강극「용빈씨! 나 같은 사람이라두 다소나마 도움이 될 수 있다면…」

〈김약국의 딸들〉 시나리오 수정 메모 (ZK0000500)

유현목이 S#91A 선착장 장면의 시나리오를 수정하기 위해 쓴 메모. 대사를 몇 번씩 썼다 지운 흔적에서 감독의 고민이 드러난다. 해당 시나리오 수정의 핵심은 통영을 떠나는 용옥의 가족들과 역시 고향땅을 떠나고자 하는 용빈의 좌절감, 그리고 그녀를 붙잡는 강극의 절절한 설득과 고백에 있다.

콘티

S#91A C#2

S#91A C#1

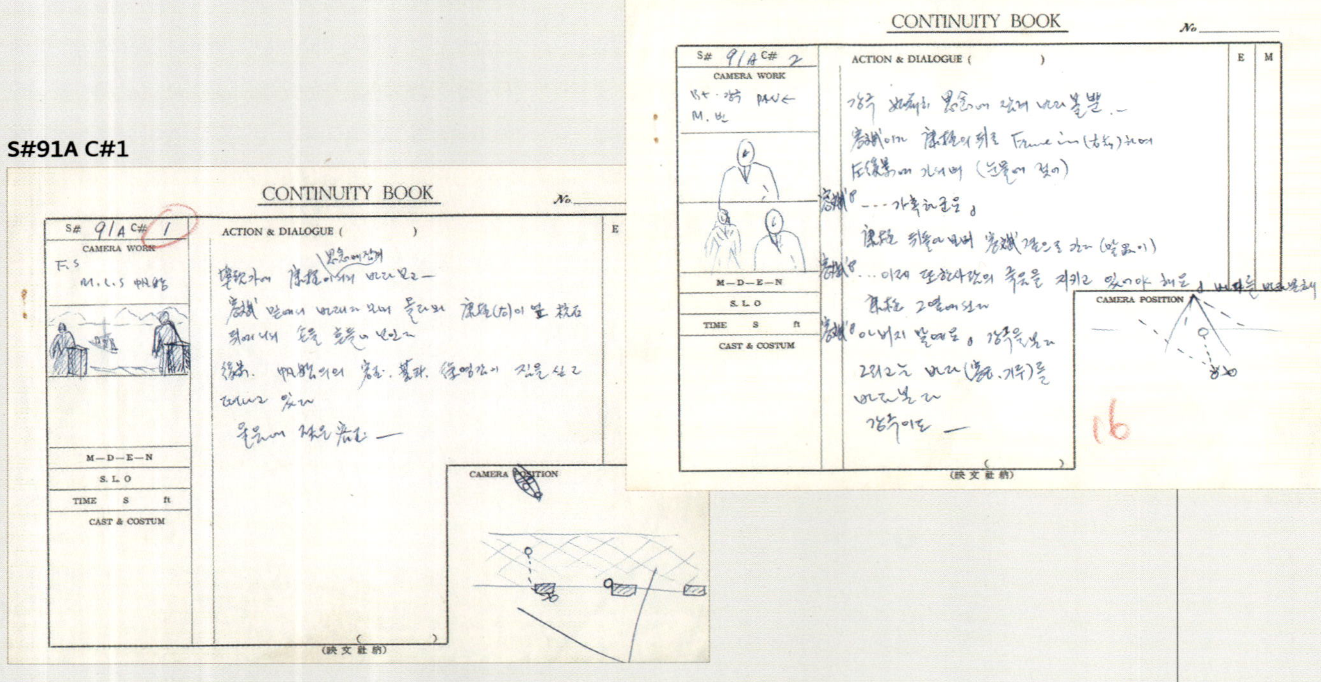

S#91A C#3

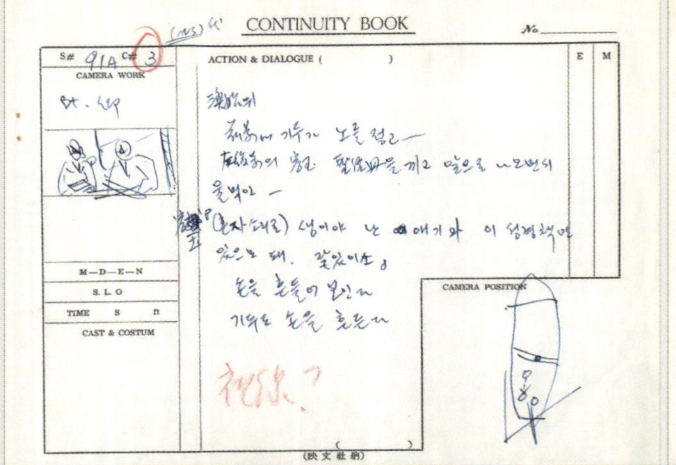

S#91A C#4(1)

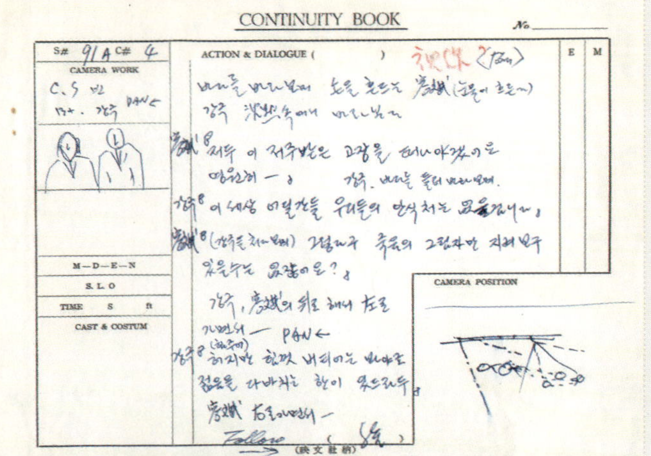

〈김약국의 딸들〉 콘티북 (DCKD006198), S#91A, C#1~7

앞서 감독의 시나리오 수정 메모(ZK0000500)를 기반으로 만들어진 콘티이다. 구체적인 촬영기법이 기록된 것 외에는, 용옥의 가족이 배를 타고 떠나는 장면, 이를 보고 "가혹하군요"라고 말하는 용빈의 모습(C#1~3)이 앞서 메모의 내용과 동일하다. 그러나 콘티상에는 C#6~7의 장면이 추가되었는데, 더 직접적으로 강극이 용빈에게 "결혼하자"며 청혼을 하나, 용빈은 이를 거절하고 달아나듯 가 버리는 것으로 끝이 나고, S#92와 S#93의 콘티가 없다.

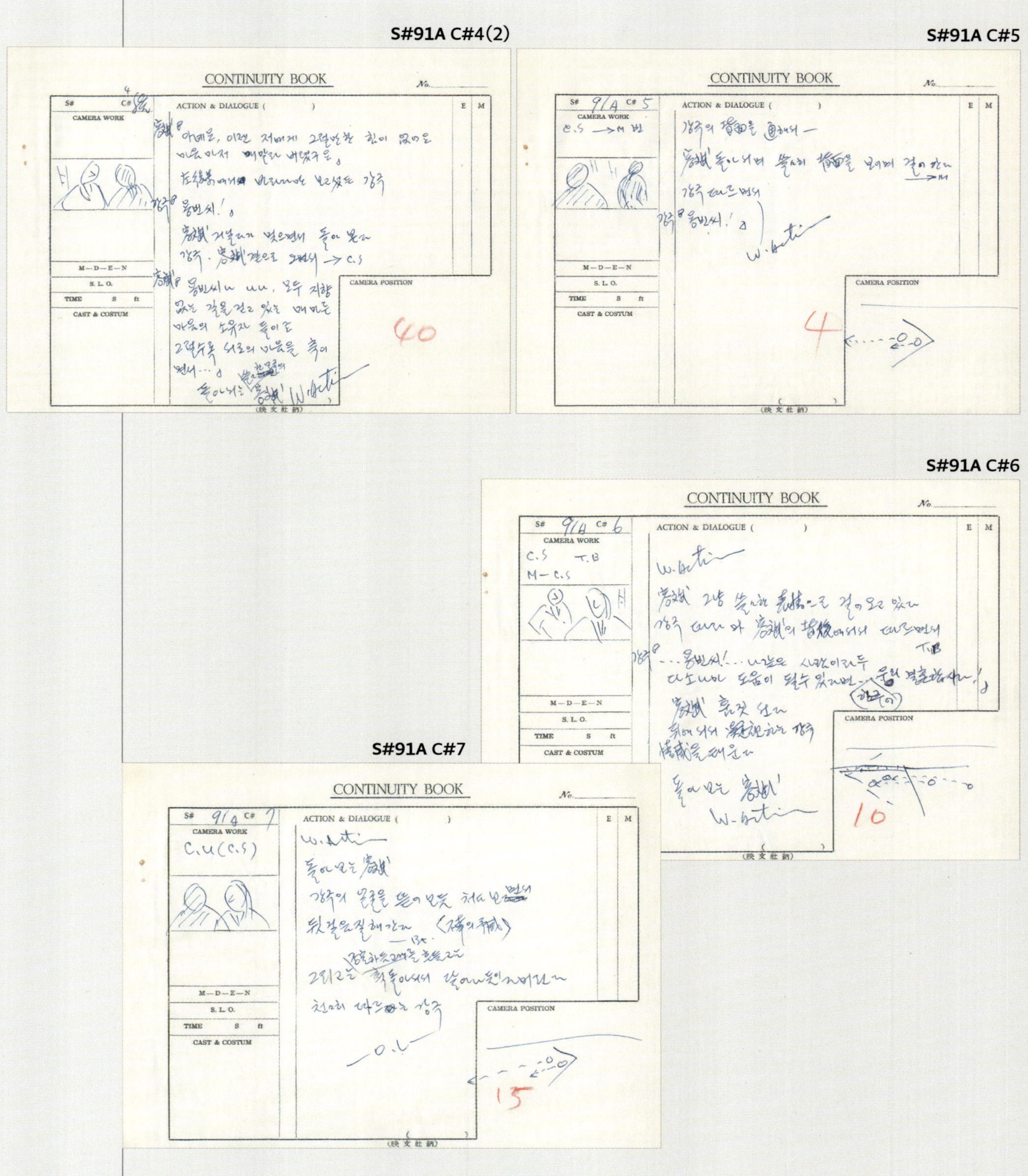

S#91A C#4(2)

S#91A C#5

S#91A C#6

S#91A C#7

시나리오

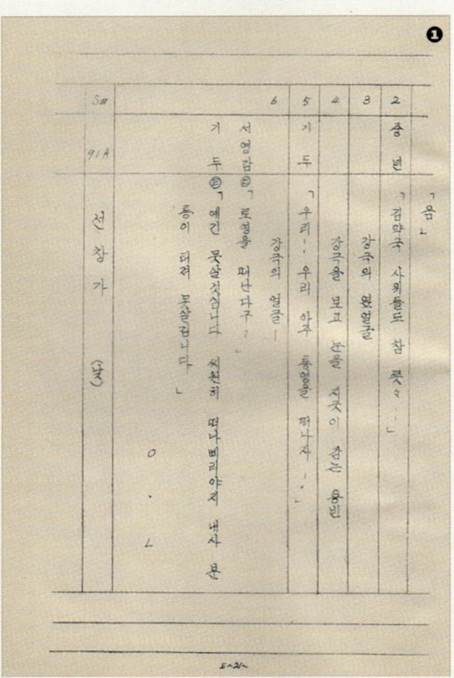

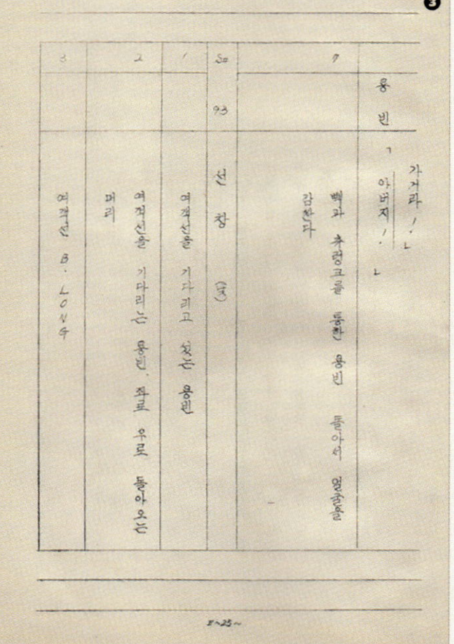

〈김약국의 딸들〉 시나리오 (DCKD006198_01)

'S#91A 선창가(낮)'의 장면 번호는 표기되어 있지만 실제 심의대본상에는 아무런 내용도 적혀 있지 않다. 영화상에서도 용란의 죽음 이후 #S92 폐허가 된 김약국의 집에서 #S93 선착장으로 이어지며, #91A 장면은 들어가지 않았고, 마지막 #S93의 장면도 대본과 실제 영화 장면이 다르다.

영상화된 마지막 장면

선착장

멀리서 뱃고동 소리
김약국: (E) 아가, 어서 가라니까. 난 여기서 뜨질 않겠다.
용빈 가방을 집어든다
용옥: 세이야!
용빈: 아니, 용옥아!
용옥: 세이야.
기두: 지금 막 집에 안 들렀십니까. 배 타러 나갔다기에 부두로 가보니 있어야지예. 떠나시는데 정말로 떠나십니까?
용빈: (고개를 끄덕이며) 네.
기두: 그렇십니까. 마, 저도 그 맘 알겠습니다.
용옥: 세이마저 가 버리면 아버지는 누가...
기두: (용옥을 가로막으며) 고마 우리가 있으니께 아무래도 우째 안되겠십니까?
용빈: 통영을 떠난다고 하시던 건?
기두: 참 마, 그때는 참마로 통영을 떠날라 했십니더. 집에 가서 가만히 생각해 보이 떠나봤자 뭐 별 게 있겠십니까? 괴기도 많이 나고 하이 죽으나 사나 저 바다와 싸워볼랍니다. 허허, 우리라고 뭐 못 살라는 법 있습니까? 장인도 이제 여생이 얼마 안 되실 게고. (아이: (E) 까마구야, 까마구야.) 우리마저 떠나가믄 돌봐드릴 사람이 누가 있겠십니까, 예?
용빈과 용옥 아이의 소리가 나는 바다 쪽을 바라본다.
아이: (노를 저으며) 우리집에 괴기 많이 갖고 오이라. 까마구야, 까마구야. 우리집에 돈 좀 갖다 주라.
노파가 배에 찬 물을 바가지로 퍼내고 있다.
강극: (E) 저 노파가 물 푸는 고역이 싫다고 바가지를 내던져 버릴 수가 있을까요? 물을 퍼야죠. 안 푸면 배 는 가라앉고 생명은 죽는 것입니다. 인간이 사는 곳 어디 비극이 없는 곳이 있을까요? 미칠 것만 같은 슬픔과 괴로움을 삼키며 극복을 했을 때 비로소 인간은 비극을 짓밟고 살 수가 있는 거죠.
기두: (바다를 보며) 어, 저, 배가 다 왔십니다. 저 빨리 타실 준비나 하십시다.
용옥: 세이야!
용빈: 용옥아!
멀리서 강극이 뛰어온다.
강극: 용빈씨! 용빈씨!
용빈: 강극씨!
강극: 아버님께서 내려다보고 계십니다.
언덕 위에서 김약국이 선창가를 내려다 보며 서 있다.
용빈: 아버지!
강극: 돌아가십시다. 아버지 계시는 곳으로.
용빈 고개를 끄덕인다.
강극: 용빈씨, 아버님한테 청혼을 하고 오는 길입니다. 결혼합시다!
용빈: 강극씨!
용옥: 세이야!
기두: 자, 어서 가시소. 아버님이 좋아하시겠습니다. (용빈의 짐을 양손에 들고) 이거 제가 들겠십니다.
용빈: 그 가방 이리 주세요.
기두: 아이, 개안십니다.
용빈과 강극, 김약국이 서 있는 언덕을 오른다. 두 사람을 바라보는 김약국의 얼굴. '끝'

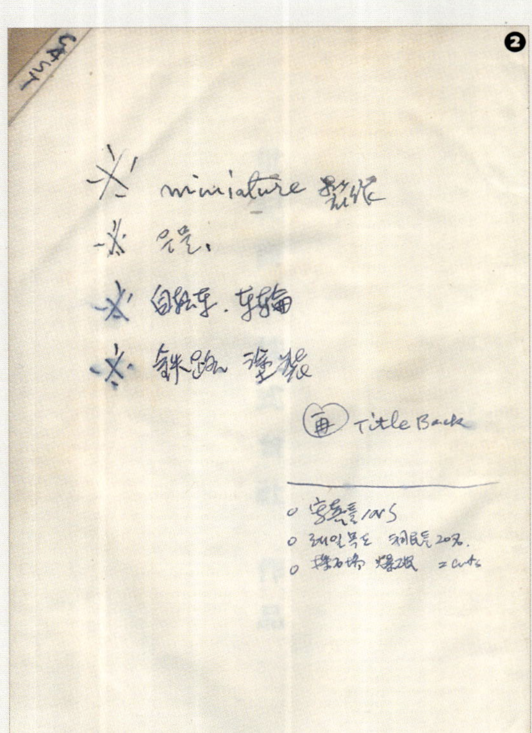

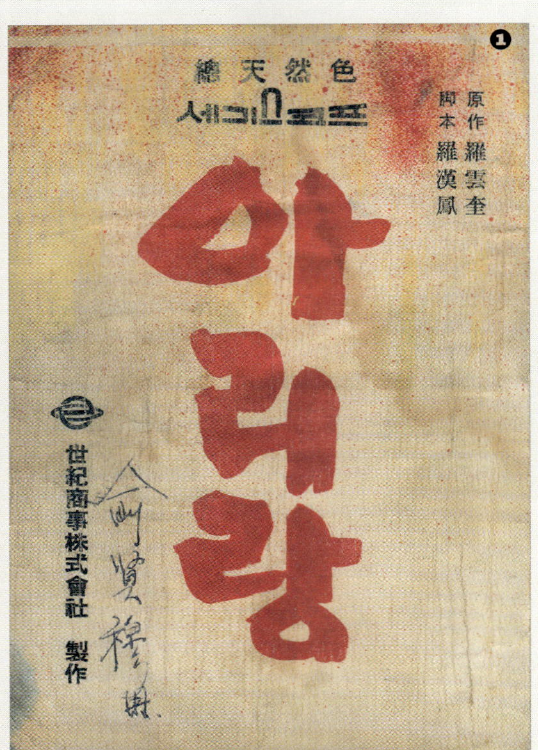

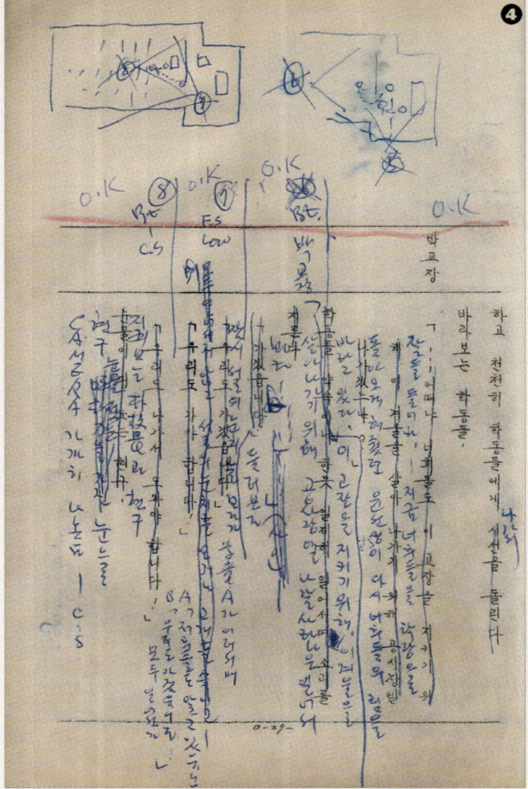

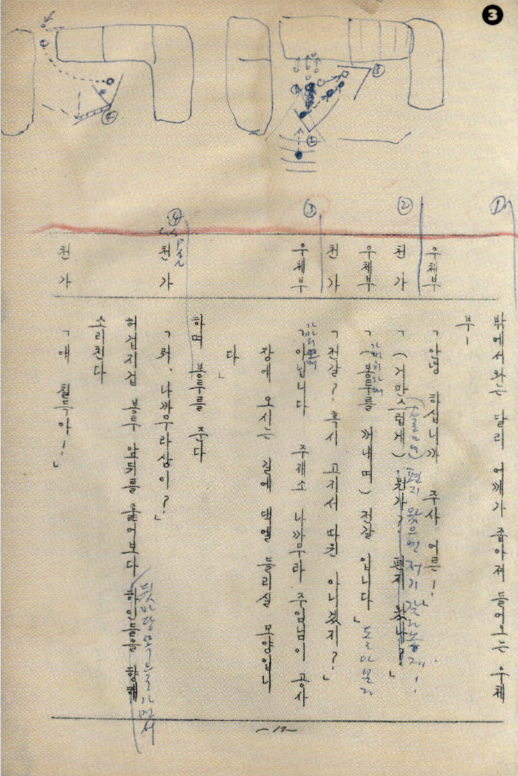

〈아리랑〉 오리지널 시나리오 **(CKN002310_01)**

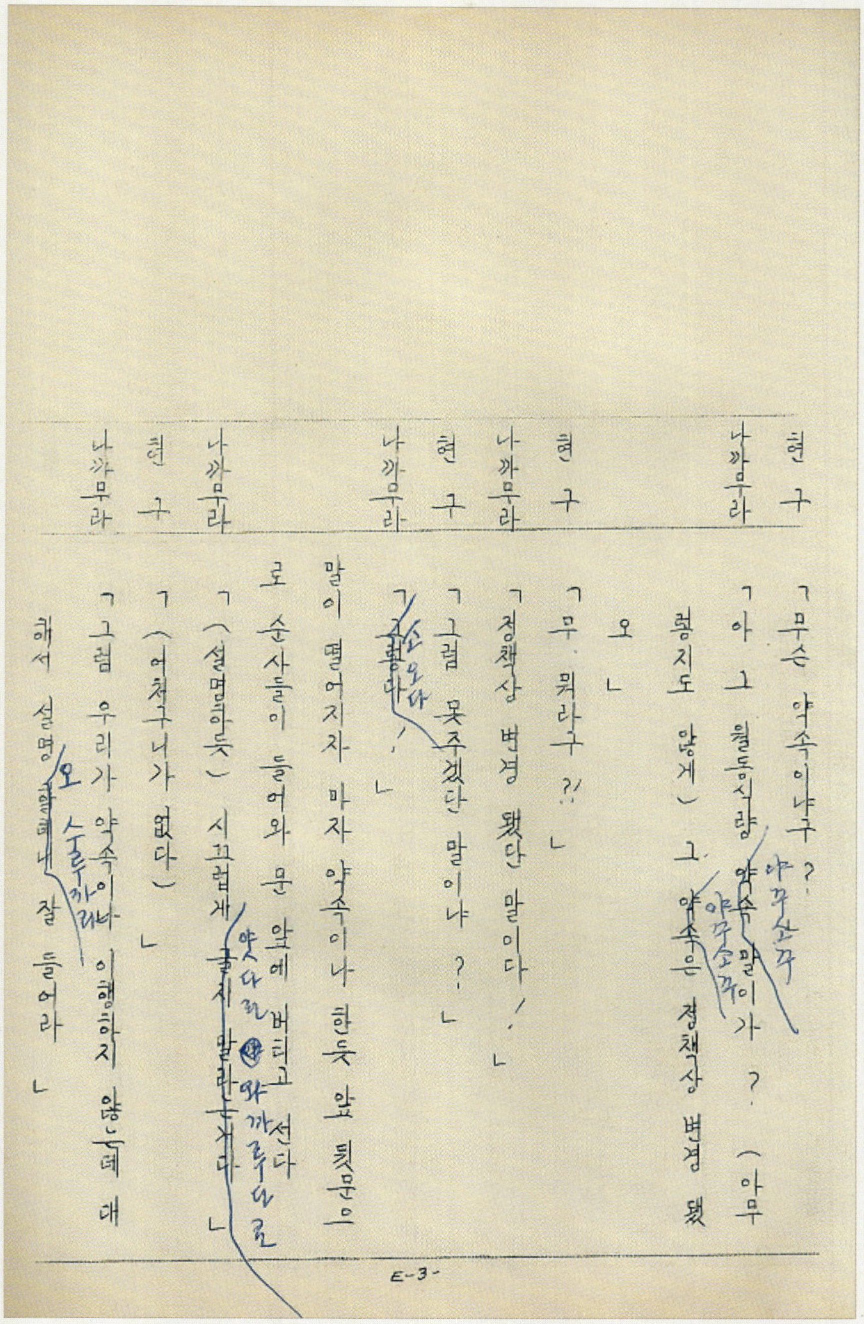

현 구 「무슨 약속이냐구?」

나까무라 「아 그 월동식량 약속 말이가? (아무렇지도 않게) 그 약속은 정책상 변경 됐오」

현 구 「무·뭐라구?!」

나까무라 「정책상 변경 됐단 말이다!」

현 구 「그럼 못주겠단 말이냐?」

나까무라 「그렇다!」

말이 떨어지자 마자 약속이나 한듯 앞 뒷문으로 순사들이 들어와 문 앞에 버티고 선다

나까무라 「(설명하듯) 시끄럽게 굴지 말라는 거다」

현 구 「(어처구니가 없다)」

나까무라 「그럼 우리가 약속이행하지 않는데 대해서 설명할테니 잘 들어라」

E-3-

〈아리랑〉 시나리오 (CKN002314_01)

앞의 시나리오와 같은 버전이지만, 수정된 부분에 차이가 있다. 지금은 일본인 캐릭터의 경우 일본어로 연기하지만, 1960년대 한국영화에서는 한국인 배우가 일본어와 한국어가 뒤섞인 '가짜 일본어'를 하는 경우가 매우 흔했다. 이 시나리오의 한 대목이 이를 보여 준다. 허장강이 연기하는 나까무라의 대사에서 '약속'은 야꾸소꾸(約束=やくそく)', '그렇다'를 '소오다(そうだ)', '시끄럽게 굴지 말라는 거다'는 '시끄럽게 얏다란 와까루다로'(やったらん、わかるだろう), '설명할 테니'는 '설명오 수루까라(をするから)'로 고쳐져 있다.

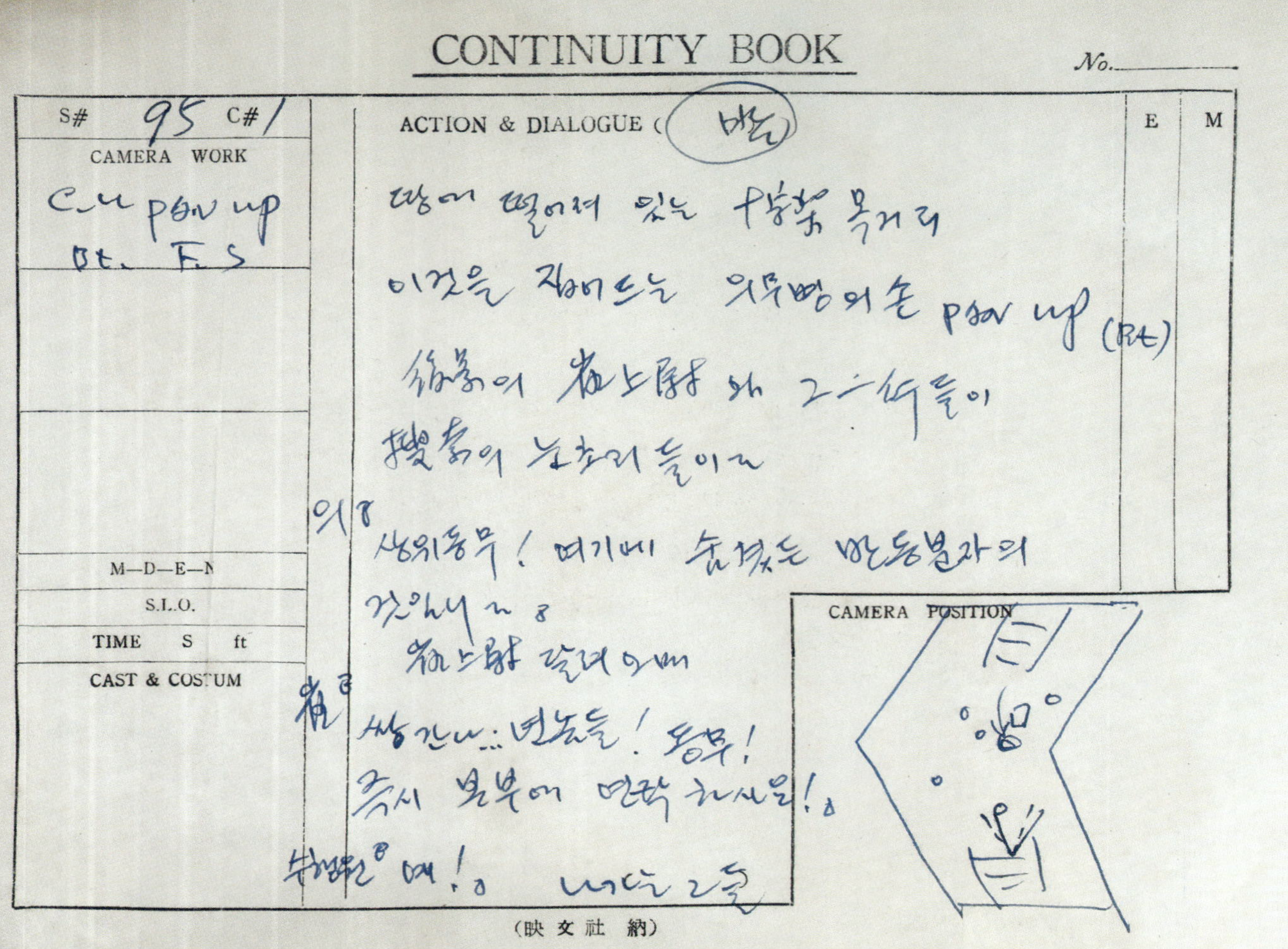

CONTINUITY BOOK

No.

S# 95 C# 1

CAMERA WORK

C.U pan up

F.S

ACTION & DIALOGUE

E

M

M—D—E—N

S.L.O.

TIME S ft

CAST & COSTUM

CAMERA POSITION

(映文社 納)

〈악몽〉(1968) 콘티 (CKT000037)

유현목은 《키노》(1998년 8월호)와의 인터뷰에서 당시의 많은 감독들이 시나리오에 죽죽 그어 가며 풀숏, 클로즈업 식으로 몇 마디 적는 방식으로 연출한 데 반해, 자신은 콘티를 짜는 데 몇 시간씩 걸렸으며, 벽에 하얀 종이를 붙여 놓고 카메라의 이동을 그려 넣으며 기하학적인 방식으로 연출을 사고했다고 회고한다. 콘티에는 클로즈업(C.U.), 풀 숏(F.S.) 등의 기술적 용어, 행동 지문과 대사, 동선을 표시한 그림이 빼곡하게 자리하고 있다.

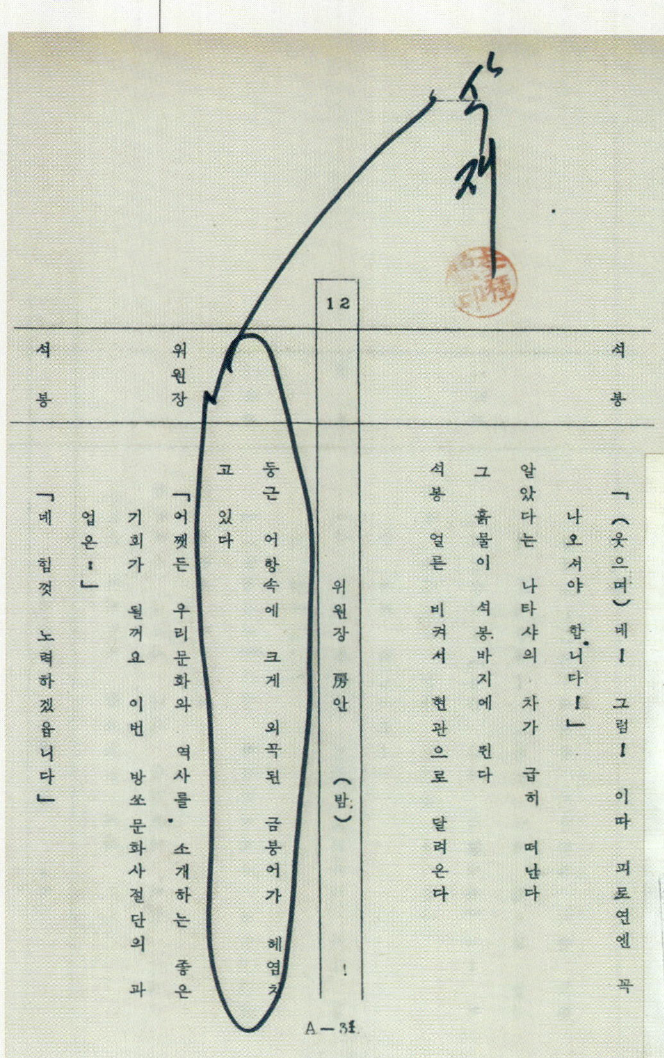

삭제

석봉 「(웃으며) 네! 그럼! 이따 피로연엔 꼭
나오셔야 합니다!」
알았다는 나타샤의 차가 급히 떠난다
그 흙물이 석봉.바지에 튄다
석봉 얼른 비켜서 현관으로 달려온다

12 위원장 房안 (밤) !

둥근 어항속에 크게 외곡된 금붕어가 헤염치
고 있다

위원장 「어쨌든 우리문화와 역사를. 소개하는 좋은
기회가 될꺼요 이번 방쏘문화사절단의 과
업은:」

석봉 「네 힘껏 노력하겠읍니다」

A—31

〈나도 인간이 되련다〉 심의대본 (DCKD007292_02)

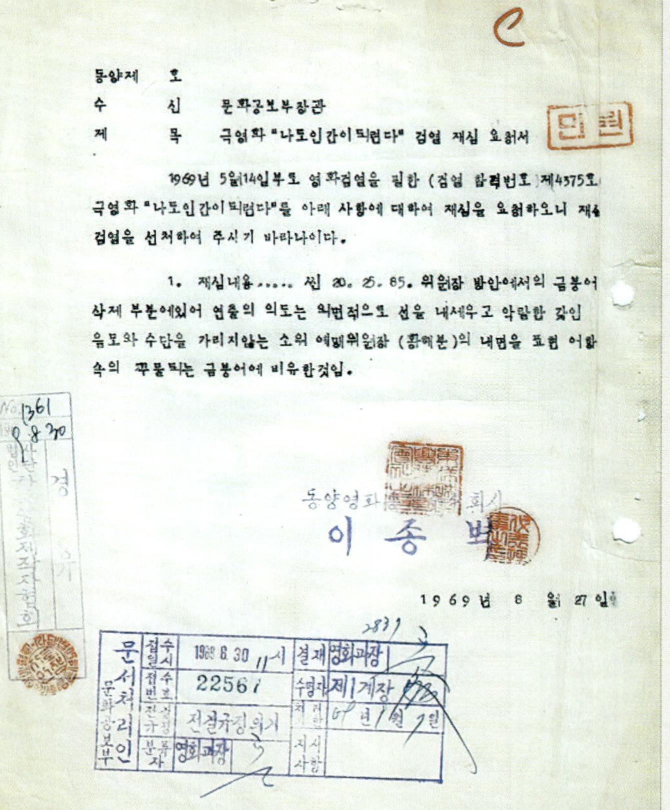

동양제 호

수 신 문화공보부장관

제 목 극영화 "나도인간이되련다" 검열 재심 요청서

1969년 5월14일부로 영화검열을 필한 (검열 합격번호)제4375호 극영화 "나도인간이되련다"를 아래 사항에 대하여 재심을 요청하오니 재심 검열을 선처하여 주시기 바라나이다.

1. 재심내용..... 신 20. 25. 85. 위원장 방안에서의 금붕어 삭제 부분에있어 연출의 의도는 외면적으로 선을 내세우고 악랄한 갖인 음모와 수단을 가리지않는 소위 예맹위원장 (황해본)의 내면을 표현 어항 속의 꾸물되는 금붕어에 비유한것임.

동양영화[illegible]회사
이 종 벽

1969년 8 월 27 일

문서처리인 문화공보부	접수일시	1969 8. 30 11시	결재	영화과장
	접수번호	22567	수령자	제1계장
	전결규정	전결규정외기	처리기한	69 년 9 월 7 일
	분류자	영화과장	지시사항	

동양영화흥업주식회사, '극영화 "나도 인간이 되련다" 검열 재심 요청서', 〈나도 인간이 되련다〉 심의서류, 1969년 8월 27일

검열 당국은 〈나도 인간이 되련다〉를 차원 높은 반공영화라고 치켜올리면서도, 북한 고위층의 생활상이 너무 호화롭게 재현되어서는 안 된다고 지적했다. 아래 심의대본에서 예맹위원장 방 안에 놓인 어항의 금붕어 장면을 삭제하라는 것도 그런 의도로 보인다. 이에 검열 재심 요청서는 악랄한 음모와 수단을 가리지 않는 예맹위원장의 내면을 어항 속에서 꾸물대는 금붕어에 비유한 것이라 항변하고 있다. 과연 이런 차원 높은 상징을 검열 당국은 이해했을까?

똥예는 왜 용팔을 그리워할까?

소설 《분례기》는 무명의 작가 방영웅을 일약 베스트셀러 작가로 등극시킴과 동시에 한국 문단을 이끌어 갈 총아로 만들었다. 특히 이 작품이 1967년 《창작과 비평》에 연재되고 난 후, 이 문예지를 이끈 문학평론가 백낙청은 "《창작과 비평》 2년 반의 가장 뜻깊은 수확"(《창작과 비평》 1968년 여름호)이라고 평했다. 몇 년 후의 한 기사에는 "한국 신문학 60년의 기념패작"으로서 "1967년도 문단에서 선풍을 일으킨"(《주간경향》 1971년 5월 5일자) 소설로 소개되기도 했다.

이렇게 대중적으로, 비평적으로 큰 성공을 거둔 소설이 '예술파' 감독 유현목에 의해 영화화된다고 했을 때부터 영화계는 큰 기대를 걸지 않을 수 없었다. 특히 과장된 측면은 있지만, 당대의 트로이카 여배우 윤정희, 남정임, 문희가 영화 〈분례기〉의 똥예 역을 따내기 위해 쟁탈전을 벌였다는 일화는 유명하다. 《영화잡지》 1971년 5월호는 이 일화를 가십성 기사로 흥미롭게 다루고 있다. 세 여배우가 배역을 얻기 위해 유현목 감독에게 편지를 보내고, 명보극장 옆에 있는 유현목의 사무실에 직접 찾아가는 등 열의를 보였으나, 유현목은 신인배우를 고려 중이라고 했단다. 그러나 제작자인 태창흥업의 김태수는 난색을 표했고, 유현목도 이를 받아들여 기성 여배우 중에서 고르기로 했다. 세 여배우 중 똥예의 이미지에 가장 가깝다고 느낀 사람은 남정임. 그러나 남정임의 결혼 소식이 들려왔고, 충남 예산에서 올로케하는 영화의 특성상 결혼한 사람은 곤란했기에, 차선으로 윤정희를 캐스팅하게 되었다고 한다. 문희가 탈락한 것은 똥예의 이미지에 맞는 동적인 감이 부족했기 때문이라고.

그렇다면 세 여배우가 그토록 맡고 싶어 했던 똥예는 어떤 캐릭터인가? 뒷간에서 태어났다고 똥예라 이름 붙여진 것에서부터 알 수 있듯이 불결하고 천하디천한 여성이다. 원작에서는 "흰 눈에 검은 때가 배어 나"오고 머리를 감아도 "구정물이 머리꼬리로 흘러내"린다고 묘사하고 있다. 그러나 외적으로 불결한 그녀지만 마음은 누구보다 깨끗하고 순박하다. 사실, 정확히 말하면 무지하기 때문에 걱정이 별로 없고, 겁탈 같은 큰일을 당하면서도 그 의미를 정확히 알지 못한다. 이러한 무지함은 유아적이면서도 스스럼없는 행동으로 나타나는데, 유현목의 감독 노트에 똥예는 "말괄량이 같은", "코를 휑 풀고 궁둥이를 툭 털며", "심통이 나면 들꽃들을 발로 짓이겨 놓는다" 등의 행동으로 묘사되고 있다. 그러나 똥예의 이런 거침없는 행동도 정조를 강조하는 전통적 윤리의 제약을 받는다. 그녀는 친구 봉순이 겁탈당한 후 자살하자, 같은 일을 당한 자신도 죽어야 한다며 자살하려 한다.

〈분례기〉에서 가장 문제적인 인물은 허장강이 연기하는 용팔이다. 그는 고자라고 놀림을 받지만 똥예를 겁탈한 인물이며, 똥예가 성불구 여부를 따져 묻자 음흉하게도 "비밀여, 비밀…"이라고 눙치고 지나간다. 영화가 이런 용팔을 캐릭터화하는 방식은 상당히 모호하다. 유현목의 노트에는

寫 재심

한국예술문화윤리위원회

(접수번호 제제 223 호) 1970 년 11 월 10 일 접수
1970 년 11 월 13 일 심의

시나리오 재심 의견서

제명 분례기

(종합의견)

다음 지적사항의 원칙에서 재개작하시기 바랍니다.
1. 시대배경이 일제시대라는 것을 전체적으로 강하게 부각시키기를 바랍니다.
2. 똥예를 미치게 하지말고 162씬 이하의 씬을 재생의 정신이 두드러지도록 표현하시기 바랍니다.
3. 똥예라는 명칭을 분례로 수정하고 따라서 관계대사를 수정하시기 바랍니다.
4. 천한 대사를 수정하시기 바랍니다.(예:고자, 강간, 개같은년, 세젓등)
5. 다음의 지정사항을 수정 또는 삭제하시기 바랍니다.

(지정사항)
1. 씬 12 A7p 3행 할매 대사 "저놈의 고자가 대낮에 처녀강탈을"
2. "저놈의 병신이 대낮에"로 수정.
2. 씬 16 A10p 홍씨 5행 대사중 "똥간에서 낳아 똥독에서 건져낸" 삭제.
3. 씬 41 제작과정에서 유의.
4. 씬 43 B20p 4행, 5행 삭제.
5. 씬 45 C3p 7행–10행 똥예 대사중 "세젓"운운 수정. 이하 "세젓"운운 전편 수정.
6. 씬 62 D4p 13행 노랑녀 대사중 "붙어줘야"는 "살어줘야"로 수정.
7. 씬 65 D14p 5행6행 똥예대사 "세젓...똥은 똥끼미" 운운 수정.
8. 씬 67 D14p 6행 7행 홍씨 대사중 "몸을 즐린데" 운운 수정.
9. 씬 69 제작과정서 유의 (목욕씬)
10. 씬 76 D24p 석서방 오줌누는것 다른것으로 수정 19 년 월 일
11. 씬 90 F3p동평의 10행대사 및 11행 똥예 대사중 "살을섞다니" 수정.

심의위원: 조연현 서윤성
1970년 11월 13일
김강윤 변장환

한국예술문화윤리위원회, '시나리오 재심의견서 제명 "분례기"', 〈분례기〉 심의서류, 1970년 11월 13일

"시대 배경이 일제시대라는 것을 전체적으로 강하게 부각시키기를 바랍니다." 시나리오 재심 의견서의 첫 번째 지적 사항이다. 재심 의견서는 왜 일제강점기 부각을 강조했을까? 아마도 경제성장이 급속하게 이루어지고 있던 당시에 낙후된 농촌 현실을 과거의 것으로 박제하고 싶었던 것은 아닐까? 한편, 원작 소설의 배경은 "해방이 되고 이삼 년" 후인데, 영화 〈분례기〉는 정작 일제강점기도 해방 직후도 명시적으로 제시하지 않는다.

"용팔의 웃음은 없다—꼭 다문 입"이라고 쓰여 있다. 그도 그럴 것이 영화에서 용팔은 전혀 웃지 않고 자신의 기분을 내비치지 않는다. 그런가 하면 같은 노트에는 "입가에 야릇한 미소"라고 적혀 있는데, 이는 그가 성불구가 아님에도 그런 척하며 똥예처럼 성적으로 무지한 여성을 농락하는 비열함을 드러내는 캐릭터 구축이 아닐까 싶다. 원작의 설정 탓이겠지만, 그럼에도 불구하고 똥예는 슬프고 서러운 일이 있을 때마다 용팔을 그리워하는데 이는 오늘날의 관점에서 보면 도저히 납득하기 어려운 부분이다.

발표될 당시 극찬을 받았던 소설 《분례기》에 대한 최근의 비판적 평가 중 하나가 작품 속 여성에게 가해지는 폭력에 대한 성찰의 부재라고 한다. 이는 영화 〈분례기〉에도 어느 정도 해당하는 바일 것이다. 영화는 물론 제작된 시대의 관점에서 바라보는 내재적 평가가 우선되어야 한다. 그러나 시간의 시험대를 거쳐 걸작으로 평가받는 영화는 현시점에서 봐도 미학적으로나 정치적으로나 우수한 영화이다. 그런 점에서 〈분례기〉가 여성 캐릭터를 다루는 방식은 다소 아쉬운 부분이다. ●

〈분례기〉 감독 노트 (ZK0000520)

〈분례기〉의 배경이 되는 동네와 인물의 집 도면, 캐릭터 분석과 의상·분장 등이 기록되어 있다.

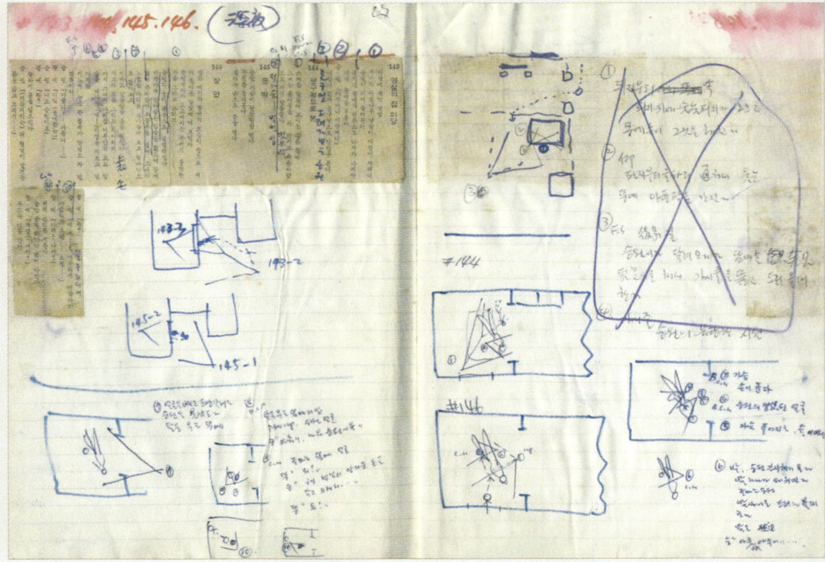

〈분례기〉 콘티 노트 (ZK0000628)

S#143~164까지의 촬영 콘티가 기록된 노트. 기존 유현목 작품의 콘티와 비교했을 때 그 기록 방식과 구성이 독특한데, 해당 노트 콘티는 개별 장면마다 잡지에 수록된 〈분례기〉 시나리오를 잘라 붙이고 그에 대한 상세한 촬영 방법과 카메라 위치 등을 그림으로 설명하고 있다.

〈불꽃〉의 촬영 현장

유현목 감독(중앙에 앉아 있는 모자 쓴 이)을 비롯해 스태프들이 영화 속 부엉산 동굴을 배경으로 한 컷! 〈불꽃〉은 이 동굴에서 시작해 이 동굴로 끝난다. 주인공 현은 일본군에게 아버지가 피살된 이곳에서 시시각각 포위망을 죄어 오는 인민군과 맞닥뜨린다. 조부를 인질로 앞세워 현을 찾아내는 데 혈안이 된 야만적 군대에 맞서, 현은 마침내 고뇌하는 지식인에서 행동하는 실천가가 된다. 동굴, 2대에 걸친 숙명적 대결의 장소.

세속적 예술의 원천으로서 프로테스탄티즘: 유현목 영화와 기독교

박유희 | 영화사 연구자, 고려대 교수

유현목 영화의 원천, 〈죄와 벌〉

유현목 감독은 영화를 하게 된 계기를 다음과 같이 회고한다.

> 프랑스의 피에르 셰날 감독의 〈죄와 벌〉은 나를 한껏 얽어매었다. 거듭해서 열네 번이나 미친 듯이 보았는데, 마지막 열네 번째는 학질에 걸려 사십 도에 가까운 몸으로 친구의 부축을 받아가면서도 놓치지 않고 볼 만큼 나를 매료시켰다.[1]

이렇게 강렬한 경험을 하고 난 뒤, 국문과에서 극작가를 꿈꾸던 문학도는 "지체 없이 시나리오작가 지망생으로 전환"했다고 쓰고 있다. 그런데 유현목이 영화를 통해 처음으로 《죄와 벌》에 매료된 것은 아닌 것 같다. 그는 황해도에서 기독교계 보통학교를 졸업한 뒤 서울의 휘문중학교(5년제)에서 공부하는데, 그때부터 도스토옙스키에 심취했다고 말한다. 어머니의 권유로 그런 것이지만, 신학교 진학을 진지하게 고민했다는 것을 보면, 〈죄와 벌〉로 함축되는 기독교적 세계관과 예술(문학-영화)에 대한 몰두는 어린 시절부터 그의 정신을 떠받치는 두 기둥이었던 셈이다. 또한, 유현목 감독이 반복하여 〈죄와 벌〉의 매혹을 회고하는 것을 보면 〈죄와 벌〉을 기점으로 예술가로서 자기동일성을 확보하고자 했던 것으로 보인다.

《죄와 벌》(1866)은, 나폴레옹처럼 선택된 강자는 법과 도덕을 뛰어넘을 권리를 가진다고 생각한 청년 라스콜니코프(이하 '로쟈')의 이야기다. 그는 인색한 전당포 노파를 세상에 해만 끼치는 존재라고 판단하여 살해하고, 엉겁결에 그의 여동생까지 죽이고 만다. 그는 노파가 세상의 '이蝨'였고 자신은 그것을 심판할 수 있는 비범한 인간이라고 합리화하지만, 양심의 가책에서 벗어나지 못하고 번민한다. 결국 그는 창녀 소냐를 통해 영혼이 구원받을 수 있는 길은 한 인간으로서 신 앞에 죄를 인정하고 스스로 벌을 받는 것뿐이라는 것을 깨닫는다.

이 소설은 종교적·계급적 주제를 심중하게 다루는 근대소설의 최고봉으로 알려져 있다. 동시에 세계적인 베스트셀러이자 스테디셀러로서 범죄스릴러와 멜로영화로 각색될 수 있는 내러티브를 지닌 원작이기도 했다. 이에 여러 번 영화화되었는데, 1935년에 미국과 프랑스에서 두 편이 만들어졌다. 미국 콜럼비아영화사에서 제작한 〈죄와 벌Crime et châtiment〉은 조셉 폰 스턴버그Josef von Sternberg가 연출하고, 〈M〉(1931)에서 연쇄살인범 역할을 맡았던 피터 로어Peter Lorre가 로쟈로 출연한 영화다. 이 영화가 로쟈와 소냐의 관계를 중심으로 전개되는 데 비해, 프랑스영화 〈죄와 벌〉은 로쟈의 심리 묘사와 예심판사 포르피리와의 논쟁이 더 큰 비중을 차지한다. 유현목이 매료되었던 피에르 셰날Pierre Chenal 감독의 영화는 후자이다.

이 영화에서 고뇌하는 남성 주인공 로쟈, 그리고

그가 던지는 철학적 질문과 포르피리와의 논쟁은 유현목의 대표작들을 상기시킨다. 유현목 감독은 〈오발탄〉(1961), 〈잉여인간〉(1964), 〈순교자〉(1965), 〈사람의 아들〉(1980)을 자신의 대표작으로 꼽았다.[2] 이 영화들에는 공통적으로 윤리적·종교적 질문 속에서 번민하는 남성 인물과 그들이 벌이는 논쟁이 들어 있다. 그 질문과 논쟁은 이 절망적인 세상에서 인간은 어떻게 구원될(할) 수 있느냐는 문제를 맴돈다. 그리고 그 대답은 신神의 뜻으로 귀결되곤 한다. 어머니의 독실한 신앙으로부터 비롯된 종교적 질문이 유현목에게 이미 내재해 있었는지, 남한 사회에서 예술영화를 지향하면서 기독교적 질문 속에 자기를 정체화한 것인지 그 선후는 알 수 없다. 그러나 신열에 시달리면서도 그를 영화관으로 이끌었던 '죄와 벌'의 매혹이 유현목 영화의 핵심을 이루는 테제가 된 것은 분명하다.

'기독교적인' 유현목 영화

'기독교영화'라고 하면 '기독교인을 위한 영화'에서 '기독교를 다루는 영화'와 '기독교적인 영화', '반기독교적인 영화'에 이르기까지 그 스펙트럼이 넓을 수 있다. 성聖과 속俗 개념을 기반으로 인간 구원과 윤리의 문제를 지속적으로 다룬다는 점에서 유현목의 많은 영화들은 '기독교적'이라고 할 수 있다. 우선 유현목 감독을 한국영화사에 각인한 작품이라고 할 수 있는 〈오발탄〉부터 타락한 세상과 인간의 윤리에 대한 질문이 드러난다. 이 영화는 극단적 설정을 통해 전후 폐허 속의 빈곤과 부조리를 드러내며 인간이 지켜야 할 선線/善에 대해 물음으로써 기독교적인 질문을 던진다. 묵묵히 양심을 지키며 가족을 책임지는 가장 철호(김진규)와 상이군인으로 실직자가 되어 세상을 저주하는 동생 영호(최무룡)가 벌이는 논쟁은 〈죄와 벌〉에서 로쟈와 포르피리의 논쟁을 방불케 한다. 영호는 은행 강도를 시도하여 법의 선을 넘지만, 양심의 선은 넘지 못한다. 철호는 동생이 은행 강도로 체포되고 아내가 난산 끝에 죽는 상황을 한꺼번에 맞이하면서 어디로 갈 바를 모른 채 쓰러진다. 이때 태어나면서 엄마를 잃은 철호의 아기가 절망적인 세상에서도 구원의 가능성을 포기하지 않아야 하는 이유로 제시된다. 이는 양공주가 된 명숙의 독백으로 처리되는데, 원작에는 없는 것이며, 〈죄와 벌〉에서 소냐가 했던 역할을 상기시키는 면이 있다.

〈오발탄〉과 함께 유현목의 초기 대표작인 〈김약국의 딸들〉(1963)은 샤머니즘적 주제의 문예영화로 분류되지만, 원작과는 다른 결말로 각색되며 기독교적 세계관을 드러낸다. 원작에서는 샤머니즘으로 표상되는 전근대적 가치관 속에서 김약국이 근대의 흐름에 적응하지 못하고 철저하게 깨져 나가는 과정에 천착한다. 합리적 사고와 신앙의 힘으로 시련을 헤쳐 나가려던 용빈은 결국 막내 용혜를 데리고 통영을 떠난다. 이와 달리 영화에서는 주인공 용빈이 독립운동가 강극과 결혼하여 통영에 남아 아버지 곁을 지키는 것으로 마무리된다. 이를 통해 통영은 대안이 없는 상태로 해체되는 패배의 땅이 아니라, 젊은이들이 아버지의 전통을 승계하면서 근대적 가치를 실현하는 희망의 땅이 된다. 마지막에 용빈이 언덕 위에 우뚝 선 아버지 품으로 달려가는 것은 모든 문제의 해결이 '아버지'로 귀결되는 비약을 보여 준다. 〈오발탄〉에서 전후 사회의 부조리를 폭로함으로써 현실에서 구원의 가능성을 찾으려던 태도가, 이 영화에서는 '아버지'라는 존재에게 기꺼이 모든 것을 수락하는 것으로 변용된 것이다. 이는 유현목 영화에 나타나는 윤리의 보수적이고 위계적인 면모를 잘 보여 주는 동시에 이후 유현목 영화의 중요한 부분을 차지하는 반공과 계몽의 논리를 해명하는 단서를 제공한다.

유현목 감독은 〈오발탄〉(1961)과 〈잉여인간〉(1964)을 만들며 한국영화계에서 드물게 사회비판적인 시선을 견지한 리얼리스트로 높이 평가된다. 그리고 〈순교자〉(1965)를 통해 묵직한 종교적 주제를 다루는 진지한 감독으로 인정받는다. 그러나 작품성 면에서 가장 인정받았던 이 시기에 유현목 감독은 큰 고초를 겪는다. 박정희 정권이 1964년 말부터 반공법 위반으로 이만희 감독을 수사하고 구속까지 한 사건이 그 시발점이었다. 이때 영화계를 대표하여 예술의 자유를 강변했던 유현목 감독 역시 반공법 위반(《은막의 자유》)과 음화제조 혐의(《춘몽》)로 기소되어 1967년까지 검찰의 괴롭힘을 당한다. 이후 유현목 감독은 〈오발탄〉이나 〈잉여인간〉과 같은 영화는 더 이상 만들지 못한다. 개인적으로 위축된 면도 있었겠으나, 검열이 강화되며 사회를 비판하거나 부조리를 고발하는 것 자체가 불가능해졌다. 그러면서 유현목 감독은 기독교를 매개로 정권의 요구에 순응하면서 예술성을 확보할 수 있는 영화를 만드는데, 그것이 〈순교자〉이다. 그리고 1968년에는 반공을 전면에 내세운 영화 〈카인의 후예〉를 만드는데, 이 영화 역시 기독교를 매개로 한 영화였다. 제목에서부터 구약성서 속 '카인과 아벨'의 이야기를 환기시키며 기독교적인 고민으로 관객을 이끈다.

반공 기독교영화로의 선회, 〈카인의 후예〉

〈카인의 후예〉는 토지개혁이 단행되던 해방 후 이북을 전통과 윤리가 파괴되는 참담한 시공간으로 고발하는 영화다. 이 영화는 자유문학상을 수상한 황순원의 동명 소설을 원작으로 삼았는데, 황순원 소설의 제목은 일본 근대 작가 아리시마 다케오가 1916년 발표한 《카인의 후예》의 영향을 받은 것으로 알려져 있다. 북해도 소작농의 현실을 다루는 아리시마의 소설은 역시 토지 문제를 다루는 황순원 소설과 겹치는 면이 있으나 이념적인 위치는 다르다. 그래도 황순원 소설은 '카인'이 누구인지에 대한 논란을 불러일으킬 만큼 중도적 입장을 취하는데, 영화는 형제 살해의 책임이 하루아침에 인륜을 저버리는 공산주의자들에게 있음을 분명히 보여 준다.

영화는 '1946년'이라는 연도 표시와 함께 창세기 4장의 구절—"카인이여 인류 최초의 살인자여… 네가 형제를 죽이니 땅에서 저주를 받아 밭 갈아도 땅이 네게 효력을 주지 아니하고 네가 땅에서 유리표박하리라."—을 제시하면서 시작한다. 1946년은 '북조선 토지개혁' 17개조가 공포되어 무상몰수 무상분배가 단행된 때이다. 영화는 서두에서 이 시기의 이북을 카인과 아벨의 비극이 일어난 땅으로 비유하면서, 카인이 반드시 응징될 것임을 예언하는 것이다. 이에 걸맞게 공산주의자들은 극악무도한 '비인간'으로 타자화되고 주인공 박훈(김진규)의 집안사람들은 그들에게 일방적으로 박해받는 후덕한 지주와 양심적 지식인으로 그려진다. 박훈의 숙부인 박용제(정민)가 원작과 달리 보안소장(장동휘)에게 살해되는 것으로 설정한 것이 대표적인 예이다.

이 영화의 주인공 박훈은 유현목 영화의 향방을 시사하는 태도를 잘 보여 주는 인물이다. 그는 〈오발탄〉의 철호와 마찬가지로 묵묵히 고난을 받아들이며 최소한도로 대응한다. (두 인물 모두 김진규가 연기하기도 했다.) 그래도 철호는 대가족의 생계를 책임지고 있는 만큼 생활인으로서 절박하다. 이에 비해 박훈은 지주이자 지식인으로서 고뇌만 한다는 점에서 더 관념적이다. 이는 오작녀(문희)에 대한 태도에서 잘 드러난다. 오작녀가 마을 사람들 앞에서 박훈에 대한 사랑을 공개했는데도, 그는 전남편 최 씨(최봉)에게 오작녀는 자신과 아무런 관계가 없다며 오작녀와 재결합하겠다면 무엇이든지 도와주겠다고 말한다. 그러자 최 씨는 "오작녀가 불쌍하다"며 "오작녀가 좋으면 좋고 싫으면 싫지 왜 분명하지 못해!"라고 일갈한다. 이후 박훈은 월남에 대해 진지하게 고민하지만, 오작녀에게 같이 가자는 말을 끝까지 하지 못한다. 결국 오작녀의 남편이 횡사하고, 도섭 영감(박노식)을 죽이는 데도 실패하고, 오작녀 동생 삼득과 도섭 영감이 오작녀를 데려가라고 간곡히 부탁하고 나서야 그는 오작녀에게 뛰어간다. 그가 사촌동생 혁에게 남긴 편지—"혁아, 내가 대신해서 도섭 영감의 일을 처리하마. 너는 어서 남쪽으로 떠나라. 이 이상 피를 보고 싶지 않다."—가 그의 양심과 결행 의지를 대변하면서 영화는 끝난다. 그러나 그는 결국 어떤 것도 의지대로 하지 못했으므로 마지막 편지는 그에게 도덕적 정당성을 부여하려는 알리바이에 불과하다.

이와 같이 실질적으로 아무것도 하지 못하면서 관념에 차 있는 남성 주인공은 남한 예술영화에 편재한다. 그 유형은 여러 가지인데, 유현목 영화에서 두드러지는 유형은 '양심'을 지닌 인물이라는 것이다. 한편 그러한 인물을 둘러싼 세상은 극도로 타락한 것으로 설정된다. 양심과 타락의 대비는 선악의 윤리, 그리고 성속일여聖俗一如에 대한 소망과 연관된다. 다시 말해, 유현목 영화에서는 극단적 대비를 통해 이 세상에서 선함이 실현되리라는 희망, 양심을 통한 인간 구원의 가능성을 보여 주고자 한다.

그런데 양심적 주인공이 현실적으로 할 수 있는 것이 (재현될 수) 없을 때 어떻게 할까? 〈오발탄〉의 철호는 극단적 상황 앞에서 앓던 이를 뽑고 과다출혈로 쓰러진다. 이는 현실 고발 효과를 극대화한다. 그러나 이러한 결말은 더 이상 허용되지 않았고, 〈오발탄〉과 같은 영화도 더 이상 제작될 수 없었다. 그렇다면 남은 것은 속악한 현실을 보여 주는 공간을 옮겨 가거나, 성속일여에 대한 지향을 포기하고 개인적 구원으로 선회하는 것이다. 당시 남한영화에서 얼마든지 속악하게 그려도 되는 공간이 있다면 그것은 북한이 될 것이고, 성속의 분리를 통한 종교의 사사화私事化는 예술에서 권장되는 것이었다. 따라서 유현목 영화가 기독교 세계관을 기반으로 공산주의를 비판하는 반공영화와 종교영화로 향한 것은 필연적인 전개였다.

기독교 예술영화의 처음과 끝, 〈순교자〉와 〈사람의 아들〉

성서 속 이야기를 다룬 대하서사Epic 장르 이외에 관객이 직관적으로 인지할 수 있는 장르로서 '기독교영화'라고 하면, 기독교 교리가 핵심 갈등을 구성하면서 인간 실존에 대해 질문을 던지는 영화일 것이다. 이런 의미에서 보면 〈순교자〉는 남한영화사 최초의 기독교영화다. 영화는 1950년 가을, 인천상륙작전으로 국군이 평양을 점령하는 시점에서 시작한다. 국군이 진주하기 직전, 평양 감옥에 갇혀 있던 14명의 목사 중 12명이 공산당에 살해된다. 연합군이 평양에 진주하면서 살아남은 두 명의 목사가 석방되자, 신도들은 그들을 배신자로 의심한다. 영화는 12명의 목사는 어떻게 죽었으며 2명의 목사는 어떻게 살아남을 수 있었는지, 그 진실을 추적하는 형식으로 전개된다. 많은 신도들의 의심과는 반대로, 12명의 목사는 마지막 순간에 신을 부정했고, 그렇지 않았던 2명의 목사만이 살아남았다는 사실이 밝혀진다. 그러나 신 목사는 스스로 배신자가 됨으로써 12명의 목사를 순교자로 만든다. 그렇게 해서라도 고통스러워하는 사람들에게 희망을 줘야 한다는 종교적 이유에서다.

이 영화는 1964년 미국에서 출간되어 노벨문학상 후보에까지 올랐던 영문 소설 《The Martyred》[3]를 바탕으로 했으며, 전반적인 내용에서 원작을 충실히 따랐다. 영화에서 달라진 점이 있다면, 기독교를 반공과 애국주의로 전유하려는 의도가 강하게 드러난다는 점이다. 유현목 감독은 월남한 개신교도로 의심할 바 없는 반공주의자였다. 동시에 무엇보다 예술의 자율성과 영화의 미학을 중요시하는 사람이었다. 반공법 위반으로 기소된 〈은막의 자유〉의 주장도 반공을 부정한 것이 아니라 예술의 자율성을 강조한 것이었다. 따라서 영화 미학을 위태롭게 하는 강박적 이념의 표출은 외부 영향과 관련이 있다고 보는 게 적실할 것이다.[4] 그렇다면 종교적 물음이 이념 표명에 대한 강박이나 기독교계의 검열 없이 전개될 수 있었다면 어떨지 궁금해진다. 그 대답은 16년 뒤에야 가능해진다. 이문열의 중편소설[5]을 원작으로 한 〈사람의 아들〉이 그것이다. 이 영화에서는 다시 한 번 신의 존재와 종교의 역할에 대해 질문을 던진다. 또한, 〈순교자〉와 마찬가지로 추리물 형식을 취하고 있어서 여러 면에서 〈순교자〉의 후편이라고 해도 과언이 아니다. 〈순교자〉에서 목사들이 신을 부정한 것으로 그린 것이 마음의 빚으로 남아 〈사람의 아들〉을 만들게 되었다고 유현목 감독 스스로 밝힌

바 있기도 하다.

이 영화는 실천신학에 빠진 민요섭(하명중)이 방황 끝에 신의 품으로 돌아가려 하지만, 그를 추종하여 사람들을 구원하고자 범죄까지 저질렀던 동팔(강태기)에게 죽임을 당한다는 이야기다. 이 영화에서도 역시 결말을 원작과 다르게 각색함으로써 영화만의 의도를 드러낸다. 영화에서 민요섭은 고락을 함께했던 천막촌 식구들을 버리고 돌연 기도원으로 돌아간다. 그 계기가 되는 것은 소경을 통한 깨달음이라고 말한다. 민요섭은 "내 눈이 먼 것은 잊어버리고 태양은 없는 것이라 생각했었지. 나는 장님이었다. 태양을 우러르다 눈이 멀어 태양을 잊은 것이다"라며 신을 태양에 비유한다. 그리고 마지막에 동팔의 손에 죽으면서 "하나님, 이것으로 제 죄를 사하여 주시렵니까?"라고 말한다. 민요섭의 깨달음에 사용된 소경의 비유는 원작에서는 아하스 페르츠가 신에 대한 여러 관점을 드러내기 위해 사용한 것인데, 영화에서는 신의 존재를 깨닫는 비유로 각색된다. 그런데 민요섭이 급진적 해방신학을 실천해 온 동기와 과정으로 볼 때, 단지 이것으로는 관객이 그의 전회轉回를 납득하기 힘들다. 그래서 요섭을 찾아온 동팔의 애원이 절박하게 다가오고, 끝까지 자신의 신념을 부정하지 않으면서 죽어 가는 동팔이 마지막에는 주인공으로 보이는 것이다.

그런데 당시 상황과 유현목 영화의 행보를 종합적으로 고려해 보면, 〈사람의 아들〉의 결말은 1960년대 중반 이후 정향되어 온 주제 의식의 결정판이자, 유현목이 지향했던 예술영화와 기독교가 접합할 수 있는 임계로 보인다. 남한에서 1980년대 이전까지 허용된 예술성은 정치와 분리되는 것으로 기독교의 정교분리政教分離, 성속이원론聖俗二元論과 동궤를 이룬다. '정치'를 배제하라는 것은 현실에 대한 직접적 언급이나 사회문제에 대한 비판을 하지 말라는 것이고, 결과적으로 예술가의 시선은 초월적 영역(만)을 향해야 한다. 예술이 초월성을 지향하는 것은 낭만주의적 예술관과 상통하고, 이러한 예술관은 남한의 보수적인 기독교가 정교분리를 표방하는 가운데 지향했던 '종교적 초월성'을 영화예술의 핵심으로 끌어들일 수 있는 바탕이 된다.

그 초월성이 영화에서 구현될 때, 현실이나 민중은 가여운 사람들이라는 이름으로 추상화되고, 그들에 대한 고민도 관념적이고 시혜적으로 수행될 수밖에 없다. 그리고 그러한 추상, 관념, 시혜의 공간이 바로 예술성이라고 불리는 영역이었다. 그래서 민요섭이 기도원으로 돌아가야만 〈사람의 아들〉은 예술영화가 될 수 있었던 것이다. 만약 그가 돌아가지 않았다면 이후에 나오는 〈어둠의 자식들〉(이장호, 1981), 〈낮은 데로 임하소서〉(이장호, 1982)나 〈꼬방동네 사람들〉(배창호, 1982)과 같이 민중신학 관점에서 만들어진 영화에 가까워질 수밖에 없는데, 그것은 유현목 영화 세계에서 예술로 포용할 수 있는 영역이 아니었다.[6] 〈사람의 아들〉이 "공륜 검열 때 92점이라는 최고점을 얻은 예술성 짙은 종교영화"[7]로 인정받으며, 1980년 대종상 최우수작품상을 수상한 것은 이 영화의 좌표를 말해 준다.

구원의 노스탤지어, 어머니

기독교 세계관을 바탕으로 한 성聖과 속俗의 대비, 그 안에서 인간 구원의 문제는 유현목 영화의 기저를 이룬다. 그래서 속악한 현실과 그 속에서 위기에 처한 개인이 기본 요소로 설정된다. 속악한 현실은 남한 사회일 수도 있고, 지주와 기독교도가 박해받는 북한일 수도 있었다. 또한 방황하는 청소년들이 득실대는 미국일 수도, 1980년 신군부에 의해 짓밟힌 광주일 수도 있었다. 그 공간이 어디이고 누가 위기에 처하느냐에 따라 유현목 영화는 멜로드라마가 되고, 리얼리즘 영화도 되고, 반공영화도, 종교영화도 되었다. 유현목 영화는 그것이 장르영화든, 사회물이든, 종교영화든 같은 뿌리에서 나온 가지들이라고 할 만큼 구도가 일관된 면이 있다.

유현목의 초기 영화에서는 멜로드라마 장르의

도덕적 비계飛階를 통해 결말에서 윤리를 가시화하며 인간 구원의 희망을 보여 준다. 〈오발탄〉에 가면 부조리가 신랄하게 고발되며 속악한 세상에서 윤리의 실현을 향한 문제의식이 강하게 드러난다. 그러나 1960년대 중반 영화 통제가 강화되면서, 유현목 영화에서도 이러한 문제의식은 지양된다. 그리고 월남민 개신교도 작가주의 감독으로서 유현목의 정체성이 공고해지며, 국책 장르인 반공 및 계몽영화와 순치되는 방향으로 경도된다. 반공과 계몽의 토대를 이루는 남한 근대화 논리는 남한 개신교의 교리와 친연적인 것이었기에 유현목의 영화 세계는 큰 부대낌 없이 정향될 수 있었다. 1970년대에 수십 편의 문화영화를 연출하면서 한경직 목사 찬양 영화를 만들고, 1990년에 박정희 부처夫妻를 '등불'로 기리는 영화를 만든 것 역시 이러한 연장선상에서 보면 모순 없는 흐름으로 보인다.

후기로 갈수록 유현목 영화는 기독교적 세계관을 직접 드러낸다. 〈사람의 아들〉에서 민요섭이 지쳤다며 신에게 귀의한 것은 유현목 영화의 이후 방향을 예고한다. 유현목은 〈사람의 아들〉 이후 두 편의 극영화를 더 만든다. 1984년 기독교영화 붐[8] 속에서 제작된 〈상한 갈대〉와 14년 만의 귀환작으로 주목받은 〈말미잘〉(1995)이다. 〈상한 갈대〉는 독실한 신앙을 가진 어머니가 방황하는 아들을 교회로 인도한다는 선교영화다. 실천신학을 포기하고 홀로 신의 품으로 돌아간 신학도 영화의 다음 행보로서 선교영화는 자연스럽게 여겨진다.

그런데 유현목 감독의 마지막 극영화로 남은 〈말미잘〉은 그가 노년에 바라본 '1980년대 현실'이 재현되고 있어서 흥미로우면서도 서글프다. 영화는 1980년, 수영이라는 섬 소년이 광주를 경험하고 섬으로 돌아가는 이야기다. 광주는 폭력, 간음, 도둑질, 사기가 판치는 타락한 공간이다. 이에 반해 섬은 순수함이 살아 있는 원초적인 공간이다. 이러한 섬을 구성하는 것은 아름다운 해녀 엄마와 할아버지, 그리고 바다에 나갈 날을 기다리는 최 선장, 수영을 무조건 좋아하는 짱아, 선생님을 짝사랑하는 지순 누나다. 그러나 과부인 엄마가 서울 손님과 사랑에 빠지고, 실연한 지순 누나가 가출하면서 소년의 세계는 깨지기 시작한다. 수영이 광주 고모 집에 있다가 섬으로 돌아왔을 때 엄마는 서울 손님을 따라 떠났고, 수영에게 아버지와 같았던 최 선장은 폭우 속에 실종되었다. 의붓아버지가 된 서울 손님이 수영을 데리러 오지만, 왠지 할아버지는 보내지 않는다. 유현목의 1960~70년대 영화에서라면 장래를 위해 도시로 보내졌어야 할 소년은, 섬에 남아 해녀들을 향해 '엄마'를 불러 보고 폐선 위에 올라 최 선장 흉내를 낸다.

도시에는 희망이 없고, 스스럼없이 따듯한 여자들의 보살핌을 받던 소년의 세계도 깨졌지만, 그래도 돌아갈 곳은 섬뿐이다. 섬은 아버지의 흔적이 있는 곳이자 어머니를 기다릴 수 있는 장소이기 때문이다. 그래서 이 영화는 어린 수영의 시선이 아니라 수영을 통해 지난날을 그리워하는 할아버지의 시선을 담은 영화처럼 보인다. 죄와 벌을 따지는 것이 의미 없을 정도로 속화俗化된 세상에서 이제 노 감독은 신앙의 발원이자 구원의 노스탤지어로서 어머니를 그리워했던 것이다. ●

주

1 유현목, 〈젊음의 그늘 아래〉, 《예술가의 삶 20: 영화감독 유현목 편》, 혜화당, 1995, 61쪽.

2 유현목, 앞의 책, 213~237쪽.

3 도정일, 〈소설 《순교자》 미스터리〉, 김은국, 《순교자》, 도정일 옮김, 문학동네, 2010, 314쪽.

4 실제로 이 영화는 국방부, 미공군 K55, 한국기독교시청각전도회의 후원을 받아 제작되었다. 박유희, 〈한국영화사에서 개신교 표상과 국책 장르의 친연성 연구〉, 《비교한국학》 29권 1호, 국제비교한국학회, 2021, 239쪽.

5 이 소설은 《세계의문학》 봄호에 발표한 이후 '오늘의 작가상'을 수상하고, 1986년 장편소설로 개작·발표되었다. 유현목 감독의 영화는 1980년에 개봉했으므로 원작이 된 것은 중편소설이다.

6 〈사람의 아들〉에 대한 내용 분석은 박유희, 앞의 글, 239~ 241쪽 참조.

7 〈풍성한 화제 낳은 대종상〉, 《조선일보》 1980년 10월 9일자 5면.

8 1984년은 천주교 200주년, 개신교 100주년을 맞이하여 기독교영화 붐이 일어났던 해이다.

〈순교자〉 수난기

〈순교자〉는 유현목 영화의 정체성을 대표하는 기독교반공문예영화다. '기독교·반공·문예'는 당시 정권과 순치되고 나아가 권장되었던 요소들이어서 일견 검열에서 문제될 것이 없어 보인다. 그러나 〈순교자〉의 상영 과정도 순탄치 않았다. 공보부의 공식적인 검열 단계는 비교적 수월히 통과했지만 국방부, 중앙정보부, 내무부, 문교부의 개입이 이어졌다. 어떤 면에서는 국책과 들어맞는 영화였기 때문에 관계 기관들이 더 간섭하려는 면도 있었다. 또한, 이 영화는 〈7인의 여포로〉 이후 국가가 영화를 더 적극적으로 통제하려던 분위기와 맞물려 있기도 하다. 한편으로는 언론을 통해 드러나는 엘리트들의 의견 역시 중요한 벡터로 작용했다. 따라서 〈순교자〉를 둘러싼 논란과 검열 과정은 검열 관계 기관들의 역학을 비롯해 〈7인의 여포로〉 이후 검열의 변화, 그리고 이로 인한 갈등이 당대 여론을 주도하는 지식 계층을 통해 봉합되는 국면을 드러낸다.

1965년 3월 5일 제작사(극동흥업)는 공보부에 〈순교자〉 영화제작을 신고한다. 3월 20일에 "정부 시책과의 관계-저촉 사항 없음"이라는 전제하에 시정 사항 4개가 지적되며 제작 신고가 수리된다. 중도에 제작 권한을 양도받은 합동영화주식회사 명의로 6월 10일 '영화상영 허가신청서'가 제출된다. 6월 15일에 "보안상 유해로운 점 없음"이라는 검열 의견서가 작성되고, 대사 1개 처를 삭제하는 조건으로 6월 16일에 '영화상영 허가증'이 발부된다.

그런데 상영이 허가된 6월 16일에 국방부에서 화면 1개 처를 삭제하고 대사 1개 처를 수정하라는 전언통신문을 보내온다. 공보부에서는 이미 영화 상영 허가증을 발부한 상태에서 내부적으로 고심이 있었던 것으로 보인다. 6월 18일 공보부 영화과 계장이 기안한 내부 결재 서류를 보면, 화면 1개 처 삭제를 추가 제한 사항으로 승인하지만, 이미 녹음이 끝난 뒤라 대사 수정은 불가능하다고 적고 있다. 또한 '방화 〈순교자〉 심사 의견 처리'라는 제목의 부전지에는 〈순교자〉는 "군사극 영화가 아니고 종교극 영화"로 "국방부 후원은 군장비 후원"이었고 공보부에서 "국방부에 심사 요청한 바가 없"다는 내용이 담겨 있다. 결국 6월 18일 공보부는 국방부에 직접 "수정 사항을 업자 측에 통보하시고 수정토록 조치"하라는 전언통신문을 보낸다. 공보부와 국방부 간의 미묘한 신경전이 감지되는 대목이다.

검열은 여기에서 끝나지 않는다. 〈순교자〉가 아카데미 극장에서 상영 중이던 6월 22일에 중앙정보부는 "보안상 유해로운 것이 내포되어 있음을 발견"하였으므로 "삭제 후 상영토록" 하라고 공보부에 통보한다. 그 내용은 화면 3개 처와 대사 3개 처를 삭제하라는 것이었다. 중앙정보부의 지

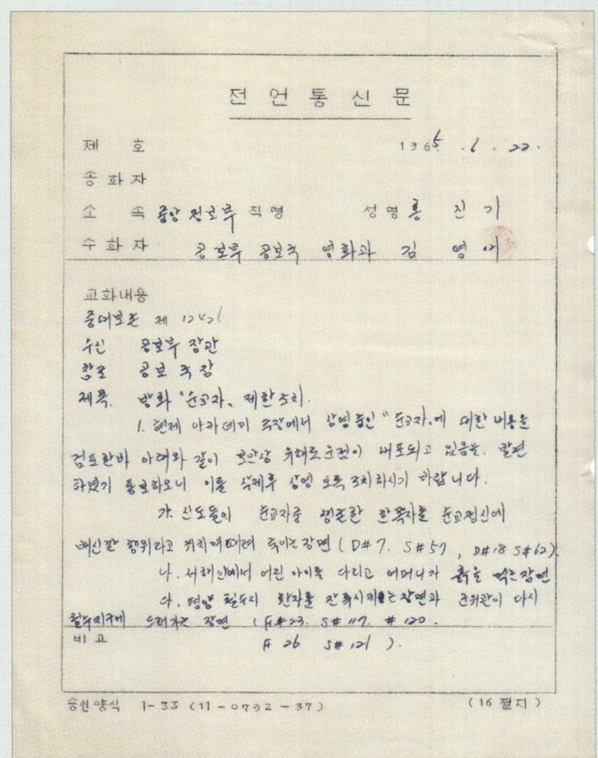

전언통신문

제 호 1965. 6. 22.

송화자

소 속 중앙정보부 직명 성명 홍 진 기

수화자 공보부 공보국 영화과 김 영 [illegible]

교화내용

[illegible]

수신 공보부 장관

참조 공보 국장

제목 방화 "순교자" 제한조치.

1. 현재 아카데미 극장에서 상영중인 "순교자"에 대한 내용을 검토한바 아래와 같이 보안상 유해로운것이 내포되고 있음을 발견하였기 통보하오니 이를 삭제후 상영토록 조치하시기 바랍니다.

가. 신도들이 순교자중 생존한 한목사를 순교정신에 배신한 행위라고 [illegible] 죽이는 장면 (D#7. S#57, D#18 S#62).

나. 서해안에서 어린 아이를 다리고 어머니가 흙을 먹는 장면

다. 평양 철수시 환자를 잔류시키는 장면과 군위관이 다시 [illegible] 장면 (F#23. S#117. #120. F26 S#121).

비고

승인양식 1-33 (11-0792-37) (16절지)

중앙정보부, '방화 "순교자" 제한조치', 〈순교자〉 심의서류, 1965년 6월 22일

6월 22일 중앙정보부에서 공보부에 보낸 전언통신문에 의하면, 〈순교자〉는 6월 17일에 개봉하여 이미 상영 중인데 "보안상 유해로운 것들이 내포되어 있음을 발견"했으니 "삭제 후 상영토록 조치"하라고 통보하고 있다.

적에 대해서는 공보부가 더 긴장하는 기색이 서류에서도 감지된다. 6월 23일 '방화 〈순교자〉 제한조치 의견 처리'라는 제목의 서류에서 중앙정보부를 CIA라고 칭하며 "토의가 요하다고 사료되옵기 공람하고 회신은 추후 기안"하는 것으로 처리한다. 그러면서 '참고사항'으로 "검열 당시 CIA 파견 검열관"이 "보안상 유해로운 점이 없다"고 판단했다는 내용을 부기하고 있다. 여기서 6월 15일 합동검열에 중앙정보부가 참여하여 "보안상 유해로운 점 없다"는 데 동의해 놓고 뒤늦게 다른 소리를 하는 것에 대한 난감함이 묻어난다. 1964년 중앙정보부의 입장 번복으로 감독이 구속된 〈7인의 여포로〉 사건을 겪은 후였기 때문에 더욱 그럴 수밖에 없었던 것으로 보인다. 그러나 이 영화는 그냥 반공영화가 아니라 '기독교반공 문예영화'였다. 6월 26일에 공보부는 이 영화가 "세계 각국에서 다량 발매된 재미교포" 작가의 소설에 충실하였다는 점과 "당초 귀부와의 합동검열 당시 합의된 바" 있으며, "귀부 추가제한 요구를 집행하는 경우에 예견되는 상황을 감안"해야 한다는 점을 들어 "현행대로 상영토록" 하겠다는 의견을 중앙정보부에 통보한다.

이로써 국방부와 중앙정보부의 사후검열은 일단락된 듯한데, 등급을 정하는 문제가 남게 된다. 6월 17일에 합동영화주식회사가 '학생관람허가신청서'를 공보부에 접수한 뒤, 6월26일에 문교부 측에서 제한 사항 없이 '고등학생 이상'에 관람을 허용해도 된다는 의견을 공보부에 통보한다. 그런데 7월 2일에 문교부가 입장을 바꾸어 군인의 방에 걸린

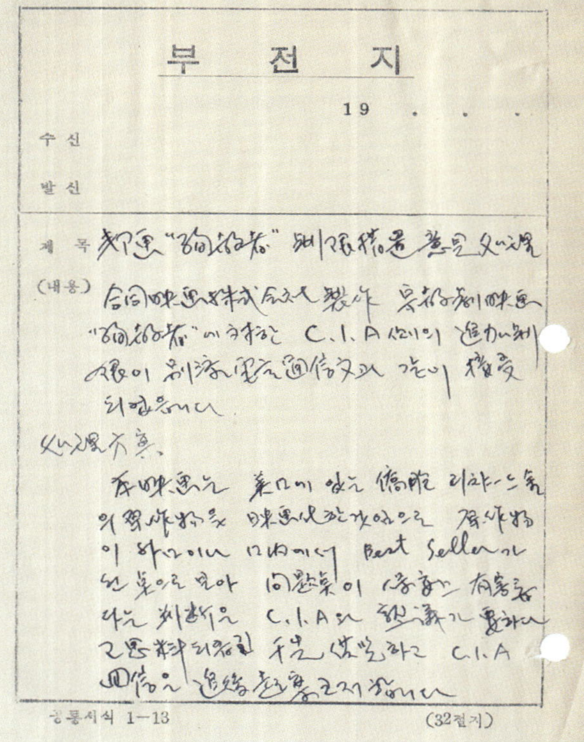

부 전 지

19 . . .

수 신

발 신

제 목

(내용)

공통서식 1—13 (32절지)

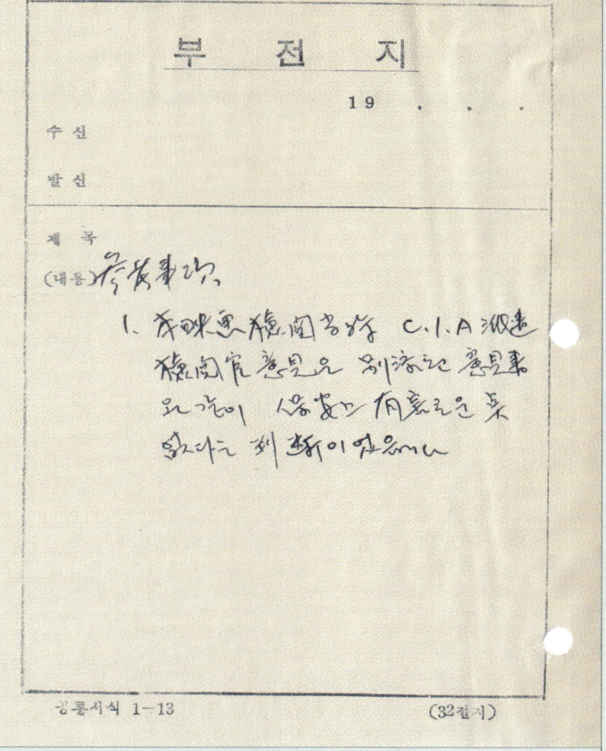

부 전 지

19 . . .

수 신

발 신

제 목

(내용)

공통서식 1—13 (32절지)

공보부 영화과, '방화 "순교자" 제한조치 의견 처리', 〈순교자〉 심의서류

6월 22일 중앙정보부가 보낸 전언통신문에 대한 공보부 영화과 내부의 고민이 엿보이는 부전지이다. '방화 〈순교자〉 제한조치 의견 처리'라는 제하에 "합동영화주식회사 제작 종교극영화 〈순교자〉에 대한 CIA 측의 추가제한이 별첨 전언통신문과 같이 접수되었습니다. 본 영화는 미국에 있는 교포 리챠-드 김의 원작물을 영화화한 것임으로 원작물이 외국이나 국내에서 Best Seller가 된 점으로 보아 문제점이 보안상 유해롭다는 판단은 CIA와 토의가 요하다고 사료되옵기 우선 공람하고 CIA 회신은 추후 기안코저 합니다"라는 내용이 담겨 있다. 그리고 '참고사항'으로 "1. 본 영화 검열 당시 CIA 파견 검열관 의견은 별첨된 의견서와 같이 보안상 유해로운 점 없다는 판단이었습니다"라고 적고 있어서 중앙정보부가 입장을 바꾼 데 대한 공보부 내부의 불편한 심기가 드러난다.

원작이 강조된 영화 〈순교자〉의 극장 간판

"전세계가 감동한 베스트셀러 완전영화화/ 원작 리차드 E.김"이라는 문구 아래 원제 'The Martyred'가 적혀 있다. 상대적으로 배우나 감독이 강조되지 않았다. 한편 원작자의 한국 이름이 김은국임에도 영어 이름 리차드 E. 김으로 표기한 것은 이 영화가 원작과 원작자의 국제적 명성에 기대고 있음을 보여 준다.

태극기가 표준형이 아니므로 표준형 태극기로 화면을 수정해야 고등학교 이상 관람을 허용한다는 의견을 보낸다. 그리고 7월 6일에 내무부 치안국 보안과에서 '학생관람불가' 의견을 공보부에 보낸다. 7월 8일 공보부에서는 문교부와 내무부의 의견을 종합하여 등급은 '미성년자관람불가'로, 문제가 된 태극기 화면은 표준형 태극기로 수정하여 필름과 대본까지 다시 제출하라고 제작사에 통보한다.

당시 정부의 정책 방향에 거스를 것이 없어 보이는 영화가 이렇게 수난을 겪게 된 데에는 여러 가지 이유가 작용한 것으로 보인다. 무엇보다 영화 한 편을 두고 문화 담당 기관은 물론이고 국가안보, 치안, 교육을 담당하는 복수의 행정기관들이 검열에 참여하였다는 데 이유가 있다. 이에 대해 국책에 부응하는 영화라고 해서 검열을 덜 받은 것이 아니라, 오히려 그렇기 때문에 더 간섭하려는 기관이 많았다는 주장도 눈여겨볼 대목이다. 또한, 〈7인의 여포로〉 사태 이후 중앙정보부가 영화 통제에 더 적극적으로 나섰다는 점도 눈에 띈다. 5·16쿠데타 직후에 설립된 중앙정보부는 박정희 정권 내내 전방위적으로 권력을 강화해 간다. 〈7인의 여포로〉 사태는 영화계에서 하나의 변곡점이 된 사건이었고, 〈순교자〉는 그 여파 속에서 검열을 받은 것이었다.

여기에 당시 기독교계의 반응은 또 하나의 중요한 변수였다. 유현목 감독은 자서전에서 〈순교자〉 개봉 당시 상영을 앞두고 기독교계가 반발했다고 회고한다. 목사들이 문공부 장관을 찾아가 영화에서 신 목사(김진규)가 '신은 없다'고 말하는 대목을 문제 삼으며 상영 금지를 호소했다는 것이다. 개봉한 이후에도 기독교계의 반대는 계속되어서 지방 상영 극장 앞에서 신자들이 입장을 막기도 했다고 말한다.[1] 당시 신문을 보면 기독교계가 일방적으로 반대만 한 것은 아니고 찬반이 있었다. 그리고 영화만이 아니라 원작 소설부터 문제가 됐었다. 1964년 영문으로 출간된 《순교자The

1 유현목, 《영화인생》, 혜화당, 1995, 151~152쪽.

Martyred》[2]는 미국에서 베스트셀러가 되었고 남한에도 번역되었다. 그런데 이 소설 속 목사들의 죽음이 거룩한 순교로 묘사되지 않았다는 것 때문에 국내 일부 기독교계에서 김은국 작가를 "20세기의 가롯 유다"라고까지 비난했다. 유현목 감독이 이 소설을 영화화하자 큰 화제가 되었지만, 한편으로는 영화까지 소설에 대한 비난의 연장선상에 놓이게 된 것이다. 목사들이 공산당 앞에서 신을 부정했다는 것도 문제였지만, 그것을 증언하는 인물이 북한군 소좌라는 것이 '반기독교적'인 것으로 간주되었다. 이는 분단 이후 남한 개신교와 반공 이념의 강력한 결속이 '배교와 이단'의 판단에 결정적으로 작용하였음을 보여 준다.

그러나 기독교계에서도 "현대 기독교의 문제를 제시하고 기독교적인 고민을 심화하고 있는 작품"이라고 평가하는 목사들—문익환(한국신학교), 변선환(이화여고 교목), 김광우 목사 등—이 있었다.[3] 언론에서도 "성직자의 고독을 묘파"[4]한 "중량감 넘치는 역작"[5]이라는 호평이 이어졌다. 그러던 7월 13일에 유현목 감독은 돌연 반공법 위반 혐의로 입건된다. 1965년 3월 23일에 '은막의 자유'[6]라는 주제로 열린 세계문화자유회의 한국본부 세미나에서 발제한 내용이 뒤늦게 말썽이 된 것이었다.[7] 공안 검찰은 〈순교자〉뿐만 아니라 〈오발탄〉과 〈잉여인간〉도 용공적이라고 판단하여 유현목 감독을 소환했다고 전한다.[8] 〈7인의 여포로〉의 이만희 감독에 이어 또다시 영화감독이 반공법으로 입건된 데 대해 영화계는 물론 보수 언론에서도 우려스러워했다.[9]

이와 같은 논란 속에서 〈순교자〉는 더욱 문제작이 되었고, 영화에 대한 평가는 높아졌다. 1965년에 베니스영화제에 처음으로 5편을 출품했는데, 그 맨 앞에 〈순교자〉가 놓였다.[10] 1965년 《실버스크린》 6월호에서는 "세계명작을 영화화한 영화예술의 극치"로 〈순교자〉를 소개한다.[11] 그리고 9월호에서는 종전에 영화학도들을 위해 연재해 오던 학술적인 코너 3개를 합쳐 '내일의 영화인을 위한 쎄미너'라는 지면을 만들고 개봉된 영화 중에서 문제작 한 편을 골라 집중적으로 분석 검토하는데, 그 첫 번째 텍스트로 〈순교자〉를 선정한다. 1965년 말에 가면 〈순교자〉에 대한 문화예술계의 평가는 "종교논쟁까지 불러일으켰던 작품"으로, "테마는 휴머니즘"으로 정리되는 분위기였다.[12] 그리고 유현목 감독은 공보부에서 주관하는 대종상 감독상을 수상한다.

그러나 그 와중에도 유현목 감독에 대한 검찰의 수사는 계속되어, 1966년 1월 서울지검은 반공법 위반에 음화제조 혐의(《춘몽》)를 더해 유현목 감독을 불구속기소한다. 1967년 3월 반공법에 대해서는 무죄가 선고되나, 음화제조에 대해서는 벌금 3만 원 형이 확정되기까지 법적 논란이 계속된다. 이 일련의 과정은 법을 해석하고 적용하는 검찰이 중앙정보부와 함께 문화예술까지 재단할 수 있는 상위의 공권력임을 과시하고 있었다. 그런데 여기에서 언급해 둘 것은 이런 가운데 〈순교자〉는 미국에 첫 수출되어 상영된 영화[13]가 되었다는 점이다. 기독교를 매개로 한국전쟁과 인권 문제에 대한 미국의 관심 속에 국내 공권력의 역학 밖에서 움직이는 힘이 있었음을 짐작케 하는 대목이다. 이로 인한 박정희 정권과 기독교계의 충돌은 1970년대에 들어서며 본격화된다.●

2 Richard E. Kim, *The Martyred*, George Braziier Inc., N.Y.C., 1964.
3 〈기독교계에 순교자 파문〉, 《동아일보》 1965년 6월 29일자 6면.
4 〈[새영화] 성직자의 고독을 묘파〉, 《경향신문》 1965년 6월 19일자 5면.
5 〈[영화평] 중량감 넘치는 역작〉, 《조선일보》 1965년 6월 20일자 6면.
6 〈은막의 자유〉, 《경향신문》 1965년 3월 24일자 5면; 〈은막의 자유〉, 《조선일보》 1965년 3월 25일자 5면.
7 〈영화감독 유현목 씨 입건〉, 《경향신문》 1965년 7월 13일자 3면.
8 〈유현목 감독 입건 논문 말썽〉, 《조선일보》 1965년 7월 14일자 3면.
9 〈만물상〉, 《조선일보》 1965년 7월 15일자 2면.
10 〈《순교자》 등 다섯 작품 베니스영화제에 출품〉, 《동아일보》 1965년 9월 14일자 5면.
11 〈[이달의 문제작] 세계명작을 영화화한 영화예술의 극치〉, 《실버스크린》 1965년 6월호, 114쪽.
12 〈[지상콘테스트 200자 시리즈(완)] 청룡상에 출품된 영화들-순교자〉, 《조선일보》 1965년 11월 28일자 4면.
13 〈영화 〈순교자〉 미에 첫 수출〉, 《동아일보》 1966년 7월 21일자 5면; 〈미주 등서 일제상영〉, 《조선일보》 1966년 7월 21일자 5면.

전 언 통 신 문

제 호 1965.6.26. 16:25'

송화자

소 속 영화과 직 명 행정주사 성 명 이[illegible]형

수화자 중앙정보부 제5국 ~~[illegible]~~ 소령 안홍[illegible]

교화내용 수신 중앙정보부장

참조 제5국장

제목 방화 "순교자" 제한조치 요청에 대한 회신

1. 중대보호 제124[illegible]호 (65.6.22) 전언통신에 대한 회보입니다

2. 한국영화 "순교자"에 대한 귀부 제한 의견에 대하여 본영화는 원작소설 "순교자"에 충실하였는바 동소설은 국내외에서 하등 문제점이 없었던 소설로서 특히 세계각국에서 다량 발매된 재미교포 김은국의 소설입니다

3. 동소설이 영화화된 본 국영화는 당초 귀부와의 합동검열 당시 합의 된바 있어 또한 귀부 추가제한 요구를 집행하는 경우에 예견되는 상황 등 감안할때 현행대로 상영토록함이 타당할것으로 사료됩니다 끝

비 고

승인양식 1-33 (11-0792-37) (16절지)

공보부 영화과, '방화 "순교자" 제한조치 요청에 대한 회신', 〈순교자〉 심의서류, 1965년 6월 26일

6월 22일 중앙정보부에서 보낸 전언통신에 대한 답변이다. 원작 소설이 "세계 각국에서 다량 발매된 재미 교포 김은국의 소설"이라는 점과 합동검열 당시 중앙정보부 파견 검열관이 보안상 유해로운 점이 없다는 데 합의했다는 점을 들어 "현행대로 상영토록" 하겠다는 의견을 보냈다.

〈카인의 후예〉와 우수반공영화 지원

원작 소설 《카인의 후예》(1954)는 아시아재단에서 수여하는 '자유문학상'을 수상한 작품이다. 따라서 이를 영화화한다는 것부터 이념이나 예술성 면에서 모두 정권의 지향에 부합하는 것이었다. 영화는 각본 심의, 제작신고 수리, 검열 합격에 이르기까지 비교적 수월하게 진행되었고, 공보부가 선정한 반공우수영화로 특혜를 누리기도 했다. 이 영화의 검열 과정에서 눈에 띄는 것은, 절차에서 드러나는 중앙정보부의 막강한 위상과 반공우수영화로서 받는 특혜 내용이다. 정권이 권장하는 영화의 제작에 중앙정보부가 어떻게 관여하고, 완성된 영화는 어떤 과정을 거쳐 홍보되고 동원관람이 이루어졌는지를 심의서류가 보여 준다. 한국영화주식회사(대표 성동호)는 1968년 4월 9일에 〈카인의 후예〉 제작을 공보부에 신고한다. 이 신고서에는 사전 각본 심의에서 "반공작품으로 인정된 바" 있다는 확인서와 함께 한국영화제작자협회 명의의 '각본심의결과보고서'가 첨부되어있다. 이 영화가 제작된 때는 1966년 제2차 영화법 개정 이후 시나리오 사전검열이 의무적으로 시행되고 있던 시기이다. 따라서 제작 신고 전에 각본 심의가 이루어졌고, 그 심의 결과가 제작신고서에 첨부되어 있다. 다음 날인 4월 10일 공보부는 제작 신고를 접수하면서 시정 사항을 제작사에 다

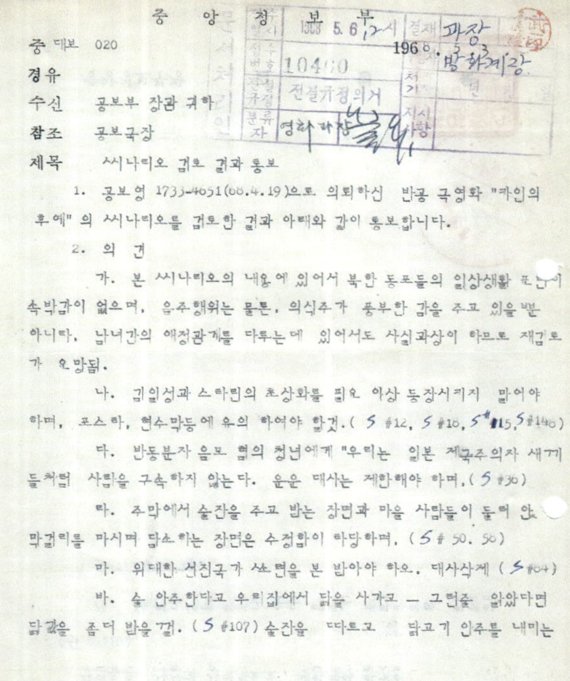

중 앙 정 보 부

중대보 020

1968. 5. 3

경유

수신 공보부 장관 귀하

참조 공보국장

제목 씨나리오 검토 결과 통보

1. 공보영 1733-4651(68.4.19)으로 의뢰하신 반공 극영화 "카인의 후예"의 씨나리오를 검토한 결과 아래와 같이 통보합니다.

2. 의 견

가. 본 씨나리오의 내용에 있어서 북한 동포들의 일상생활 표현이 속박감이 없으며, 음주행위는 물론, 의식주가 풍부한 감을 주고 있을뿐 아니라, 남녀간의 애정관계를 다루는데 있어서도 사실과상이 하므로 재검토가 요망됨.

나. 김일성과 스타린의 초상화를 필요 이상 등장시키지 말어야 하며, 포스타, 현수막등에 유의 하여야 할것.(S #12, S #10, S #115, S #140)

다. 반동분자 음모 혐의 청년에게 "우리는 일본 제국주의자 새끼들처럼 사람을 구속하지 않는다. 운운 대사는 제한해야 하며,(S #30)

라. 주막에서 술잔을 주고 받는 장면과 마을 사람들이 둘러 앉아 막걸리를 마시며 담소하는 장면은 수정함이 타당하며, (S # 50. 56)

마. 위대한 선진국가 쏘련을 본 받아야 하오. 대사삭제 (S #04)

바. 술 안주한다고 우리집에서 닭을 사가고 — 그런줄 알았다면 닭값을 좀더 받을껄. (S #107) 술잔을 따르고 닭고기 안주를 내미는

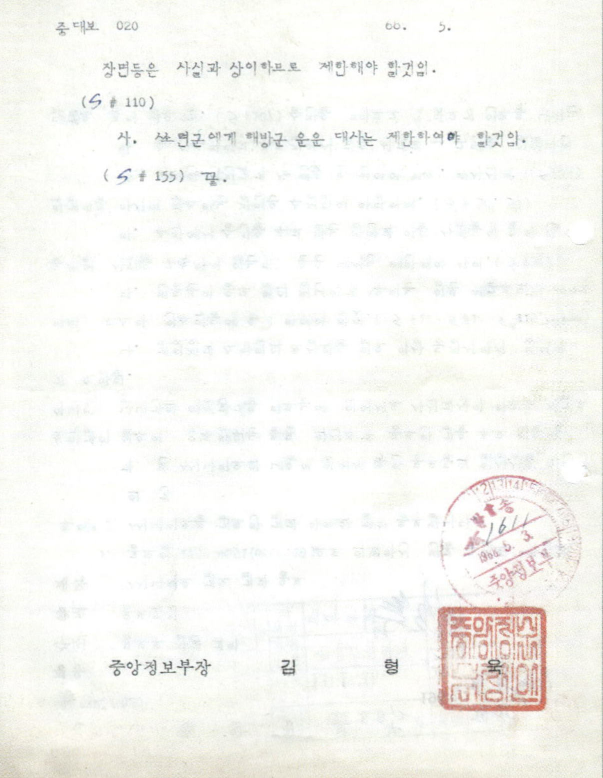

중대보 020 68. 5.

장면등은 사실과 상이하므로 제한해야 할것임.

(S # 110)

사. 쏘련군에게 해방군 운운 대사는 제한하여야 할것임.

(S # 155) 끝.

중앙정보부장 김 형 욱

중앙정보부, '시나리오 검토 결과 통보', 〈카인의 후예〉 심의서류, 1968년 5월 3일

사전 각본 검열 이후 중앙정보부가 한 번 더 각본을 검토하여 결과를 통보한 것이다. 중앙정보부가 각본 검열의 최종 단계에 있었음을 보여 준다. 게다가 반공영화이기 때문에 더욱 적극적으로 검열에 관여했던 것으로 보인다. 서류 마지막 부분에 중앙정보부장 김형욱의 이름이 선명히 인쇄되어 있는 것도 눈에 띈다.

음과 같이 통보한다.

> ① 이북의 실황을 우리나라와 비교하여 자유세계와 공산세계가 잘 대조되도록 묘사할 것.
> ② 북괴의 기나 수령 및 타 공산국가 원수의 사진을 두드러지게 부각되지 않도록 제작에 유의할 것.
> ③ 보안상 문제점은 추후 통보함.

①과 ②는 북한을 그리는 영화에서 자주 지적되는 부분인데, 의문이 드는 것은 ③이다. 이에 대한 대답은 4월 9일자로 작성된 공보부의 '영화각본심의의결서'에 나와 있다. 이 서류에는 공보부가 4월 10일 제작사에 통보하는 시정 사항 ①과 ②의 내용이 그대로 담겨 있다. 그런데 "심의의견: 可(반공)" 밑에 "중앙정보부에 시나리오 검토 의뢰"라고 적고 있다. 따라서 '반공'영화의 경우 중앙정보부에 시나리오 검토를 의뢰한다는 것으로 읽히며, ③에서 말하는 '보안상 문제점'은 중앙정보부에서 지적하는 사항임을 짐작케 한다.

4월 19일에 공보부 영화과 방화계장이 중앙정보부에 "반공극영화 〈카인의 후예〉 씨나리오 내용 검토"를 의뢰하고, 5월 3일 중앙정보부장 김형욱 명의로 7가지(가~사) 제한 사항이 공보부에 통보된다. 이를 바탕으로 5월 8일 공보부에서는 제작사에 '시정사항 추가 통보'라는 제하에 6가지 시정 사항을 보낸다. "나. 김일성과 스타린의 초상화를 필요 이상 등장시키지 말어야 하며, 포스타, 현수막 등에 유의하여야 할 것. S#12, S#18, S#115, S#148)"은 빠지는데, 이는 4월 9일에 제작사에 이미 통보한 "2) 북괴의 기나 수령 및 타 공산국가 원수의 사진을 두드러지게 부각되지 않도록 제작에 유의할 것"과 중복되기 때문인 것으로 보인다.

중앙정보부는 관람등급을 결정할 때에도 등장한다. 1968년 5월 29일 공보부 영화과 심사실에서 〈카인의 후예〉 영화 심사가 진행된다. 이 회의에 공보부 영화과장, 방화계장과 함께 중앙정보부 중령이 참가했다고 적혀 있다. 이 심사에서 〈카인의 후예〉는 "1946년 8·15 광복의 기쁨이 미처 가셔지기도 전에 북한 땅에는 붉은 마수들이 점령하고 토지개혁이란 미명 아래 지주와 소작인 간의 감정대립을 최고조에 달하도록 조종하면서 갖인 기만과 압력을 가하여 국민의 생명과 재산을 무차별 약탈하므로 부모 형제간에도 피나는 싸움을 하게 되었다는 8·15 직후의 북한 실정을 예리하게 묘파한 반공 문예영화"로 제한 사항 없이 '미성년자관람가(국민학생 포함)' 등급을 받게 된다. 그리고 비고 사항에는 "황순원의 자유문학상 수상작품 동명 소설을 영화화한 것으로써 국민의 반공의식을 고취할 우수반공영화임"이 부기된다.

다음 날인 5월 30일부터 〈카인의 후예〉는 '우수반공영화'로서 공식적 절차를 거쳐 특별한 지원을 받게 된다. 먼저 5

영화법시행규칙

제10조(미성년자영화관람심의위원회심의기준) 18세 미만자에 관람이 허용되는 영화에는 다음 각호의 1에해당하는 내용이 있어서는 아니된다。

1. 18세 미만자의 덕성함양을 저해하는것
2. 18세 미만자를 학대또는 혹사하거나 아동을 유괴하는 등의 행위를 정당화한것
3. 18세미만자의 흡연이나 음주행위를 정당화한것
4. 사행심을 유발시키는것
5. 남녀간의 애정등을 묘사함에 있어서 도의심을 해하는것
6. 범죄행위나 범인을 묘사함에 있어서 정의심을 해하는것
7. 불구자나 정신박약자등을 묘사함에 있어서 조롱의 대상이 되게하거나 열등의식을 유발시키는것
8. 매음, 기타 음탕한 행위를 소개하는것을 정당화한것
9. 기타 법령으로 18세미만자에게 금지한 행위를 정당화한것

미성년자영화관람심의위원회, '미성년자영화관람심의의견서' 뒷면에 적힌 영화법시행규칙 제10조, 〈카인의 후예〉 심의서류, 1968년 5월 28일

미성년자관람가(부)를 결정하는 심사 의견서에 모두 첨부되어 있던 '영화법 시행규칙 제10조'이다. 심사 시 필수적으로 참고해야 하는 지침이었던 것으로 보인다.

월 30일에 공보부 영화과에서 한국영화제작자협회와 서울특별시극장협회에 '선전제한완화 요청'을 한다. "반공극영화 〈카인의 후예〉를 공보부 추천 최우수 반공영화로 결정하였기에 국민들로 하여금 우수한 반공영화를 보다 더 많이 관람토록 하여 국민의 반공의식을 앙양하기 위하여 귀 협회에서 자율적으로 시행하고 있는 광고자숙규정에 구애됨이 없이 널리 선전할 수 있도록 조치"하여 달라는 것이다. 이에 5월 31일에 제작사가 공보부 장관에게 "금번 폐사에서 제작한 문예반공 극영화(유현목 감독, 황순원 원작) 카인의 후예를 일반 공개함에 있어 국민 여러분께 반공정신을 고취시키는 뜻에서 보다 효율적으로 선전하여 좋은 성과를 거둘 수 있도록 귀부에서 적극 협조하여 주시길 간청"한다는 '선전의뢰' 서한을 보낸다. 구체적인 내용은 "① 푸라카드 전시의 건(시내 10개 처 전시) ② 칼러 스칠 전시의 건(미도파 앞, 화신 앞 2개 처) ③학생 동원의 건(국민학교 이상 관람 요청)"이었다. 이 내용은 6월 5일자로 내무부 장관, 문교부 장관, 각 도지사, 부산직할시장, 그리고 시도 교육감에게까지 하달된다. 이에 서울특별시를 비롯해 전국에서 〈카인의 후예〉에 대한 플래카드와 컬러 스틸사진이 전시되고 학생 동원 관람이 이루어지게 된다. 복사본 검열 기록이 1985년까지 이어지는 것을 보면 이 영화는 모범적인 반공 문예영화로서 지속적으로 관람이 이루어진 것으로 보인다.●

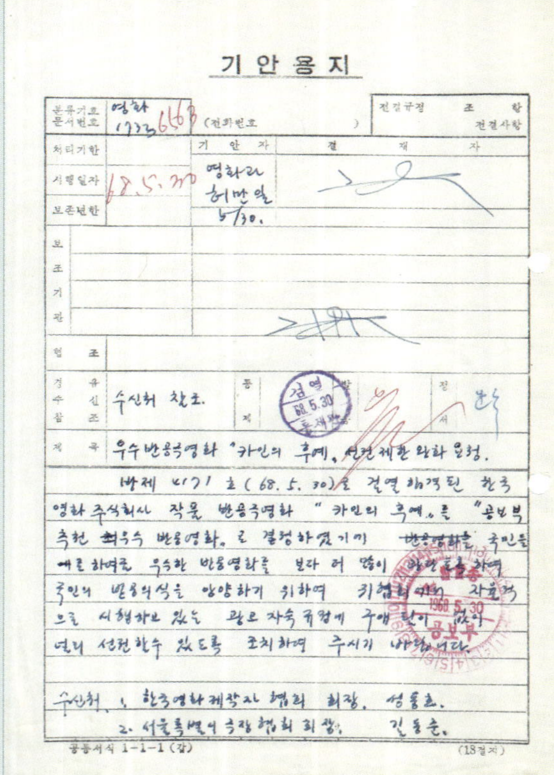

기 안 용 지

분류기호 문서번호: 영화 1733-6663 (전화번호)
전결규정 조 항 전결사항
처리기한 / 기안자 / 결재자
시행일자: 68.5.30
기안자: 영화과 허만일 5/30.
보조기관
협조
경유 수신 참조: 수신처 참조.
발송 / 정서
제목: 우수반공극영화 "카인의 후예" 선전제한 완화 요청.

방제 1171호(68. 5. 30)로 검열 합격된 한국영화주식회사 작품 반공극영화 "카인의 후예"를 "공보부 추천 최우수 반공영화"로 결정하였기에 [illegible] 국민들로 하여금 우수한 반공영화를 보다 더 많이 [illegible] 하여 국민의 반공의식을 앙양하기 위하여 귀협회에서 자율적으로 시행하고 있는 광고 자숙 규정에 구애됨이 없이 널리 선전할수 있도록 조치하여 주시기 바랍니다.

수신처 1. 한국영화제작자협회 회장. 성동호.
2. 서울특별시극장협회 회장. 김동춘.

공용서식 1-1-1 (갑) (18절지)

공보부 영화과, '우수반공극영화 "카인의 후예" 선전 제한 완화 요청', 〈카인의 후예〉 심의서류, 1968년 5월 30일

공보부 영화과에서 한국영화제작자협회와 서울특별시극장협회에 보낸 "우수반공극영화 〈카인의 후예〉 선전제한완화요청" 서류. '광고자숙규정'에 구애됨이 없이 널리 선전할 수 있도록 조치하라는 내용이 담겨 있다.

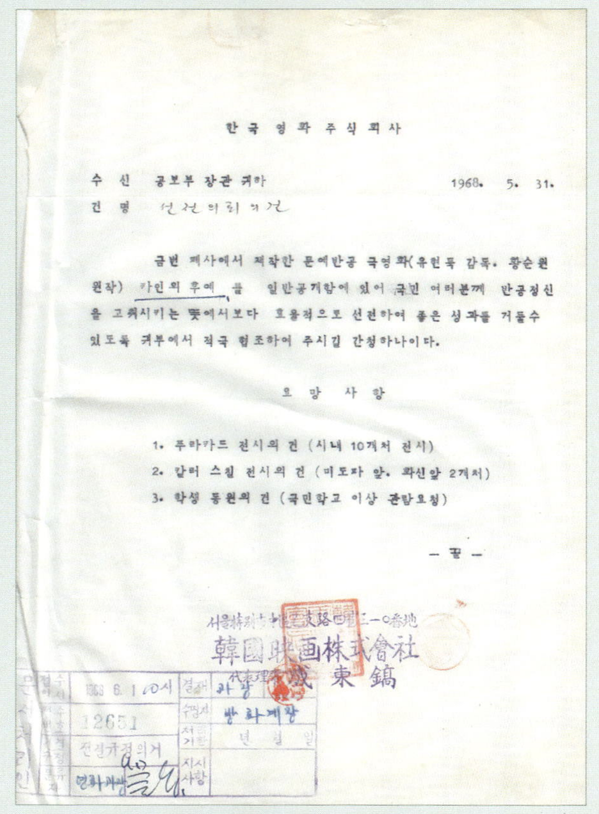

한 국 영 화 주 식 회 사

수 신 공보부 장관 귀하 1968. 5. 31.
건 명 선전의뢰의 건

금번 폐사에서 제작한 문예반공 극영화(유현목 감독. 황순원 원작) 카인의 후예 를 일반공개함에 있어 국민 여러분께 반공정신을 고취시키는 뜻에서보다 효율적으로 선전하여 좋은 성과를 거둘수 있도록 귀부에서 적극 협조하여 주시길 간청하나이다.

요 망 사 항

1. 푸라카드 전시의 건 (시내 10개처 전시)
2. 칼러 스칠 전시의 건 (미도파 앞. 화신앞 2개처)
3. 학생 동원의 건 (국민학교 이상 관람요청)

– 끝 –

韓國映画株式會社

한국영화주식회사, '선전 의뢰의 건', 〈카인의 후예〉 심의서류, 1968년 5월 31일

한국영화제작자협회 회장 명의로 공보부장관에게 보낸 "선전의뢰의 건" 서류. 〈카인의 후예〉 홍보에 관한 구체적인 지원 요청이 담겨 있다. 공보부에서 '우수반공영화'로 선정해 놓고 영화제작자협회와 서울특별시극장협회를 경유하여 영화제작자협회로 하여금 다시 공보부에 선전을 요청하게 하고 있다.

❶

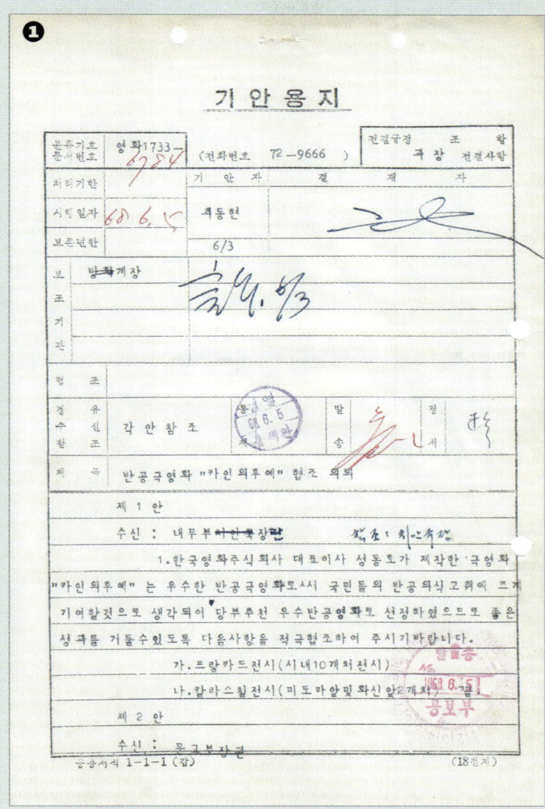

기 안 용 지

분류기호 문서번호: 영화1733-6784 (전화번호 72-9666)
전결규정 조 항 과장 전결사항

처리기한 | 기안자 | 결 재 자
시행일자: 68. 6. 5 | 최동현
보존년한 | 6/3

보조기관: 방화계장

협조

경유 수신 참조: 각 안 참 조

제목: 반공극영화 "카인의후예" 협조 의뢰

제 1 안

수신 : 내무부장관

1.한국영화주식회사 대표이사 성동호가 제작한 극영화 "카인의후예" 는 우수한 반공극영화로서 국민들의 반공의식고취에 크게 기여할것으로 생각되어 당부추천 우수반공영화로 선정하였으므로 좋은 성과를 거둘수있도록 다음사항을 적극협조하여 주시기바랍니다.

가.프랑카드전시(시내10개처전시)

나.칼라스칠전시(미도파앞및화신앞2개처) 끝.

제 2 안

수신 : 문교부장관

공용서식 1-1-1 (갑) (18절지)

❷

1.한국영화주식회사 대표이사 성동호가 제작한 극영화 "카인의후예" 는 우수한 반공극영화로서 국민들의 반공의식고취에 크게 기여할것으로 생각되어 당부추천 우수반공영화로 선정하였으므로 좋은 성과를 거둘수있도록 다음사항을 적극협조하여 주시기바랍니다.

가. 각급학교학생들의 관람권장(국민학생이상 관람가함)

제 3 안

수신 : 수신처 참조

1. 한국영화주식회사 대표이사 성동호가 제작한 극영화 "카인의후예" 는 우수한 반공극영화로서 국민들의 반공의식고취에 크게 기여할것으로 생각되어 당부추천우수반공영화로 선정하였으므로 좋은 성과를 거둘수있도록 다음사항을 적극협조하여 주시기바랍니다.

가. 프랑카드전시

나. 칼라스칠전시

다. 각급학교 학생들의 관람권장(국민학생이상 관람가함) 끝.

수신처 각도지사, 부산직할시장

(공통서식 1-2(을)) (18절지)

❸

기 안 용 지

분류기호 문서번호 (전화번호 72-9666)
전결규정 조 항 전결사항

처리기한 | 기안자 | 결 재 자
시행일자
보존년한

보조기관

협조

경유 수신 참조: 경상북도 교육위원회 교육감

제목: 반공극영화 "카인의 후예" 협조 의뢰

송 신 필

(18절지)

공보부 영화과, '반공극영화 "카인의 후예" 협조 의뢰', 〈카인의 후예〉 심의서류, 1968년 6월 5일; 6월 24일

1968년 6월 5일 공보부 영화과에서 내무부 장관, 문교부 장관, 각 도지사, 부산직할시장에게 보낸 '반공극영화 "카인의 후예" 협조 의뢰' 서류(사진 ❶과 ❷), 그리고 1968년 6월 24일 경상북도 도교육위원회 교육감에게 보낸 협조 의뢰 서류(사진 ❸). 우수반공영화 "카인의 후예"의 선전과 학생 동원 관람에 협조하라는 내용이 담겨 있다.

비상계엄하에서 검열 받기

〈사람의 아들〉(1981)은 1979년 12월 신군부의 쿠데타 이후 비상계엄하에서 제작되고 개봉한 영화이다. 신군부는 박정희 정권의 검열 체계를 답습했으나, 계엄령하에서 부분적으로 검열 절차에 변화가 있었던 흔적이 보인다. 또한, 영화검열종합의견서에 "계엄사령부 검열필"이 찍혀 있어서 영화 검열의 최종 심급이 계엄사령부였음을 말해 준다.

1980년 7월 3일 〈사람의 아들〉 제작사 합동영화주식회사(대표 곽정환)는 문화공보부에 '영화제작신고서'를 제출한다. 이때 영화제작자협회에서 문화공보부 장관에게 보내는 '심의서'가 첨부되는데, 그 내용은 "영화자율정화위원회'에서 〈사람의 아들〉의 제작신고사항을 심의한 바 위법 사항이 없음을 우선 보고한다"는 것이다. 그리고 이와 함께 첨부된 '작가의 승인서' 하단에 있는 '한국예술문화위원회 위원장 귀하'라는 문구와 '작가의 승낙서' 하단에 있는 '한국공연윤리위원회 위원장 귀하'라는 문구에 삭제선이 그어져 있다. 검열권은 1979년에 공연윤리위원회로 이관되었다. 그런데 일련의 서류로 보건대, 〈사람의 아들〉의 경우에는 일시적으로 '영화자율정화위원회'에서 각본을 사전심의하여 문공부에 제출한 것으로 추정된다.

'영화자율정화위원회'는 1974년 문공부의 시책에 따라 영화계의 불법·탈법 행위를 자체적으로 감시한다는 명분으로 만들어진 심의 기구였다. 한국영화제작자협회에서 선임하는 위원으로 구성되며 영화배급협회 대표와 문공부 담당자가 참여했는데, 주된 업무는 시나리오와 영화를 사전에 심의하는 것이었다. 1980년 초 계엄령 하에서 문공부는 "제협 내에 설치된 영화자율정화위원회의 기능을 효율적으로 운영할 것"을 밝힌다.[1] 이해 여름이 되면 문화계에 대한 검열이 강화되는 가운데,[2] "영화업계에 잔존하는 부조리를 근절하기 위해 영화자율정화위원회의 기능을 강화"[3]한다는 보도가 이어진다. 이러한 분위기 때문인지 〈사람은 아들〉은 영화자율정화위원회가 각본을 심의한 결과를 문화공보부에 보고하고, 이후 문화공보부가 공연윤리위원회에 필름 검열을 의뢰하는 형식으로 진행된다. 그런데 문화공보부 표현에 의하면 "검열 업무량이 폭주"하여 검열 시스템에 과부하가 걸리며 9월 9일 신청된 〈사람의 아들〉 필름 검열은 9월 24일에야 마무리된다. 9월 24일 한국공연윤리위원회 위원장이 문화공보부에 심의 의원들의 '영화검열심의의견서'와 '영화검열종합의견서'를 보내는데, '영화검열종합의견서'에 '계엄사령부 확인필'이 찍혀 있다.

〈사람의 아들〉 검열 과정에서 또 하나 눈에 띄는 것은 제작사가 등급판정에 불만을 품고 재검열을 신청한 것이다. 이 영화는 9월 24일자로 '연소자관람불가', '수출가'로 영화 검열 합격증을 받았는데, 1980년 12월 17일 제작사는 문화공보부에 '미성년자관람신청서'를 제출한다. 그럴 수 있었

※자료 제공: 정일성 기증자료

〈사람의 아들〉 촬영 현장

왼쪽부터 주연배우 하명중, 유현목 감독, 그리고 정일성 촬영감독의 모습이 보인다. 정일성 촬영감독은 이 영화로 제1회 영평상 촬영상을 수상했다.

1 〈우수영화 심사제도 폐지〉, 《조선일보》 1980년 2월 22일자 5면.
2 〈청소년 유해환경 정비, 퇴폐 출판물·방송 규제〉, 《조선일보》 1980년 7월 3일자 7면; 〈연예계 비리 일소 다짐〉, 《조선일보》 1980년 8월 14일자 5면.
3 〈연예가에도 자율 정화 바람〉, 《경향신문》 1980년 8월 16일자 5면.

던 동기는 〈사람의 아들〉이 당해 대종상을 수상한 데 있었다. 1980년 10월 9일 〈사람의 아들〉이 제19회 대종상 최우수작품상으로 선정되어 작품성을 인정받았는데도 '연소자 관람불가' 등급이라 학생들이 관람할 수 없다는 것이었다. 제작사는 시내 개봉관 외국영화들이 모두 학생 관람이 가능한데, 국산영화인 〈사람의 아들〉만 불가하니 국산영화 보호를 위해서 재검열해 달라고 호소한다. 그러나 이는 받아들여지지 않았고, 12월 18일 문화공보부는 〈사람의 아들〉은 이미 9월 24일에 검열을 필하여 합격증(예술1724-14681호)을 부여받았으므로 재검열은 불가하다고 제작사에 통보한다.●

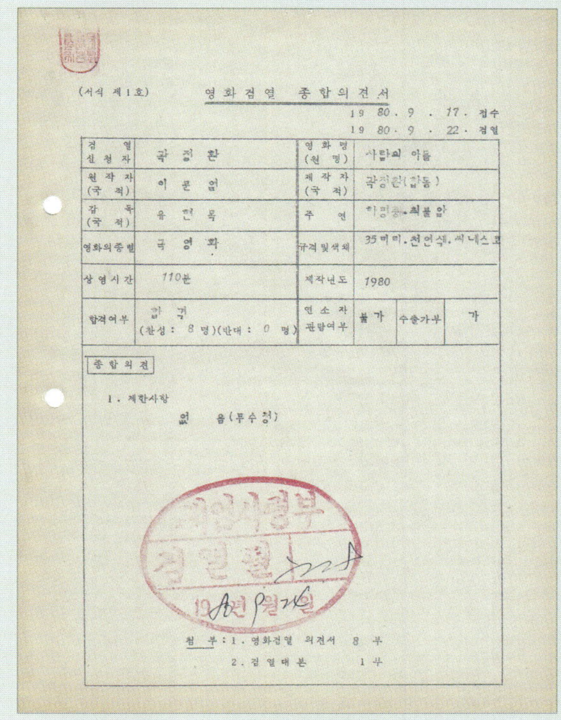

(서식 제1호) 영화검열 종합의견서

1980. 9. 17. 접수
1980. 9. 22. 검열

검열 신청자	곽정환	영화명 (원명)	사람의 아들		
원작자 (국적)	이문열	제작자 (국적)	곽정환(합동)		
감독 (국적)	유현목	주연	하명중·최불암		
영화의종별	국영화	규격 및 색채	35미리. 천연색. 씨네스코		
상영시간	110분	제작년도	1980		
합격여부	합격 (찬성 : 8 명)(반대 : 0 명)	연소자 관람여부	불가	수출가부	가

종합의견

1. 제한사항
없음(무수정)

계엄사령부 검열필 19[80]년 9월 24일

첨부: 1. 영화검열 의견서 8부
2. 검열대본 1부

한국공연윤리위원회, '영화검열 종합의견서', 〈사람의 아들〉 심의서류, 1980년 9월 24일

〈사람의 아들〉 영화검열 종합의견서. 1980년 9월 24일자로 '계엄사령부 검열필'이라고 선명하게 찍혀 있다.

DES MENSCHEN SOHN

THE SON OF MAN

《사람의 아들》

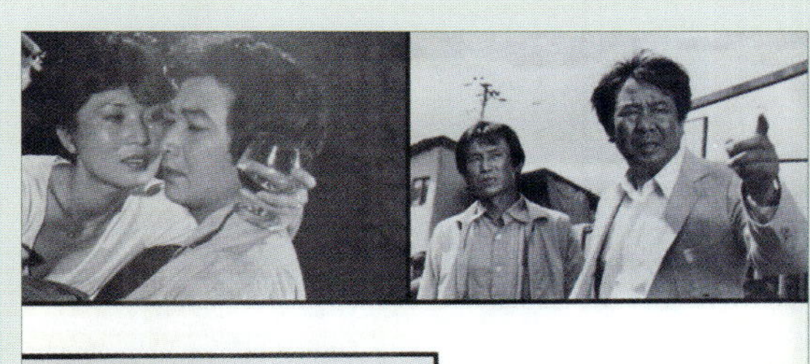

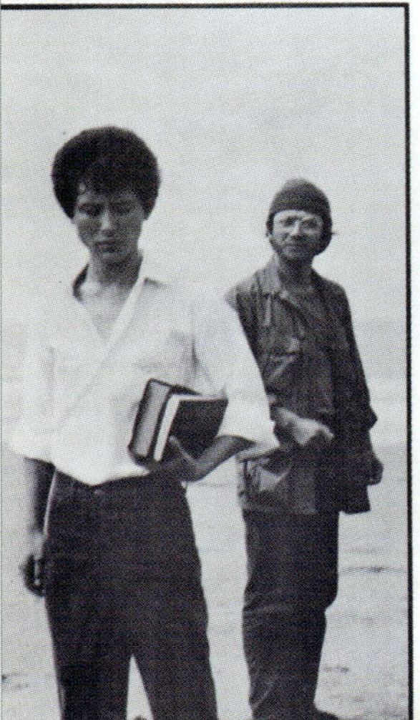

THE SON OF MAN

(Synopsis)

A dead body is found near a prayer house in the countryside. His Name is Min, Joseph. Police Sgt. Nam takes charge of investigating the case. Nam learns from his former professor that Joseph was a genius at the seminary college and that he was an orphan. About eight years ago, Joseph left the school because that he was tormented by his doubt about God's existence and his adultery incident. Nam also finds out from Cho, Dong Pal his follower that Joseph denied the God of Christianism who blesses the good and punishes the bad. They created a new God that is useful only for them. Cho devotes himself to the new God that confuses good with evil. He breaks some laws and marries a prostitute. But Joseph returns with joy to the true God of Christianism repenting his long wandering in the materialism. Cho, Dong Pal kills Joseph because of his change of mind. Cho kills himself in front of Sgt. Nam who comes there to arrest him. Nam leaves words that my death does not mean defeat.

〈사람의 아들〉 해외 배포용 전단 (DSKT165064, DSKT165065)

〈사람의 아들〉은 1981년 2월에 열린 제31회 베를린영화제에 출품되었다.(《매일경제》 1980년 12월 4일자 8면) 독일어 제목(Des menschen sohn)으로 보아 베를린영화제를 위해 제작된 포스터로 보인다.

유현목 감독은 1970년대 초반에 문화영화를 여러 편 만들었다. 현재 KMDb를 통해 확인할 수 있는 것만 21편이다. 〈눈물 골짜기의 샘물〉은 그중 하나인데, 1972년에 제작된 상영시간 40분의 문화영화로 기록되어 있다. 그러나 현재 필름은 확인되지 않고 시나리오로만 내용을 짐작할 수 있다. 시나리오 표지(사진 ❶)에는 "영락교회 25주년 기념 제작"이라고 쓰여 있고, 속표지(사진 ❷)에서 "이 원고는 제이 초고입니다."라고 밝히고 있다. 그런데 그다음에 "여러 교우 선배님들의 의견에 따라 촬영 시 다시 수정 재고할 것입니다."라고 되어 있어 이 시나리오에 영락교회의 입장이 충실히 반영되었음을 시사한다.

'작의'(사진 ❸)에서 밝히고 있는 영화제작의 목적은 영락교회 창립 25주년을 맞이하여 "그 사실과 현황의 개요를 기록화하면서", "하나님께 영광을 돌리는 것"이다. 1945년 한경직 목사가 주도하여 27명의 월남 교인과 함께 시작된 영락교회는, 1972년 당시 1만 3천 명의 신도를 거느린 동양 최대의 교회로 성장해 있었다. 1972년은 남북회담이 열린 해인데, 마침 북한 대표로 나온 강양욱 의장이 목사 출신인 데다 과거에 한경직 목사와 친분이 있는 사이여서 월남민 기반으로 세워진 영락교회가 더욱 주목을 받았다. 또한, 1972년은 한경직 목사가 만 70세로 정년을 맞이하여 퇴임한 해이기도 하다. 이 영화는 일련의 기념할 만한 상황이 겹친 가운데 제작된 것으로 보인다. 시나리오의 내용은 한경직 목사와 영락교회에 대한 찬양 일색이다.●

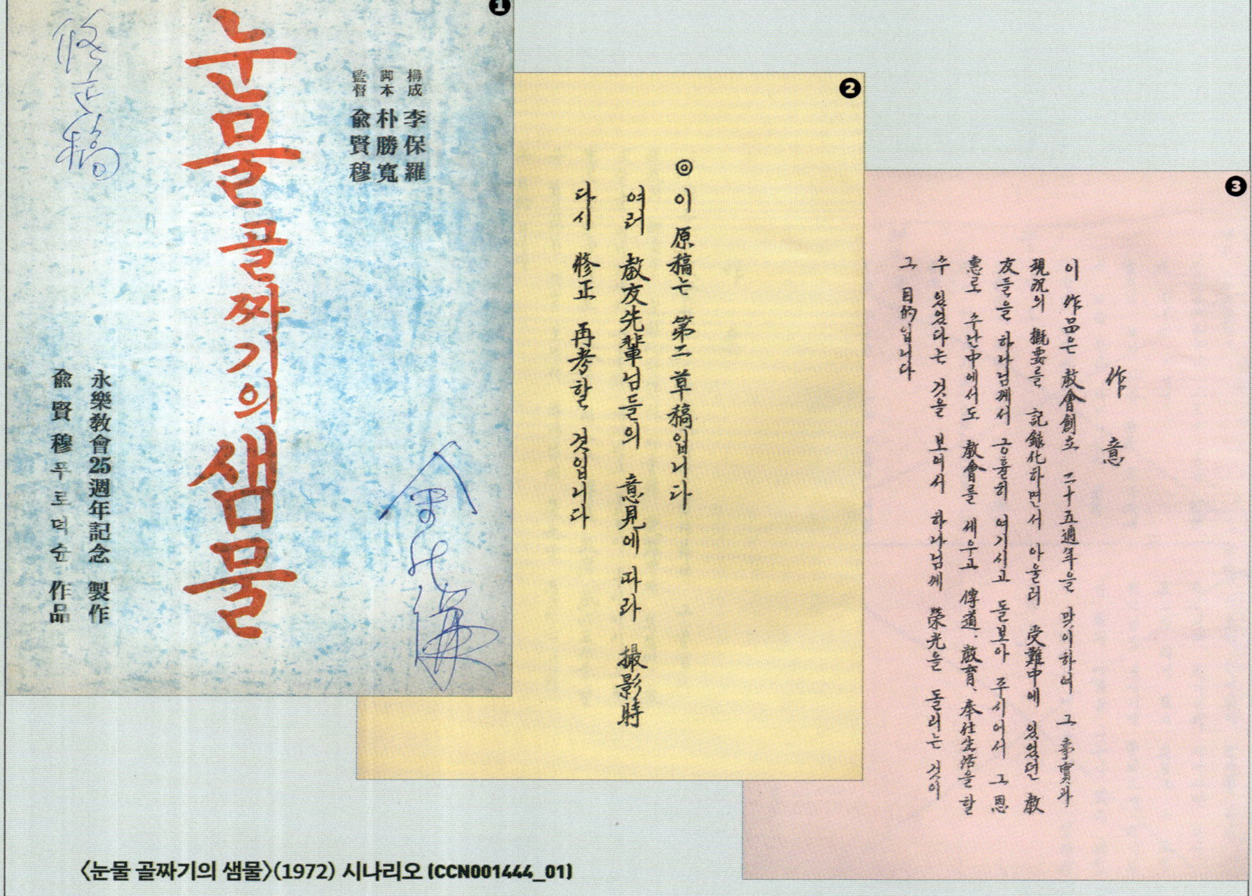
❶
눈물 골짜기의 샘물
構成 李保羅
脚本 朴勝寬
監督 兪賢穆
永樂敎會25週年記念 製作
兪賢穆 프로덕숀 作品

❷
◎이 原稿는 第二 草稿입니다
여러 敎友先輩님들의 意見에 따라 撮影時
다시 修正 再考할 것입니다

❸
作意
이 作品은 敎會創立 二十五週年을 맞이하여 그 事實과
現況의 槪要를 記錄化하면서 아울러 受難中에 있었던 敎
友들을 하나님께서 긍휼히 여기시고 돌보아 주시어서 그 恩
惠로 수난中에서도 敎會를 세우고 傳道, 敎育, 奉仕生活을 할
수 있었다는 것을 보여서 하나님께 榮光을 돌리는 것이
그 目的입니다

〈눈물 골짜기의 샘물〉(1972) 시나리오 (CCN001444_01)

〈상한 갈대〉 해외 로케이션 촬영 당시 정일성 촬영감독과 유현목 감독의 모습

사진(위) 맨 오른쪽이 정일성 촬영감독, 그로부터 세 번째, 사다리에 앉아 있는 사람이 유현목 감독. 사진(아래) 전면에 있는 두 사람 중 오른쪽이 유현목 감독, 왼쪽이 정일성 촬영감독이다.

미군과 결혼하여 도미한 이근화 목사의 일생을 소재로 한 이 영화는 "미국 뉴욕과 하와이 올로케이션" 작품으로 화제가 되었다. 《월간영화》 1984년 3월호는 이 영화를 "해외동포 2세, 청소년 문제가 한계를 넘어선 시점에서 이 문제를 종교적인 차원에서 구제해 보려고" 한 작품으로 소개하고 있다.

유현목의 실험영화와 새로운 영화로의 도약*

김수연 | 부산대학교 예술문화영상학과 예술학 박사

종합예술의 '영상映像'

이영일에 따르면, 유현목은 '아방가르드영화의 포토제니photogénie 이론과 언더그라운드 영상실험에 흥미'를 가졌다. 유현목 영화 세계에서 중요한 키워드인 '영상'과 '실험'은 대표작 〈오발탄〉(1961)을 비롯해 〈잉여인간〉(1964), 〈순교자〉(1965), 〈사람의 아들〉(1980), 〈카인의 후예〉(1968), 〈나도 인간이 되련다〉(1969), 〈불꽃〉(1975), 〈장마〉(1979)와 같은 문예·반공영화의 주제적 특징과 리얼리즘적 경향에 가려져 조명되지 못했다. 유현목의 영상적 사고와 실험적 의식은 새로운 영화를 향한 실험영화 제작을 비롯해 뉴시네마 담론 조성, 소형영화 대중화 운동, 비제도권의 영화 모임이란 실천의 큰 줄기를 형성하므로 유현목의 영화 세계에서 중요한 의미를 차지한다.

넓은 갈래로 뻗어진 유현목의 영화 세계를 가늠할 수 있는 키워드는 '영상映像'이다. 그의 작품 세계는 '몽타쥬 경향, 테마(주제) 경향, 영상 경향'의 세 시기로 구분되는데, 이영일은 영상기에 〈아낌없이 주련다〉(1962), 〈춘몽春夢〉(1965), 〈한恨〉(1967)과 〈한(속편)〉(1968)이 속한다고 보았고, 유현목은 〈아낌없이 주련다〉부터 옴니버스영화 〈여〉(1968)까지 영상적 표현에 심취했다고 언급한다. 따라서 영상은 초기작부터 1960년대 주요 작품에 반영된 영화적 사고로, '시네포엠'의 실험영화를 비롯해 실험적 예술 의식이 반영된 〈춘몽〉, 현대인의 단절과 고독을 모더니즘 스타일로 그린 〈종야終夜〉(1967), 민담을 한국적 환상미로 다룬 〈한〉, 여성에 대한 환상을 다룬 옴니버스영화 〈여〉와 같은 극영화에서 그 의미를 확인할 수 있다.

유현목에게 영화는 각 예술 장르의 상호유기적 이미지를 창출하는 종합예술이다. '영화의 생명'인 영상은 지각된 표상, 심적 상상, 환상의 의식 위에서 교류하는 종합적 이미지이다. 1920년대 프랑스의 아방가르드 영화작가들은 영화를 인간 내면과 영혼, 꿈과 환상을 시각화하는 매체로 사고한다. 영화의 미적 표현과 이미지의 특수성에 근거한 영상론은 영화를 서사로부터 해방시키려 한 순수영화의 매체적 관념을 공유한다. 영상은 회화와 문학, 시의 영상화로 각 장르의 예술을 유기적으로 결합할 뿐만 아니라, 유희적 꿈과 환상을 시각화해 인간 내면의 비합리적인 무의식적 충동과 정신을 현현시키는 예술의 의미를 갖는다. 이는 영화예술의 이론적 근거로 포토제니를 강조한 동시대 영화인들(김정옥, 김소동, 신봉승 등)의 영화적 사고와 상통한다.[1]
인간 생명과 혼의 정신적·심적 이미지를 현현하는 영상은 새로운 영화를 출현케 한 인식적 토대이다.

매체종합의 실험과 몽환의 환상성

유현목은 시와 영화를 종합한 '시네포엠' 작품인

* 본 글은 2025년 6월 27일 한국영상자료원에서 개최된 '유현목 탄생 100주년 기념 학술 세미나'의 발표 내용에 기반하여 작성되었다.

〈선線〉(1964)과 〈손〉(1966)으로 실험영화를 제작한다. 대중 저널리즘의 시대가 열린 1960년대에는 대안적 등단 제도로 시극과 같은 새로운 문학작품이 출현한다. 영화전문지와 비평 주체가 늘어나면서 영화 담론장이 확장되고 문단과 비평, 영화계를 넘나드는 문인 활동이 활발해져 다수의 영화 동인이 등장한다. 다양한 목적의 영화 동인들 중, 1964년에 발기한 '시네포엠'은 시극운동을 한 최일수의 '시네포엠론'에 기초해 실험영화를 선언·제작한 최초의 실험영화 동인이다.

문화영화의 해외 영화제 출품과 수상으로 수출 가능성이 고조된 분위기에서 다수의 국립영화제작소 인력이 포함된 시네포엠은 '시 이미지의 시각적 형상', '세계사적 냉전 모순의 상황에 개입'한다는 최일수의 시네포엠론에 기초해 〈선〉(35mm, 약 10분)과 〈손〉(35mm, 55초)을 제작한다. 현재 작품이 유실된 〈선〉은 전장의 고아를 가로막는 선線과 이로 상징된 분단의 비극으로 생명의 존엄성을 다루어, 땅따먹기 놀이를 하는 아이의 순수와 전쟁의 참상을 대조적으로 다룬 작품으로 기록되어 있다.[2] 〈손〉은 '손'이란 상징적 오브제의 시각적 이미지와 시 내레이션의 청각 정보, 행위의 상호작용과 의미 교환으로, 극적 행위나 이야기가 아닌 불특정한 시공간을 배경으로 시적 의미를 형성한다. 이는 인간의 손으로 창조된 문명 발전이 손의 전쟁으로 분열되는 파괴, 다시 손으로 재건되는 희망의 메시지로 귀결된다. 시네포엠은 시와 영화의 장르 종합에 의한 시적 추상성과 비서사적 영상을 실험영화로 시도한다.

유현목은 인간 내면의 꿈과 환상을 다룬 실험적 예술영화로 〈춘몽〉과 〈한〉을 제작한다. 1965년 3월 세계자유회의 세미나에서 표현의 자유를 주장해 반공법 위반 혐의를 받은 유현목은, 〈춘몽〉으로 음화제조 혐의로 기소되면서 큰 고초를 겪는다. 〈춘몽〉은 세계영화에 수용될 수 있는 예술영화, 일본영화의 국내적 유행, 해외 영화제 수출 성과에 보상을 주는 정책·산업적 이해라는 복잡한

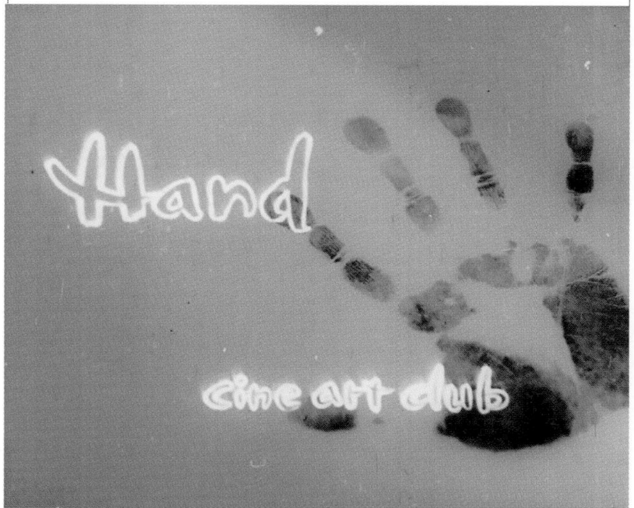

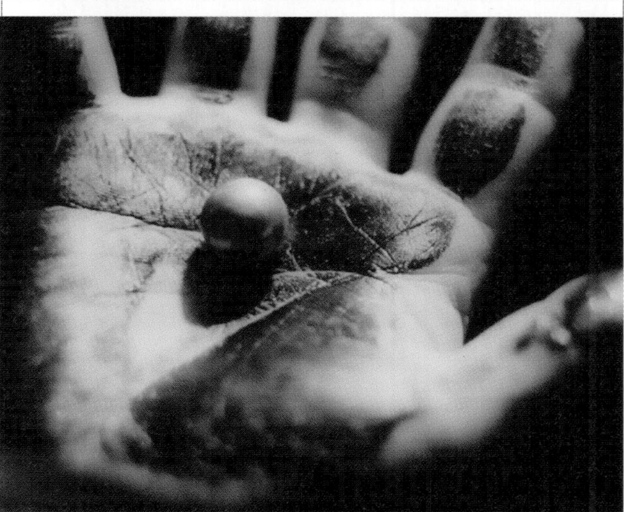

그림① 시네포엠의 실험영화 〈손〉

1963년 샌프란시스코영화제 출품작인 〈오발탄〉과 함께 거론된 〈선〉은 공보부의 명령으로 출품이 무산된다. 문화영화로 제작된 실험영화 〈손〉은 서사가 아닌, 손의 상징적 오브제 이미지와 행위, 시적 내레이션으로 전개되며, 시적 추상성으로 문명 비판적 의미를 전한다.

출처: 제50회 서울독립영화제(2024) 독립영화 아카이브전1 '손', https://siff.kr/films/%EC%86%90/

배경에서 제작되었다. 일본영화를 번안·각색한 청춘영화의 국내적 유행과 〈라쇼몽羅生門〉(구로사와 아키라, 1950), 〈지옥문地獄門〉(기누가사 데이노스케, 1953), 〈치카마츠 이야기近松物語〉(미조구치 겐지, 1954)와 같은 일본영화가 국제적으로 인정받는 상황에서 한국영화는 일본영화에 '원망과 선망의 감정'을 드러내며, 세계영화에 수용되는 아시아적 예술성, 일본영화와 구별되는 한국적 특수성을 동시에 고민한다.[3] 이는 한국영화의 정체성이 보편을 향한 모방과 보편과 구별되려는 욕망, 보편과 특수를 오가는 상이한 문화 간 '문화번역' 과정 속에서 형성되었음을 보여 준다.[4]

유현목은 제9회 아시아영화제(서울, 1962)와 제10회 아시아영화제(동경, 1963)로 일본 뉴웨이브 작품을 접하고, 호현찬이 동석한 동경의 한식당에서 시나리오작가인 시라사카 요시오白板依志夫(마스무라 야스조増村保造, 이치가와 곤市川崑과 협업)와 대담을 갖는다. 이를 인상적으로 접한 유현목은 '아시아영화제 방문기'를 남기며, 일본 독립프로덕션이 이끈 아트시어터 운동과 새로운 작가군의 출현에 부러움을 표한다.[5] ATG(Art Theater Guild)로 대표되는 일본 뉴웨이브 영화는 청춘영화로 근대적 새로움을 향유하던 관객의 욕구를 충족시키면서, 예술영화의 번역 대상이 된다.

일본 핑크영화의 화제작이던 테츠지 타케치武智鉄二의 〈백일몽白日夢〉(1964)을 번안한 〈춘몽〉은 '한국영화 초유의 이색적인 예술영화'로 홍보된다. 원작의 사실적이고 노골적인 성적 표현과 달리, 〈춘몽〉은 시극의 무용시 퍼포먼스와 시극적 대사를 반영하고, 〈칼리가리 박사의 밀실The Cabinet of Dr. Caligari〉(로베르트 비네, 1920)의 표현주의적 공간 연출과 미장아빔mise en abyme의 이야기 구조를 적용해 꿈의 환영적 반전에 의한 허망함을 유쾌하게 그린다. 특히, 치과 장면은 원작과 대조적으로 의식의 인과관계가 끊어진 무의식적 자유연상이 두드러진다는 점에서 흥미롭다.

'연緣, 정情, 원願'의 3장章으로 구성된 옴니버스영화 〈한〉은 한국 자연미의 환상으로 구전되는 전설을 다룬다. 끊어질 수 없는 부부의 연, 모자 혼령의 복수, 남편의 불치병을 치료하기 위해 송장 다리를 얻으려다 벌어지는 꿈과 환상의 괴담은 전설을 공포적 요소로 다루는 것이 아니라, 한恨의 곡절이 담긴 한국적 정물과 풍경의 환상미로 표현해, 인생 역시 한낱 꿈처럼 헛되고 덧없다는 공수래 공수거空手來 空手去의 교훈을 전한다.

〈칼리가리 박사의 밀실〉

〈춘몽〉

〈백일몽〉

그림② 〈칼리가리 박사의 밀실〉의 표현주의 세트와 살인사건이 일어난 〈춘몽〉과 〈백일몽〉의 꿈속 거리 장면

〈춘몽〉은 사실적 묘사가 두드러진 선정적 핑크영화 원작의 캐릭터와 중심적인 서사를 〈칼리가리 박사의 밀실〉의 이야기 구조와 공간 연출로 변용하여, 현실과 완전히 분리된 표현주의적 꿈의 세계로 그린다.

그림③ 〈한〉 2부 '정情의 장'에서 절벽에서 떨어진 명이 목숨을 부지하는 장면(위)과 엔딩 장면(아래)

명은 어머니가 켜던 해금 소리를 따라 뗏목 위에 올라타 목숨을 부지한다. 카메라는 아이를 보호하듯 에워싼 강과 산의 자연 풍경을 아름답게 담아 민담을 자연 절경의 환상미로 다룬다.

〈춘몽〉은 몽환 세계와 헛된 꿈의 유쾌함을, 〈한〉은 민담 전설을 한국적 색채의 몽환적 환상미로 표현해 일장춘몽一場春夢을 그린다. 문화영화와 극영화로 시도된 유현목의 실험적 예술영화는 이미지에 근거한 영상, 인간 내면의 비합리적인 꿈과 환상을 시각화한 영상으로 새로움을 시도한다

뉴시네마의 수용과 소형영화 대중화 운동

유현목은 동시대 세계영화의 흐름을 수용해 한국영화의 새로운 경향을 견인한다. 1969년, 유현목은 '한국영화인협회 이사' 자격으로 세계영화계를 돌아보는 문화 시찰에서 UCLA(University of California, Los Angeles) 유학 중이던 하길종을 만나 미국 뉴시네마를 접하고, 오스트리아에서 유양수 대사의 소형영화 취미 생활을 인상 깊게 보며, 마지막 시찰지인 일본에서 민간에 보편화된 소형영화 운동을 목격한다.

귀국 직후인 1970년부터 유현목은 젊은 영화인들과 함께 뉴시네마를 적극적으로 알린다. 뉴시네마는 하길종, 유현목, 변인식, 한재수 등의 영화인들에 의해 뉴 아메리칸 시네마의 실험영화, 언더그라운드 영화, 독립영화로 명명되면서, 전통에 반하는 반예술, 반할리우드적 영화 흐름으로 소개된다.

〈졸업The Graduate〉(마이크 니컬스, 1967), 〈우리에게 내일은 없다Bonnie and Clyde〉(아서 펜, 1967), 〈미드나잇 카우보이Midnight Cowboy〉(존 슐레진저, 1969), 〈이지 라이더Easy Rider〉(데니스 호퍼, 1969)로 잘 알려진 미국의 뉴시네마는 1940년대 실험영화를 견인한 마야 데렌Maya Deren부터 스탠 브래키지Stan Brakhage, 요나스 메카스Jonas Mekas, 앤디 워홀Andy Warhol, 케네스 앵거Kenneth Anger, 브루스 코너Bruce Conner와 같은 작가들이 활발히 전개한 1960년대 실험영화에 직접적 영향을 받았으며, 새로운 영화집단의 의식이 반영된 존 카사베츠John Cassavetes의 〈그림자들Shadows〉(1959)과 로버트 프랭크Robert Frank와 앨프리드 레슬리Alfred Leslie의 〈풀 마이 데이지Pull My Daisy〉(1959)와 같은 독립영화의 등장에서 기인했다.

뉴시네마에 영향을 준 실험영화는 영화를 비상업적인 '사회비평과 항의의 도구'로 사고한 작가 개인의 시각적 표현과 다각적 매체실험을 특징으로 소개된다. 하길종은 기성 제도권 영화를 거부한 뉴시네마의 반상업적이고 반집단적 매체 표현과 사회비판적 의식을 강조했는데, 이러한 의미는 뉴시네마를 알린 영화인들에 의해 '전위영화', '언더그라운드', '개인영화', '오프 할리우드' 등 각기 다른 용어로 강조점을 옮겨 명명되고 소개된다.

일본 독립프로덕션의 ATG운동과 새로운 작가군의 등장을 인상적으로 본 유현목은

뉴시네마 역시 "헐리우드 대공장주의를 벗어난 군소 프로덕션의 소자본으로 제도권 바깥에서 자신의 주제를 자신의 손으로 생산하는 작품"으로 보며, 제도권의 독립을 강조한 '오프 할리우드'로 명명한다.[6] 유현목은 '개인 제작'이란 생산 조건의 변화로부터 새로운 영화가 태동한다고 본 것이다. 이러한 사고는 제도권 바깥의 영화로 확장·실천된다.

유현목은 1970년, '한국소형영화동호회'를 창립해 '소형영화 대중화 운동'을 견인한다. 아마추어의 취미 활동, 상업성에서 벗어난 순수영화 제작을 표방한 소형영화동호회에는 뉴시네마를 알린 영화인들을 비롯해 호현찬, 김승옥, 김진규, 최일수, 최은희, 신상옥, 윤정희, 문희와 같은 유명 영화인들, 한의원 원장, 의학박사, 회사원, 디자이너, 은행원, 주부 등 전문직 종사자와 일반 시민이 참여한다. 또 유현목과 관계하던 한옥희, 이공희, 이세민과 같은 실험영화 작가들이 동호회 활동을 도왔다.

그림④ 유현목과 하길종

유현목은 하길종을 비롯한 여러 영화인들과 함께 뉴시네마 변화와 실험영화의 의미를 수용하고 그 의미를 알려 새로운 영화 중심의 담론을 확장하고자 했다.

그림⑤ 소형영화동호회 촬영대회에서 유현목 감독

소형영화동호회 회장인 유현목이 야외에서 회원들과 함께 소형 기재로 공개 촬영 활동을 하고 있다. 나들이 느낌이 나는 여유로운 복장에서 취미로서의 소형영화 활동과 촬영대회 분위기를 짐작할 수 있다.

소형영화동호회는 남이섬, 창덕궁, 청평유원지와 같은 야외 공간에서 회원들이 모인 공개 촬영대회와 공개 시사회, 작품 시상, 합평회를 정기적으로 갖는다. 또, 계간지 《소형영화》를 창간하고 일본 8mm 영화 단체 '토모노카이小型映画友の会'와의 제휴 활동으로 소형영화 문화 확장을 도모한다. 소형영화동호회는 8/16mm 소형 카메라만 있으면 누구나 영화를 제작하는 취미 활동으로 매체 접근성을 높여, 영화를 제작하는 대중문화의 흐름을 견인한다. 말하자면 35mm 실험영화 〈손〉은 '손'으로 제작되는 8/16mm 소형영화로, 눈으로 보는 '관조의 영화'에서 개인 손에 의한 '실천의 영화'로 변화한 셈이다.[7] 소형영화 대중화 운동은 비제도권의 새로운 영화문화를 발아시킨 구체적인 실천이었다.

실험영화 동인의 발굴과 조력

1970년대 초, 소형기재로 개인영화가 제작되면서 새로운 영화를 선언한 실험영화 동인들이 등장한다. 유현목은 제도권 바깥의 실험영화 제작을 소개·독려하고, 동인이 마주한 난관을 해결하는 조력자 역할을 한다. 또, 새로운 영화가 상영될 수 있는 민관 주도 행사 조직에 힘써 청년세대의 영화가 상영되는 공식적인 장을 마련한다.

유현목은 실험영화 제작을 물심양면으로 조력한다. '제4집단' 멤버이자 '필름70'(1969)에서 〈아침과 저녁사이〉(1970), 〈뛰어라A〉(1970)의 실험영화를 만든 이익태는 '영상연구회(1972년 결성)'에서 〈빛의 행방〉(1973), 〈시시한 오후〉(1973)를 제작한다.[8] 유현목은 미완성된 이익태의 〈아침과 저녁사이〉를 기사로 접한 후, 무상으로 녹음을 마무리하도록 한양녹음실을 소개해 작품 완성을 돕고, 중앙정보부 관계자들 앞에서 완성된 실험영화를 해설한다. 실험영화 첫 세대인 이익태, 이황림, 한옥희, 김점선 등이 모인 영상연구회 행사는 유현목, 김수용, 하길종, 한재수, 변인식이 참여한 '영상예술심포지움'이나 '현대영화의 이해' 강좌와 함께 실험영화의 새로운 의미를 알린다.

1974년, 영상연구회의 한옥희와 김점선을 중심으로 실험영화 집단 '카이두'가 발족한다. 카이두는 1970년대 주류 영화를 '경아와 영자로 대표된 창녀영화 전성기'로 명명하고, 남성·기성 영화의 관습을 파괴하는 여성의 '반영화'를 선언한다. 카이두는 필름에 변형을 가한 매체실험(김점선의 1974년작 〈필름 74-A〉와 〈필름 74-B〉, 〈75-13〉(1975))이나 관객과 동일한 사건과 시간을 공유하는 실험(한순애의 〈OVER〉(1974), 〈무제無題〉(1975)), 억압된 여성의 신체감각을 표현한 실험영화들(〈그러나 다시 시작을(그러나 우리는 다시 출발해야 한다)〉(이정희, 1975), 〈세 거울(세 개의 거울)〉(한옥희, 1975)), 우연성과 즉흥성, 동시성이 반영된 관객 참여적 해프닝(〈진혼제 해프닝〉(1976), 〈거리굿 퍼포먼스〉(1976))과 상영회, 영상과 퍼포먼스, 실험음악이 혼합된 인터미디어 작품(〈무제 77-A〉(한옥희, 1977)) 등 사회비판적 여성 의식으로 현실에 개입하는 예술을 수행한다.

유현목이 설립한 '새마을영화' 제작사인 유프로덕션(1972년 설립)은 실험영화 동인의 지지 기반이 된다. 카이두는 유프로덕션의 기자재를 빌리거나 충무로 편집실, 한양스튜디오에서 감독들이 쓰다 남긴 필름을 무상으로 얻어 작품을 제작한다. 유현목은 카이두의 실험영화를 "그리니치빌리지와 같은 해외 영화제에 출품해도 될 정도로 뛰어난 예술성을 보인다"고 공개적으로 홍보하기도 한다. 한편, 유현목은 주류 영화의 뉴시네마를 주창한 영상시대의 하길종과 이장호가 회비를 내지 않았다는 이유로 '영협감독위원회'가 내린 무기한 정권停權 처분[9]을 무마하기 위해 회비를 대신 내주기도 한다.

새마을영화로 형성된 유프로덕션과 영화진흥공사 간의 유연한 관계는 대학·실험영화가

그림⑥ 카이두의 김점선과 한옥희

'전라의 김점선이 카메라 앞에 선 사진'은 카이두의 파격적 전위성을 세간에 알렸다. 이 누드 사진과 카이두의 실험영화 〈밧줄〉(1974)의 배경은 '한양스튜디오 옥상'인데, 카이두 대표인 한옥희 구술에 따르면 김점선이 옷을 벗으면서 인근에 위치한 정보부에서 연락이 왔고, 유현목이 이를 해명해 사건이 무마되었다. 출처: 한옥희 소장 자료, 〈여우女優는 입고 여감독女監督은 누드〉, 《주간여성》.

상영·지원된 '한국청소년영화제'(1975) 창립으로 이어진다. 소형영화의 저변 확대를 꾀한 유현목은 수면 위로 뉴시네마 담론을 형성하고 기관에 소형영화의 관제적 효용성을 피력하는 디딤목 역할을 하면서, 수면 아래로는 물적 지지 기반이 없던 실험영화 제작과 홍보, 난관 해결을 돕는 버팀목 역할을 한다. 유현목의 새로운 영화를 향한 관심과 조력은 젊은 영화인들의 작품이 상영되고 지원·출품되는 민관 주도 최초의 단편영화제 창립의 동력으로 작용한다. 유현목의 실험적 예술영화에 대한 관심은 소형영화에 대한 정부 관심과 지원을 유도하면서 실험영화 동인 조력 활동으로 연장되어, 새로운 세대의 새로운 영화가 출현하는 지지 기반이 된다.

비제도권 영화문화의 토대 구축

비제도권의 영화문화는 외국 문화원을 중심으로 형성된다. 1970년대의 젊은 세대와 실험영화인들은 외화 필름과 영화감상실을 보유한 한국 주재 외국 문화원의 뉴웨이브 작품을 감상·토론하는 영화 모임으로 동시대 세계영화를 접한다. 영화감상실을 보유한 프랑스문화원(1968년 개원)은 '시네마테크'(1972)나 '프랑스영화제'(1972~1974), '시네클럽 서울'(1975), 대학생들의 단편영화를 상영한 '청소년 단편영화제'(1978), 박건섭 주도의 '토요단편'(1982) 등 영화감상 및 강좌 모임을 정례화한다. 독일문화원(1971년 개원)은 '독일영화의 밤(독일 명화 감상회)'의 문화 행사로 뉴저먼시네마 작품을 정기적으로 상영하고, 카이두의 '제2회 실험영화 페스티벌'(1975) 개최, '빔벤더스 내한행사'(1977)를 갖는다. 문화원 첫 세대인 실험영화인들은 문화원 영화 감상과 이에 기반한 인적 네트워크로 동인을 조직하고 작품을 제작한다. 문화원 첫 세대인 한옥희와 김홍준은 문화원을 '제도권 영화에서 채우지 못한 갈증을 풀어 준 치외법권'에 비유한다.

1976년부터 동국대학교 연극영화과 교수로 재직한 유현목은 독일문화원에 기반한 영화연구 모임인 '동서영화동우회(1978, 이후 동서문화연구회로 개칭)'를 발족해 비제도권 영화의 장을 확장한다. 회장 유현목, 부회장 변인식이 주축이 되어 한·독韓獨 간 영화 교류 목적으로 만들어진 동서영화동우회는 독일 고전영화 감상과 토론, 세미나 중심의 연구·비평 활동을 정례화하고, 간행물로 《동서영화회보》(1979)와 비평지 《프레임 1/24》(1980)을 발행한다. 유현목과 변인식이 발행인으로 참여한 《프레임 1/24》은 유현목이 영화진흥공사에 영향력이 있던 배우 신영균에게 부탁해 영화진흥공사 내 공간을 마련하고, 편집인으로 성균관대학교 신문방송학과 학생이던 전양준, 정성일, 경희대학교 불어불문학과의 강한섭, '얄라셩' 멤버인 홍기선이 참여해 발행된다. 독일문화원의 공간 제공 중단으로 1984년에 해체되기까지 동서영화연구회는 장석용(사무국장)을 비롯해 젊은 영화인들인 신철, 안동규, 이공희, 이미례, 이정국, 장길수, 전찬일, 정유성, 정재형, 한상준, 황철민의 참여가 있었으며, 영화 소모임 제작 활동에 영향을 받아 〈다리〉(8mm, 주연 한상준), 장길수의 〈환상의 벽〉(1980, 16mm, 흑백, 6분), 〈둥지〉(1984, 16mm, 흑백, 14분)를 제작한다. 1980년대 초, 단편영화를 제작하던 영화과 대학생들이나 대학 영화서클 멤버들은 동서영화연구회의 영화 연구와 비평 세미나로 상호 교류한다. 일례로, '서울영화집단'과 '한국영화아카데미' 1기생이었던 김의석은 영화에만 관심을 가진 청년들이 문화원에서 친구처럼 어울리며 교류가 생겼고, 서명수는 동서문화연구회에서 작가주의 영화를 공부하고 누벨바그를 꿈꿨으며, 정성일은 독일문화원에서 영화를 토론하고 공부하는 경험을 처음으로 가졌다고 말한 바 있다. 동서영화동우회는 영화를 진지하게 공부하던 젊은 세대의 영화공동체를 자생케 한 비제도권 영화문화의 토대였다.

유현목은 청소년영화제로 출품된 대학생들의 8/16mm 단편영화의 실험성과 성장에 깊은 애정을 드러내며 "젊은이들의 제작비 조달의 어려움과 기회 상실을 가슴 아픈 일"로 말하기도 했다. 그는 새로운 영화가 단지 젊다는 것만으로 자생하는 것이 아니며, 영화진흥공사의 기회 제공과 제작 진흥을 위한 여건 조성, 외국 실험영화와 고전영화 연구 공간으로 새로움을 찾는 필름 라이브러리 활용 등 새로운 세대의 새로운 영화를 위한 공적 지원의 필요성을 적극적으로 주장한다. 유현목은 단편영화의 위상을 새로운 영화의 물결로 매개한 영화운동의 산파 역할을 한다.

유현목의 생애 첫 작품은 〈해풍〉(1948)이다. 동국대학교 국문과 재학 시절, 그는 영화 동인 '영화예술연구회'를 창설해 45분짜리 유성영화인 〈해풍〉을 연출한다. '가난한 어촌에서 폭풍으로

그림⑦ 〈해풍〉의 한 장면
해당 사진이 실린 《경향신문》 1998년 1월 16일자 24면 기사(〈나의 젊은, 나의 사랑 영화감독 유현목(4) 감독 겸 배우 유성영화 '해풍'〉)에 따르면, 가운데 고개를 숙이고 있는 인물이 유현목 감독이다.

아버지를 잃고 미치광이가 된 청년 이야기'를 다룬 〈해풍〉에서, 그는 물고기를 뜯어먹는 미친 어부 역할을 맡는다. 〈해풍〉 이전인 1947년, 그는 '양반에게 핍박받는 차기를 다룬 시대극'인 16mm 무성영화 〈홍차기의 일생〉(임운학, 1948)에서 첫 조감독과 배우를 맡는다. 첫 작품은 동인제 형식의 영화제작을 습득한 계기였을 것이다. 동인제 제작은 제작·흥행사의 입김에 좌우되는 영화제작의 한계를 탈피해 새로운 소재와 주제를 선택하는 제작 주도권 획득의 이점이 있었고, 이는 초기작들에 적용되어 대표작인 〈오발탄〉을 낳는 배경이 된다. 유현목의 영화 세계에는 대자본과 제도에서 독립된 작가적 자율성에서 작가의식을 직접 표현한 동인 형식의 소형영화가 자리한다.

유현목의 영상론과 실험영화는 동시대 세계영화의 새로움을 한국영화로 번역하고, 한국적 예술성을 추구한 작가적 실천을 보여 준다. 새로운 영화를 향한 관심과 영상의 실험적 의식은 뉴시네마 담론 확산과 소형영화 대중화 운동, 실험영화 제작을 독려하는 조력 활동으로 연장되어, 제도권 바깥의 작은 영화라는 줄기들이 뻗어 나간 토양이 된다. 유현목은 한국영화를 새로운 영화로 도약케 한 기둥으로 기억될 것이다. ●

주

1 유현목의 영상론과 당대 영화인들의 영화예술에 대한 이론적 성격에 대한 상세한 내용은 필자의 졸고인 다음 내용들을 참고. 김수연, 〈유현목의 영상과 실험적 예술영화의 의미〉, 《한국예술연구》 제46호, 2024, 101~104쪽; 김수연, 《한국 실험영화 동인同人의 등장과 뉴시네마 실천 연구, 1960년대에서 1970년대를 중심으로》, 박사학위논문, 부산대학교 대학원, 2024, 98~105쪽.

2 '최초의 실험영화', '본격적 전위영화'를 내세우며 해외 영화제 출품 목적으로 제작된 〈선〉은 제8회 샌프란시스코영화제(1964년 10월)에 신상옥의 〈쌀〉(1963)과 이만희의 〈돌아보지 마라〉(1963)와 함께 문화영화로 선정·출품될 예정이었으나, '어두운 영화를 보내지 말라'는 현지 외교 당국 요청으로 공보부가 출품을 중지·무산시킨다. 〈해외로 뻗는 연예계〉, 《경향신문》 1964년 10월 10일자 6면; 〈"어둡다고" 딱지〉, 《동아일보》 1964년 10월 26일자 6면.

3 한국영화의 특수성과 정체성은 아시아영화제로 접한 일본영화에 대한 선망과 열등감, 이와 차별화되고자 하는 고민 속에서 형성된다. 신봉승, 〈위축된 승리감과 아세아적 인간〉, 《신사조》 1권 7호, 신사조사, 1962; 신봉승, 〈일본영화의 상륙을 경계한다〉, 《세대》 제7권 77호, 세대사, 1969; 〈영화인좌담회 일평론가와 한감독(상)〉, 《경향신문》 1962년 5월 17일자 4면; 〈영화인좌담회 일평론가와 한감독 (하)〉, 《경향신문》 1962년 5월 18일자 4면.

4 김수연, 앞의 학위논문, 76~77쪽.

5 대담 내용과 방문기는 다음 자료를 참고. 〈일본 보고 느끼고 (4)〉, 《동아일보》 1963년 5월 10일자 5면; 유현목, 〈아세아 영화제와 일본영화: 아세아 영화제에 다녀와서〉, 《신세계》 2권 5호, 신세계사, 1963, 228~229쪽.

6 유현목, 〈오프·할리우드 영화의 신경지: 세계는 날로 새롭다〉, 《월간중앙》 제4권 41호, 중앙일보사, 1971, 309쪽.

7 '〈손〉에서 손으로의 변화'는 2024년, 인디스페이스의 '한국영화를 말하다' 토론자로 참석한 김곡 감독이 사석에서 한 표현을 빌려 온 것이다. 서울 마포의 한 카페에서 필자와 김곡 감독의 대담(2024년 10월 18일); 김수연, 앞의 학위논문, 181~182쪽.

8 이익태는 동아일보 신춘문예 시나리오 부문에 〈아무도 없었던 휴가〉(1974), 초현실주의적 내용을 다룬 〈진혼곡〉(1975)이 가작으로 입선하면서 극영화 〈황홀〉(조문진, 1974)에 박 선생(국어 교사, 가명 이태)으로 출연, 〈감격시대〉(이두용, 1975)의 각본을 맡았으며, 유현목의 조감독 생활을 거쳤다고 구술한 바 있다.

9 〈영상시대 해체위기〉, 《경향신문》 1976년 4월 14일 6면; 〈영협, 4명의 감독에 정권처분〉, 《주간여성》 통권 339호, 한국일보사, 1975, 33쪽.

카메라 앞에 선 유현목의 모습들은
한 감독이 시대와 더불어 걸어온 삶의 결을 선명하게 드러냅니다.
학창 시절의 초상에서부터 아내와 함께한 일상, 촬영 현장과 시상식,
그리고 동료들과 교류하던 순간까지,
이 사진들은 유현목이 남긴 시간의 흔적을 프레임 속에 고스란히 담고 있습니다.
그에게 영화는 직업을 넘어 삶의 리듬이자 세상을 바라보는 방식이었으며,
사진 속 그의 모습에서는 한 창작자의 응시가 자연스럽게 읽힙니다.
이 이미지들은 그 시선이 지나온 길을 따라가며,
한 감독이 자신의 시대를 기록하고
영화 속에서 다시 태어나는 과정을 보여 주는 소중한 단면들입니다.

Between Frames

사진으로 보는 유현목의 생애와 작품

유현목의 학창 시절

덕성공립보통학교 졸업 사진(앞줄 왼쪽에서 세 번째)

1940년 휘문중학교 1학년 시절

1941년 휘문중학교 2학년 시절

유현목 감독과 배우자 박근자 여사

自由公論
発賣中

조감독 시절, 〈춘향전〉(이규환, 1955) 촬영 현장에서. 왼쪽부터 유현목, 배우 석금성과 조미령. 그 뒤로 촬영부 임진환, 연출부 하한수, 정일덕

데뷔작 〈교차로〉(1956) 촬영 현장

〈잃어버린 청춘〉(1957)의 주연배우(이경희, 최무룡) 그리고 시나리오작가 유두연과 함께

제1회 한국영화평론가협회상(1958년 4월 22일 공보관에서 개최)에서 〈잃어버린 청춘〉으로 감독상 수상

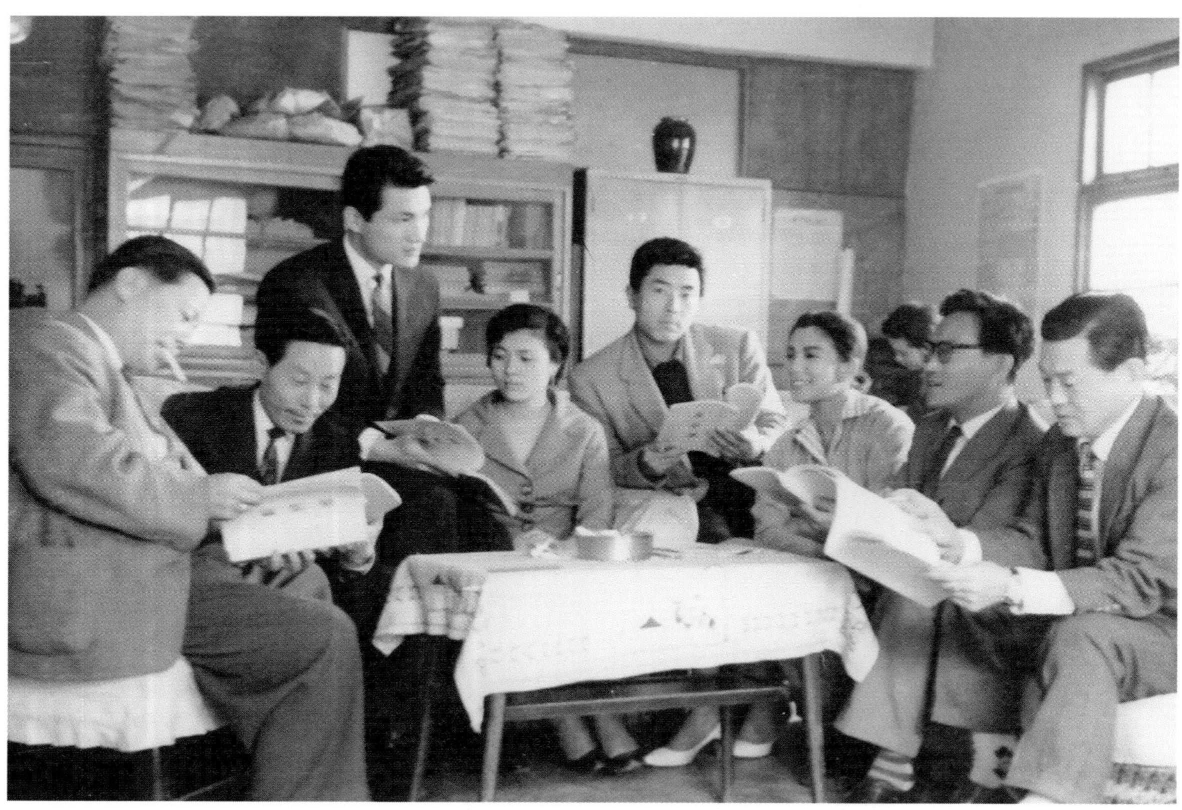

〈오발탄〉(1961) 시나리오를 보고 있는 제작진. 왼쪽부터 조명기사 김성춘, 영화평론가 허백년(당시 영화윤리위원회 부위원장), 배우 윤일봉, 서애라, 이대엽, 김혜정, 그리고 유현목과 촬영기사 김학성

〈오발탄〉 촬영 현장. 좌측부터 최무룡(배우), 유현목, 문혜란(배우), 김학성(촬영감독)

1961년 3월 16일 '흥행장에 관한 특별행위세(특정 물품·장소의 영업행위에 부과되는 세금)' 징수반대 궐기대회 후 시가행진을 하고 있는 영화인들

1961년 10월 1일 '국군의날'을 맞아 문총(전국문화단체총연합회) 산하 문화·예술인들이 우리나라 역대 군장을 갖춰 입고 거리 행진을 진행했다.

〈임꺽정〉(1961) 촬영 현장

1963년 3월 8일 국립극장에서 열린 제2회 대종상 시상식에서 〈아낌없이 주련다〉(1962)로 감독상을 수상한 유현목 감독과 시상자로 나온 전년도 감독상 수상자 신상옥 감독

〈성웅 이순신〉(1962) 촬영 현장

〈성웅 이순신〉 미니어처 촬영 현장

〈김약국의 딸들〉(1963) 촬영 현장

1964년 11월 30일 시민회관에서 개최된 제2회 청룡영화상에서 〈잉여인간〉은 작품상(한양영화사), 감독상(유현목), 남우주연상(김진규), 여우조연상(황정순), 흑백촬영상(홍동혁), 미술상(박석인) 등 총 6관왕에 올랐다. 사진은 전년도 수상자인 이만희 감독에게 감독상을 받고 있는 유현목 감독.

1965년 2월, 미 대사관에서 소설 《순교자》의 영화화 계약 체결

〈춘몽〉(1965) 촬영 현장

〈분례기〉(1971) 촬영 현장

〈문〉(1977) 촬영 현장

〈장마〉(1979) 촬영 현장

〈사람의 아들〉(1980) 촬영 현장

미국 로케이션으로 진행된 〈상한 갈대〉(1984) 촬영 중, 미국 내 한국어 텔레비전방송국인 DBC와 인터뷰를 하고 있는 유현목 감독

유현목 감독의 마지막 연출작 〈말미잘(엄마와별과말미잘)〉(1994)의 촬영 현장

유현목과 영화인 & 스태프들

유현목과 영화감독 홍은원

안양촬영소 앞에서 오른쪽부터 김학성(촬영감독), 김혜정(배우), 유현목

1968년 3월 16일 부산극장에서 개최된 제11회 부일영화상 시상식 후 참가자들과 함께 찍은 사진. 허창(왼쪽1, 영화평론가), 김수용(왼쪽2, 영화감독), 나소원(왼쪽4, 시나리오작가)

영화감독 하길종과 함께

〈불꽃〉(1975) 촬영 중 생일을 맞이한 촬영감독 정일성에게 축하 자리를 마련한 스태프들

〈세번은 짧게 세번의 길게〉(김호선, 1981) 촬영 현장. 오른쪽부터 김호선(영화감독), 유영길(촬영감독), 유현목

유현목 감독의 Opera Neglecta,
곧 그의 영화 인생에서 오랫동안 주변부로 남아 있었던 작품들과
창작의 지층을 살펴보고자 합니다.
권력과 민중의 긴장을 그린 역사적 서사에서부터
기이함과 환상이 교차하는 옴니버스영화,
문화영화처럼 산업과 제도의 요구가 강하게 작동한 영역에 이르기까지
유현목 감독은 장르와 형식의 경계를 넘나들며 폭넓은 실험을 이어 왔습니다.
일본영화의 영향, 숨은 코미디적 감각,
멜로드라마와 아동영화에서 드러나는 감수성까지 살펴보면,
그의 장르영화들은 단순한 외곽선이 아니라
예술과 대중, 산업 논리 사이에서 형성된
또 하나의 창작 미학임을 확인할 수 있습니다.
이 탐구가 유현목 감독 작품 세계의 '간과된 면모'를 다시 가늠해 보고,
그의 영화적 지평을 더욱 넓게 이해하는 데 의미 있는 계기가 되기를 바랍니다.

권력의 역사와 민중의 그림자 — 〈임꺽정〉 〈성웅 이순신〉 〈북간도〉 〈옛날 옛적에 훠어이 훠이〉

기이함과 환상의 세계: 유현목의 옴니버스영화들 — 〈한〉 〈여〉

영화인생의 미묘한 순간들과 한국영화의 공백들 — 〈산업시찰〉 〈태양은 다시 뜬다〉 〈로보트 태권브이〉

예술과 대중의 경계에서: 유현목과 일본영화 — 〈푸른 꿈은 빛나리〉 〈아내는 고백한다〉 〈춘몽〉

세태를 비추는 코미디의 통찰 — 〈공처가 삼대〉 〈몽땅 드릴까요〉 〈특급 결혼작전〉

멜로드라마를 향한 그의 남다른 시선 — 〈아낌없이 주련다〉 〈막차로 온 손님들〉 〈문〉 〈좋아〉

거듭되는 아이들, 변화하는 시선들 — 〈구름은 흘러도〉 〈수학여행〉 〈장마〉

2부

Opera Neglecta

권력의 역사와 민중의 그림자

이준엽 | 세종대학교 영화예술학과 겸임교수

1950년대 중후반, 유현목은 김기영, 신상옥 등과 함께 한국영화계에서 대표적인 신예 감독으로 주목받았다. 제작자들 사이에서는 '이제야 영화다운 영화를 찍는 감독이 태어났다'는 말이 오갔다. 유현목은 멜로드라마, 범죄영화, 문예영화 등 다양한 장르를 넘나들며 초창기 필모그래피를 채워 나갔다. 하지만 유독 사극 장르와는 인연이 없었다. 급기야 작품 수가 늘어 가면서 '사극을 못하는 감독'이라는 인식까지 생겨나기 시작했다.

이러한 상황에서, 1950년대 말 대형 사극 붐이 일어났다. 당시 최고의 제작비가 투입된 〈고종황제와 의사 안중근〉(전창근, 1959)이 흥행에 성공하자, 민족의식을 주제로 대원군, 명성황후, 김소월, 유관순 등 다양한 인물을 다룬 전기영화가 기획되었다. 3·1운동, 광주학생항일운동과 같은 역사적 사건 또한 물량 공세를 앞세워 영화화되기 시작했다. 이러한 흐름하에 이순신을 영화화하려는 시도도 나타났다. 유현목으로서는 '유현목=예술영화=비非흥행파'라는 세간의 인식을 깨뜨릴 수 있는, 놓칠 수 없는 기회였다.

유현목은 1959년 10월 2일부터 〈성웅 이순신〉의 촬영에 착수했다. 이순신을 영화화한 첫 번째 작품이었을 뿐만 아니라, 《난중일기》를 국역하며 이순신 연구의 권위자로 알려진 이은상이 반년간 시나리오를 다듬었다는 점에서 세간의 주목을 받았다. 같은 해 11월에는 통영 일대에서 해전 장면을 촬영했다. 거북선을 건조하고 대포, 조총, 칼 등 소품을 제작하는 데에만 일반 국산영화 한 편 제작비에 가까운 돈이 들었다. 그런데 한국 최초의 '대大해양영화'를 표방한 이 작품은 3분의 1가량만 촬영된 채 도중에 제작이 중단되고 말았다. 예상보다 큰 제작비 탓이었다. 특수효과 등 기술적인 방법으로 직접 촬영하기 어려운 장면을 해결해야 했으나, 이는 당시 한국영화계 사정상 쉽지 않은 일이었다.

작품 활동 중단으로 인해 적지 않은 타격을 입었지만, 1960년대에 들어서도 유현목은 〈오발탄〉(1961)과 같은 대표작을 촬영하며 꾸준히 작품 활동을 이어 갔다. 그러던 중 사극을 연출할 두 번째 기회를 맞이한다. 바로 〈임꺽정〉(1961)이다. 임꺽정 이야기는 이미 예전부터 널리 알려져 있었으며, 특히 일제강점기에 벽초 홍명희의 소설 《임꺽정》이 큰 인기를 끈 바 있었다. 그만큼 대중에게 낯설지 않은 소재였다. 제작자 입장에서는 대형 사극으로 기획하더라도 어느 정도 위험부담을 줄일 수 있었다. 다만, 제작자는 월북작가였던 홍명희의 《임꺽정》을 참고했다기보다, 《조선왕조실록》의 내용을 토대로 영화의 시대적 배경, 주요 사건, 인물관계 등을 설정했음을 강조했다.

〈임꺽정〉은 '스펙터클'을 강조하겠다는 제작자의 의도에 맞춰 거액의 제작비가 투입되었다. 화형火刑 등 불을 사용하는 장면은 창동에 야외 세트를 별도로 마련해 촬영했다. 그러다가 사고가 발생하기도 했다. 최무룡과 문정숙이 말뚝에 묶인 채 화형을 당하는 장면이었는데, 갑자기 바람이 거세진 탓에 두 사람의 옷에 불이 붙어 버린 것이다. 급히 불을 끄고, 바람이 잠잠해지길 기다렸지만 상황은 좀처럼 나아지지 않았다. 설상가상으로 새벽녘에는 기온이 영하로 떨어졌다. 유현목은 이때의 상황이 무척 고통스러웠다고 회고한다. '사극을 못한다'는 고정관념을 깨기 위해 노력했지만 제작자는 필름을 많이 쓴다고 면박을 줬고, 기상 상황까지 도와주지 않았기 때문이다.

대형 사극인 만큼 흥행 여부가 굉장히 중요했다. 오죽했으면 '용변을 보는 장면이 나오면 흥행이 잘된다'는 영화계의 징크스를 따라 보기도 했다. 다행히도, 〈임꺽정〉은 장기 상영 2위를 기록하며 약 10만 명의 관객을 동원할 만큼 흥행에서 나쁘지 않은 성적을 기록했다. 당시에는 1950년대 말부터 시작된 사극의 인기가 계속 이어지고 있었다. 1961년에는 신상옥의 〈성춘향〉과 홍성기의 〈춘향전〉이 대결 구도를 형성하며 이슈를 만들어 냈고, 이듬해인 1962년에는 신상옥의 〈연산군〉이 장대한 러닝타임과 총천연색 시네마스코프로 재현된 화려한 궁중 세트를 앞세우며 관객의 흥미를 유발했다. 이처럼 사극에 대한 대중의 관심이 고조되는 가운데 〈임꺽정〉 역시 많은 관객의 선택을 받았다.

〈임꺽정〉은 정의로운 관료 서림(최남현)이 탐관오리 이흠례(이예춘)를 벌하고 임꺽정을 풀어 주는 권선징악적 결말로 마무리된다. (흥미롭게도 《조선왕조실록》과 홍명희의 《임꺽정》에서 서림은 임꺽정의 참모이자 모사였으나 결국에는 배신하는 인물로 묘사된다.) 서림은 임꺽정에게 백성들이 도적이 될 수밖에 없는 현실을 똑똑히 보았다고 말한다. 그러면서, 자신이 허리에 찬 칼이 백성을 '다스리는' 칼이 아니라 백성을 '지키는' 칼이 되어야 함을 역설한다. 영화 개봉(1961년 12월 31일) 불과 몇 개월 전 5·16을 경험한 관객들이 이 장면을 어떻게 받아들였을지 또한 흥미롭다. 구 정권 타도를 외치며 젊은 군인들이 등장한 상황이었으니, 민중은 그들에게 영화 속 서림과 같은 모습을 기대하지 않았을까.

1961년 12월 초에는 〈성웅 이순신〉(1962)의 촬영도 재개되었다. 공보부가 금전적 지원뿐만 아니라 국립영화제작소의 기자재를 무상으로 지원해 주는 등 여러 혜택을 제공했기 때문이다. 〈성웅 이순신〉은 단순히 이순신을 영화화한 차원에 그치는 작품이 아니었다. 그것은 5·16 직후 민중에게 탁월한 리더십으로 국난을 극복하자는 메시지를 전달할 수 있는 최적의 작품이었다. 잘 알려진 바와 같이, 이순신은 박정희의 롤 모델이었다. 실제로 새로운 정부는 이 영화를 국산영화 진흥장려책의 첫 시도로 삼고자 했으며, 유현목의 회고에 따르면 박정희는 시사회장에서 이순신이 원균의 모함을 받아 서울로 압송되는 장면을 보고 한참 동안 눈물을 흘렸다고 한다.

유현목은 공보부로부터 받은 3천만 환으로 최고 수준의 스태프를 재조직한 뒤 나머지 분량의 촬영에 돌입했다. 영하의 날씨에도 불구하고 셀 수 없이 많은 엑스트라를 동원했는데, 이는 당시 한국영화에서 좀처럼 보기 힘든 장관이었다. 이 역시 해군과 해병대의 전폭적인 인적·물적 지원이 있었기에 가능한 일이었다. 심지어 수중 파괴 장면 촬영에는 UDT 부대까지 동원되어 실제 다이너마이트를 폭발시켰다. 외국이었다면 특수효과나 미니어처 촬영 등으로 대체했을 장면까지 물량 공세로 직접 구현한 것이다. 부상자가 연일 속출했음은 물론이다. 한 기사의 표현에 따르면, 소수의 스태프만으로 재현된 "과연 한국적"인 스펙터클이었다.

하지만 모든 장면이 이러한 방식으로 만들어진 것은 아니었다. 유현목은 일본 영화계에서 특수효과를 담당한 바 있고, 〈현해탄은 알고 있다〉(김기영, 1961)에서도 특수촬영 담당으로 활약한 권진규를 섭외하여 부족한 부분을 보완했다. 이들은 미아리 스튜디오에 50평 크기의 인조 풀을 제작한 뒤, 그 위에 모형 배를 띄워 추가 촬영을 진행했다. 포구에는 화약을 설치해 실감을 더했고 대형 선풍기 두 대로 파도를 연출했다. 어느 정도 규모를 갖추고 진행된, 사실상 한국에서 최초로 시도된 미니어처 촬영이었다.

〈성웅 이순신〉의 원래 제목은 '임진왜란과 성웅 이순신'이었다. 그런데 영화가 개봉하기 전인 1962년 1월 17일, 갑자기 극동흥업사 차태진 대표가 공보부에 후원 요청을 보냈다. 월탄 박종화의 소설 《임진왜란》을 원작으로 김기영 감독 버전의 〈임진왜란〉을 만들어 보겠다는 것이었다. 이에 1962년 2월 24일 공보부 영화과는 유현목과 세연영화사에 제목 수정안을 권고했다. 박종화의 《임진왜란》을 영화화한 것으로 오해할 수 있으니, 〈성웅 이순신〉으로 제목을 바꾸라는 것이었다. 최종적으로 유현목의 영화는 〈성웅 이순신〉이라는 제목으로 개봉되었다.

유현목은 〈성웅 이순신〉을 통해 이순신의 인간적이고 도덕적이며 온화한 성품을 강조했다. 이는 〈난중일기〉(장일호, 1977)와 같은 후대 작품에서 이순신이 군법과 규율을 강조하는 엄격한 모습으로 그려지는 것과 사뭇 다르다. 당시의 평을 보면, 유현목의 연출뿐만 아니라 김학성의 촬영에서도 노련함이 돋보였다는 평가가 많았다. 반면 기대했던 특수효과는 생각보다 미흡했다는 반응이 주를 이루었는데, 대체로 한국영화계의 현실을 감안하여 영화인들의 노고를 높이 사는 분위기였다.

이후에도 유현목은 활발하게 작품 활동을 이어 나갔다. 하지만 '비흥행 감독'이라는 꼬리표는 여전히 떨어지지 않았기에 무력감을 느끼는 날이 늘어 갔다. 이 시기부터 유현목은 직업 감독으로서의 생존 방안을 고민하면서 다양한 시도를 했다. 실험영화와 문화영화를 연출하기도 했고, 라디오 연속극을 영화화하기도 했다. 코미디, 공포영화 등 흥행성이 강하다고 여겨진 장르에도 활발히 도전했다. 하지만 자본이 많이 투여되는 대형 사극과의 접점은 한동안 생기지 않았다.

유현목이 다시금 대형 사극을 연출한 것은 1970년대 중반에 들어서였다. 당시 평균적인 영화 제작비는 1~2천만 원 사이였는데, 1975년 10여 개 제작사들이 일제히 4~5천만 원 규모의 대작 영화를 기획하기 시작했다. 예를 들어, 신상옥 프로덕션은 입체음향 기술과 70mm 필름을 활용한 뮤지컬영화 〈춘향전〉을 기획했으며, 태창흥업은 이성구 감독 연출로 70mm 〈에밀레종〉 제작 계획을 밝혔다. 국제영화사와 우성영화사는 3D 입체영화 기술을 본격적으로 실험하기도 했다.

대작 영화 제작은 텔레비전과의 경쟁에서 우위를 점하고 해외시장을 개척하려는 목적도 있었으나, 사실상 '우수영화'로 선정되려는 의도가 더 컸다. 우수영화에 선정되면 외국영화 수입권을 받을 수 있었는데, 이는 곧 막대한 수익을 보장하는 것이었기 때문이다. 특히 1970년대 중반부터는 문화공보부의 심사 기준이 '민족 사관 확립' 등으로 바뀌면서 사극의 비중이 확대되는 양상이 나타났다.

이러한 흐름 속에서 남아진흥은 유현목 연출의 〈불꽃〉(1975)과 〈북간도〉(미완성)를 기획했다. 〈불꽃〉은 선우휘의 동명 소설을 원작으로 한 영화로, 1975년 제14회 대종상영화제에서 최우수작품상, 남우주연상(하명중), 미술상, 조명상을 수상했다. 〈북간도〉는 안수길의 동명 장편 대하소설을 원작으로 삼았다. 남아 있는 자료를 통해 완성된 시나리오뿐만 아니라 촬영용 장소 구분표, 배우 캐스팅 메모, 제작부 지시 사항 등까지 확인할 수 있다. 이는 영화가 단순히 기획에 그친 것이 아니라 비교적 구체적인 촬영 준비까지 마무리된 상태였음을 보여 준다.

흥미롭게도, 1979년 버전 시나리오의 가장 앞부분에는 남아진흥 대표 서종호와 연출자 유현목의 글이 실려 있다. 서종호는 북간도가 예로부터 우리 민족이 거주하던 땅임에도 정치적 상황이 급변할 때마다 그곳에 살던 사람들은 청나라, 러시아, 일제 등으로부터 약소민족의 서러움을 겪어야만 했다고 이야기한다. 그러면서 영화 "〈북간도〉가 한국영화 60년의 금자탑"을 세울 것이며, 이를 "80년대로 도약하는 우리 민족의 새로운 지표로 삼고자 한다"는 포부를 밝힌다.

서종호에 이어 유현목은 안수길의 《북간도》가 동 시기 유행하는 "경박한 세태적인 흥미를 갖는 값싼 소설"과는 차원을 달리한다면서, 해방

후 우리 문학사에서 가장 뛰어난 작품이라고 칭찬한다. 유현목은 5대에 걸쳐 진행되는 이한복 일가의 역사가 곧 우리 민족의 일대 서사시이기도 하다며, "요즈음 항간에 유행하는 흥미본위의 값싼 영화들에 대항해서 여기 민족의식과 전통의식을 담는 한국영화의 금자탑을 세우는 영화를 만들려 한다"라고 작품에 임하는 심정을 밝혔다.

하지만 결국 〈북간도〉는 영화로 완성되지 못했다. 조선 말기부터 해방기까지 시간적 배경이 방대했고, 중국, 러시아, 일본 등 장소적 배경 또한 매우 다양했기 때문이다. 시대적 흐름에 따라 변화하는 건물 및 소품을 사실적으로 재현하려면 막대한 자본이 필요했다. 서종호 대표는 경기도 남양주 별내 일대 8만 평 농장에 220평 스튜디오를 구축하고, 간도 용정 일대를 재현하기 위해 8천 평 규모의 오픈세트 공간을 조성했다. 그러나 촬영이 여의치 않자 결국 8천 평 부지에 모두 배나무를 심어 버리고 말았다. 그럼에도 불구하고 서종호와 유현목은 1991년 함께 맥주잔을 기울이며, "이루지 못한 기획을 꼭 실현하자"고 〈북간도〉 제작 의지를 드러냈다.[1](그로부터 몇 년 뒤인 1995년 5월, 서종호는 세상을 떠났다.)

1970년대 중반이 지나면서, 유현목은 제작자 및 교수로서도 활동을 시작한다. 하지만 작품 활동도 멈추지 않고 병행했다. 1978년, 유현목은 그의 마지막 대형 사극 〈옛날 옛적에 훠어이 훠이〉를 연출했다. 이 영화는 용마龍馬와 아기장수 전설을 바탕으로 한 최인훈의 동명 희곡을 영화화한 것이다. 영화의 시대적 배경은 통일신라 시대다. 당나라가 민중을 괴롭혀 백성이 도탄에 빠지고 도적이 들끓는 가운데 용마가 운다는 소문이 퍼진다. 용마는 세상을 구할 장수와 함께 태어난다고 알려져 있기에, 오랑캐들은 용마와 장수를 찾는 데 혈안이 된다. 주인공 아달과 세오녀 부부는 갓 태어난 자신들의 아기가 바로 전설 속 장수라는 사실을 깨닫게 된다.

영화는 한편으로는 대규모 시대극이다. 민가가 불타고 다수의 엑스트라가 동원되는 등 스펙터클한 장면이 이어진다. 그러나 다른 한편으로는 다양한 연출을 통해 환상적이고 전설적인 분위기가 강조된다. 유현목은 '장수봉' 암벽과 산속 여러 동식물을 줌렌즈로 담아내며 관객을 신비로운 자연 속으로 인도한다. 특히 엔딩 시퀀스에서는 이러한 분위기가 더욱 강화된다. 죽었던 인물들이 되살아나고, 카메라는 슬로우모션으로 주인공 부부가 강변을 뛰어다니는 장면을 포착한다. 이어 (화면에는 등장하지 않지만) 아들과 부부, 세 가족이 무지개를 타고 꽃을 뿌리며 하늘로 올라가고, 사람들이 이를 바라보는 장면이 연출된다. 이는 곧 1960년대 중반 이후부터 다양한 실험적 형식을 탐구해 온 유현목의 감독론적 경향이 반영된 결과이기도 할 것이다.

〈옛날 옛적에 훠어이 훠이〉는 일부 선정적 대사를 제외하고 큰 수정 사항 없이 검열을 통과했다. 위정자의 압제에 시달리고 경제적 도탄에 빠진 민중이 세상을 뒤엎을 영웅을 기다린다는 내용은 자칫 불온한 요소로 해석될 여지가 있었다. 그래서인지 심의서류의 '제작 의도'란에는 "동족에 의한 정통통일국가에의 통합을 상징하는 장수설화"를 통해 "오늘날 또다시 외세와 그외 추종세력에 의해 빚어지고 있는 분단조국의 미수복지구에 살고 있는 북한주민들의 모습을 멀리 상상하고 그것을 우리의 아픔으로 공감하고저 하는 것"이라는 점이 강조되어 있다. 즉, 시대가 요청하는 민족·반공과 같은 요소를 적극적으로 어필한 것이다. 결과적으로 〈옛날 옛적에 훠어이 훠이〉는 1978년에 〈율곡과 신사임당〉, 〈갯마을〉 등과 함께 영화진흥공사의 '국산영화감상회' 대상작으로 선정되기도 했다. 하지만 연극이 초연 이후 비교적 꾸준히 문화·예술 담론에 등장한 것에 비해, 영화는 흥행적·비평적 측면에서 크게 주목받지 못했다.

앞서 언급했듯, 유현목은 의외로 장르적인 도전을 다양하게 시도했다. 동 시기에 활발히 활동한 다른 감독에 비해 전체 작품 수가 많은 편은 아니기에, 그가 남긴 대형 사극은 더욱 특별한 의미를 지닌다. 유현목은 사극을 잘 찍지 못한다는 편견을 깨고,

예술영화만이 아니라 상업영화에도 능하다는 것을 보여 주기 위해 도전적으로 대형 사극을 연출했다. 오늘날 유현목은 리얼리즘, 문예영화 등의 키워드로 독해되는 경우가 많지만, 대형 사극 또한 그의 작품 세계를 구성하는 중요한 축 중 하나다.

끝으로, 유현목은 유년기에 대해 아래와 같이 회고한 바 있다.

> 고향의 아름다움이란 어린 가슴에도 신비스러운 포토제니로 각인되어졌고, 그 아궁이 속 불길은 지나친 공포감으로 잠재되어 지금의 내성적 성격을 형성시킨 것이라고 짐작된다.[2]

유현목은 산천초목의 아름다운 풍경, 세 살 때 아궁이가 무너지며 불타는 장작더미에 빠져 허벅지에 화상을 입은 기억, 이 두 가지를 특히 중요하게 언급한다. 이러한 경험은 그의 영화에도 일정 부분 반영되어 있다. 대형 사극 또한 예외가 아니다. 시대적 풍경을 재현하면서도 카메라는 산천초목의 아름다움을 포착하며, 등장인물이 고통을 받는 대목에는 민가가 불타거나 화형이 이루어지는 등 불이 강조되는 경우가 많다. 어쩌면 유현목은 사극을 통해 고향(사리원)의 이미지와 유년기의 기억을 반복적으로 풀어낸 것은 아니었을까.(이러한 요소는 후술할 옴니버스 작품에서도 등장한다.) ●

주

1 〈영화사 경영 서종호: 영화 들여오는대로 히트〉, 《중앙일보》 1991년 12월 1일자. http://joongang.co.kr/article/ 2664698

2 유현목, 《유현목 영화인생》, 혜화당, 1995, 55쪽.

〈임꺽정〉 전단(앞면) (ZK0001667)

〈임꺽정〉의 광고 포스터. 하단부에 수많은 등장인물을 나열함으로써 대형 사극임을 강조했다. 삽입된 문구 또한 "웅장한 스케일! 통쾌한 써스펜스! 화려현란한 화폭에 펼쳐진 공전절후의 초스펙타클!!"로, 〈성춘향〉(1961), 〈연산군〉(1962) 등과 같은 당대 대형 사극과의 연속성 속에서 이 영화를 대중에게 소구하고자 했음을 확인할 수 있다.

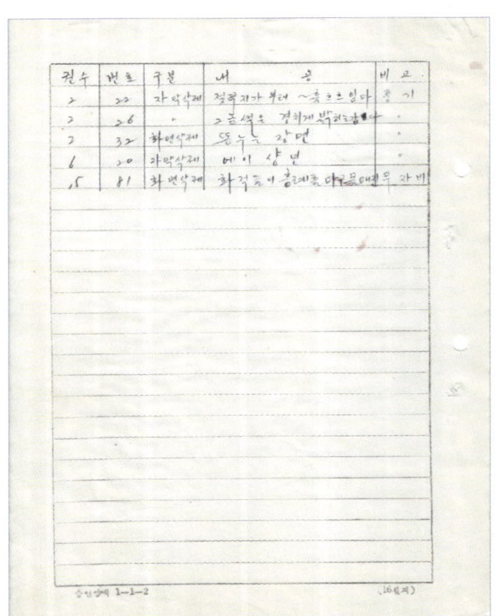

권수	번호	구분	내용	비고
2	22	자막삭제	[illegible]	풍기
2	26	〃	[illegible]	〃
2	32	화면삭제	똥 누는 장면	〃
6	20	자막삭제	에이 상년	〃
15	81	화면삭제	[illegible]	[illegible]

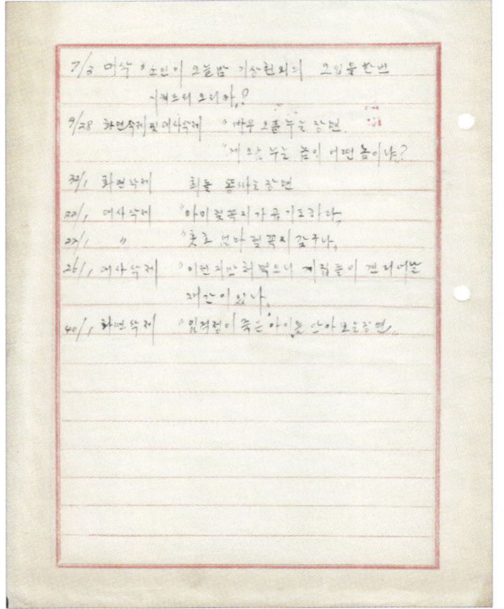

7/3 대사 "소인이 오늘밤 [illegible] 한번 시켜드리오리까?"
9/28 화면삭제 및 대사삭제 "배우 오줌 누는 장면" "저 오줌 누는 놈이 어떤 놈이냐?"
33/1 화면삭제 [illegible] 장면
22/1 대사삭제 "아이 [illegible]"
27/1 〃 "[illegible] 같구나."
26/1 대사삭제 "[illegible] 재간이 있나."
40/1 화면삭제 "임꺽정이 죽은 아이를 안아보는 장면."

(왼쪽) 공보부 영화과, '국산영화 "임걱정" 복사판 상영 허가', 〈임꺽정〉 심의서류, 1962년 1월 23일
(오른쪽) 태창흥업주식회사, '극영화 "임걱정" 학생관람 재심요청의 건', 〈임꺽정〉 심의서류, 1967년 9월 12일

유현목의 회고에 따르면, 당시 영화계에서는 용변을 보거나, 쥐가 등장하는 장면이 있으면 흥행에 성공한다는 징크스가 있었다. 이에 유현목은 가짜 임꺽정(윤왕국)이 산에서 변을 보다가 진짜 임꺽정(신영균)을 만나는 장면을 삽입했다. 코미디언인 윤왕국의 익살스러운 연기가 돋보이는 이 장면은 1962년 1월 복사판 상영 허가 신청 시에는 '풍기' 항목으로 삭제 지시를 받았다. 1967년 9월 미성년자 상영을 위한 심사에서는 '자진 삭제'되기도 했다.

〈성웅 이순신〉에 사용된 거북선 도면 (ZK0000635)

〈성웅 이순신〉에 등장한 배의 도면. 서사에서 매우 중요한 비중을 차지하는 거북선뿐만 아니라 '대맹선大猛船', '중맹선中猛船', '소맹선小猛船'과 같이 크기별로 구분된 배의 모습도 확인된다. 우측 하단의 배는 '판옥선板屋船'이라는 글씨 위에 취소선이 그어져 있는데, 소용돌이 모양의 삼태극 문양(미쓰도모에三つ巴)을 통해 일본군의 배임을 알 수 있다.

〈성웅 이순신〉 촬영 현장

〈성웅 이순신〉 촬영 막바지인 1962년 2월 무렵의 현장 사진. 가운데 두 사람 중 안경을 쓴 왼쪽 인물이 유현목 감독이며, 줄무늬 모자를 쓴 오른쪽 인물이 김학성(1913~1982) 촬영감독이다. 김학성은 〈임꺽정〉(1961), 〈오발탄〉(1961) 등 유현목의 대표작을 작업한 바 있었다. 당시 신문에 실린 영화평 가운데 〈성웅 이순신〉의 특수효과는 아쉽지만, 유현목의 연출력과 더불어 김학성의 노련함이 돋보인다는 평가가 눈에 띈다.

CINEMASCOPE

聖雄 李舜臣

Admiral Yi Sun Shin

임진란 영화화

特別試寫會

Premier Showing

1962. 4. 10. 저녁 7시
시 민 회 관

Time: Tuesday, April 10. 1962
7:00 P.M.
Municipal Auditorium

大韓映畵社 主管
世進映畵社 製作

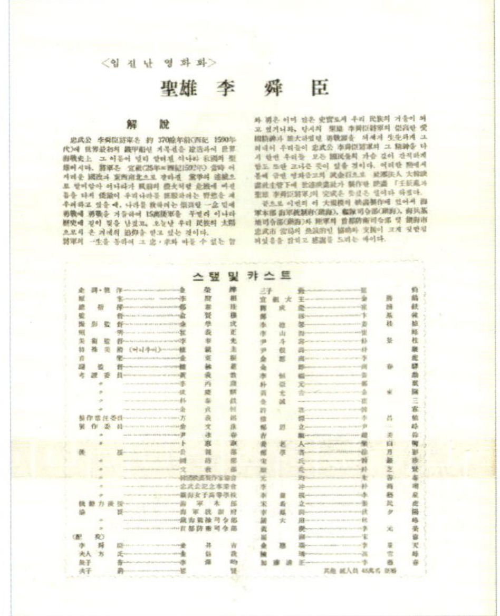
〈임진난 영화화〉

聖雄 李 舜 臣

解 說

스탭 및 캐스트

〈성웅 이순신〉 특별시사회 전단 (DBKR000072)

1962년 4월 10일 오후 7시, 시민회관에서 개최된 〈성웅 이순신〉 특별상영회 팸플릿. 이순신을 다룬 최초의 영화였던 〈성웅 이순신〉은 정부 차원에서도 민중에게 널리 알릴 만한 모범적인 영화로 평가되었다. 팸플릿 표지에는 시네마스코프 마크를 강조해, 이 영화가 와이드스크린의 스펙터클을 선보인다는 점을 부각했다. 표지를 넘기면 제작 동기와 더불어 민·관·군의 협조에 감사하는 문구가 적혀 있으며, 가장 뒷부분에는 공보부 장관이었던 오재경이 직접 인사말을 남겼다.

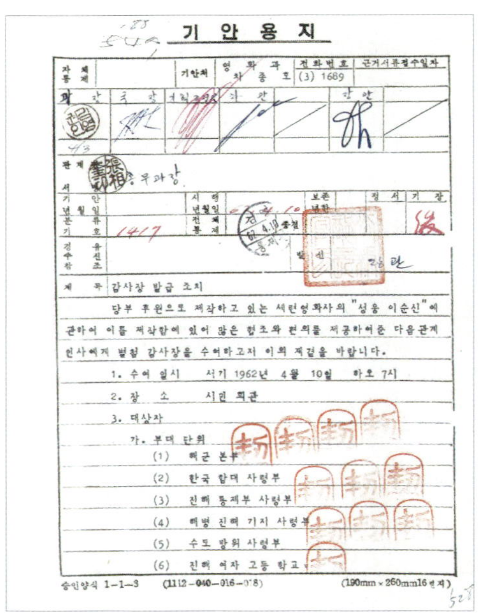
기 안 용 지

기안자: 영화과 차종호 | 전화번호 (3) 1689

제 목: 감사장 발급 조치

당부 후원으로 제작하고 있는 세련영화사의 "성웅 이순신"에 관하여 이를 제작함에 있어 많은 협조와 편의를 제공하여준 다음관계 인사에게 별첨 감사장을 수여하고저 이의 재결을 바랍니다.

1. 수여 일시 서기 1962년 4월 10일 하오 7시
2. 장 소 시민 회관
3. 대상자
가. 부대 단위
(1) 해군 본부
(2) 한국 함대 사령부
(3) 진해 통제부 사령부
(4) 해병 진해 기지 사령부
(5) 수도 방위 사령부
(6) 진해 여자 고등 학교

승인양식 1-1-3 (1112-040-016-018) (190mm×260mm16절지)

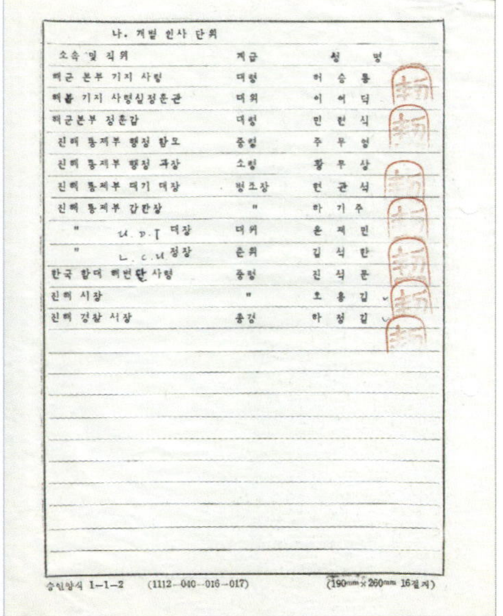
나. 개별 인사 단위

소속 및 직위	계급	성명
해군 본부 기지 사령	대령	허 승 룡
해병 기지 사령실정훈관	대위	이 어 덕
해군본부 정훈감	대령	민 현 식
진해 통제부 행정 참모	중령	주 무 영
진해 통제부 행정 과장	소령	황 무 상
진해 통제부 대기 대장	병조장	현 관 석
진해 통제부 갑판장	"	하 기 주
" U.D.T 대장	대위	윤 재 민
" L.C.U 정장	준위	김 석 한
한국 함대 해번단 사령	중령	진 석 윤
진해 시장	"	호 용 길
진해 경찰 서장	총경	하 정 길

승인양식 1-1-2 (1112-040-016-017) (190mm×260mm 16절지)

공보부 영화과, '감사장 발급 조치', 〈성웅 이순신〉 심의서류, 1962년 4월 10일

시민회관에서의 특별상영회와 더불어, 〈성웅 이순신〉의 제작에 도움을 준 단체 및 사람들에게 감사장을 수여하는 행사도 있었다. 서류를 확인해 보면 부대 단위로는 해군본부, 한국함대사령부, 진해통제부사령부, 해병 진해기지 사령부, 수도방위사령부, 진해여자고등학교가 기재되어 있으며, 뒷장에는 개별 인사 단위의 이름이 구체적으로 적혀 있다. 해군, 해병대, 경찰, 고등학교 등을 막론하고 수많은 인원이 직·간접적으로 동원되었음을 확인할 수 있다.

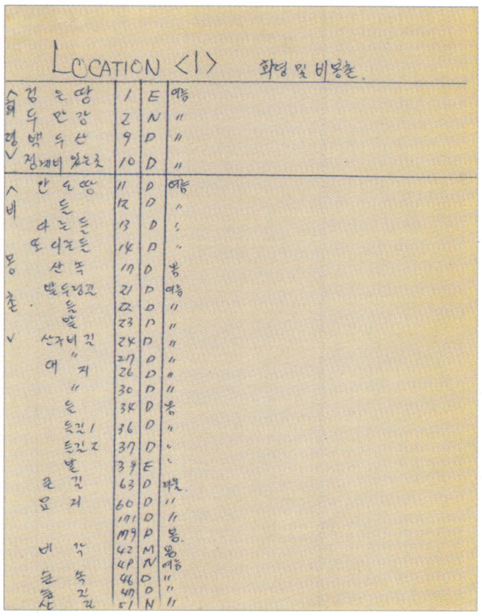

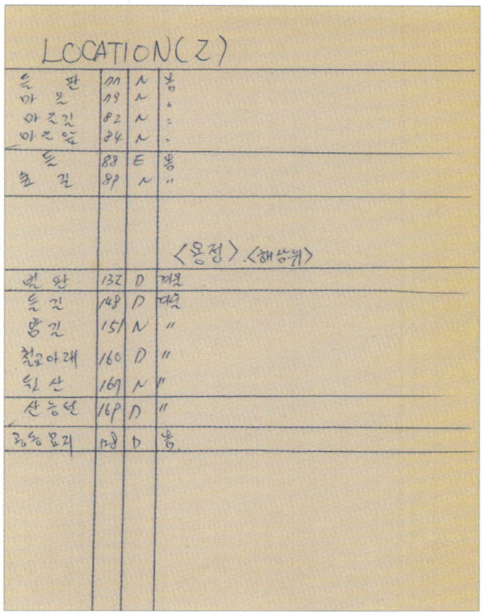

〈북간도〉(미완작) 장소 구분표 (ZC0000019)

비록 영화가 완성되지는 못했지만, 유현목은 회령, 용정(룽징), 해삼위(블라디보스토크) 등 다양한 장소를 세부적으로 구획해 로케이션 계획을 세워 두었다. 중국과 러시아를 오가는 대규모 촬영이 예정되어 있었던 셈이다. 세트와 관련한 메모를 통해서도 〈북간도〉가 상당한 규모로 기획되었음을 대략적으로 짐작해 볼 수 있다.

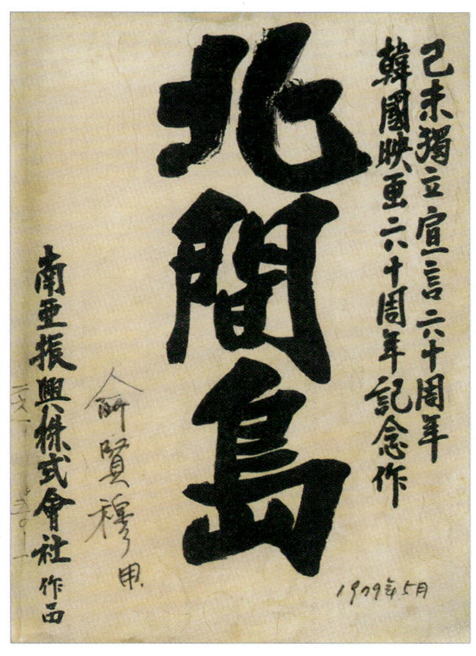

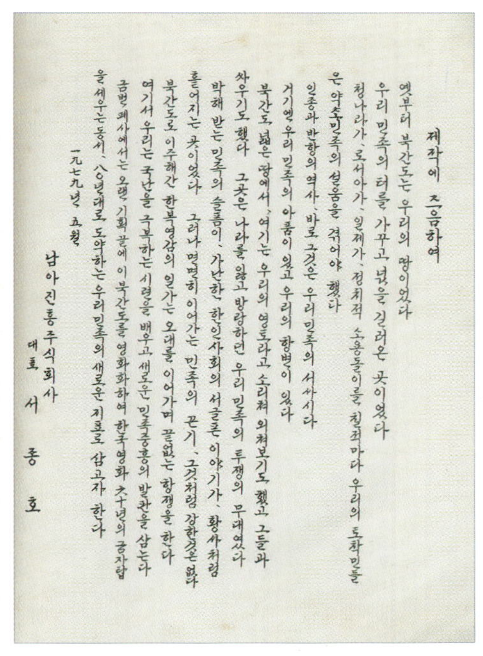

제작에 즈음하여

옛부터 북간도는 우리의 땅이었다
우리 민족의 터를 가꾸고 넋을 길러온 곳이였다
청나라가, 로서아가, 일제가, 정치적 소용돌이를 칠적마다 우리의 토착민들
은 약소민족의 설움을 겪어야 했다
인종과 반항의 역사, 바로 그것은 우리 민족의 서사시다
거기엔 우리 민족의 아픔이 있고 우리의 항변이 있다
북간도 넓은 땅에서, 여기는 우리의 영토라고 소리쳐 외쳐보기도 했고 그들과
싸우기도 했다 그곳은 나라를 잃고 방랑하던 우리 민족의 투쟁의 무대였다
박해 받는 민족의 슬픔이, 가난한 한인사회의 서글픈 이야기가, 황사처럼
흩어지는 곳이였다 그러나 면면히 이어가는 민족의 끈기, 그것처럼 강한것은 없다
북간도로 이주해간 한복영감의 일가는 오대를 이어가며 끝없는 항쟁을 한다
여기서 우리는 국난을 극복하는 시련을 배우고 새로운 민족중흥의 발판을 삼는다
금번 폐사에서는 오랜 기획 끝에 이 북간도를 영화화하여 한국영화 六十년의 금자탑
을 세우는 동시, 八0년대로 도약하는 우리 민족의 새로운 지표로 삼고자 한다

一九七九년 五월

남아진흥주식회사
대표 서 종 호

〈북간도〉 시나리오 (CCN000380_01)

남아진흥은 꾸준히 〈북간도〉 제작을 기획했다. 1979년에는 독립선언 60주년 및 한국영화 60주년을 맞이하여 야심차게 북간도의 시나리오를 재구성했으며, 이러한 사실을 표지에서부터 강조했다. 표지를 넘기면 곧바로 서종호 남아진흥 대표와 유현목 감독의 출사표가 적혀 있다. 서종호는 '국난극복', '민족중흥'과 같은 표현을 강조하며 글을 마무리한다. 이는 '우수영화'에 선정되어 외화수입쿼터를 얻으려는 노력의 일환이기도 했을 것이다.

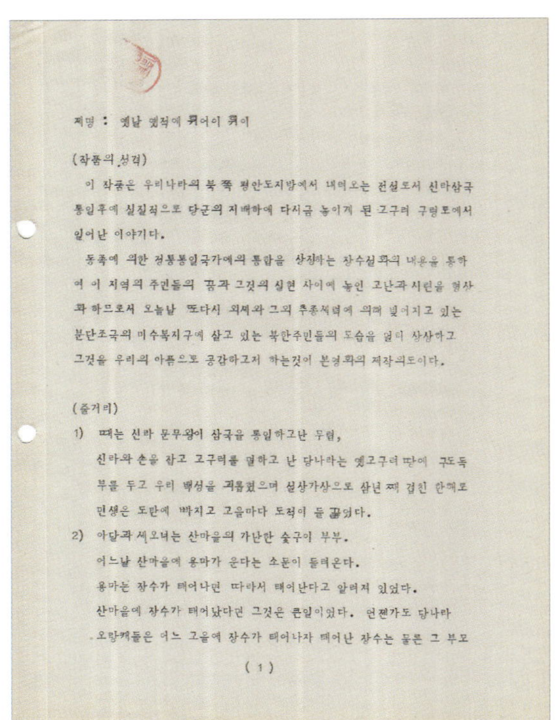

제명 : 옛날 옛적에 훠어이 훠이

(작품의 성격)

이 작품은 우리나라의 북 쪽 평안도지방에서 내려오는 전설로서 신라삼국 통일후에 실질적으로 당군의 지배하에 다시금 놓이게 된 고구려 구령토에서 일어난 이야기다.

동족에 의한 정통통일국가에의 통합을 상징하는 장수설화의 내용을 통하여 이 지역의 주민들의 꿈과 그것의 실현 사이에 놓인 고난과 시련을 형상화 하므로서 오늘날 또다시 외세와 그의 추종세력에 의해 빚어지고 있는 분단조국의 미수복지구에 살고 있는 북한주민들의 모습을 멀리 상상하고 그것을 우리의 아픔으로 공감하고저 하는것이 본영화의 제작의도이다.

(줄거리)

1) 때는 신라 문무왕이 삼국을 통일하고난 무렵,
신라와 손을 잡고 고구려를 멸하고 난 당나라는 옛고구려 땅에 구도독부를 두고 우리 백성을 괴롭혔으며 설상가상으로 삼년 째 겹친 한해로 민생은 도탄에 빠지고 고을마다 도적이 들끓었다.

2) 아달과 세오녀는 산마을의 가난한 숯구이 부부.
어느날 산마을에 용마가 운다는 소문이 들려온다.
용마는 장수가 태어나면 따라서 태어난다고 알려져 있었다.
산마을에 장수가 태어났다면 그것은 큰일이었다. 언젠가도 당나라 오랑캐들은 어느 고을에 장수가 태어나자 태어난 장수는 물론 그 부모

(1)

삼영필름, '시나리오 줄거리', 〈옛날 옛적에 훠어이 훠이〉 심의서류, 1977년 10월 31일

〈옛날 옛적 훠어이 훠이〉의 심의서류에 따르면, 이 영화의 제작 의도는 다음과 같다. "동족에 의한 정통통일국가에의 통합을 상징하는 장수설화의 내용을 통하여 이 지역의 주민들의 꿈과 그것의 실현 사이에 놓인 고난과 시련을 형상화하므로서 오늘날 또다시 외세와 그외 추종 세력에 의해 빚어지고 있는 분단조국의 미수복지구에 살고 있는 북한 주민들의 모습을 멀리 상상하고 그것을 우리의 아픔으로 공감하고저 하는 것이 본 영화의 제작의도이다."

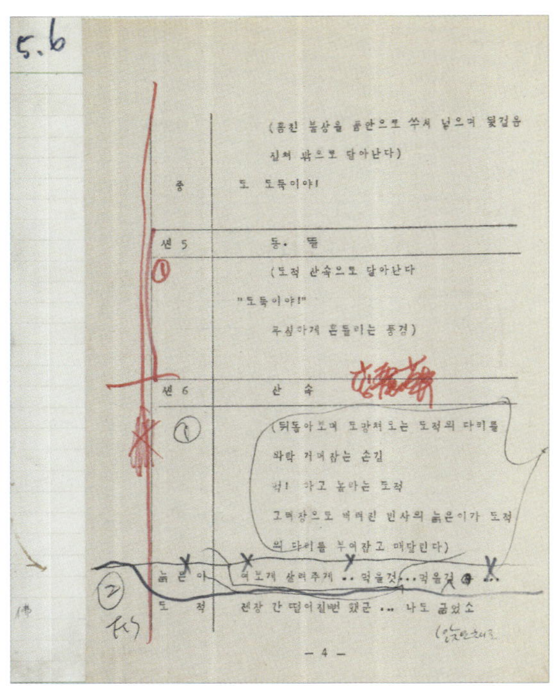

5.6

(훔친 불상을 품안으로 쑤셔 넣으며 뒷길을 질러 밖으로 달아난다)

중 　도 도둑이야!

씬 5 　동. 뜰

(도적 산속으로 달아난다
"도둑이야!"
무심하게 흔들리는 풍경)

씬 6 　산 속

(뒤돌아보며 도망쳐오는 도적의 다리를 와락 거머잡는 손길
억! 하고 놀라는 도적
그때장으로 버려진 빈사의 늙은이가 도적의 다리를 부여잡고 매달린다)

늙은이 　여보게 살려주게 .. 먹을것...먹을것 ...

도 적 　젠장 간 떨어질뻔 했군 ... 나도 굶었소

— 4 —

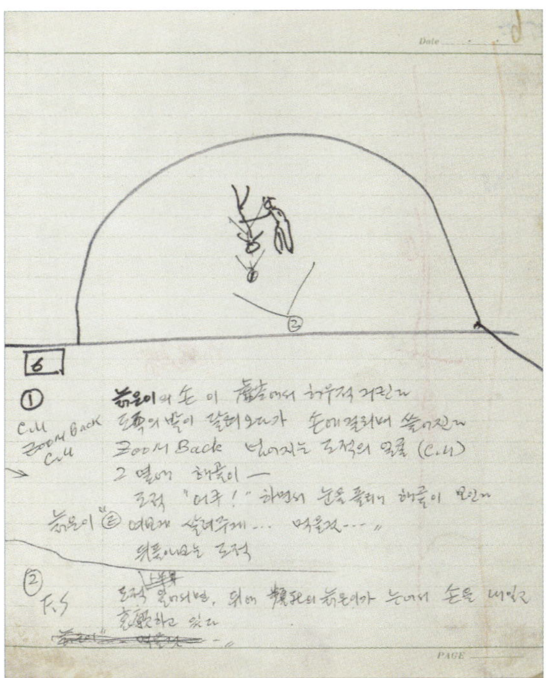

〈옛날 옛적에 훠어이 훠이〉 감독 노트 (ZK0000630)

배우자 박근자 여사의 회고에 따르면, 유현목은 본격적으로 촬영이 시작되기 전임에도 콘티 관련 자료로 좁은 방의 벽을 모두 채운 적이 있다고 한다. 그만큼 유현목은 준비성이 철저했다. 〈옛날 옛적 훠어이 훠이〉의 감독 노트를 보면, 인쇄된 시나리오를 노트에 붙인 뒤 그 위에 여러 메모를 남겨 두었음이 확인된다. 카메라의 위치와 세부적인 연출 기법에 대한 아이디어도 엿볼 수 있다.

기이함과 환상의 세계: 유현목의 옴니버스영화들

이준엽 | 세종대학교 영화예술학과 겸임교수

사실 유현목은 기벽에 가까우리만큼 저승과 이승에 관한 기담, 저승사자 이야기, '사후의 세계에 관한 이야기' 등에 특별한 관심과 잡다한 지식을 갖고 있다. 이런 기담을 이야기할 때의 유현목의 표정은 진지하다 못해, 신흥종교의 교주와도 같은 위엄과 야릇한 카리스마를 풍겨낸다.[1]

1960년대 중반부터 유현목은 '흥행성 없는 감독'이라는 고정관념을 타파하기 위해 다양한 시도를 했다. 그러한 과정에서 웃지 못할 일도 있었다. 어느 날 대지영화사가 유현목에게 〈특급 결혼작전〉(1966) 연출을 의뢰했다. 유현목이라면 코미디영화라도 품위 있게 만들 것이라는 기대가 있었던 것이다. 그런데 유현목은 그런 영화사의 태도에 (그의 표현에 따르면) "고약한 심보"가 생겨서 일부러 빠른 템포로 경박하게 영화를 완성해 버렸다. 하지만 결과는 흥행 성공으로 이어졌다. 유현목은 씁쓸한 웃음을 감출 수 없었다.

유현목은 1967~1968년 사이에 3편의 옴니버스영화를 남겼다. 이 역시 나름 도전적인 시도였다. 1964년에는 〈보카치오 70Boccaccio '70〉(비토리오 데 시카 외, 1962) 같은 해외 옴니버스영화가 수입·상영되었고, 이듬해에는 옴니버스 형식을 띤 김수용의 〈제3의 운명〉(1965)이 개봉되었으나, 한국영화계에서 옴니버스는 여전히 생소한 형식이었다.

유현목의 첫 옴니버스영화는 〈한〉(1967)으로, 당시 신문 기사는 이 작품을 '우리나라 최초의 옴니버스영화'라는 문구로 소개했다. 제작사는 광고 포스터를 통해 '옴니버스'의 뜻("합승버스")이 무엇인지를 직접 설명하기도 했다. 유현목으로서는 상당한 부담이 따르는 모험이었지만, 잃을 것이 없었기에 마다할 이유도 없었다.

〈한〉은 전통 민담을 기반으로 한 공포영화였다. 글의 첫 부분 인용문에서도 확인할 수 있듯이, 유현목은 예전부터 여러 종류의 괴담에 관심을 가져 왔기에 이러한 소재라면 자신 있게 다룰 수 있으리라고 판단했다. 비록 형식적으로는 옴니버스 구조와 괴기영화 장르라는 생소한 분야였지만, 실험 정신과 도전 의식을 보여 주기에는 오히려 좋은 기회였다. 유현목은 야심 차게 촬영을 시작했다. 특히 지역 로케이션으로 산수화 같은 한국의 아름다운 풍경을 와이드스크린의 넓은 화면에 담아냈다. 이러한 장면들은 공포스러운 장면과 대비를 이루어 극적 분위기를 한층 더 풍부하게 만들었다.

〈한〉의 첫 번째 에피소드는 '거울바위' 전설을 다룬다. '부용'(문희)은 거울을 통해 미래의 배필을 확인하다가 그만 칼을 떨어뜨리고 만다. 이로 인해 '임호'(이순재)는 이마에 상처를 갖게 된다. 부용은 자신의 잘못을 자책하면서도 임호와 행복한 시간을 보내지만, 곧 착란 증세를 겪다가 세상을 떠난다. 3년 뒤, 임호는 아버지의 권유를 받아들여 재혼하지만 새로운 배우자와 잠자리에 들려 할 때마다 기이한 현상을 겪는다. 결국 임호는 알 수 없는 힘에 이끌려 정처 없이 헤매다가 부용이 누워 있는 관 안으로 들어가 버린다.

〈한〉의 두 번째 에피소드는 광대 부부 '홍남'(윤일봉)과 '박녀'(차유미)의 이야기다. '공녀'(전계현)는 식량을 빌미로 홍남을 유혹한 뒤, 홍남의 집에 불을 질러 버린다. 아들 '명'은 겨우 탈출하지만 박녀는 빠져나오지 못한다. 그 후 공녀는 굿을 벌여 박녀의 혼을 쫓아내려 하고, 명은 어머니를 찾아 나선다. 결국 명은 어머니를 발견하지만, 화상을 입은 어머니의 얼굴(유현목은 이 분장을 보고 프랑켄슈타인의 피조물, 드라큘라 등을 연상했다고 한다.)을 보고 도망치다가 절벽에서 떨어진다. 박녀 역시 아들 뒤를 따라 절벽에서 몸을 던진다. 얼마 후, 잠자리에 누운 홍남과 공녀는 천장에서 모자母子 귀신을 목격한다. 공포에 질린 두 사람은 자리를 피하려 하지만 갑자기 불길이 치솟는다.

〈한〉의 마지막 에피소드에서, '윤녀'(조미령)는 배우자 '한남'(남궁원)을 살릴 방법을 '스님'(박암)에게 묻는다. 윤녀는 악조건을 뚫고 스님이 알려 준 방법대로 시체의 다리를 잘라 오지만, 시체는 다리를 내놓으라 소리를 지르며 그녀를 뒤쫓는다. 설상가상으로 스님 역시 감추어 두었던 욕정을 드러낸다. 윤녀는 간신히 집에 도착해 정신을 잃고 쓰러진다. 다행히 약을 마신 한남은 건강을 회복한다. 윤녀와 한남은 시체의 영혼을 달래기 위해 무덤을 찾는데, 그곳에 누워 있는 것은 사람이 아닌 거대한 산삼이었다. 제사를 지내자 산삼이 갑자기 불상으로 변하는 신비로운 광경이 펼쳐진다.

옛날이야기를 기반으로 만든 〈한〉은 한편으로는 공포영화지만, 다른 한편으로는 사극적 요소도 지니고 있었다. (그래서인지 유현목은 〈한〉을 "〈임꺽정〉 이후 역사물에 손을 댄 두 번째 작품"으로 기억한다.) 1967년은 이러한 형식의 영화가 큰 인기를 끈 해였다. 8월 12일에는 〈한〉이 개봉하여 세 번째 에피소드의 명대사 "내 다리 내놔라"가 크게 유행했고, 불과 며칠 뒤인 8월 25일에는 〈월하의 공동묘지〉가 개봉했다. 유현목은 흥행성 면에서 여전히 건재함을 입증했다.

〈한〉은 국내에서 적지 않은 인기를 끌었고, 해외로도 수출되었다. 한국의 자연 풍경은 해외 관객에게도 충분히 매력적으로 다가갔다. 개봉 이듬해인 1968년에는 속편 〈한〉이 개봉했다. 이 작품 역시 다양한 자연 풍경을 배경으로 하여 한국의 신비한 옛이야기를 풀어냈다. 비록 필름은 현존하지 않지만, 심의서류와 대본 등 여러 자료를 통해 대략적인 내용을 확인할 수 있다. 이전 작 〈한〉과 형식은 대체로 동일했으나 화가, 퉁소 연주자, 도공陶工 등 예술 관련 인물을 주인공으로 설정한 점에 차이가 있었다. 1970년 영화 연감은 이러한 시도를 두고 "현세와 타계를 오락가락하는 괴기적인 이야기로 한국적인 환상의 세계를 영상화하려는 감독의 높은 예술적 의욕은 놀랍기만 하다"[2]라며 찬사를 보냈다.

1968년에는 또 다른 옴니버스영화인 〈여〉가 나왔다. 앞서 언급한 〈보카치오 70〉처럼 여러 감독(정진우, 유현목, 김기영)이 릴레이 식으로 연출을 맡았다. 이들은 서로의 에피소드에 단역배우로 출연하며 화제를 모았다. (유현목은 김기영이 맡은 마지막 에피소드 '의식'에서 법관으로 등장한다.) 제작자의 간섭 없이 만들어진 영화라는 점, 문희, 김지미, 최은희가 각각 20대, 30대, 40대 여성 역을 맡았다는 점도 주목을 받았다. 영화의 원래 제목은 〈여여여〉였으나 '여女'를 세 번 반복하면 '간사하다, 간음하다'를 의미하는 '간姦' 자가 된다는 지적이 있어 어쩔 수 없이 최종 제목은 〈여〉로 확정되었다.

이 작품은 서로 다른 3개의 독립적 이야기를 다루지만, 한편으로는 각 에피소드의 주연배우가 모두 신성일이고 '가발' 같은 소재가 반복적으로 등장하기 때문에 일정 부분 연속성이 형성된다. 또한, 각 에피소드가 뚜렷이 구분되지 않도록 편집되어 현실과 환상이 뒤섞인 듯한, 경계가 모호한 느낌이 더욱 두드러진다.

유현목이 맡은 두 번째 에피소드의 제목은 '환상'이다. 극 중 '청년'(신성일)은 우연히 서울역 앞에서 한 '소녀'(김지미)를 만난다. 이 소녀는 무려 8년 동안 '이철수'라는 이름의 연인을 찾아 헤매고 있다. 그런데 소녀는 '가발 공장장'(김지미)과 놀라울 만큼 외모가 닮았다. 결국 청년은 소녀를 가게에 가둔 뒤 공장을 방문하고, 공장장의 존재를 확인한 후 가게로 돌아오지만 소녀는 사라진 상태다. 끝내 청년은 여성의 정체를 확인하지 못한다.

이처럼 유현목은 에피소드의 제목('환상')처럼 몽환적인 스토리와 장면 구성을 선보였다. 곳곳에 사용된 컬러 조명은 이러한 분위기를 강화한다. 앞서 언급했듯, 오늘날 유현목은 흔히 '리얼리즘의 거장'으로 호명된다. 그러나 그의 필모그래피는 그렇게 단순화하기 어렵다. 그가 포착한 자연 풍경에서는 고향 땅 사리원의 한 장면이, 그가 만들어 낸 타오르는 불길에서는 깊이 각인된 유년기의 공포가 엿보이는 듯하다.

유현목은 실제로 몽유병 증세가 있었다. 변인식 평론가는 그러한 그의 모습을 보고 '〈한〉 시리즈의 그로테스크한 영상이 갑자기 겹쳐졌다'고 회고하기도 했다. 유현목은 〈여〉 이후 더 이상 옴니버스영화를 만들지 않았다. 하지만 그가 남긴 저술 속 활자와 영화 속 이미지들은 여러 에피소드를 새롭게 연출해 내며 세상을 맴돌고 있다. ●

주

1 변인식 외, 《위대한 영화감독 유현목》, 한국영화인복지재단, 2006, 61쪽.

2 《1970 영화연예연감》, 국제영화사, 1969, 481쪽.

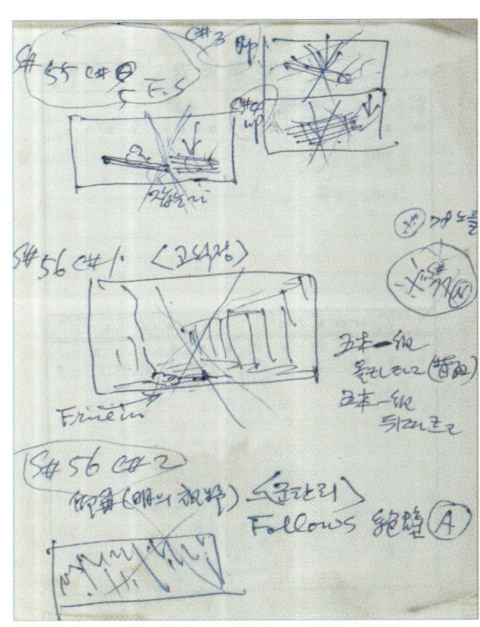

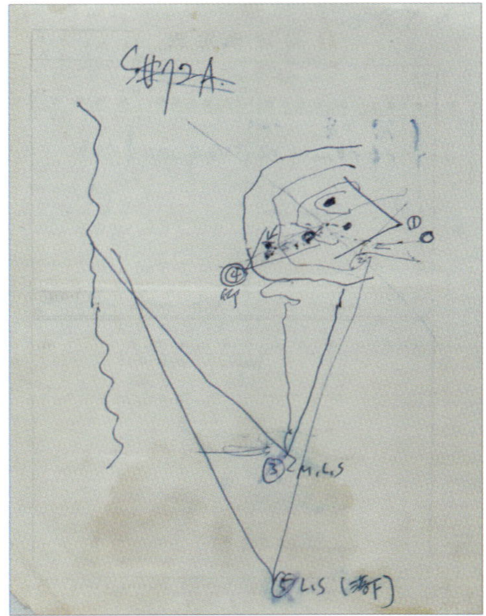

〈한〉의 콘티 (CKT000052_01)

촬영지가 철원의 고석정, 군탄리 일대였음을 확인할 수 있다. 유현목은 각 화면의 구도뿐만 아니라, 숏 크기에 따른 카메라 배치와 화각 등도 미리 고려해 두었다.

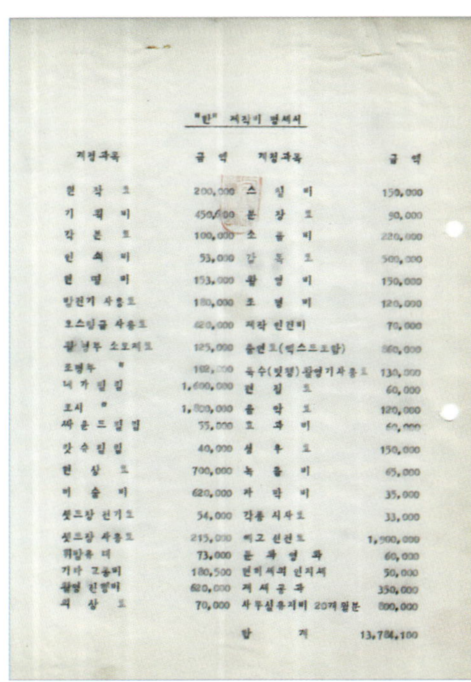

"한" 제작비 명세서

지정과목	금액	지정과목	금액
원작료	200,000	스칠비	150,000
기획비	450,000	분장료	90,000
각본료	100,000	소품비	220,000
인쇄비	53,000	감독료	500,000
[illegible]	153,000	촬영비	150,000
발전기 사용료	180,000	조명비	120,000
[illegible] 사용료	620,000	제작 진행비	70,000
[illegible] 소모제료	125,000	출연료(엑스트라포함)	860,000
조명부 〃	182,000	특수(빛깔)촬영기사용료	130,000
네가필림	1,600,000	편집료	60,000
포시 〃	1,800,000	음악료	120,000
싸운드필림	55,000	효과비	60,000
맛수필림	40,000	성우료	150,000
현상료	700,000	녹음비	65,000
미술비	620,000	자막비	35,000
셋트장 전기료	54,000	각종 시사료	33,000
셋트장 사용료	215,000	광고 선전료	1,900,000
[illegible]	73,000	문화영화	60,000
기타 [illegible]	180,500	면허세의 인지세	50,000
촬영 진행비	620,000	제세공과	350,000
의상료	70,000	사무실유지비 20개월분	800,000
		합계	13,784,100

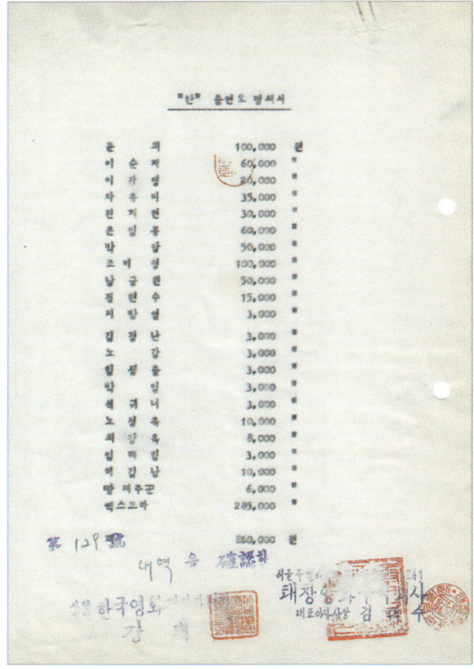

"한" 출연료 명세서

문희	100,000	원
이순재	60,000	〃
이자영	20,000	〃
차유미	35,000	〃
전계현	30,000	〃
윤일봉	60,000	〃
박암	50,000	〃
조미령	100,000	〃
남궁원	50,000	〃
정현수	15,000	〃
[illegible]	3,000	〃
김경난	3,000	〃
노강	3,000	〃
[illegible]	3,000	〃
박일	3,000	〃
[illegible]	3,000	〃
노정옥	10,000	〃
[illegible]	8,000	〃
[illegible]	3,000	〃
[illegible]	10,000	〃
방 제주군	6,000	〃
엑스트라	285,000	〃
	860,000	원

第 129 號

내역을 確認함

한국영화

태창영화주식회사 대표이사사장 김

태창영화주식회사, '"한" 제작비·출연료 명세서', 〈한〉 심의서류

제작비 명세서에 따르면, 총 비용으로 13,784,100원이 지출되었다. 출연료 명세서 또한 흥미롭다. 문희와 조미령이 가장 큰 액수인 10만 원을 지급받았고, 다음으로는 이순재와 윤일봉이 6만 원을, 박암과 남궁원이 5만 원을 받았다.

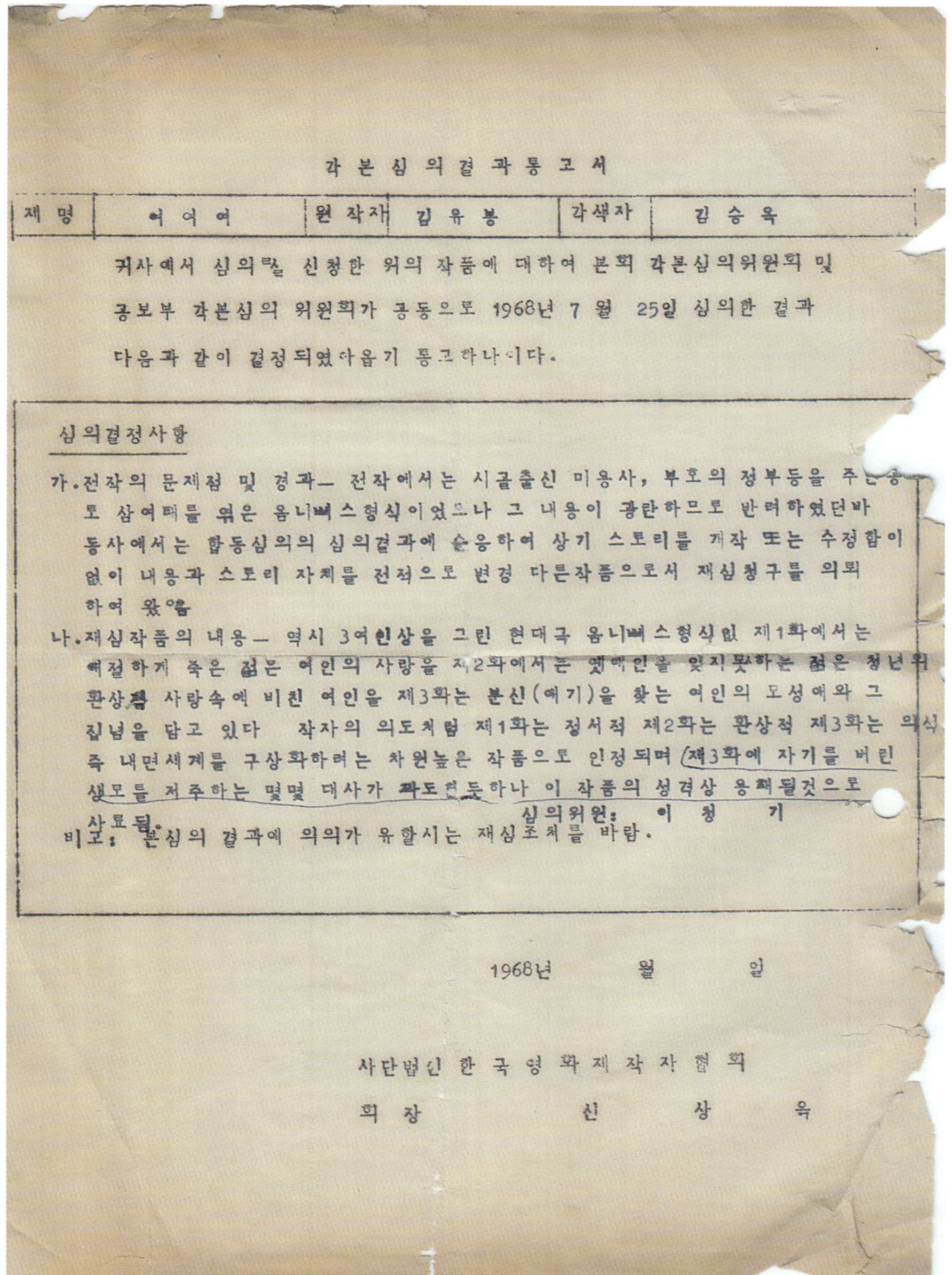

각본심의결과통고서

제명	여여여	원작자	김유봉	각색자	김승옥

귀사에서 심의를 신청한 위의 작품에 대하여 본회 각본심의위원회 및 공보부 각본심의 위원회가 공동으로 1968년 7월 25일 심의한 결과 다음과 같이 결정되었아옵기 통고하나이다.

심의결정사항

가. 전작의 문제점 및 경과— 전작에서는 시골출신 미용사, 부호의 정부등을 주인공으로 삼여태를 엮은 옴니버스형식이었으나 그 내용이 광란하므로 반려하였던바 동사에서는 합동심의의 심의결과에 순응하여 상기 스토리를 개작 또는 수정함이 없이 내용과 스토리 자체를 전적으로 변경 다른작품으로서 재심청구를 의뢰하여 왔음

나. 재심작품의 내용— 역시 3여인상을 그린 현대극 옴니버스형식임 제1화에서는 애절하게 죽은 젊은 여인의 사랑을 제2화에서는 옛애인을 잊지못하는 젊은 청년의 환상적 사랑속에 비친 여인을 제3화는 분신(애기)을 찾는 여인의 모성애와 그 집념을 담고 있다 작자의 의도처럼 제1화는 정서적 제2화는 환상적 제3화는 의식 즉 내면세계를 구상화하려는 차원높은 작품으로 인정되며 (제3화에 자기를 버린 생모를 저주하는 몇몇 대사가 과도한듯하나 이 작품의 성격상 용納될것으로 사료됨.

심의위원: 이 청 기

비고: 본심의 결과에 의의가 유할시는 재심조처를 바람.

1968년 월 일

사단법인 한국영화제작자협회

회장 신 상 옥

사단법인 한국영화제작자협회, '각본심의 결과통고서', 〈여〉 심의서류

세 편의 에피소드로 구성된 〈여〉는 한국을 대표하는 개성 있는 감독들이 의기투합했다는 점에서 세간의 관심을 모았다. 해당 사진은 〈여〉의 시나리오 심의결과 통고서로, 유명 소설가이자 영화계에서도 활발하게 활동한 김승옥이 각색을 맡았음을 보여 준다. 원래는 시골 출신 미용사, 부자의 애인 등을 주인공으로 한 이야기였으나, 내용이 다소 "광란"하다는 이유로 반려되었다고 한다. 최초 시나리오를 전면적으로 수정한 뒤에야 영화가 제작될 수 있었다.

영화인생의 미묘한 순간들과 한국영화의 공백들

백동엽 | 영화 · 미디어사 연구자

한국영화데이터베이스(KMDb)에서 유현목을 검색해 보면 여타 검색엔진이 제공하는 것보다도 훨씬 많은 작품들을 확인할 수 있다. KMDb 바깥에서 제공되는 필모그래피에선 번듯한 작품이라 부르기 '미묘한' 영화들이 누락된 셈인데, 이를테면 〈한국의 고려인삼〉(1973)은 전매청의 수주를 받은 광고용 영화고, 박근혜의 의뢰를 받아 만든 〈조국의 등불〉(1991)은 박정희의 치적을 기념하기 위해 생전의 기록 영상들을 재편집한 작품이다. 이 영화들은 1995년에 출간된 유현목의 자서전 《영화인생》에 수록된 대표작 명단에서도, 약력에서도 그 흔적을 찾아볼 수 없다.

오늘날에는 다큐멘터리 혹은 광고 영상, 심지어는 프로파간다로 분류될 만한 이 영화들은 대개 국가사업과 시책을 홍보하기 위해 제작되었고, 서류상으로는 '문화영화'라는 키워드로 분류되었다.

한편 그의 극영화 연출 경력에서 상대적으로 부각이 되지 않은 계몽영화들도 새마을운동과 농어촌 근대화를 선전한다는 점에서 감독의 영화적 이상보다는 박정희 정권의 정책기조에 발맞춘 영화로 보인다.

탄압와 검열로 얼룩진 시기를 지난 유현목이 국정을 홍보하는 영화를 꾸준히 찍었다는 사실은 마치 그와 공권력의 관계가 탄압에서 순응으로 굽어드는 우회 곡선을 그린 것처럼 보이게 한다. 그러나 유현목 스스로도 '흑역사'인 것마냥 언급을 피하던 순간들, 때문에 그의 필모그래피에서 부업쯤으로 여겨지던 영화들은 당대 한국영화 산업이 겪어 온 지각변동와 밀접한 관련이 있으며, 그의 영화인생 속 자랑스러운 순간들과도 무관하지 않다. 문화영화와 국책영화라는 다소 생소한 렌즈로 유현목의 행적을 톺아볼 때 새삼스레 보이게 될 그의 면모는 무엇일까. 그리고 유현목이라는 렌즈로 국가가 주도한 영화들의 아카이브를 훑어볼 때 우리는 무엇을 새로이 알게 될까.

검열과 제휴, 〈오발탄〉과 〈산업시찰〉 사이의 1960년대

1966년 1월, 중앙정보부는 〈춘몽〉을 연출한 유현목을 '음화제조' 혐의로 입건한다. 대중에 발표되지도 않은, 음란물을 제조했다는 혐의만으로 감독을 기소한 초유의 검열 사태였다. 그렇게 그의 가장 도발적이었던 영화가 한 차례 홍역을 치를 동안 또 한 편의 영화가 개봉을 위해 중앙정보부의 검열을 기다리고 있었다. 극동흥업이 농협중앙회의 협찬을 받아 제작한 〈태양은 다시 뜬다〉(1965)는 갈수록 인심과 토양이 척박해지는 낭주골을 배경으로, 저수지를 건설하여 자립을 이루고자 하는 도의원 '최학빈'(김동원)과 이를 반대하는 낭주골 농부들의 대표 '황춘보'(김진규) 사이의 갈등과 개심을 그린 계몽영화다.

농협중앙회의 후원을 받고 농촌 근대화의 줄거리를 내세웠음에도 불구하고 이 영화는 유달리 긴 검열의 실랑이를 거쳐야 했는데, 중앙정보부가

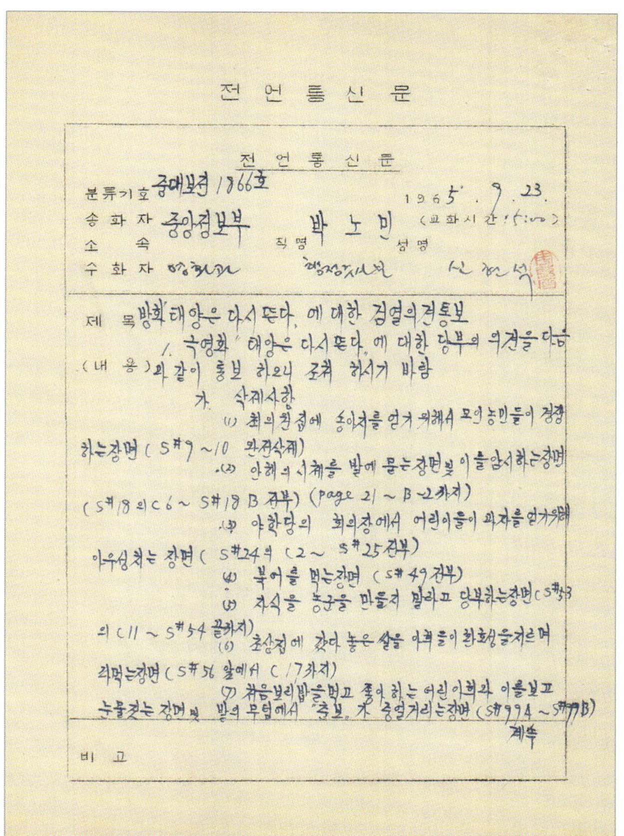

전 언 통 신 문

전 언 통 신 문

분류기호 중대보건 1866호 1965. 9. 23.

송화자 중앙정보부 박 노 민 (교화시간 15:00)

소 속 직명 성명

수화자 영화과 행정사무관 신 현 석

제 목 방화 태양은 다시 뜬다. 에 대한 검열의견통보

(내 용) 1. 국영화 "태양은 다시 뜬다"에 대한 당부의 의견을 다음과 같이 통보 하오니 조치 하시기 바람

가. 삭제사항

(1) 최의원집에 송아지를 얻기 위해서 모인 농민들이 경쟁하는 장면 (S#9~10 완전삭제)

(2) 안해의 시체를 밭에 묻는 장면 및 이를 암시하는 장면 (S#18 의 C6 ~ S#18 B 전부) (page 21 ~ B-2까지)

(3) 야학당의 회의장에서 어린이들이 과자를 얻기 위해 아우성치는 장면 (S#24의 C2 ~ S#25 전부)

(4) 북어를 먹는 장면 (S#49 전부)

(5) 자식을 농군을 만들지 말라고 당부하는 장면 (S#53 의 C11 ~ S#54 끝까지)

(6) 초상집에 갖다 놓은 쌀을 아희들이 환호성을 지르며 퍼먹는 장면 (S#56 앞에서 C17까지)

(7) 처음 보리밥을 먹고 좋아하는 어린이들과 이를 보고 눈물짓는 장면 및 밭의 무덤에서 "춘보"가 중얼거리는 장면 (S#99A ~ S#99B)

계속

비 고

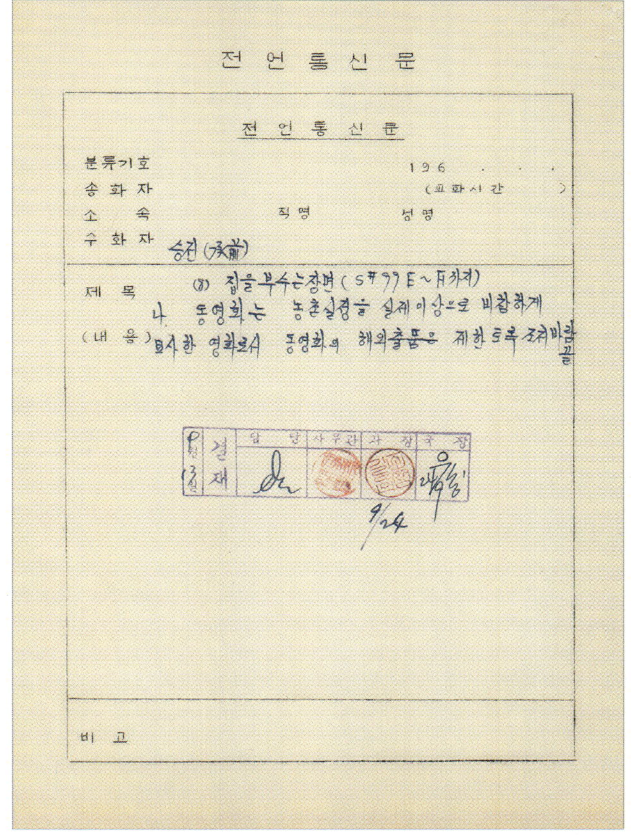

전 언 통 신 문

전 언 통 신 문

분류기호 196 . . .

송화자 (교화시간)

소 속 직명 성명

수화자 승전(承前)

제 목 (8) 집을 부수는 장면 (S#99 E ~ F까지)

(내 용) 나. 동영화는 농촌실정을 실제 이상으로 비참하게 묘사한 영화로서 동영화의 해외출품은 제한토록 조치바람 끝

결재 담당 사무관 과장 국장

9/24

비 고

중앙정보부, '방화 "태양은 다시 뜬다"에 대한 검열의견통보', 〈태양은 다시 뜬다〉 심의서류, 1965년 9월 24일

농촌의 현실을 너무 어둡게 그렸다는 이유로 8개 장면의 삭제와 해외 영화제 출품 금지를 공보부 영화과에 요청했기 때문이다. 문제가 된 장면은 대개 최 의원의 설득에 마음이 흔들려 저수지 건설에 찬성파로 돌아선 춘보와 이에 배신감을 느낀 마을 사람들이 서로를 음해하고 괴롭히는 장면들이다. 자극적인 소재와 이미지를 보여 주는 대목도 눈에 띈다. 시신 묻은 자리는 흙이 기름지게 된다는 미신을 믿은 춘보가 사망한 아내를 묫자리 대신 밭에 파묻는 장면, 그리고 춘보의 아버지가 북어 다섯 마리를 생으로 삼키면 밭을 준다는 지주의 농담을 믿고 하루 종일 북어를 뱃속에 집어넣다 결국 기운을 다해 죽는 장면이 그렇다. 검열에도 불구하고 살아남은 필름에서 이 장면의 전모를 확인할 수 있는데, 광기에 사로잡혀 북어를 우물거리는 과장된 얼굴이 여타 계몽영화에서는 찾아보기 어려운 괴기스러움을 자랑한다. 농촌의 근대화를 주도하는 인물은 최 의원이지만, 영화는 그보다도 땅 몇 마지기에 좌우되는 피와 고통의 가족사, 그리고 트라우마를 눌러 담은 춘보의 심리적 프로필을 생생하게 그리는 데 주력한다. 1965년 9월 23일 중앙정보부가 한 차례 문제를 제기한 〈태양은 다시 뜬다〉는 한 달 뒤 공보부 영화분과 정기 회의의 검열 안건으로 상정되었으며, 여기서도 상기한 장면들을 삭제하라는 권고를 받는다.

농촌계몽영화에서도 여전했던 표현의 자유와 검열의 줄다리기는 현실을 너무 어둡게 그렸다는 이유로 개봉이 금지된 〈오발탄〉의 수모를 반복하는 것처럼 보인다. 하지만 60년대의 유현목은 정권의 일방적인 피해자가 아니었다. 박정희 정권의 선전을 전담하였던 국립영화제작소의 영화인들은 때때로 그의 지지자가 되어 주었다. 〈오발탄〉이 훗날 한국영화의 정전으로 자리매김할 수 있었던 것도 이와 무관하지 않다. 중앙정보부로부터 개봉이 금지되었던 〈오발탄〉이 1963년에 재개봉하여 샌프란시스코영화제에 진출할 수 있었던 것은 국립영화제작소에 소속된 문화영화 감독들의

청원이 한몫하였다.[1] 특히 국토 관광을 홍보하는 〈팔도강산〉(1967)을 만들어 이례적인 흥행 성적을 올린 배석인 감독과의 인연은 오래갔다. 그는 유현목이 샌프란시스코영화제에서 돌아온 후 중앙공보관에서 영상언어를 탐구하는 예술동인 '시네포엠'을 함께 결성하기도 하였다. 비록 유현목은 검열 관료에게는 수시로 정을 맞아야 할 모난 돌이었지만, 배석인과는 예술적 비전을 교류하는 사이였던 셈이다.

유현목과 국립영화제작소의 제휴는 1969년에 절정을 맞았다. 새로 취임한 신범식 문화공보부 장관은 〈팔도강산〉의 뒤를 이을 장편 기록영화로 〈산업시찰〉을 기획하였고, 유현목은 이용민과 함께 민간 영화계를 대표하는 감독으로서 공동연출을 맡게 되었다. 이 영화는 경제개발5개년계획의 성과를 팔도로 나눠 전시하는 구성을 취했고, 여기서 유현목은 서울과 경기 지역의 발전상을 기록하는 임무를 맡았다. 문공부 장관이 직접 기획하고 박정희가 예의 주시한 이 프로젝트는 각 부처의 행정력이 총동원되었고, 유현목은 전폭적인 지원을 받으며 영화를 찍을 수 있었다. 남아 있는 제작 서류에서 그 일면을 확인할 수 있는데, 항공촬영의 경우 공군과 수도경비사령부의 지원으로 헬기가 제공되었고 대통령실 경호실장에게도 협조공문이 발송되었다. 덕분에 헬기에 탑승한 유현목은 미아리에서 출발하여 팔각정까지 이어지는 북악스카이웨이의 전경을 카메라에 담을 수 있었다.

국립영화제작소에서 감독으로 일했던 권순재의 구술에 따르면, 촬영 종료 후 공동연출자들은 청와대에 초청되었고, 유현목은 박정희가 따라 준 잔을 받는 '영광'을 누렸다.[2] 당시 〈산업시찰〉을 편집했던 권순재는 유현목의 연출을 가리켜 배우 찍는 재주는 있어도 건물 찍는 재주가 없다고 혹평을 했으나,[3] 이때의 경험을 통해 유현목의 영화 경력이 또 다른 전환기를 맞이했던 것은 틀림없다. 〈오발탄〉의 검열로 박정희 정권과 처음으로 조우하였던 유현목은, 〈태양은 다시 뜬다〉를 거쳐 국립영화제작소의 감독들과 〈산업시찰〉을 함께 연출하게 되었고, 마침내 '문화영화'라는 한국영화의 빈터에 발을 들이게 된 것이다.

'유프로덕션'과 민간 문화영화 생태계

그런데 '문화영화'란 무엇일까? 1962년 1월에 개정된 영화법은 문화영화를 "사회, 경제, 문화의 제 현상 중에서 교육적·문화적 효과 또는 사회 풍습 등을 묘사 설명하기 위하여 사실 기록을 위주로 제작된 영화"라고 정의한다. 이러한 규정을 보고 〈대한뉴스〉와 같은 공공 홍보물을 떠올리기 쉬운데, 실제로 국립영화제작소가 만든 문화영화는 국가정책을 선전하고 전통문화를 소개하는 내용이 대다수였으며, 극영화 상영 전에 의무 상영되는 방식으로 제작 및 유통되었다. 그러나 모든 문화영화가 다큐멘터리나 뉴스영화의 형식을 차용한 것은 아니었다. '사실 위주'라는 표현에서 짐작할 수 있듯, 이 규정은 허구가 포함될 가능성을 열어 둔 거나 다름없었다. 요컨대 문화영화는 일단 당국의 검열을 통과하고 교육적 효과를 주장할 수만 있다면 어떤 영화든지 들어갈 수 있는 공란이었으며, 통상적인 극영화 바깥의 영화들을 아우를 수 있는 범주였다.[4] 예를 들어, 유현목이 연출한 실험영화 〈손〉도 1966년 몬트리올영화제 출품 당시 신문 기사에서는 "이색적인 문화영화"[5]로 소개되었으며, 만화영화는 아동교육에 기여한다는 명목 아래 오래전부터 문화영화의 관습적인 범주로 통용되었다.

1970년대 초에 문화영화는 전망이 좋은 시장이었다. 이 무렵 새마을운동을 전개하는 지방 관료들과 독자적인 홍보 수단을 강구하던 기업들이 정책 홍보와 제품 광고의 새로운 수요층으로 떠올랐기 때문이다.[6] 이러한 기류를 가장 먼저 감지한 국립영화제작소 출신의 문화영화 감독들은 우후죽순 퇴사하여 민간 문화영화 제작자로 변신하였다. 양종해는 1971년에 서울문화사를, 배석인은 1972년에 배프로덕션을 설립하였으며,

후배 감독들인 김성인, 권순재, 박희준도 민간 문화영화 제작자로 활동하였다. 이들과 함께 〈산업시찰〉을 촬영한 유현목도 뒤이어 몇 편의 문화영화를 연출하였고, 1972년에는 점차 심해지는 영화계의 불황을 견뎌 낼 방편으로 문화영화 제작사 '유프로덕션'을 설립하여 활발한 제작 활동을 벌였다.

안타깝게도, 이 시기 유현목이 연출한 문화영화들은 필름이 남아 있지 않아 자세한 내용을 확인할 수 없다. 더군다나 그는 문화영화의 연출자로 이름을 남기는 것을 꺼려 했기 때문에,[7] 문헌 기록으로 확인할 수 있는 작품들이 그의 연출작의 전부라고 장담하기도 어렵다. 그럼에도 불구하고 남아 있는 검열 서류를 통해 대강의 시놉시스와 형식을 가늠해 볼 수 있는데, 가장 큰 비중을 차지하는 것은 후술할 새마을운동 홍보영화다. 물론 새마을운동 외에도 수주처와 홍보의 내용은 다양한 편이다. 예를 들어, 전매청이 의뢰하여 오키나와 해양엑스포 한국관과 해외 인삼판매대리점의 광고영화로 납품한 〈한국의 고려인삼〉(1973), 국세청과 병무청의 수주를 받아 합리적 세무와 병역을 홍보한 〈어느 일가〉(1973), 〈아빠의 출발〉(1973) 등이 눈에 띈다.

그러나 국립영화제작소 시절의 인맥과 노하우로 번성하던 여타 문화영화 제작사와 달리, 유현목의 문화영화 경력은 그리 순탄하지 않았다. 더군다나 사장으로서 그의 수완은 결코 좋은 편이 아니었다. 그는 유프로덕션의 이윤율이 다른 제작사보다 현저히 낮았다고 고백했으며,[8] 시나리오작가 나소원은 사무실에 들어서면 가장 먼저 마주치는 사람이 손수 회계 업무를 보며 고심하던 유현목의 아내 박근자였다고 회고했다.[9] 유현목의 말마따나 유프로덕션은 후배 영화인들의 끼니와 술값이라도 챙겨 주기 위한 호구지책에 가까웠다. 훗날 그는 1970년대를 영화를 찍고 싶어도 찍을 수 없었던 애욕의 시기로 기억하였으며, 그의 듬성듬성한 필모그래피만을 본다면 이는 어느 정도 사실이었다.[10]

하지만 유현목의 문화영화 경력을 단순 휴지기로만 간주한다면 극영화 바깥으로 뻗어 나간 그의 영향력을 제대로 살필 수 없다. 그는 자신의 생존을 위해서라도 문화영화계에서 목소리를 높였는데, 1976년 2월에는 언론 기고를 통해 극영화에 끼워넣기 식으로만 상영되는 문화영화의 협소한 유통 경로를 지적하고 과도한 입찰 경쟁과 제작비 담합으로 인한 영상의 질적 저하를 비판하였다. 그리고 같은 해 12월에는 배석인, 양종해, 권순재 등과 함께 문화영화제작자협회를 발족해 초대 회장직을 짧게나마 맡기도 하였다.[11] 비공식적인 영향력도 간과할 수 없다. 유프로덕션에서 각본가로 일했던 영화평론가 김사겸은 이 시기 유현목의 활동을 1970년에 설립한 소형영화 동호회 활동과 더불어 영화의 영역을 극영화 바깥으로 넓히는 시도로 술회한다. 씨네포엠 등을 통해 1960년대부터 꾸준히 표현되었던 기록영화에 대한 관심이 소형영화 동호회와 문화영화사의 설립으로 연장되었고, 유프로덕션은 영화에 관심 있던 동호인들과 문화영화로 생계를 유지하던 영화인들이 유현목을 중심으로 함께 어울려 술을 마시는 만남의 장이었다는 것이 그의 설명이다. 그런 의미에서 유프로덕션은 수익성은 저조하여도 불황을 견뎌야 했던 후배들의 복지와 교류를 책임지는 "다기능 영화사"였다.[12]

이렇게 유현목이 일궈 놓은 문화영화의 토양을 양분 삼아 성장한 영화인이 〈태권브이〉 시리즈의 김청기였다. 문화영화 제작사들의 애니메이터를 전전하던 그는 1972년 유프로덕션에 입사 후 소형영화 동호회를 참관하면서 하길종과 박상호, 이만희 감독이 강연하던 극영화 연출법을 배울 수 있었다고 회고한다.[13] 훗날 그가 자신만의 스튜디오를 차리고 극장용 장편 애니메이션 〈로보트 태권브이〉(1976)를 제작할 때 실질적인 도움을 준 것도 유현목이었다. 당시 영화법은 애니메이션 또한 문화영화로 분류했기에 제작을 위해서는 문화영화 제작사 허가증이 필요하였는데,

유프로덕션이 제작사로 전면에 나서며 이 문제를 해결할 수 있었다. 이에 더하여, 유현목은 빚을 내며 작업하던 김청기에게 활동비 명목으로 소액이나마 제작비를 보태 주기도 하였다.[14] 물론 지방 흥행사의 입도선매 때문에 김청기에게 돌아가는 수익은 없는 거나 마찬가지였고, 문화영화사 이름을 빌려 제작하던 대명貸名 제작이 당대 애니메이션 감독들에게 안정적인 제작 환경을 제공했다고 말하기는 어렵다. 그럼에도 불구하고, 유프로덕션이 문화영화라는 혼란스러운 범주 안에서 한국 애니메이션의 물길을 길어 올리는 역할을 했다는 점은 부정할 수 없다.

나소원과 새마을영화, 그리고 〈다함께 부르고 싶은 노래〉

김청기와 더불어 이 시기 유프로덕션을 거쳐 간 영화인으로 나소원을 빼놓을 수 없다. 영세한 제작사였던 유프로덕션이 치열한 입찰 경쟁을 뚫고 새마을영화를 찍을 수 있었던 것은 유현목의 유명세와 더불어 그녀의 각본과 영업 능력 덕분이었다. 1934년 출생한 나소원은 한국전쟁 동안 이화여대 국문과와 전시연합대학에 진학하였으며, 결혼한 후에도 남편의 후원과 본인의 강한 의지 덕에 상경하여 영화계 경력을 시작할 수 있었다. 1960년대에 그녀는 유현목의 문하에서 〈순교자〉(1965)와 〈태양은 다시 뜬다〉의 스크립터, 〈춘몽〉의 조감독으로 일하였으며, 김수용 문하에서도 〈갯마을〉(1965)의 조감독을 맡았다. 1967년에는 동경예술대로 영화를 공부하러 유학을 떠났고, 귀국 후 〈주차장〉(1968)을 집필하여 각본가로 데뷔한다.

나소원의 작품 활동은 새마을운동과 함께 전성기를 맞는다. 평소 새마을운동 관료들과 친분이 있던 그녀에게 유현목이 찾아와 일감을 구해 달라 부탁한 것이다. 나소원은 초도순시 차 부산을 방문한 내무부 장관 김현옥에게 부산 새마을운동의 성과를 영화화해 달라는 의뢰를 받고, 그렇게 그녀가 시나리오를 쓰고 유현목이 연출하여 만든 영화가 〈재칫국 장수〉(1971)였다.[15] 〈재칫국 장수〉는 부산 시내에서 재첩국을 팔고 다니는 아낙이 무질서한 거리와 시민의식을 개탄하다 새마을운동으로 달라진 부산의 모습에 감명을 받는 내용으로, 박정희의 극찬을 받고 전국 220여 개 지방에 프린트가 배포되는 성과를 올린다. 그즈음부터 나소원이 정부 관료로부터 일감을 가져와 시나리오를 집필하면, 그것을 유현목이나 김수용이 연출하는 방식으로 협업을 이어 나갔다. 그렇게 유현목과 함께 만든 새마을영화들이 〈민족의 대행진〉(1972), 〈해맞이 마을〉(1972), 〈낙도의 메아리〉(1973), 〈낙도의 등불〉(1973) 등으로, 대개 농어촌의 자활과 저축 장려를 주제로 한 극영화였다.

나소원이 자신의 최고작으로 꼽은 〈다함께 부르고 싶은 노래〉(유현목, 1979)는 여수의 갯벌을 배경으로 한 작품이다. 한 어촌에서 주막을 경영하는 '길녀'(정희)는 연인인 '준기'(이대근)의 꼬드김에 넘어가 마을 공동의 갯벌을 사유화하여 꼬막 양식장을 차릴 계략을 꾸민다. 그녀는 보상금과 미인계로 주막의 단골손님이었던 마을 남자들을 구슬려 갯벌 소유권을 양도하는 각서를 쓰도록 유도한다. 그러나 마을 여성들의 단결된 반대로 사유화가 무산되자 준기는 길녀를 배신하고, 사기죄를 혼자 뒤집어쓴 그녀는 어린 딸을 두고 감옥에 다녀온다. 출소 후 길녀는 자신과 반목했던 '점순 어머니'(이경희)가 딸을 맡아 길렀다는 사실에 부끄러움을 느끼고, 이제는 마을 공동의 소유가 된 양식장의 성공에 헌신하게 된다.

〈다함께 부르고 싶은 노래〉는 1979년 문공부 추천영화로 선정되어, 제작사인 화천공사가 외화수입권을 보상으로 받았다. 당시 새마을운동과 반공을 주제로 한 영화는 관객 흥행이 저조하여도 해마다 선정하는 '우수 및 추천영화'로 뽑히면 외화수입쿼터를 보상으로 받아 간접적인 수익을 보전받을 수 있었다. 더군다나 영화제작의 국가 통제가 극에 달했던 1970년대 후반에는 정권의 입맛에 맞는 우수영화를 의무적으로 만들어야 했기

때문에, 〈다함께 부르고 싶은 노래〉 또한 처음부터 우수영화 선정을 노리고 제작되었을 공산이 크다.[16]

그러나 나소원은 영화의 근본적인 제작 동기는 다른 무엇보다도 예술적 야심이었다고 주장한다. 여행 중 발견한 여수의 갯벌에 감명을 받아 이를 배경으로 시나리오를 썼고, 그것이 정부가 수여하는 '흙의문학상'을 수상하면서 화천공사에서 영화화될 수 있었다는 게 그녀가 설명하는 제작 배경이다. 나소원은 〈다함께 부르고 싶은 노래〉를 새마을영화가 아니라 '로칼local물', 혹은 '향토물'로 부르길 고집했고, 향토적 감수성을 통해 파괴된 인간성이 회복되는 상황을 표현할 수 있길 바랐다.[17] 그러한 맥락에서 보았을 때, 주인공 길녀는 여타 국책영화 속의 근면하고 순종적인 여성 주인공과는 차이가 있다. 남성을 욕망하고 돈의 논리를 추종하던 그녀는 자신이 외면하였던 갯벌과 여성 공동체로부터 위안을 얻는다. 갯벌을 떠났다가 돌아오며 개심하는 길녀의 여정은 나소원이 표현하고자 했던 향토적 휴머니즘을 고스란히 보여준다.

〈조국의 등불〉, 혹은 권력의 순응자?

기록상 유현목과 나소원의 마지막 협업은 1991년이다. 박정희·육영수 기념사업회의 회장이었던 박근혜는 두 사람에게 대통령 기록 영상을 재편집하여 아버지의 업적을 기리는 작품을 만들어 달라고 의뢰하였다. 이에 나소원이 녹음각본을 쓰고, 유현목이 40시간 분량의 기록 영상들을 편집하여 완성한 작품이 〈조국의 등불〉 2부작이다. 총 3시간 분량의 비디오테이프에는 박정희가 생전에 이룩한 산업화와 새마을운동, 반공과 위기 극복 등의 업적이 빼곡하게 나열되어 있는데, 중간중간 그의 생전을 기억하는 인물들의 인터뷰도 포함하고 있어 언뜻 평범한 역사 편찬 다큐멘터리처럼 보이기도 한다. 하지만 감상에 북받친 내레이션이 '당신'을 외치며 부재하는 민족의 아버지를 그리워하는 대목을 듣고 있노라면 이 영화의 후원자가 누구인지 새삼 깨닫게 된다. 영화는 육영수의 비극적 죽음 이후 그 빈자리를 성공적으로 채우며 정무를 수행한 두 번째 '퍼스트레이디'를 적잖은 비중으로 조명한다. 흥미롭게도, 기념사업회가 비디오테이프로 배포한 〈조국의 등불〉을 누군가가 디지털 포맷으로 변환하여 유튜브에 업로드하였고, 이제는 박정희를 그리워하는 세인들의 알고리즘에서 제2의 삶을 구가하는 중이다.

영화의 내레이션은 4·19 직후 장면 내각의 혼란을 "서투른 민주주의가 뿜어내는 공해"로, 박정희의 쿠데타를 민족을 구원하기 위한 의거義擧로 묘사한다. '은막의 자유'를 주장하다 중앙정보부에 기소까지 당했던 감독으로 유현목을 기억하는 이들에게 이러한 대사는 당혹스러울 수 있다. 더군다나 4·19혁명의 공기를 머금고 만들어졌다가 5·16 직후 개봉 금지를 당했던 〈오발탄〉의 수모를 고려한다면 더욱 그렇다. 경력의 후반기에 집중되어 있는 유현목의 국책영화 연출 이력과 〈조국의 등불〉의 이질적인 존재감을 두고, 혹자는 그로부터 유현목의 국가관과 정치적 입장이 점차 변모하였다고 결론지을지도 모른다.

그러나 유현목과 국가권력 사이의 관계는 저항과 순응 사이의 양자택일만으로 설명될 수 없다. 나소원은 동료 작가들의 시선에도 불구하고 자신을 "어용작가라고 생각지 않는다"고 말했다. 자못 작가란 "주어진 상황을 어떻게 요리할지 고민할 줄 알아야" 한다는 것이 그녀의 지론이었다.[18] 나소원은 의뢰처였던 새마을연수단원들이 자신의 영화를 보고 눈물짓던 순간을 오래도록 기억하였으며, 새마을영화를 '극영화와는 다른, 짧지만 인간이 있는 단편영화'로 불렀다.[19] 국가가 규정하는 새마을영화의 기획 아래서 그녀는 같은 내용을 달리 표현할 빈틈을 본 것이다. 이러한 관점은 유현목에게도 적용될 수 있을지도 모른다. 그는 점차 어두워지던 한국영화의 전망 아래서 살아남기 위해 정권의 안팎에서 부단히 교섭하였다. 아직 극영화 바깥의 영화 형식을 가리키는 명칭이

뚜렷하지 않았던 시기, 감독이자 제작자로서 유현목은 문화영화라는 정권의 자의적 분류 아래에서 선전영화, 장편 애니메이션, 기록영화, 광고영화 모두를 만들었다. 그중 적지 않은 수가 생계를 위해 찍어야만 했던 영화들이지만, 그러한 시도들이 무용한 것은 아니다. 국책영화와의 제휴 아래서 유현목은 극영화의 바깥을 탐구할 기회를 얻었으며, 그로부터 김청기와 나소원 등 새로운 유형의 영화인들이 성장할 수 있었다. 지금껏 충분히 조명이 되지 않았던 유현목의 공백기는 여전히 당신 '영화인생'의 일부이며, 한국영화사의 한 줄기를 이루고 있다. ●

주

1 이순진, 〈냉전체제의 문화논리와 한국영화의 존재방식- 영화 〈오발탄〉의 검열과정을 중심으로〉, 《기억과 전망》 29권, 405~406쪽.

2 이정아, 〈권순재 1차 구술채록문〉, 《2012년도 한국영화사 구술채록연구 시리즈 주제사 3권: 권순재·박행철 편》, 한국영상자료원, 2012, 86쪽.

3 이정아, 〈권순재 1차 구술채록문〉, 위의 책, 86쪽.

4 문화영화의 모호한 규정은 영화 수입업자들에게 통상적인 외화 수입 절차를 우회할 샛길이 되기도 하였다. 1969년 11월 15일자 경향신문의 한 기사는 〈혹성탈출〉(1968)이 문화영화로 신고되어 개봉되는 사태를 질타하였다. 아직 한국의 관객들에게 생소하였던 공상과학영화를 극영화가 아닌 문화영화로 신고하면서 수입 쿼터 가격을 약 6백만 원에서 2백만 원대로 낮춘 것이다. 이러한 관행은 다음 해 영화법 시행령에서 오락성이 다분한 영화의 문화영화 신고를 방지하는 조항을 신설하며 철퇴를 맞았다. 1960년대 후반 문화영화의 범주에 관한 논쟁은, 조준형, 〈문화영화의 제도화 과정: 1960~70년대 영화법과 관련 정책 변화를 중심으로〉, 《지워진 한국영화사: 문화영화의 안과 밖》, 한국영상자료원, 2014, 75~114쪽 참조.

5 〈50초짜리 문화영화 '손' 출품〉, 《경향신문》, 1966년 12월 26일자 5면. 유현목의 시네포엠 활동과 문화영화로 혼용되던 전위영화의 명명에 관한 가설로, 오준호, 〈이색적인 문화영화: 유현목과 시네포엠(1964-66)의 실험영화 개념에 관한 제안〉, 《영화연구》 제71호, 2017, 128~129쪽 참조.

6 이정아, 〈민간 문화영화 제작자를 통해 본 민간 문화영화 소사〉, 《지워진 한국영화사: 문화영화의 안과 밖》, 한국영상자료원, 2014, 171~172쪽.

7 배수경, 〈나소원 4차 구술채록문〉, 《2010년도 한국영화사 구술채록연구시리즈 〈생애사〉 3권: 나소원》, 한국영상자료원, 2010, 197쪽.

8 유현목 구술, 조혜정 채록, 《2003년도 한국근현대예술사 구술채록연구 시리즈 15: 유현목》, 한국문화예술위원회, 2004, 186쪽.

9 배수경, 〈나소원 4차 구술채록문〉, 위의 책, 190쪽.

10 유현목 구술, 위의 책, 185~186쪽.

11 이정아, 〈권순재 1차 구술채록문〉, 앞의 책, 35~36쪽.

12 김사겸, 〈영화청년의 상담자〉, 《유현목: 영화인생》, 혜화당, 1995, 188~189쪽.

13 배수경, 〈김청기 2차 구술채록문〉, 《2017년도 한국영화사 구술채록연구 시리즈 〈생애사〉 1권: 김청기》, 한국영상자료원, 2017, 108~109쪽.

14 배수경, 〈김청기 3차 구술채록문〉, 위의 책, 122쪽.

15 〈재치국 장수〉는 한국영화데이터베이스에는 나소원의 연출로 기재되어 있으나, 2010년 한국영상자료원의 영화인구술채록사업에서 그녀가 증언한 제작 과정을 미루어 볼 때 나소원 각본의 유현목 연출작이라 보는 것이 타당하다.

16 배수경, 〈나소원 3차 구술채록문〉, 위의 책, 166쪽.

17 배수경, 〈나소원 3차 구술채록문〉, 위의 책, 162쪽.

18 배수경, 〈나소원 4차 구술채록문〉, 위의 책, 202쪽.

19 배수경, 〈나소원 4차 구술채록문〉, 위의 책, 195쪽.

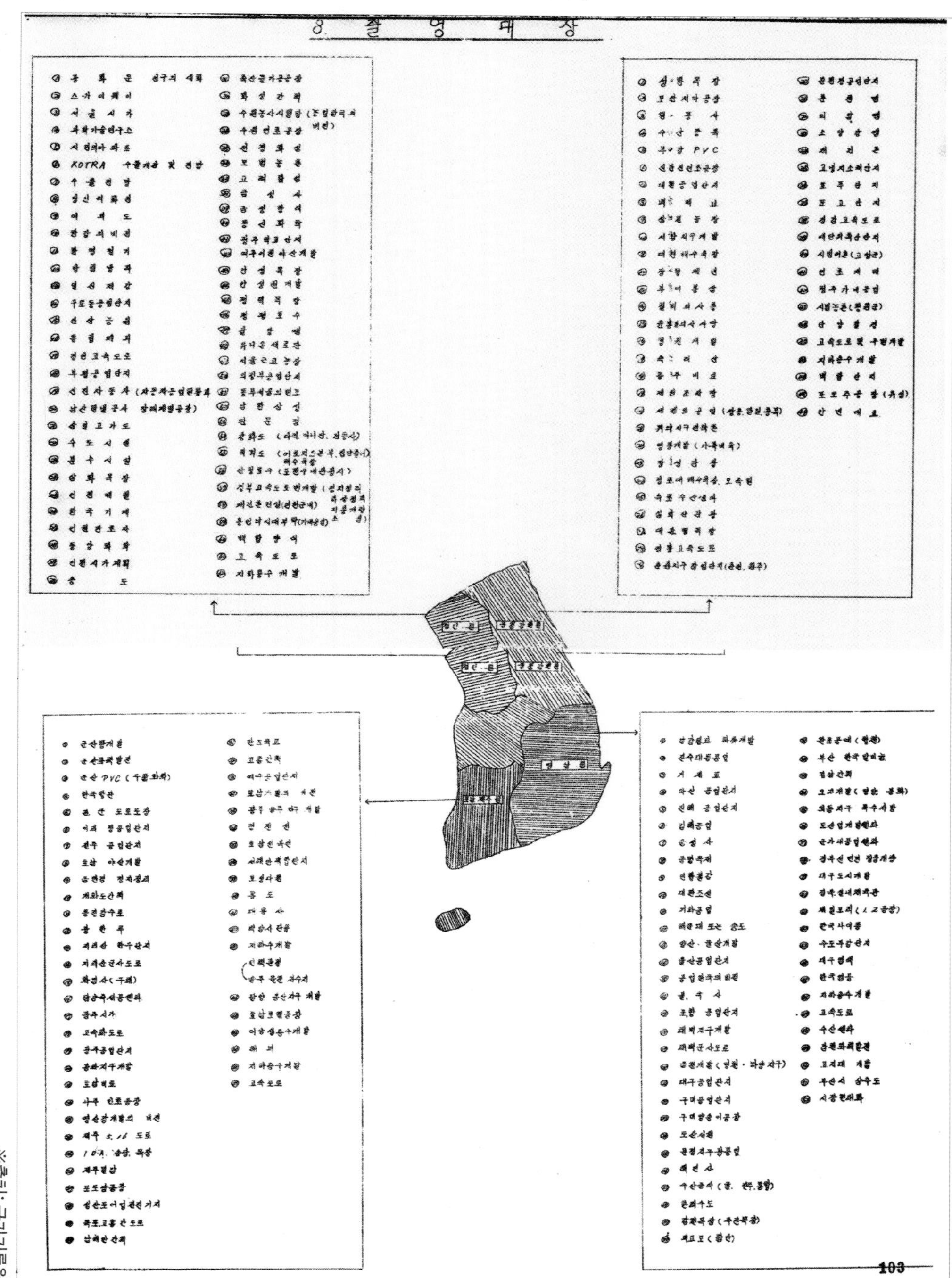
8. 촬 영 대 장

103

※출처: 국가기록원

총무처 의정국 의정과, '촬영대장', 장편기록영화 〈의지의 승리〉 제작계획(안), 1969년 6월 17일

전국 지도에 촬영이 필요한 산업 경관 명단을 나열하였다. 유현목은 이용민과 함께 민간 영화계를 대표하는 감독으로 초청되어 서울과 경기지역의 발전상을 카메라에 담았다. 흥미롭게도 국가 역량을 총동원하였던 이 영화의 임시 제목은 〈의지의 승리〉로, 독일 나치당이 기획한 레니 리펜슈탈의 악명 높은 선전영화와 같은 제목이었다.

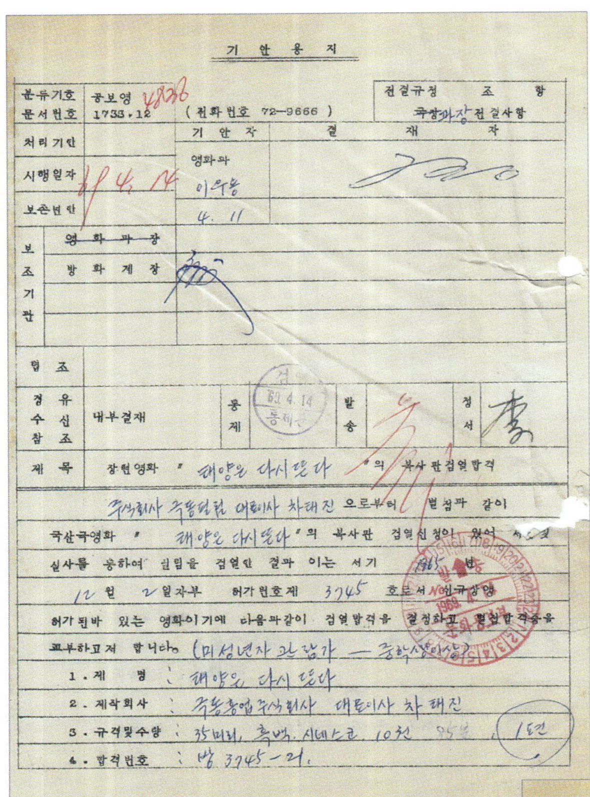

기 안 용 지

분류기호 문서번호: 공보영 4838 1733.12 (전화번호 72-9666)
전결규정 조 항: 국장과장 전결사항
처리기한
기안자: 영화과 이우용 4. 11
결재자
시행일자: 69. 4. 14
보존년한
보조기관: ~~영화과장~~ 방화계장
협조
경유 수신 참조: 내부결재
통제: 69. 4. 14
발송
정서
제목: 장편영화 "태양은 다시 뜬다"의 복사판검열합격

주식회사 극동흥업 대표이사 차태진 으로부터 별첨과 같이 국산극영화 "태양은 다시 뜬다"의 복사판 검열신청이 있어 서류심사를 통하여 필림을 검열한 결과 이는 서기 1965년 12월 2일자부 허가번호제 3745 호로서 신규상영 허가된바 있는 영화이기에 다음과같이 검열합격을 결정하고 별첨합격증을 교부하고저 합니다. (미성년자 관람가 — 중학생이상)

1. 제명 : 태양은 다시 뜬다
2. 제작회사 : 극동흥업주식회사 대표이사 차태진
3. 규격및수량 : 35미리, 흑백, 시네스코, 10천 85분, 1편
4. 합격번호 : 방 3745-21.

문화공보부 영화과, '장편영화 "태양은 다시 뜬다"의 복사판 검열합격', 〈태양은 다시 뜬다〉 심의서류, 1969년 4월 14일

〈태양은 다시 뜬다〉의 검열 과정은 매우 어지럽고 지난했다. 흥미롭게도, 현존하는 105분 분량의 영상에 춘보가 아내의 시체를 묻는 장면 등 중앙정보부가 삭제를 지시했던 장면이 모두 남아 있다. 복사판 검열 신고 서류에서 확인된 필름의 분량이 85분인 걸 감안할 때, 현존하는 필름은 검열되지 않은 버전으로 추측해 볼 수 있다.

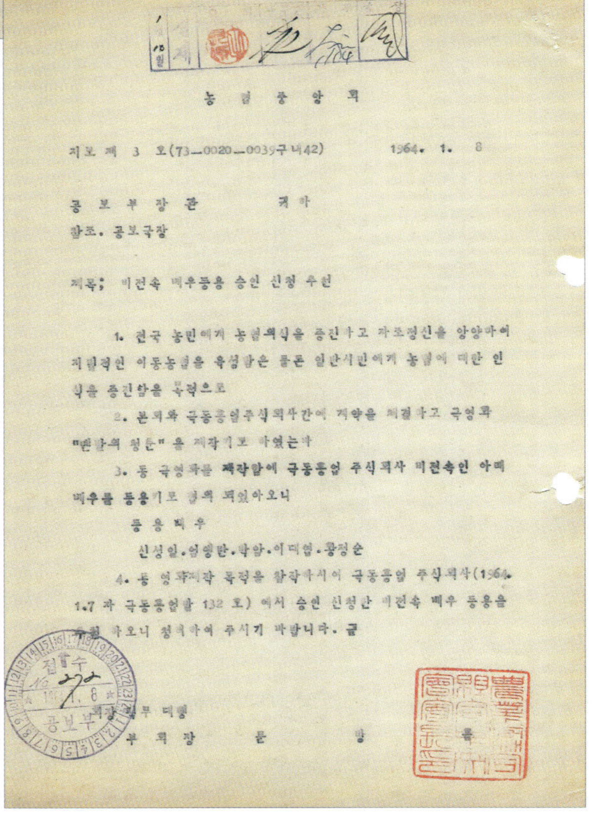

농 협 중 앙 회

지보 제 3 호(73-0020-0039구내42) 1964. 1. 8

공 보 부 장 관 귀 하

참조. 공보국장

제목; 비전속 배우등용 승인 신청 추천

1. 전국 농민에게 농협의식을 증진하고 자조정신을 앙양하여 자립적인 이동농협을 육성함은 물론 일반시민에게 농협에 대한 인식을 증진함을 목적으로

2. 본회와 극동흥업주식회사간에 계약을 체결하고 극영화 "번갈의 청춘"을 제작키로 하였는바

3. 동 극영화를 제작함에 극동흥업 주식회사 비전속인 아래 배우를 등용키로 합의 되었아오니

등 용 배 우

신성일.엄앵란.박암.이대엽.황정순

4. 동 영화제작 목적을 참작하시어 극동흥업 주식회사(1964. 1.7 자 극동흥업발 132 호) 에서 승인 신청한 비전속 배우 등용을 추천 하오니 허가하여 주시기 바랍니다. 끝

회장 직무 대행
부 회 장 윤 항 록

농협중앙회, '비전속 배우 등용 승인 신청 추천', 〈태양은 다시 뜬다〉 심의서류, 1964년 1월 8일

〈태양은 다시 뜬다〉를 협찬했던 농협중앙회는 이 영화를 통해 농협이 전개하던 농촌 근대화 활동을 홍보하고 계몽 정신을 고취시키고자 하였다. 농협은 이 영화의 흥행을 위해 극동흥업 전속 배우가 아닌 당대 최고의 스타였던 신성일과 엄앵란, 그리고 박암과 황정순을 기용하려 했는데, 결과적으로 캐스팅이 성사된 것은 엄앵란뿐이었다.

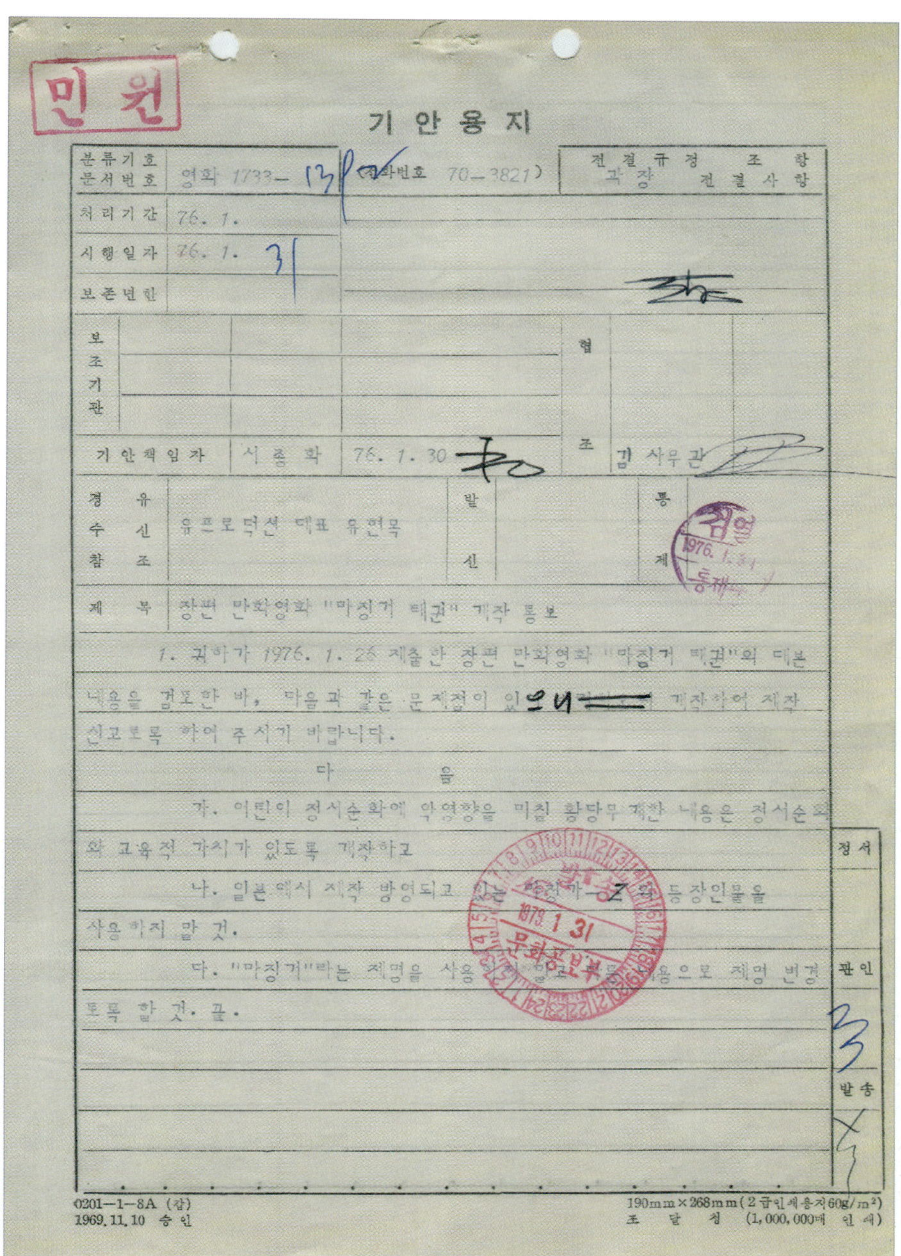

민원

기 안 용 지

분류기호 문서번호	영화 1733- (전화번호 70-3821)	전결규정 조항 국장 전결사항	
처리기간	76. 1.		
시행일자	76. 1. 31		
보존년한			
보조기관		협조	
기안책임자	시종학 76. 1. 30		김 사무관

경유 수신 참조	유프로덕션 대표 유현목	발신		통제	검열 1976. 1. 31 통제
제목	장편 만화영화 "마징거 태권" 개작 통보				

1. 귀하가 1976. 1. 26 제출한 장편 만화영화 "마징거 태권"의 대본 내용을 검토한 바, 다음과 같은 문제점이 있으니 개작하여 제작 신고토록 하여 주시기 바랍니다.

다 음

가. 어린이 정서순화에 악영향을 미칠 황당무계한 내용은 정서순화와 고육적 가치가 있도록 개작하고

나. 일본에서 제작 방영되고 있는 "마징가-Z"의 등장인물을 사용하지 말 것.

다. "마징거"라는 제명을 사용하지 말고 내용으로 제명 변경토록 할 것. 끝.

정서 관인 발송

1976. 1 31 문화공보부

0201-1-8A (갑)
1969. 11. 10 승인

190mm×268mm (2급인쇄용지60g/m²)
조 달 청 (1,000,000매 인 쇄)

문화공보부 영화과, '장편 만화영화 "마징거 태권" 개작 통보', 〈로보트 태권브이〉 심의서류, 1976년 1월 31일

'태권브이'의 시작에 '마징가'가 있었다는 사실은 부정할 수 없다. 지상학의 회상에 따르면 당시 돌풍을 일으키던 〈마징가 ZマジンガーZ〉(세라가와 유고, 1972)의 흥행을 보고 자극을 받은 유현목의 후배 감독 석래명이 유현목에게 장편 애니메이션의 제작을 제의하였고, 이를 수락한 유현목은 감독으로 김청기, 각본으로 지상학을 기용하며 극장용 장편 애니메이션 제작을 위한 진용을 마련하였다. 제작신고 시점까지 '마징거'를 그대로 차용했던 제명은 문화공보부의 권고에 따라 '로보트 태권브이'로 수정되었다.

예술과 대중의 경계에서: 유현목과 일본영화

정종화 | 한국영상자료원 학예연구팀장

일제강점기에 학창 시절을 보낸 유현목은 다양한 예술 분야에 관심을 기울이다가, 해방이 되자 영화감독이 되기로 마음을 정했다. 제2차 세계대전이 발발하면서 일제가 금지했던 미국과 프랑스영화들이 미군정기에 들어서며 한꺼번에 상영되자, 그는 날마다 극장으로 발길을 옮겼다. 영화관이 곧 그의 '영화학교'였다. 훗날 그가 여러 번 회상했듯, 영화 매체의 본질이 무엇인지 계시처럼 깨닫게 만든 작품이 바로 피에르 셰날Pierre Chenal의 〈죄와 벌〉(1935)이었다. 중학생 시절 자신을 사로잡았던 도스토옙스키의 소설이 흑백의 스크린 위에 펼쳐지자 그는 끝없는 감동에 휩싸였다. 그가 이 영화를 개봉관에서 재개봉관을 거쳐 4번 관까지 무려 14번이나 찾아봤다는 일화는 꽤 유명하다.

서구 영화의 영향과 숨겨진 레퍼런스

전후 1950년대 한국영화의 창작자들이 외국영화의 영향을 받은 것은 필연적이었다. 유현목도 예외는 아니었다. 그의 초기 필모그래피는 할리우드의 장르영화에서 유럽영화, 특히 프랑스 예술영화에 이르기까지 서구 영화의 언어와 문법을 흡수하며 자신의 스타일을 모색하는 과정 그 자체였다. 그는 꼼꼼한 콘티뉴이티 작업을 바탕으로 정교한 화면을 구현한 데뷔작 〈교차로〉(1956)로 성공적인 출발을 알렸고, 두 번째 작품부터는 평론가들로 하여금 '작가주의 감독auteur의 탄생'을 기대하게 했다. 그가 〈제3의 사나이〉(캐럴 리드, 1949) 같은 스릴을 의도했다고 밝힌[1] 〈유전의 애수〉(1956)는, 비평가들로부터 "프랑스영화 〈인생유전〉(마르셀 카르네, 1945)과 미국영화 〈애수〉(머빈 르로이, 1940)를 연상시키는 작품"[2]이라는 평가를 받았다.

유현목은 세 번째 작품에서 장르적 세련뿐 아니라 작가주의적 테마까지 모색했는데, 범죄 멜로드라마 〈잃어버린 청춘〉(1957)은 그해 작품상과 감독상을 휩쓸며 영화감독으로서의 그를 공인했다. 이 영화가 개봉했을 때 한 기사는 전작 〈유전의 애수〉(1956)와 비교하여 서구 영화의 '모방' 단계에서 벗어나 한국영화의 '독창'으로 나아가는 데 성공했다고 평했다.[3] 그러나 '모방'과 '독창' 사이에는 사실 일본영화 시나리오라는 레퍼런스가 괄호 안에 감추어져 있었다. 유두연이 각본을 쓴 〈잃어버린 청춘〉의 각본은 일본영화 〈요루노오와리夜の終り〉(기쿠시마 류조 각본, 다니구치 센키치 감독, 1953) 시나리오에서 빌려 온 이야기로 드러났다.[4] 당시 《한국일보》 기자 임영에게 유두연이 양심선언한 내용에 의하면, 〈잃어버린 청춘〉의 시나리오는 '〈요루노오와리〉의 40퍼센트 번역'이었다.[5] 한일 영화의 시나리오[6]를 비교해 보면 우발적인 살인을 한 남자주인공과 바 종업원의 여자주인공이라는 인물 설정이 동일하다. 단, 남자주인공의 직업이 하수도 인부下水工夫에서 전기공電工으로 바뀌었다.

1950년대 후반, 유현목을 비롯한 한국영화

감독들에게 서구 영화는 당당히 드러내고 소화해야 할 영향의 원천이었지만, 일본영화—특히 일본영화 시나리오 차용—는 철저히 괄호 속에 숨겨야만 하는 금기 영역이었다. 한국에서 일본영화가 극장에서 정식 개봉되기 시작한 것은 1965년 한일수교 때가 아닌, 1998년 10월 김대중 정부의 일본 대중문화 개방 조치 이후였다. 이 사실은 1950년대 후반 이후 한국영화와 일본영화의 미묘한 관계를 잘 설명해 준다.

유현목의 번안 청춘영화

1950년대 후반부터 논란이 된 일본영화 시나리오 표절 문제는 1963년 청춘영화 장르의 득세와 함께 새로운 양상으로 전개되었다. 충무로 영화계가 번안과 표절 사이의 선을 미묘하게 오간 것이다. 1960년대 들어서는 무단 표절이라기보다, 일본에서 영화화된 소설의 원작자에게 동의는 받되 해당 일본영화의 시나리오를 번안해 쓰는 비공식 리메이크 방식으로 진행됐다. 그 중심에는 '석판石坂 전문 영화사'로 불린 극동흥업이 있었다. 이시자카 요지로石坂洋次郎 원작을 영화화한 〈햇빛 비치는 언덕길陽のあたる坂道〉(다사카 도모타카, 1958)의 시나리오를 빌려 만든 〈가정교사〉(김기덕, 1963)가 1963년 3월 흥행에 성공하자, 극동흥업은 곧바로 4월에 이시자카로부터 《푸른 산맥青い山脈》과 《비속으로 사라지다雨の中に消えて》의 영화화 승낙을 받았다. 이어 5월에는 이시자카의 《그녀석과 나あいつと私》의 영화화를 두고 극동흥업과 한양영화사 사이에 경작競作 소동이 일어나기도 했다. 극동이 원작자 승인을 추진한 사이, 한양은 이시철의 번역본 《청춘교실》을 영화화하는 편법으로 김수용 감독을 기용하고 먼저 촬영을 시작한 것이다.

유현목 역시 극동흥업의 번안 청춘영화 라인업에 합류했는데, 그것은 바로 번역판 소설 제목을 그대로 사용한 〈푸른 꿈은 빛나리〉(1963)였다. 일본 원작 〈푸른 산맥〉은 전후 일본 청춘영화의 대표작으로, 1949년 이마이 다다시今井正의 연출로 전·후편이 제작된 후 1957년과 1963년에 리메이크되었다. 바닷가 마을의 여자고등학교를 배경으로 여고생과 남대생의 키스 사건에서 비롯된 이야기를 통해 전후 일본 사회의 세대 갈등과 가치관 충돌을 드러낸 작품이다. 한국 버전인 〈푸른 꿈은 빛나리〉는 니시카와 가쓰미西河克己 감독과 이데 도시로井手俊郎가 공동 집필한 1963년판 〈푸른 산맥〉 시나리오를 유한철이 거의 그대로 번역한 각본으로 만들어졌다. 비록 이 영화의 필름은 유실되어 지금은 접할 수 없으나, 일본영화에서 빌려 온 서사가 유현목에게는 그만의 연출 스타일을 펼쳐 나갈 출발점이 되었음을 짐작케 한다. 이러한 맥락은 뒤에서 다룰 〈아내는 고백한다〉와 〈춘몽〉의 사례에서 확인할 수 있다.

1965년 한일 국교 정상화를 앞두고 일본 대중문화에 대한 관심이 높아지던 시기, 극동흥업은 재일 교포 탤런트 조문자篠原文子를 방한시켜 〈푸른 꿈은 빛나리〉에 '유수미애柳秀美愛'라는 예명으로 출연시키기도 했다. 이처럼 1960년대 중반 한국영화의 흥행을 견인한 것은 다름 아닌 번안 청춘영화였다. 김수용은 〈청춘교실〉 한 편 이후 더 이상 이 흐름에 가담하지 않았고, 김기덕은 극동흥업의 전속 감독으로 신성일·엄앵란과 함께 일본영화의 서사를 차용하면서도 배경과 정서를 한국적으로 재구성한 청춘영화를 꾸준히 연출했다. 유현목은 극동과 〈푸른 꿈은 빛나리〉 한 편만 협업했지만, 이후 세기상사에서 다시 일본영화 텍스트와 마주하게 되었다. 흥미롭게도, 두 영화 모두 일본영화에서 시나리오를 빌려 왔지만 충무로를 대표하는 예술영화 감독으로서 유현목은 자신이 일본영화의 영향을 받지 않았음을 스스로 입증해야 했다. 다시 말해, 일본영화를 직접 본 것이 아님을 작품으로 증명해야 했던 것이다.

조 이 〈춘몽〉이라는 작품이요 그 저 일본, 그 원작이라고 하셨잖아요? 근데 일본영화로도 만들어졌던 거예요?

유 음, 만들어졌어. {그건 보셨어요?} 그건 못 보고. 못 봤죠, 나는. {어} 일부러 안 봐. {예} 음… 난 일본 작품에서 저 〈아내는 고발한다〉(〈아내는 고백한다〉-인용자 주) {네} 그것도 일부러 안 보고.

조 네, 〈푸른 꿈은 빛나리〉인가 그것도 있죠?

유 어, 그렇지. 뭐, 일본 거 안 보고. {네} 내 나름대로 다른 스타일대로 가니까, 두 개 본 사람들은 다르다 그래.[7]

차용과 재창조

유현목이 세기상사에서 일본영화를 바탕으로 연출한 두 작품은 〈아내는 고백한다〉(1964)와 〈춘몽〉(1965)이다. 전자는 마스무라 야스조増村保造가 연출한 동명의 영화 〈아내는 고백한다妻は告白する〉(1961)를 원작으로 삼았다. 이 작품은 1962년 5월 서울에서 열린 제9회 아시아영화제에 출품되어 해방 이후 한국에서 처음 소개된 일본영화라는 점에서 화제를 모았고, 마스무라는 감독상을 수상했다. 일반 대중에게는 공개되지 않고 영화제 관계자에게만 제한적으로 상영되었으며, 이후 유현목의 리메이크 프로젝트로 주목을 받았다.

〈아내는 고백한다〉의 시나리오는 처음에는 일본영화의 각본을 그대로 옮겨 온 것이었다. 그러나 실제 촬영 단계에서는 공간 설계와 감독의 미학적 의도를 반영한 최종 시나리오가 마련되었고, 이를 토대로 유현목의 시청각적 연출이 이루어졌다. 당시 한국의 대중 관객을 겨냥한 멜로드라마적 화법이 주된 방식이었지만, 특별한 순간에는 모더니즘 영화의 미학적 표현이 가동되었다. 그 결과, 일본 스튜디오 시스템에서 작가주의 감독으로 평가받는 마스무라 야스조의 원작과 내용은 같지만 연출 스타일은 전혀 다른 영화로 완성되었다. 다만, 유현목의 작품은 마스무라와 달리 대중적 장르영화의 성격으로 귀결되었다.

후자인 〈춘몽〉은 다케치 데쓰지武智鉄二의 〈백일몽白日夢〉 시나리오를 토대로 했는데, 원작은 일본에서 예술과 외설의 경계를 위태롭게 넘나들며 흥행에 성공했다. 세기상사 경영진은 유현목이라면 이러한 원작을 한국 사회가 수용할 수 있는 수준으로 변형해 예술성과 상업성을 동시에 충족시킬 수 있다고 판단했던 것 같다.

〈춘몽〉의 경우, 일본 시나리오의 초입과 말미의 치과 진료실 장면을 스카이라운지로 바꾸고 나머지는 거의 그대로 번역한 초기 시나리오와, 원작의 뼈대는 유지하되 숏 간 충돌을 강조한 편집과 표현주의적 공간 구성을 지문에 반영해 윤색한 버전을 거치며 스타일적 목표가 구체화되었다. 실제 연출 과정에서는 두 시나리오의 요소를 선택적으로 적용하여 자신만의 미학적 스타일을 구축했고, 그 결과 영화는 〈백일몽〉이 아닌 유현목의 〈춘몽〉으로 차별화되었다.

다케치 데쓰지 감독의 영화가 인간소외라는 추상적 주제를 파격적인 에로티시즘으로 담아냈다면, 유현목 감독은 인간 사회의 윤리를 선악의 대결로 상징화하면서 원작의 에로티시즘을 한국 사회의 검열 수준에 맞추기 위해 고심했다. 〈춘몽〉은 감독의 미학적 실험 의지와 제작자의 흥행 전략에도 불구하고, 한국영화사 최초로 음화제조 혐의로 기소되었으며 대중적 성공도 거두지 못했다.

1960년대 한국영화의 전성기, 유현목은 한국식 예술영화인 문예영화의 기반을 다지는 데 기여했지만, 동시에 영화산업이 주도하던 일본영화 '시나리오'의 표절과 번안 기조에도 의존하지 않을 수 없었다. 이는 그의 작품 세계를 더 많은 관객과 나누려는 의도였고, 동시에 영화감독이라는 직업을 유지하기 위한 현실적 선택이기도 했다. 청춘영화 〈푸른 꿈은 빛나리〉와 멜로드라마 〈아내는 고백한다〉를 통해 그의 대중영화 스펙트럼은 확장되었고, 〈춘몽〉에서는 그가 추구하던 실험적 영화 언어를 충무로 상업영화의 틀 속에 적용해 보는 드문 기회를 얻었다.

이처럼 유현목은 충무로의 대중 장르 속에서

예술성과 대중성, 창작과 모방의 경계를 넘나들며 자신의 영화 세계를 구축했다. 초기작 〈잃어버린 청춘〉과 1960년대 일본영화 원작 작품들은, 당시 한국영화 창작자가 직면한 시대적 조건과 모순, 그리고 타협과 극복을 넘어 재창작의 발판으로 삼은 과정을 보여 주며, 한국영화사가 안고 있던 긴장을 집약적으로 드러내는 장면으로 남는다. ●

주

1 노만, 〈무례한 인터뷰: 유현목 감독 편〉, 《국제영화》 1956년 9월호, 80쪽.

2 김초문, 〈[기자논단] 〈자유부인〉, 〈피아골〉, 〈유전의 애수〉의 한국영화사적 위치〉, 《한국일보》 1956년 9월 9일자 부록1면.

3 〈신영화: 모방模倣에서 독창獨創으로 / 〈잃어버린 청춘〉〉, 《조선일보》 1957년 9월 21일자 4면.

4 〈잃어버린 청춘〉은 일본영화 시나리오를 표절했다는 의혹이 처음 불거진 한국영화이다. 〈사생대본과 국산영화 / 한국영화의 당면한 문제 하나 (1)〉, 《경향신문》 1958년 10월 16일자 4면.

5 L.Y., 〈몰염치한 각본가군 / 〈인생차압〉, 〈오! 내고향〉도 한 몫 / 외국모작물이 수두룩〉, 《한국일보》 1959년 3월 8일자 4면.

6 〈잃어버린 청춘〉을 비롯해 유현목의 초기 세 작품은 필름이 유실되었다. 〈잃어버린 청춘〉은 한국영상자료원에 보존 중인 시나리오(CKN011651)만 참조할 수 있다.

7 조혜정 채록연구, 《한국 근현대예술사 구술채록연구 시리즈 15: 유현목》, 한국문화예술위원회, 2004, 141쪽.

현재 한국영상자료원에 보존 중인 〈푸른 꿈은 빛나리〉의 시나리오 책자는 '오리지널' 시나리오[1] 2종이다. 〈푸른 산맥〉이라는 제목의 표지 버전(한국영상자료원 관리번호: DCKN002508)과 〈푸른 꿈은 빛나리〉라는 최종 영화 제목을 쓴 버전의 2종이다. 후자의 〈푸른 꿈은 빛나리〉는 모두 3종이 있는데, 표지에 '유현목 용兪賢穆 用'이라고 적혀 있는 버전(관리번호: DCKN002509_02)과 '유현목 보관용'(관리번호: DCKN002509_01), 그리고 '유兪'라고만 쓰인 버전(관리번호: DCKO002950)이 그것이다. 다른 두 책의 내지가 깨끗한 데 비해 '유현목 용' 버전은 손글씨 메모가 많아 감독이 촬영 준비 과정에서 사용한 책자임을 알 수 있다.●

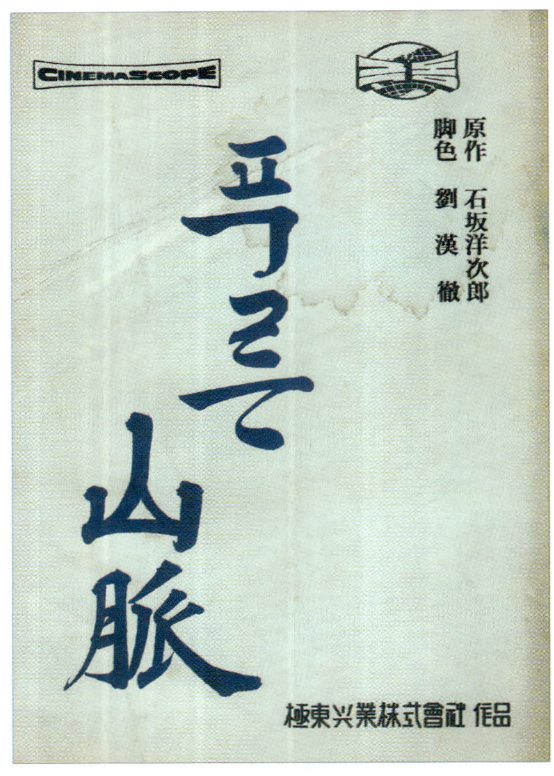

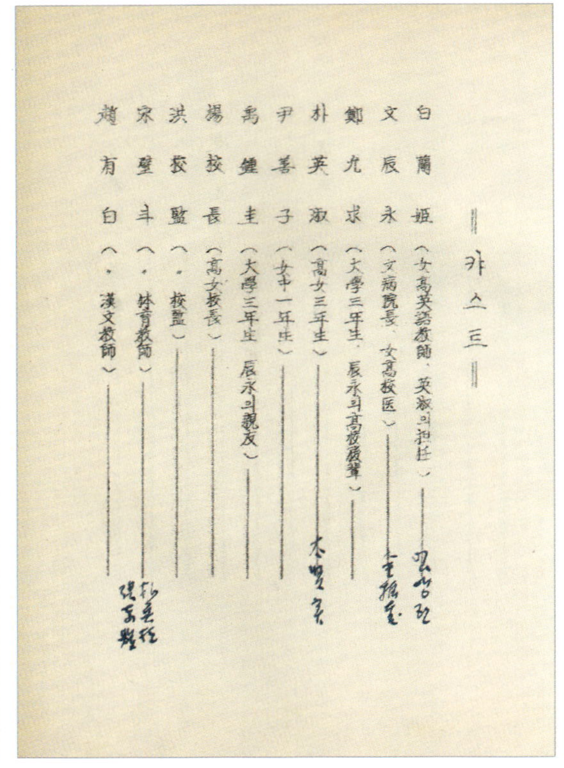

카스트

白蘭姬（女高英語教師、英淑의 担任）
文辰永（文病院長、女高校医）
鄭九求（大學三年生、辰永의 高校後輩）
朴英淑（高女三年生）
尹善子（女中一年生）
禹鍾圭（大學三年生 辰永의 親友）
湯校長（高女校長）
洪教監（〃 校監）
宋望斗（〃 体育教師）
趙有白（〃 漢文教師）

오리지널 시나리오의 초기 버전 (DCKN002508)

(왼쪽) 표지를 보면 일본어 제목 '青い山脈'에서 〈푸른 산맥〉으로 직역했고, 원작자 이시자카 요지로石坂洋次郎를 밝혔다. 아직 감독 이름이 없는 것을 보면, 극동흥업의 기획 단계에서 작성된 시나리오임을 알 수 있다.
(오른쪽) 첫 페이지의 캐스트 정보를 보면, 처음에는 주인공 백란희 역에 엄앵란이 검토되었음을 알 수 있다. 그녀는 극동흥업의 〈가정교사〉(1963)에 출연하며 청춘영화 스타로 발돋움했다.

1 한국영상자료원의 분류법에서 '오리지널' 시나리오는 제작사가 제작에 착수하고 당국에 제작을 신고하기 위해 가장 먼저 만든 시나리오 버전을 의미한다. 제작진에게는 촬영 준비용 시나리오이기도 하다. 한편 '녹음대본'은 후시녹음 단계에 사용한 것으로 최종 영화와 가장 가까운 버전이다.

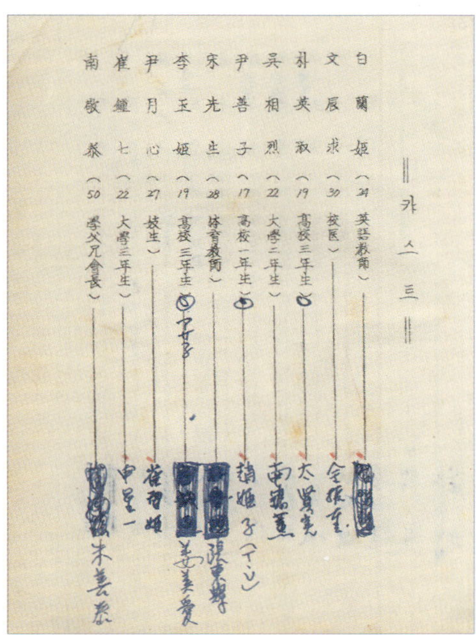

〈푸른 꿈은 빛나리〉 최종 제목이 결정된 시나리오 버전 (DCKN002509_02)

(왼쪽) 원제와 원작자 역시 숨기지 않고 명기했다. 유현목 감독이 연출 과정에 직접 사용한 버전이다.
(오른쪽) 캐스트 페이지를 보면, 아직 재일 교포 조문자(예명 유수미애)가 주인공 백란희 역으로 결정되기 전임을 알 수 있다. 엄앵란 이름은 지운 표시가 보인다. 다른 주연인 문진구 선생 역의 김진규, 여고생 영숙 역의 태현실, 남자 대학생 상열 역의 남석훈은 결정되었다. 조연인 대학생 종칠 역의 신성일의 이름도 확인된다.

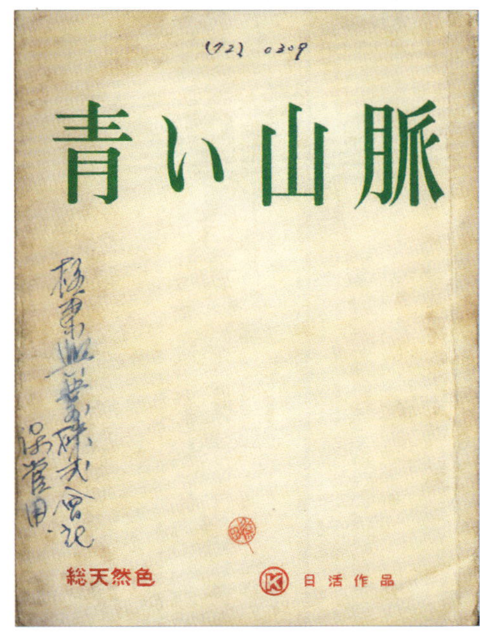

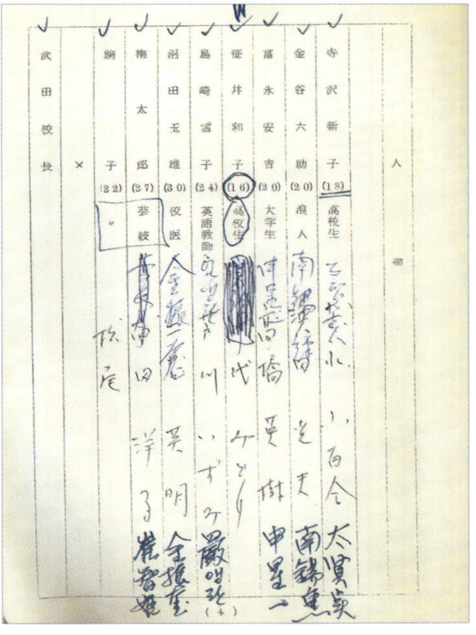

한국영상자료원이 보존 중인 〈青い山脈〉 시나리오 (CFN000135_01)

(왼쪽) 표지에 '극동흥업주식회사 보관용'이라고 적혀 있어, 기획 단계부터 참조했음을 알 수 있다.
(오른쪽) 흥미롭게도 '인물' 페이지를 보면, 일본 시나리오에 직접 한국에서 배역을 맡길 배우들을 수기로 적어 두었다.

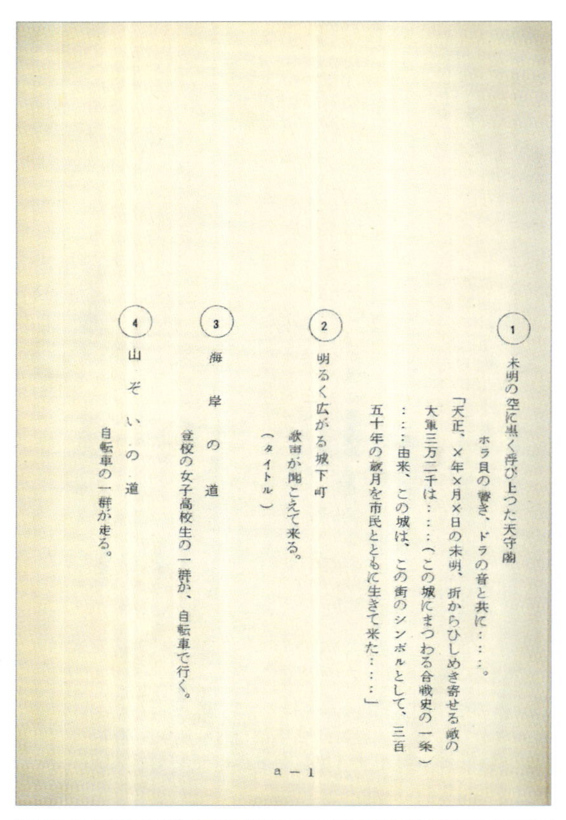

1

未明の空に黒く浮び上った天守閣

ホラ貝の響き、ドラの音と共に：：：。

「天正、×年×月×日の未明、折からひしめき寄せる敵の大軍三万二千は：：：（この城にまつわる合戦史の一条）：：：由来、この城は、この街のシンボルとして、三百五十年の歳月を市民とともに生きて来た：：：」

2

明るく広がる城下町

歌声が聞こえて来る。

（タイトル）

3

海岸の道

登校の女子高校生の一群が、自転車で行く。

4

山ぞいの道

自転車の一群が走る。

a－1

◀ 일본 시나리오의 도입부

'#1 미명의 하늘에 검게 떠오른 천수각, #2 밝고 넓게 퍼진 성 아래 마을, #3 해안길, #4 산기슭 길'로 구성되어 있다.

▼ 유현목의 연출용 시나리오

일본 각본에서 '천수각' 같은 고유 정보만 생략하고 거의 그대로 번역했음을 알 수 있다. '#1 먼동이 트는 새벽 바다, #2 아침 햇살을 담뿍 안은 시내, #3 바닷가 길, #4 산기슭의 길'의 순서로 장면이 동일하게 이어진다.

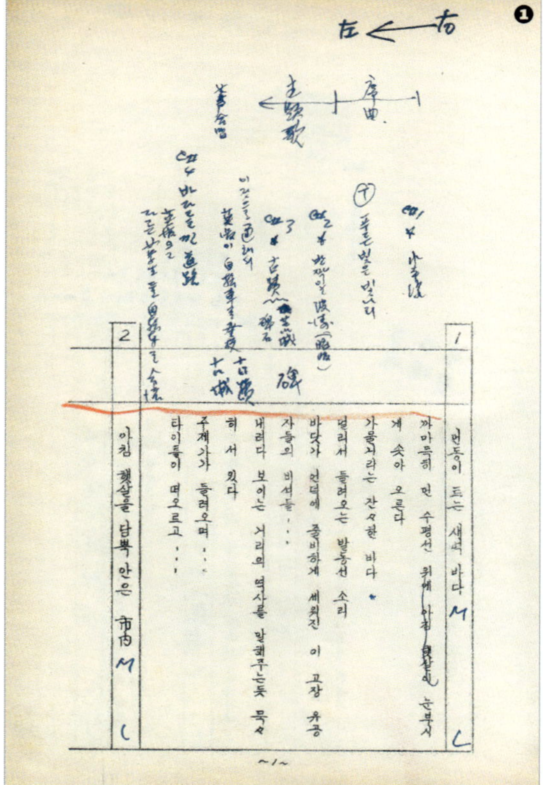

左 ← 右

1 먼동이 트는 새벽 바다 M

까마득히 먼 수평선 위에 아침 햇살이 눈부시게 솟아 오른다

가물거리는 잔잔한 바다.

멀리서 들려오는 발동선 소리

바닷가 언덕에 즐비하게 세워진 이 고장 유공자들의 비석들...

내려다 보이는 거리의 역사를 말해주는듯 묵묵히 서 있다

주제가가 들려오며...

타이틀이 떠오르고...

2 아침 햇살을 담뿍 안은 市內 M

~1~

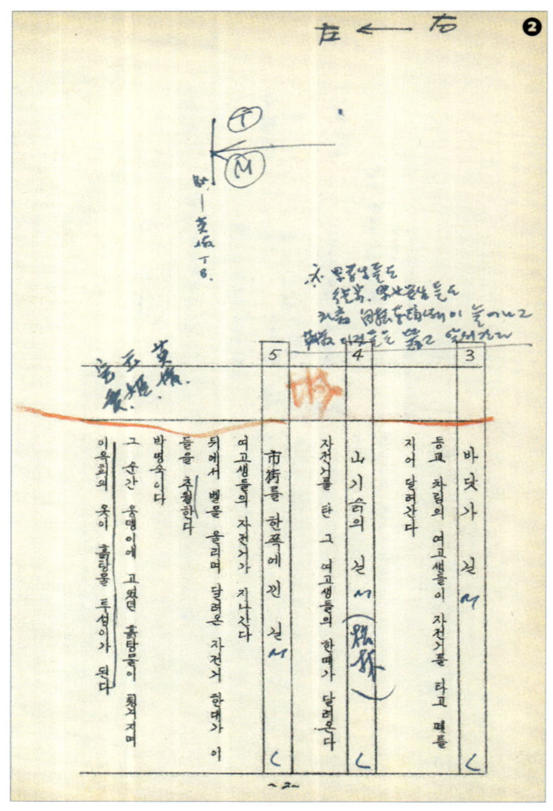

左 ← 右

3 바닷가 길 M

등교 차림의 여고생들이 자전거를 타고 떼를 지어 달려간다

4 山기슭의 길 M

자전거를 탄 그 여고생들의 한떼가 달려온다

5 市街를 한쪽에 낀 길 M

여고생들의 자전거가 지나간다

뒤에서 벨을 울리며 달려온 자전거 한떼가 이들을 추월한다

박명숙이다

그 순간 웅뎅이에 고였던 흙탕물이 튕겨지며 이옥희의 옷이 흙탕물 투성이가 된다

~2~

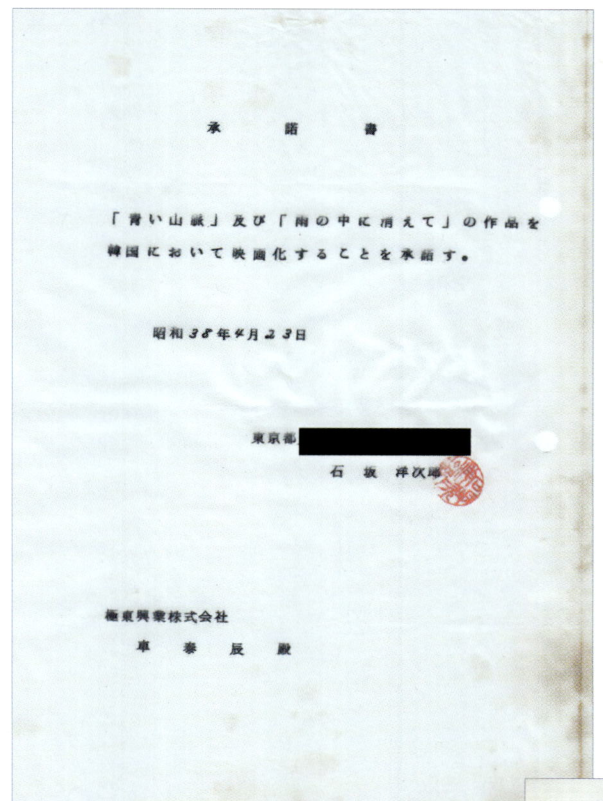

承　　諾　　書

「青い山脈」及び「雨の中に消えて」の作品を韓国において映画化することを承諾す。

昭和38年4月23日

東京都■■■■■
石坂洋次郎

極東興業株式会社
車泰辰　殿

극동흥업주식회사, '승낙서', 〈푸른 꿈은 빛나리〉 심의서류, 1963년 4월 23일

일본의 대중 소설가 이시자카 요지로 원작의 〈가정교사〉(김기덕, 1963)가 흥행에 성공하자, 1963년 4월 극동흥업은 이시자카로부터 《푸른 산맥青い山脈》과 《빗속으로 사라지다雨の中に消えて》의 영화화도 승낙받았다.

기 안 용 지

제 목: 국산영화 "푸른 꿈은 빛나리" 상영허가

극동흥업주식회사 차태진 로부터 별첨과 같이 국산영화 "푸른 꿈은 빛나리"의 상영허가 신청이 있어 서류 및 필림을 심사한 결과 그 내용이 어느 시골 여자고등학교에서 학생풍기 문제로 일대 소동이 일어나 문제의 학생이 퇴학처분을 받게 까지 되었으나 이를 이해해 주는 여선생 한 분과 교의로 있는 남선생 한 분이 힘써 학생을 구한다는 사춘기 여학생의 애정 문제를 내용으로 한 것이며 국내 상영이 무방하다고 사료되옵기 다음과 같이 상영 허가 하고 별첨 허가증을 교부하고저 합니다.

1. 제 명. 푸른 꿈은 빛나리
2. 제작회사. 극동흥업주식회사
3. 규격수량. 35 m/m 13권

승인양식 1—1—1　(1112—040—016—016)

공보부 영화과, '국산영화 "푸른 꿈은 빛나리" 상영허가', 〈푸른 꿈은 빛나리〉 심의서류, 1963년 9월 11일

당시 공보부 심의 과정에서 내용은 물론 시나리오 표절에 대해서도 별다른 이슈 없이 상영이 허가되었다.

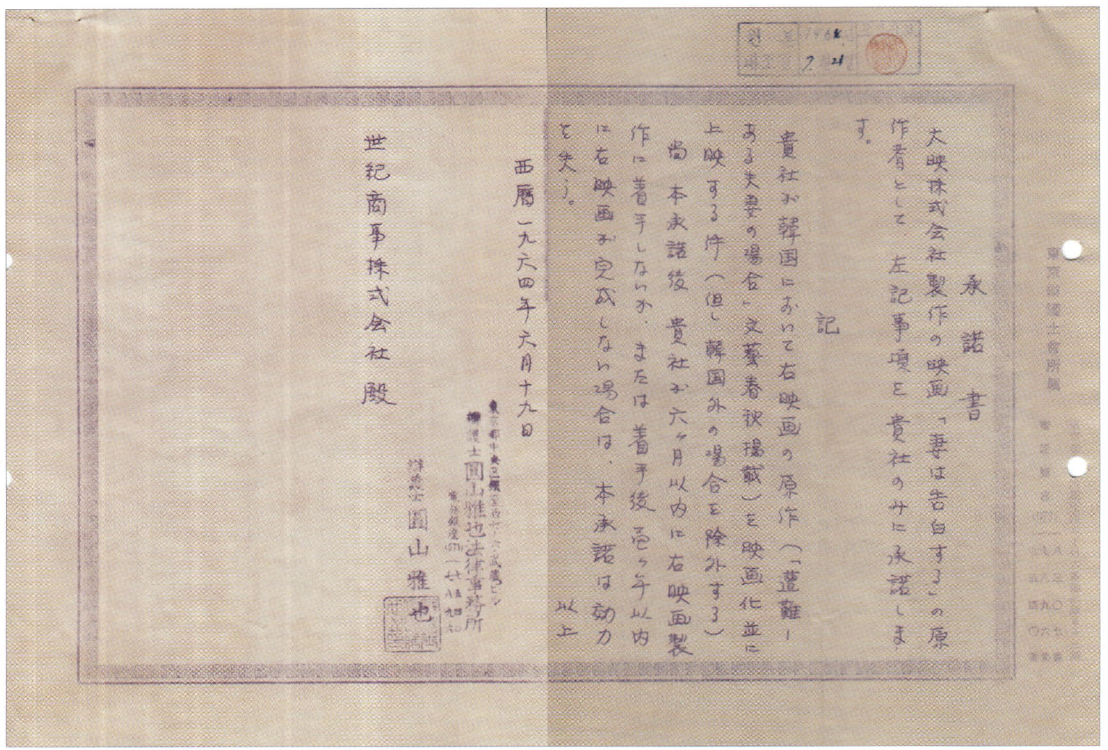

承諾書

大映株式会社製作の映画「妻は告白する」の原作者として、左記事項を貴社のみに承諾します。

記

貴社が韓国において右映画の原作（「遭難―ある夫妻の場合」文藝春秋掲載）を映画化並に上映する件（但し韓国外の場合を除外する）

当本承諾後貴社が六ヶ月以内に右映画製作に着手しないか、または着手後壱ヶ年以内に右映画が完成しない場合は、本承諾は効力を失う。

以上

西暦一九六四年六月十九日

弁護士 圓山雅也法律事務所

弁護士 圓山雅也

世紀商事株式会社 殿

세기상사주식회사, '승낙서', 〈아내는 고백한다〉 심의서류, 1964년 6월 19일

변호사이기도 한 작가 마루야마 마사오圓山雅也가 작성한 '승낙서'이다. 다이에이주식회사 제작의 영화 〈妻は告白する〉의 원작자로서 귀사에만 승낙하고, 6개월 이내에 영화에 착수하지 않거나 1년 이내에 완성하지 않으면 효력을 잃는다는 단서를 달았다.

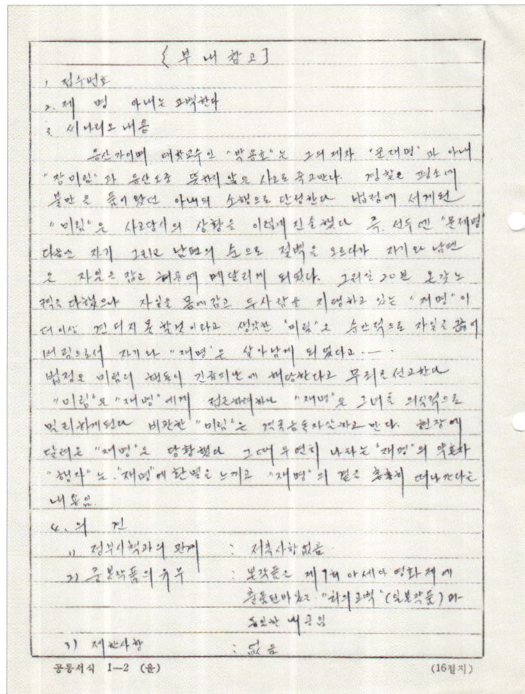

{부내참고}

1. 접수번호
2. 제명 아내는 고백한다
3. 시나리오 내용

등산가이며 대학교수인 "박동호"는 그의 제자 '문재명'과 아내 "장미림"과 등산도중 뜻하지 않은 사고로 죽고만다. 경찰은 평소에 불만을 품어왔던 아내의 소행으로 단정한다 법정에 서게된 "미림"은 사고당시의 상황을 이렇게 진술했다 즉 선두엔 "문재명" 다음은 자기 그리고 남편의 순으로 절벽을 오르다가 자기와 남편은 자일을 잡고 허공에 매달리게 되었다. 그러나 20분 온갖노력을 다했으나 자일을 몸에 감고 두사람을 지탱하고 있는 "재명"이 더이상 견디지 못할것이라고 생각한 "미림"은 순간적으로 자일을 끊어버림으로서 자기와 "재명"은 살아남게 되었다고…
법정은 미림의 행동이 긴급피난에 해당한다고 무죄를 선고한다 "미림"은 "재명"에게 접근하려하나 "재명"은 그녀를 의식적으로 멀리하게된다 비관한 "미림"은 결국 음독자살하고 만다. 현장에 달려온 "재명"은 당황했다 그때 우연히 나타난 "재명"의 약혼자 "혜자"는 "재명"에 환멸을 느끼고 "재명"의 곁을 총총히 떠나간다는 내용임.

4. 의견

1) 정부시책과의 관계 : 저촉사항 없음
2) 중복작품의 유무 : 본작품은 제9회 아세아영화제에 출품된바 있는 "처의 고백"(일본작품)과 동일한 내용임
3) 제한사항 : 없음

공통서식 1-2 (을) (16절지)

공보부 영화과, '극영화 "아내는 고백한다" 제작신고 수리통보', 〈아내는 고백한다〉 심의서류, 1964년 8월 12일

'중복작품의 유무'에 관한 의견란에 "본 작품은 제9회 아세아영화제에 출품된 바 있는 〈처의 고백〉(일본 작품)과 동일한 내용임"이라고 적어 한일 영화의 관계를 밝히고 있다.

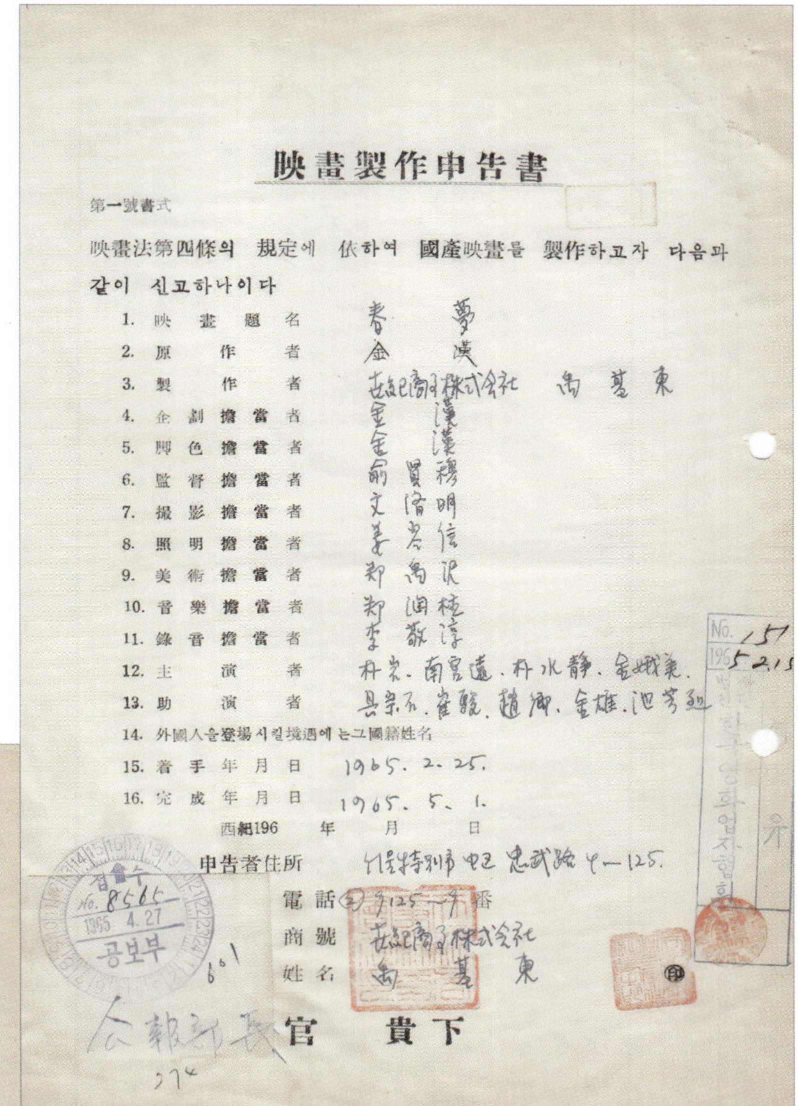

映畫製作申告書

第一號書式

映畫法第四條의 規定에 依하여 國産映畫를 製作하고자 다음과 같이 신고하나이다

1. 映畫題名　春夢
2. 原作者　金漢
3. 製作者　世紀商事株式会社 禹基東
4. 企劃擔當者　金漢
5. 脚色擔當者　金漢
6. 監督擔當者　俞賢穆
7. 撮影擔當者　文涪明
8. 照明擔當者　姜炅信
9. 美術擔當者　鄭禹沢
10. 音樂擔當者　鄭潤植
11. 錄音擔當者　李敬淳
12. 主演者　朴岩. 南宮遠. 朴水静. 金娥美.
13. 助演者
14. 外國人을登場시킬境遇에는그國籍姓名
15. 着手年月日　1965. 2. 25.
16. 完成年月日　1965. 5. 1.

西紀196　年　月　日

申告者住所　서울特別市 中区 忠武路 4-125.

電話 ② 9125-7番

商號　世紀商事株式会社

姓名　禹基東

公報部長官 貴下

공연권 취득증명서

1. 원명 春夢

2. 제명

위의 본인 저작물을 영화화하여 공연할것을 귀하에게 승인하였음을 증명함

서기 1965년 2월 1일

저작자 주소 서울特別市 城東…

성명 金漢

귀하

세기상사주식회사, '영화제작신고서', 〈춘몽〉 심의서류, 1965년 4월 27일

'영화제작신고서'의 원작자란과 반드시 첨부해야 하는 '공연권취득증명서'에 기획자인 김한의 이름이 적혀 있다.

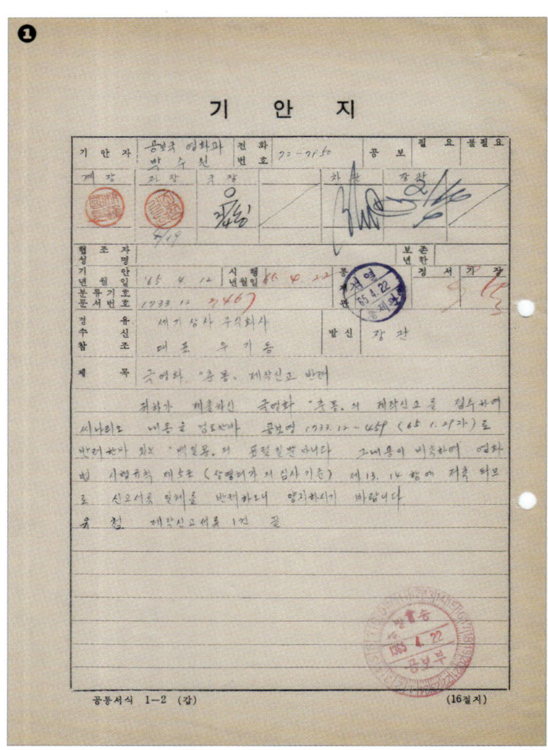

기 안 지

기안자	공보국 영화과 박수진	전화번호	72-7150	공보	필요	불필요

기안연월일: '65. 4. 12 시행연월일: 65. 4. 22

분류기호 문서번호: 1733. 12 - 7467

경유: 세기상사 주식회사
수신: 대표 우기동
참조:
발신: 장관

제목: 극영화 "춘몽" 제작신고 반려

귀하가 제출하신 극영화 "춘몽"의 제작신고를 접수하여 시나리오 내용을 검토한바 공보영 1733. 12 - 459 (65. 1. 27자)로 반려한바 있는 "백일몽"의 표절일뿐 아니라 그 내용이 비속하여 영화법 시행규칙 제5조 (상영허가의 심사기준) 제13. 14항에 저촉되므로 신고서류 일체를 반려하오니 양지하시기 바랍니다.

유첨. 제작신고서류 1건 끝.

공통서식 1—2 (갑) (16절지)

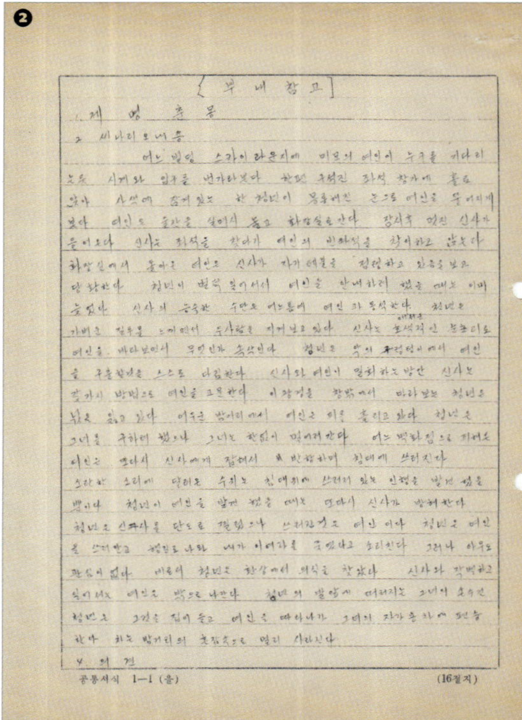

[부내참고]

1. 제명 춘몽

2. 시나리오 내용

4. 의견

공통서식 1—1 (을) (16절지)

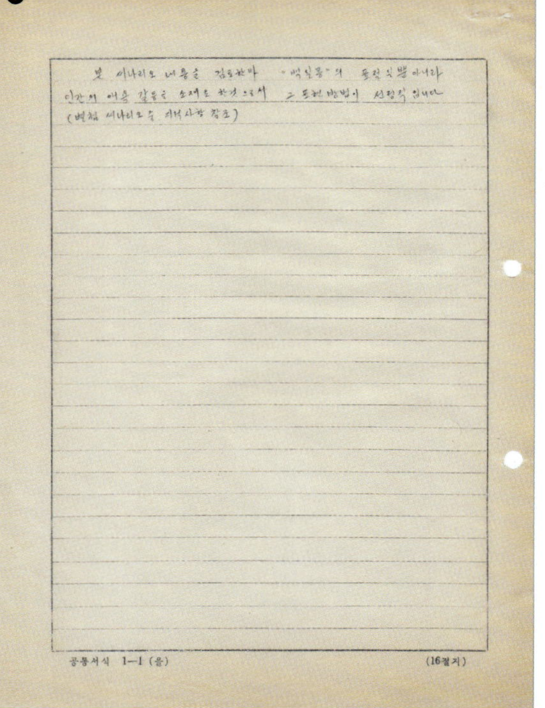

본 시나리오 내용을 검토한바 "백일몽"의 표절일뿐 아니라 인간의 애욕 갈등을 소재로 한것으로서 그 표현방법이 선정적입니다.
(별첨 시나리오 중 지적사항 참조)

공통서식 1—1 (을) (16절지)

공보부 영화과, '극영화 "춘몽" 제작신고 반려', 〈춘몽〉 심의서류, 1965년 4월 22일

사진 ❶과 사진 ❸에서 확인할 수 있듯이, 공보부 영화과는 제작신고를 반려하며 '〈백일몽〉의 표절'과 '내용 비속' 건을 지적했다. 사진 ❷에서 제작신고용 시나리오는 일본 원작 〈백일몽〉의 프롤로그와 에필로그만 치과에서 스카이라운지로 변경했음을 알 수 있다.

세태를 비추는 코미디의 통찰

조준형 | 한국영상자료원

유현목은 어둡고 진지하며, 관념적이고, 지적인 감독으로 알려져 왔다. 그의 영화 세계뿐 아니라 인간 유현목에 대해서 역시 그런 이미지가 있는데, 유현목 본인 역시 부분적으로 인정하는 바이기도 하다. 유현목 영화들의 이러한 무게감은 분단과 전쟁기, 그가 겪었던 비극적인 가정사, 혹은 역사적인 체험과도 깊은 관련이 있다. 이런 영화적 톤이나 품성에 맞지 않게 그는 몇 편의 코미디영화를 만들었다. 이에 대해 그는 다음과 같이 증언한다.

> 그 뭐 결혼작전, 특급작전 {〈특급 결혼작전〉} 음, {네} 그땐 뭐 생활비 얻기 위해서 할 수 없이. {네, 네} 또 조수들도. {네} 데리고 있는 조수들도 살아야죠. {그렇죠} 그렇다고 내가 하고 싶은 걸 선뜻 하자는 놈도 없죠 {네} 그니까 마음에 없는 그런 거 {네} 뭐 많죠 뭐 〈공처가 삼대〉 무슨 뭐, 뭐 있어요. 아 그런 것들은 나의 계열하고는 멀어진 거야 직업적으로…[1]

말하자면 마음에 없는 코미디영화들을 자신과 조수들의 생계를 위해 억지로 만들었다는 의미다. 그런데 그런 것 치고는 영화를 잘 만들었다는 것이 의외라면 의외고, 당연하다면 당연하다 하겠다. 그의 필모에서 코미디영화라고 할 수 있는 영화는 〈인생차압〉(1958), 〈특급 결혼작전〉(1966), 〈공처가 삼대〉(1967), 〈몽땅 드릴까요: 토끼와 포수〉(1968)(이하 〈몽땅 드릴까요〉) 정도라 할 수 있다. 〈인생차압〉이 사회풍자물이라면, 〈공처가 삼대〉는 홈드라마 계열, 〈특급 결혼작전〉과 〈몽땅 드릴까요〉는 로맨틱코미디 장르에 가깝다. 그런데 안타깝게도 〈공처가 삼대〉와 〈몽땅 드릴까요〉를 제외한 두 영화의 필름이 남아 있지 않아 실제 영화를 확인할 수 없는 상태다. 이에 필름이 남아 있는 두 편을 중심으로 유현목의 코미디영화 세계를 살펴보고자 한다.

이 두 편의 영화가 공개된 1960년대 후반 한국영화계에서는 특정 코미디 장르 영화들이 광범위하게 인기를 얻고 있었다. 바로 성(역할) 전도 코미디다. 1965년 〈여자가 더 좋아〉(김기풍)의 의외의 흥행 성공 이후 나타난 이 하위 장르는 심우섭이 연출하고 구봉서가 주연한 〈남자 식모〉(1968), 〈남자와 기생〉(1968), 〈남자 미용사〉(1968) 등으로 이어진다. 다른 한편으로는 〈말띠 여대생〉(이형표, 1963) 이후 〈말띠 신부〉(1965) 등으로 이어지는 일종의 기 센 여성들의 흐름이 있다. 이 두 계열의 영화들은 "여권신장과 맞물린 남성의 사회상 위축을 희화화" 한다고 할 수 있겠다.[2] 두 편의 유현목 코미디영화들 역시 이러한 "여권신장"의 흐름 속에 있다고 할 수 있다.

전업주부의 탄생과 〈공처가 삼대〉

〈공처가 삼대〉는 1965년 동아방송에서 송출된 유호의 동명 라디오드라마 원작을 영화화한 작품이다. 남녀 간의 애정 소재에서 벗어나 가족을 중심으로 두는 작품을 의미하는 이 홈드라마 장르는 1950년대 후반부터 등장했는데, 영화의 원작이 되기도 했던 〈느티나무 있는 언덕〉이나 〈로맨스 빠빠〉 등이 이에 포함된다.[3] 이 장르의 영화적 버전이 1960년대 초 양산되었던 김승호 표 가족드라마들이었다. 그러니까 〈공처가 삼대〉는 1960년대 초 영화산업에서 인기를 끌었던 가족드라마 장르의 연장이라 볼 수 있다. 다만 1960년대 초 가족영화들의 주된 테마가 세대 갈등이었다면, 65년을 전후로 등장하는 가족영화들의 테마는 젠더 갈등으로 바뀐다. 앞서 언급한 것처럼 이 시기 해당 영화를 설명하는 키워드가 '여성 상위 시대'이고, 위기의 남성성에 대처하는 코미디영화들의 하위 사이클이 크게 융성했다. 공처가 담론 역시 이 흐름과 무관하지 않을 것이다.

사실 공처가 담론은 단순히 여권신장의 산물이라 볼 수 없다. 전업주부 시대가 낳은 산물이기 때문이다. 전근대 시대에는 가정과 일터가 구분되지 않았고, 여성이 남성과 함께(보조적으로) 생산노동에 투입되었던 반면, 근대적 자본주의의 발전에 따라 가정, 즉 사적영역이 여성의 영역으로 제한된다. 따라서 전업주부에 대한 인식은 이중적이다. 생산노동과 가사노동 모두에서 남성에 예속된 존재였던 여성이 가정이라는 한정된 영역에서나마 주도권을 가지게 되었다는 인식과, 더 근본적으로는 가부장제의 근대적 변형으로서 여성을 사적영역에 폐쇄한 결과라는 인식이 함께 있는 것이다.[4] 그리고 도시 중산층의 성장과 함께 나타난 전업주부라는 현상이 가정 내 권력구조에 반영된 한 결과가 공처가 담론이라 할 수 있겠다(물론 당대 지배적인 담론이 현모양처 담론이었다는 것은 재언의 여지가 없다).

〈공처가 삼대〉는 이조참판 집안에 데릴사위로 들어간 할아버지 공사달(최남현) 이래 자식 공치산(허장강)과 손자 공진호(신성일)까지 이어지는 공처가 남성들 삼대, 그리고 할머니(황정순), 어머니(조미령), 손자며느리(고은아)로 이어지는 엄처 삼대, 그 외 할머니와 할아버지의 막둥이 아들로 구성된 7명의 가족을 다룬다. 영화는 엄처, 엄모 치하에서 벌어지는 공처가 남성들의 소소한 일탈 시도, 그리고 그것이 발각될 때의 코믹한 상황 등을 통해 웃음을 유발하는 에피소드 중심으로 구성된다. 이 영화가 남다른 점은, 당대 구봉서와 서영춘과 같은 코미디언들의 코미디영화가 득세하던 시절, 온전히 정극 연기자들을 중심으로 캐스팅하여 코미디 장르 영화를 연출했다는 데 있다. 근엄한 중신重臣이나, 반항적이고 카리스마 넘치는 청년, 매력적인 악역으로 나오던 배우들이 돈 몇 푼을 삥땅치기 위해 작당 모의를 하고, 그걸 또 엄처들에게 손쉽게 들키고, 야단맞는 연기를 하는 과정들을 보고 있노라면, 그 지질하고 희극적인 상황이 배가되며 전복과 위반의 웃음을 준다.

이 영화의 캐릭터들은 귀엽고 잘 조형되어 있으며, 6명의 주요 인물들이 맺는 관계들 역시 흥미롭다. 서사의 주된 갈등은 남성 3대와 여성 3대 간의 대립이지만, 손자 부부와, 부모 부부, 조부모 부부 등 각 세대 부부 간의 연대와 세대 차이 역시 작지 않은 비중으로 다루어진다. 즉, 젠더와 세대 문제가 교착된 다소 복잡한 레이어를 가지고 있다고 할 수 있겠다. 이는 엔딩 장면을 통해 여실히 나타난다. 영화 말미에 가족들은 회담 끝에 각자 분가하기로 하지만, 손자 커플은 조부모 집 바로 옆에 새로 집을 짓기로 한다. 가족들의 박봉을 쪼개어 저축했던 조모의 증여와 후원 덕이다. 이를 통해 영화는 이전까지 여성들의 드셈이 가정 경영을 위한 노력, 현명함의 결과임을 보여준다. 동시에 이는 불과 몇 해 전 가족영화들 속 가권家權의 이양이라는 주제가 시대 흐름에 맞춰 세대별 분가라는 방식으로 구현된 결말이기도 하다. 즉, 세대 문제와 젠더 문제를 매우 슬기로운 방식으로 해결하는 셈인데, 어떻게 보면 문제들을 매우 유연하고 부드럽게 전통적인 가족 시스템 내로 회수한 결말이라 할 수도 있겠다.

〈몽땅 드릴까요〉: 중년 세대의 로맨스와 정상적인 가족의 재구성이라는 문제

유현목의 또 다른 코미디영화 〈몽땅 드릴까요〉는 동아연극상에서 작품상을 수상한 박조열의 희곡 〈토끼와 포수〉가 원작이다. 그래서인지 영화는 여주인공 민혜옥(조미령)의 집 응접실을 주무대로 극이 진행되는 실내극 형식을 띠고 있다.

실내극이라는 미니멀한 특성은 오히려 유현목의 영화 매체에 대한 실험성을 자극한 듯하다. 카메라의 각도는 변화무쌍하고, 180도 가상선을 아무렇지 않게 넘나드는 실험적인 편집이 자주 나타난다. 물론 그렇다고 관객의 공간 감각이 상실될 정도로 실험적이거나 불친절하지 않다. 나름 중견 감독 유현목의 테크니션적인 면모가 노련하게 드러난 영화라 할 수 있다.

독특하게도 이 영화는 장년 남녀의 연애가 서사의 핵심을 이루는 로맨틱코미디 장르다. 장년 로맨틱코미디라 해서 특별히 다를 것은 없다. 남성(장운, 김진규)이 다소 일방적으로 구애를 하고 여성이 구애를 구조로, 소소한 갈등과 오해, 진심을 숨긴 채 못되게 구는 모습, 티격태격하며 이어지는 소위 '밀당'의 구도 등은 장르의 고전적인 관습을 충실히 따른다. 이에 부수적으로 혜옥의 딸 미영(손방원)과 기호(오현경)의 로맨스가 서브플롯으로 구성된다. 즉, 이 영화는 두 세대에 걸친 커플의 연애담을 다룬다. 흥미로운 점은 세대별로 연애 관계의 양상이 상반된다는 데 있다. 부모 세대에서는 남성이 공세적이고 여성이 수세에 놓여 있는 반면, 자식 세대에서는 여성이 공세적이고 남성이 수세에 있으며, 여성 쪽이 관계의 주도권을 쥐고 있다. 특히 이 영화의 개성이 두드러지는 지점은, 공세든 수세든 여성들은 모두 평균 이상으로 기가 센 인물로 그려지는 반면, 남성의 경우 위 세대는 지나치게 마초적이고 아래 세대는 비현실적으로 나약하고 의존적인 존재로 묘사된다는 점이다. 그리고 이 두 남성 캐릭터 간의 대비가 영화의 주요한 활력을 만들어 낸다.

그런데 생각해 보면, 기호의 캐릭터는 단순히 '나약한 남성'으로만 규정되지 않는다. 그는 특유의 순진하면서도 교활한 면모로 사건과 갈등을 유발하는 인물이다. 권위적인 아버지에 대한 반감으로 "나도 사실은 아버지 같은 거 없는 게 좋다고 생각하고 있습니다"라는 전복적인 대사를 불쑥 내뱉거나, 용기를 얻기 위해 술을 마시곤 엉뚱한 사고를 치며, 자신의 부친에게 미영의 아버지가 있다고 거짓말을 해 영화의 가장 큰 위기를 초래한다. 이러한 점에서 그는 전통적 서사론에서 말하는 트릭스터형 캐릭터로 볼 수 있다. 트릭스터형 캐릭터는 단순히 서사 내내 사건과 분란을 일으키는 장치적 존재가 아니라, 기성의 질서와 권위를 흔드는 전복적 인물로 해석되곤 한다. 기호 역시 그러하다. 그는 '여성 상위 시대' 속에서 남성의 위악적인 자기 인식을 드러내는 동시에, 전통적인 성별 인식과 위계 구조, 그리고 스테레오타입화된 가족의 이미지를 조롱하고 흔드는 입체적이며 활력적인 인물이다.

어쨌든 영화는 두 커플의 성공적인 결합으로 막을 내린다. 장년 세대의 로맨스는 '노총각'과 '과부'라는, 당시 사회에서 일종의 결함으로 여겨지던 남녀가 만나 온전하고 '정상적인' 가족을 재구성한다는 함의를 지닌다. 그런 면에서 영화는 분명 보수적이다. 그러나 유사한 영화들이 결말에서 기세등등하던 여성을 돌연 현모양처로 변모시키는 데 반해, 이 영화에서는 끝까지 여성들의 기가 꺾이지 않는다는 점이 돋보인다. 나약한 기호의 캐릭터 또한 변화하지 않는다. 오히려 무례한 마초 남성 장운이 좀 더 사회화된 인물로 변모하는 점이 흥미롭다.

요컨대 이 시기 유현목의 코미디 영화들은 변화하는 세태 속에서 새로운 남녀 관계, 가족 구성 양식, 그리고 가정 내 권력의 재분배 방식에 대한 고민을 담고 있다. 그 가운데 이 영화들은 시대의 흐름에 역행하지 않으면서도 기존의 질서를 완전히 흔들지는 않는, 보수적이라면 보수적이고, 절묘하다면 절묘한 균형점을 모색하려는 기성세대 남성 감독의 고심과 통찰을 보여 준다. ●

주

1 조혜정 채록연구, 《2003년도 한국근현대예술사 구술채록연구 시리즈 15: 유현목》, 한국문화예술위원회, 2004, 175쪽.

2 송효정, 〈1970년대 전후 코미디 영화의 아이콘: 남자 식모에서 여자운전사까지〉, 《우리어문연구》 45집, 2013, 496쪽.

3 문선영, 〈1960년대 라디오 홈드라마의 형성과 작품 특성〉, 《한국극예술연구》 33집, 2011, 232쪽.

4 장미경, 〈1960~70년대 가정주부(아내)의 형성과 젠더정치: 여원, 주부생활 잡지 담론을 중심으로〉, 《사회과학연구》 15권 1호, 2007.

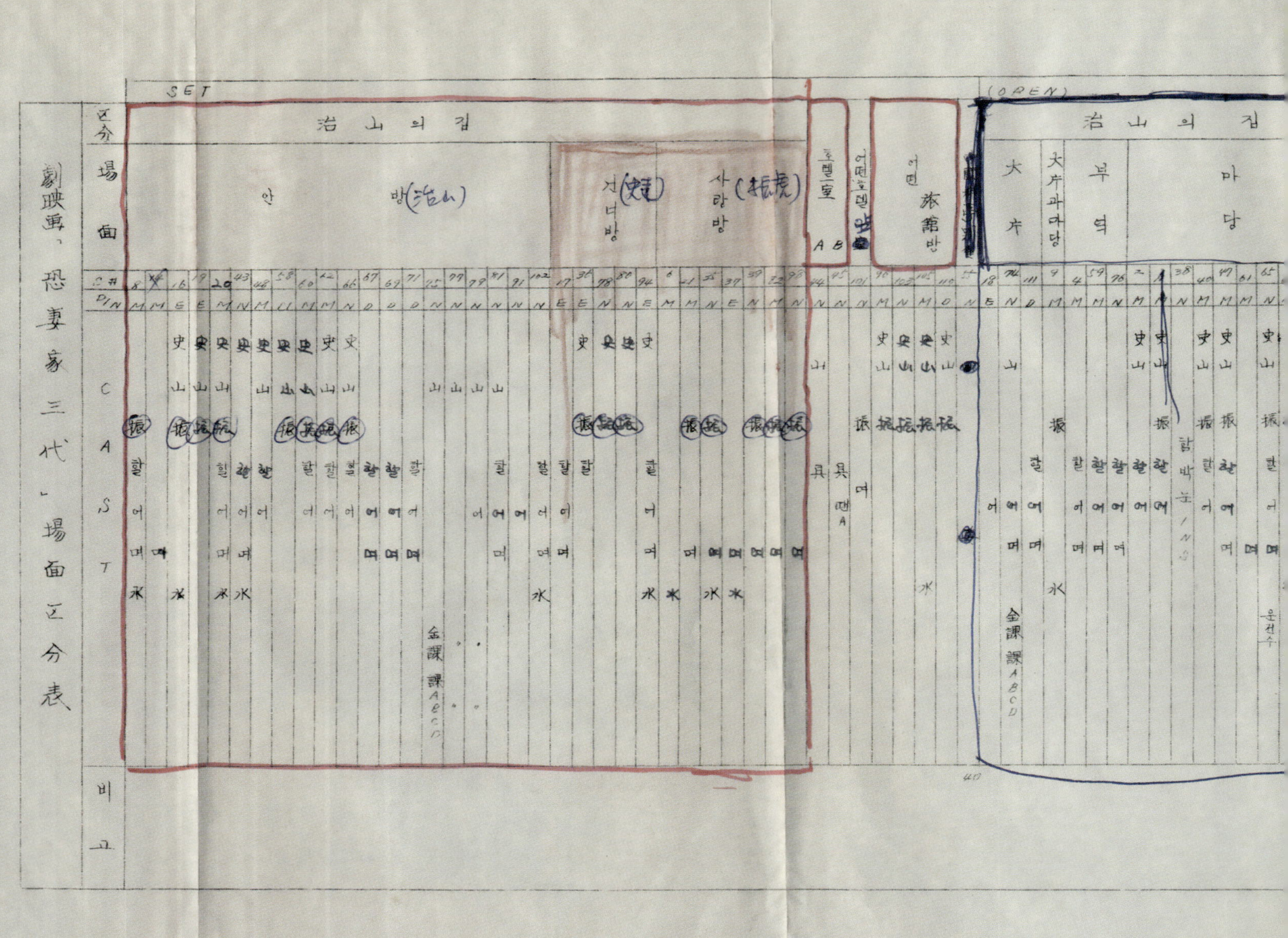

劇映画「恐妻家三代」場面区分表
SET
(OPEN)
区分
治山의 집
場面
안방(治山)
건넌방(史玉)
사랑방(振虎)
호텔室
어떤 호텔
어떤 旅館방
大門
大門과 마당
부엌
마당
CAST
비고

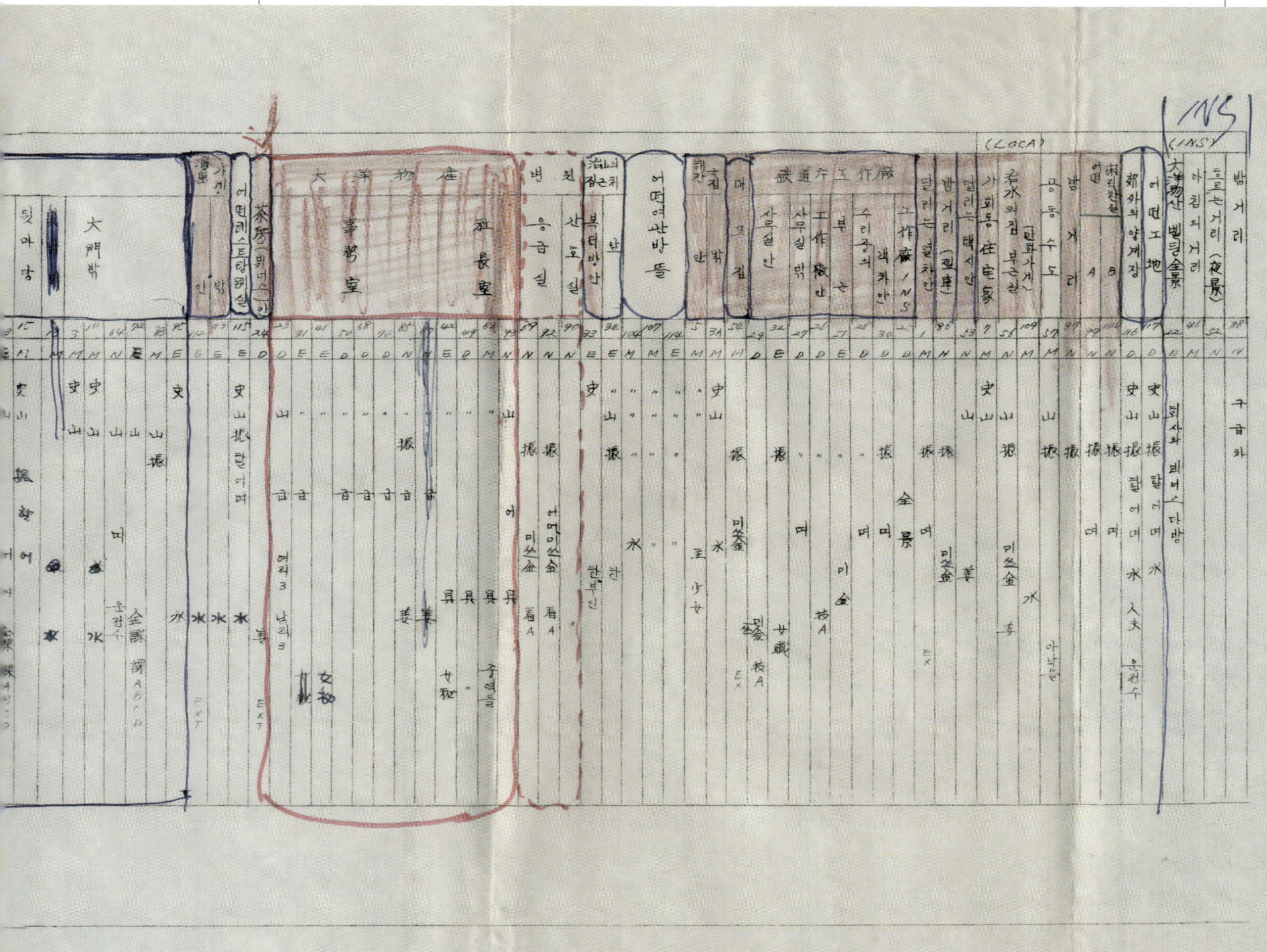

〈공처가 삼대〉 장면구분표 (ZK0000495)

촬영의 용이성을 위해 장소별로 구분하였고, 여기에 세트, 오픈세트, 로케이션, 인서트(INS) 등의 구분, 신 넘버, 낮인지 밤인지(D/N), 등장인물 등이 표시되어 있다. D/N 구분에서 E와 M 철자도 보이는데, 이는 Evening과 Morning의 약자로 추정된다. 말하자면 전체 신을 장면 중심으로 분해한 표라고 할 수 있겠다.

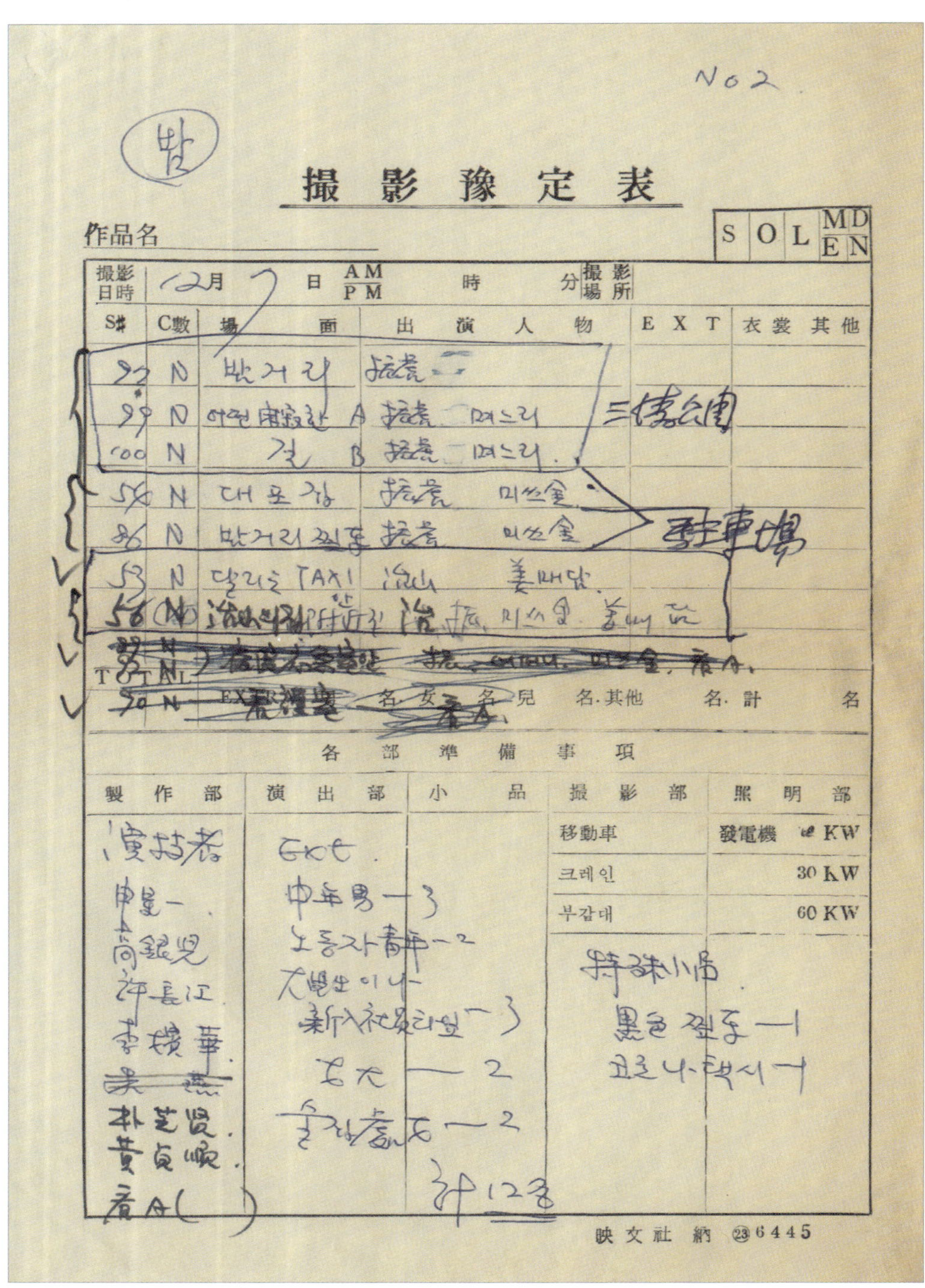

NO2

撮影豫定表

作品名

S	O	L	MD EN

撮影日時 12月 7日 AM PM 時 分 撮影場所

S#	C數	場面	出演人物	EXT	衣裳其他
97	N	밤거리			
99	N				
100	N				
54	N	대포집	미쓰金		
56	N	밤거리	미쓰金		
53	N	달리는 TAXI			

TOTAL 名 女 名 兒 名.其他 名. 計 名

各部準備事項

製作部	演出部	小品	撮影部	照明部
	EXT.		移動車	發電機 KW
	中年男 — 3		크레인	30 KW
			부감대	60 KW
	計 12名			

映文社 納 ㉓6445

〈공처가 삼대〉 촬영예정표 (ZK0000498)

〈공처가 삼대〉의 촬영예정표 중 12월 7일 분이다. 상단 S, O, L은 SET, OPEN, LOCATION의 약자, M/D/E/N은 Morning, Day, Evening, Night의 약자로 추정된다. 하단에는 제작부, 연출부, 소품부 준비 사항 칸에 출연 배우와 엑스트라 명단, 촬영기와 조명기 필요분이 적혀 있고, 특별 소품으로 "이색 찦차", "코로나 택시" 등이 메모되어 있다. 당연한 말이지만 실제 영화 촬영이 신 순서대로 이루어지지 않음을 확인할 수 있다.

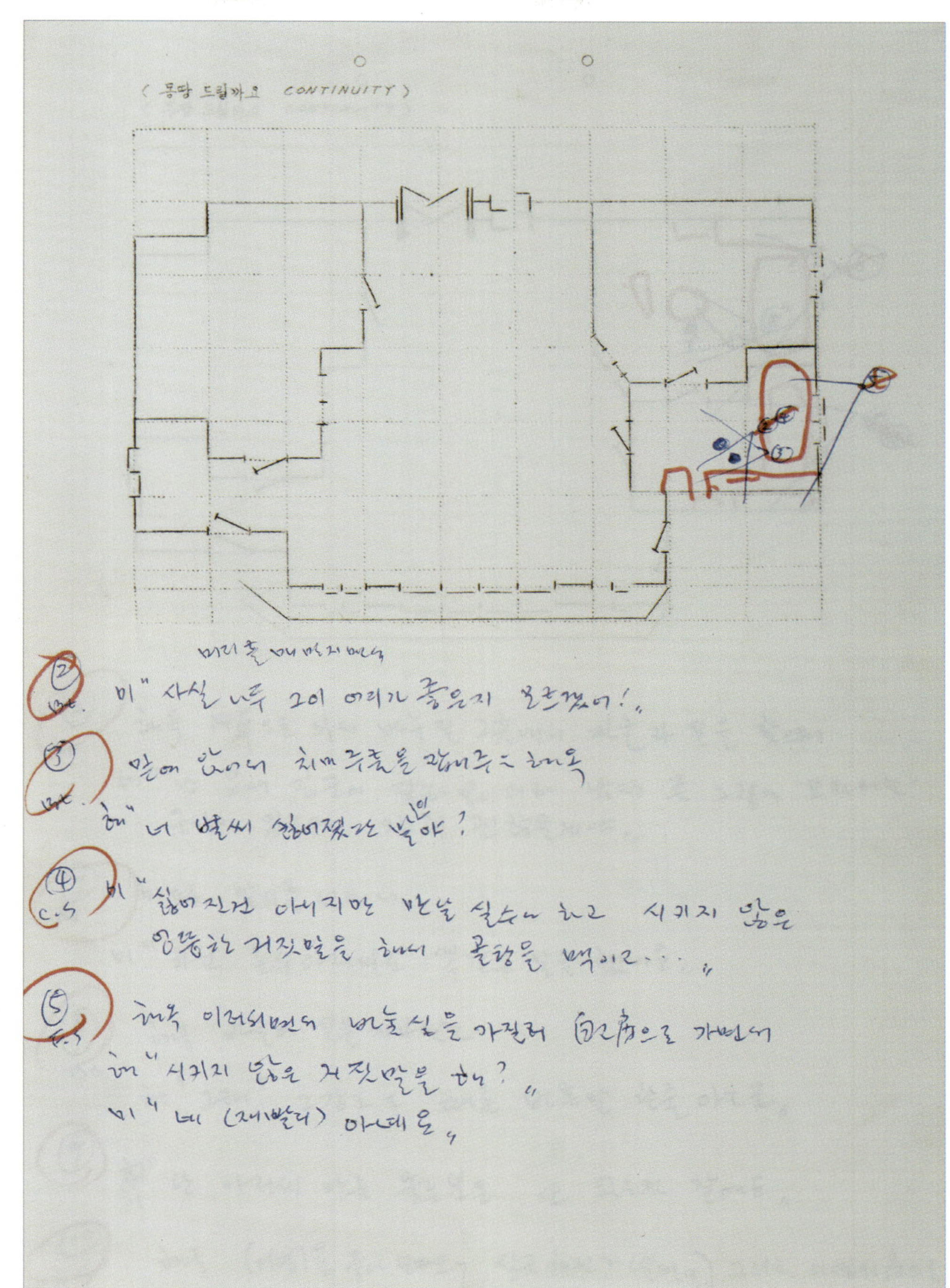

〈몽땅 드릴까요 CONTINUITY〉

머리를 매만지면서

② B.T. 미" 사실 나두 그이 얘기가 좋을지 모르겠어!"

③ B.T. 밑에 앉아서 치마주름을 잡아주는 혜옥

혜" 너 벌써 싫어졌다는 말이야?

④ C.S 미" 싫어진건 아니지만 밤낮 실수나 하고 시키지 않은 엉뚱한 거짓말을 해서 골탕을 먹이고..."

⑤ F.S 혜옥 일어서면서 바늘실을 가질러 自己房으로 가면서

혜" 시키지 않은 거짓말을 해?"

미" 네 (재빨리) 아녜요"

유현목 감독이 자필로 작성한 〈몽땅 드릴까요〉의 73번 신 콘티 (CKT000055)

상단에는 촬영의 주무대가 되는 민혜옥 집 내부의 간략한 도면이 있다. 붉은 사인펜으로 주 촬영이 이루어지는 민혜옥의 방과 카메라의 위치가 표시되어 있다. 파란색 볼펜은 등장인물 혜옥과 그녀의 딸 미영이다. 하단에는 카메라앵글의 사이즈와 대사가 표시되어 있다. F.S.는 FULL SHOT, B.T.는 BUST SHOT, C.S.는 CLOSE-UP SHOT의 약자로 보인다.

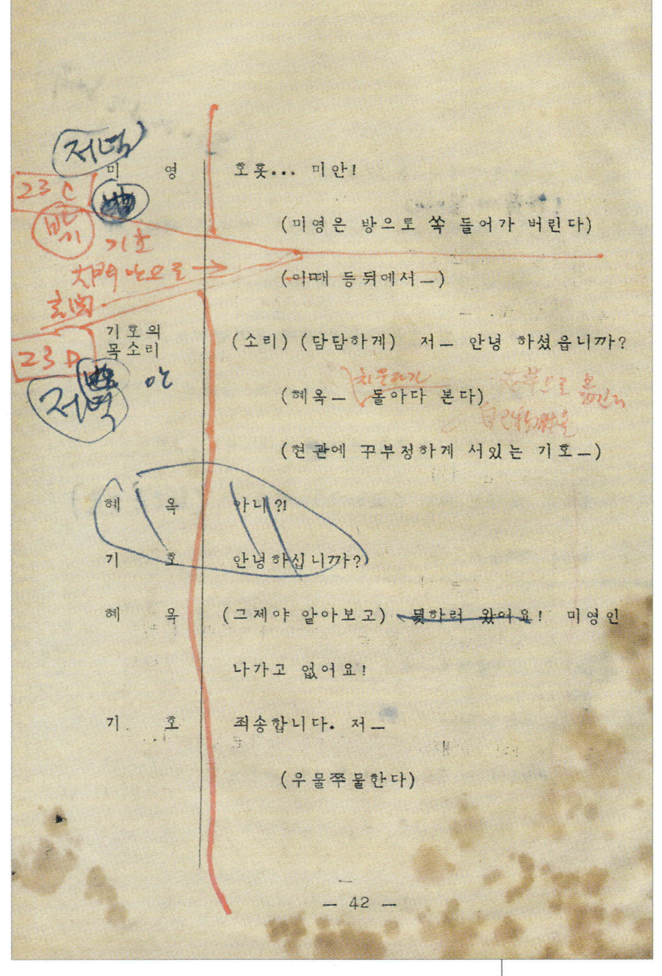

미 영　　호호... 미안!

(미영은 방으로 쏙 들어가 버린다)

(이때 등뒤에서—)

기호의 목소리　　(소리) (담담하게) 저— 안녕 하셨읍니까?

(혜옥— 돌아다 본다)

(현관에 구부정하게 서있는 기호—)

혜 옥　　아니?!

기 호　　안녕하십니까?

혜 옥　　(그제야 알아보고) 뭣하러 왔어요! 미영인 나가고 없어요!

기 호　　죄송합니다. 저—

(우물쭈물한다)

— 42 —

〈몽땅 드릴까요〉 촬영용 시나리오 (CK0002725_01)

〈몽땅 드릴까요〉의 시나리오 중 한 면이다. 표지에 '유현목 용'이라 표기되어 있다. 시나리오상에 이런저런 메모가 있는 것으로 보아, 영화 완성 후에 만들어지는 녹음대본이 아닌 촬영용 대본으로 추정된다. 해당 면에는 신 넘버, 촬영 시점(낮인지 저녁인지), 기존 대사의 삭제 표시 등과 함께 지문을 보강하는 유현목의 자필 메모가 있다.

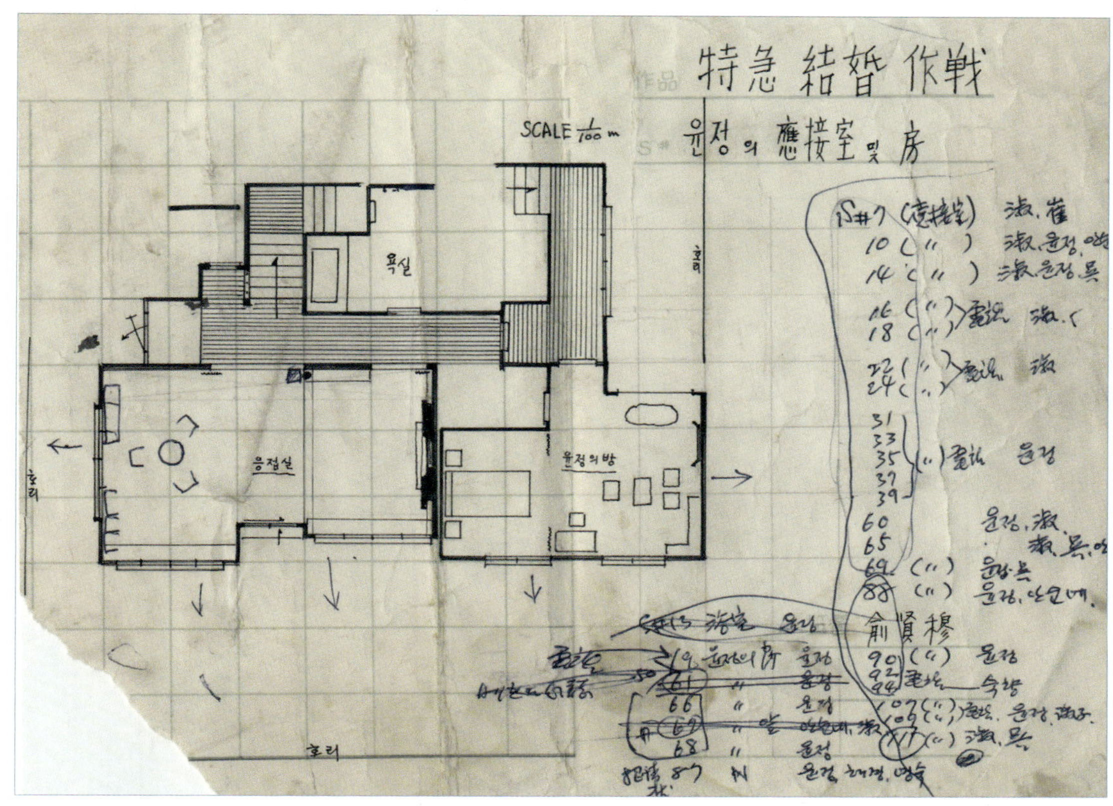

〈특급 결혼작전〉 윤정의 응접실 및 방 도면 (ZK0000559)

영화 〈특급 결혼작전〉의 주 공간인 여주인공 윤정의 집 내부 도면이다. 1/100로 축소된 것임을 알 수 있다. 도면 우측에 유현목 감독 본인이 이 공간에서 촬영할 신 넘버 및 신별 등장인물을 촬영할 세부 공간(응접실, 윤정의 방)별로 나누어 메모하였다.

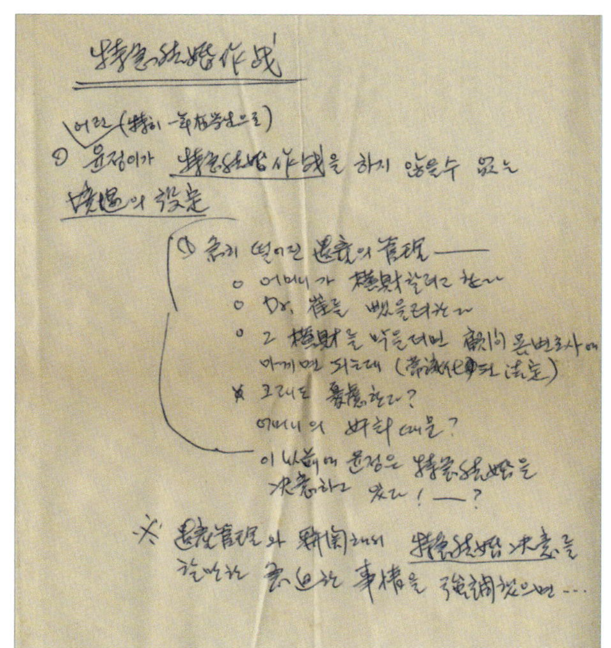

〈특급 결혼작전〉에 대한 유현목 감독의 자필 메모 (ZK0000557)

아버지에게 거액의 유산을 상속받게 된 윤정(태현실)이, 열아홉 살이라는 어린 나이에도 불구하고 자신의 재산을 지키기 위해 결혼을 하려 한다는 것이 영화의 설정이다. 유현목 감독은 어린 나이에 결혼을 하려는 윤정의 동기가 약하다고 생각했고, 무언가 결의를 위한 "급박한 사정"이 강조되어야 한다고 적고 있다. 코미디영화에서도 영화의 전반적인 서사적 질서나 동기화를 고민했던 연출 태도를 확인할 수 있는 부분이다.

멜로드라마를 향한 그의 남다른 시선

이수연 | 한국영상자료원

영화적 기교에만 신경을 쓰던 영화청년의 멜로드라마

유현목 감독은 감독으로 데뷔한 지 36년이 지난 1992년 《영화》(1992년 5월호, 통권 142호)의 지면을 통해 자신의 첫 작품 〈교차로〉를 연출하게 된 계기를 다음과 같이 말했다.

> 1956년 개봉된 〈교차로〉는 나의 처녀작이다. … 김인걸 씨가 원로 시나리오작가 이청기 씨의 오리지널 시나리오를 들고 와서 그 연출을 의뢰하는 것이었다. 쌍동이 두 처녀의 다른 운명을 그린 멜로드라마였다. 나는 생리적으로 어두운 그림자를 드리운 작품 경향을 좋아하는 성향이었지만, 그 작품을 수락한 이유는, 우선 가볍게 습작하는 편이 무겁고 어두운 작품을 섣불리 손댄다는 위험부담 편보다는 속편한 일이었기 때문이다. … 신문 기사적인 흥밋거리 제재 정도인 멜로물이다. 그때까지만 해도 나는 문제의식을 가진 주제와 내용에 별로 깊은 생각을 못했고, 다만 영화적 기교 면에만 신경을 쓰던 영화청년에 지나지 않았다.

이어 그는 자신의 어린 시절을 회고하며 그가 왜 형식적 기교에 천착하게 되었는지를 설명하고, 종합적으로 자신의 초기 멜로드라마 작품 세 편을 차례로 평가한다.

> 영화적 형식에 편중했던 오랜 습관으로 나의 데뷔작 〈교차로〉는 그러한 편향된 입장에 사로잡힐 수밖에 없었다. … 다음 작품 〈유전의 애수〉도 주제의 중량이 약한 것이어서 또한 기교주의로 커버해 나아가려 했던 것이었고, 세 번째 작품인 〈잃어버린 청춘〉부터는 기교만의 허망을 메꾸기 위하여 내용 중심의 작품 경향으로 애썼던 작품 기획이라고 할 수 있다. 이 작품에서부터 나는 편향된 형식주의를 벗어던지고, 내용에 상응하는 기교의 변수란 무엇인가를 새삼 발견하려 했던 것이다.

유현목이 주제의 중량감을 채우기 위해 어떠한 기교를 사용했는지를 직접 눈으로 확인할 수는 없지만(위에 언급된 세 작품 모두 현재 필름이 남아 있지 않다), 그가 생각하는 '기교'란 무엇이었는지 그리고 당시 관객과 평론가의 관점에서 그의 영화가 갖고 있는 특별함이 무엇이었는지를 알 수 있는 몇 가지 단서들이 있다.

먼저 당시의 영화평들을 살펴보면 "지루한 씬은 별로 없고 한국영화의 공통적인 폐단인 느린 템포가 이 영화에서는 시정되어 있는 것이 유쾌"하다거나,[1] "소재는 새로울 것이 없지만 템포의 쾌조가 괄목할 만하고 연출의 성공과 카메라 사용의 참신이 꽤 관객을 이끌고" 간다는 등[2] 빠른 편집과 역동적인 카메라 무빙(물론 오늘날의 영화 속도에 익숙한 관객들에게는 이마저도 느리게 보이겠지만)은 기교를 중시하던 시기 유현목의 멜로드라마가 여타의 멜로영화들과 다른 주요한 차이점임을 알 수 있다.

또 한 가지 특징은 '몽타주'를 들 수 있다. 《씨네마》

1962년 12월호에는 유현목의 〈아낌없이 주련다〉 연출 노트가 게재되었는데, 여기서 그는 자신의 '기교주의'가 영화학도 시절 탐독했던 몽타주론에 기반해 있다고 설명한다.

> 나는 나의 연출기교를 얘기하기 전에 나의 영화학도 시대를 더듬어 올라가 보고 싶다. 그때는 무성영화의 고전적 '몽따쥬'론을 탐독하면서 그 당시의 국산영화를 분석해보는 것이 연출 수업이었다. 그때 작품들은 주제성은 강하지만 거기 따르는 기교가 미흡한 것만 같았기에 기교 편중의 공부를 했으면 한 것이 되어서, 나의 초기작품들은 내용이 빈약한 채로 역시 기교주의의 시도가 많았던 것 같다. 물론 '몽따쥬'론의 현대화 혹은 의식적인 구사를 주로 한 연출방법이었고—. 그후 차츰 연극적인 방법 즉 인물의 배치와 그 행동선 등에 집착했다고 볼 수 있다. 그러던 중 차츰 '로베르 브레송'의 방법 즉 화면응시의 방법과 '네오리얼리즘'의 화면 내용 속의 '몽따쥬' 방법, 그러니까 동일화면 속에서 전경, 중경, 후경들의 공간적 혹은 시간적 '몽따쥬' 속에서 '리얼리티'를 강조하는 수법에 이끌리게 되었다.

인용한 글에 따르면 처음에는 기교 중심으로 영화를 완성하는 데에 초점을 두었지만, 작품이 거듭될수록 차츰 멜로드라마 안에서도 주제 의식을 부각시키는 방식으로 그 기교를 다듬어 나갔다.

같은 지상紙上에 게재된 영화평론가 이영일의 글 (〈반허구-영상미의 경험-유현목 감독의 작가형성과 방법론을 중심으로〉)에서는 유현목의 영화를 (1) 몽타주 중심 작품 (2) 주제 의식이 두드러진 작품 (3) 영상 중심의 작품으로 구분한다. 그의 설명에 따르면, 유현목은 (1)의 유형으로 시작해 (2)의 과정을 거쳐 (3)에 이르렀는데, (1)의 유형에는 〈교차로〉와 〈유전의 애수〉와 같은 작품들이, (2)는 〈잃어버린 청춘〉으로 시작해 〈오발탄〉까지를 아우른다.

(2)의 시기, 유현목의 멜로드라마가 담고 있는 주제는 주로 '죄의 고리'와 관련된 것이었다. 그의 멜로드라마 속 주인공들은 처음엔 우연하게 또는 생존을 위해 죄의 수렁에 빠진다. 하지만 한번 이 수렁에 빠진 후에는 이를 가리기 위해 연쇄적으로 또 다른 죄를 저지르며 주변 사람들까지 불행한 운명 속으로 엮어 들어가고 끝내 비참한 결말을 맞게 된다. 이와 같은 작품에서는 주인공이 가진 순수한 의도를 강조함으로써 결말이 갖는 비극성을 강조하는 식으로 멜로드라마적 파토스를 형성했다.

화려한 기교에 주제 의식을 녹여내는 작업을 실험하던 유현목은 마침내 (3)에 이르러 미장센 자체에 더 집중하기 시작했는데, 그렇게 완성된 첫 작품이 〈아낌없이 주련다〉였다. 몽타주에서 미장센으로 나아가며 그가 그려 내고자 했던 것은 무엇일까?

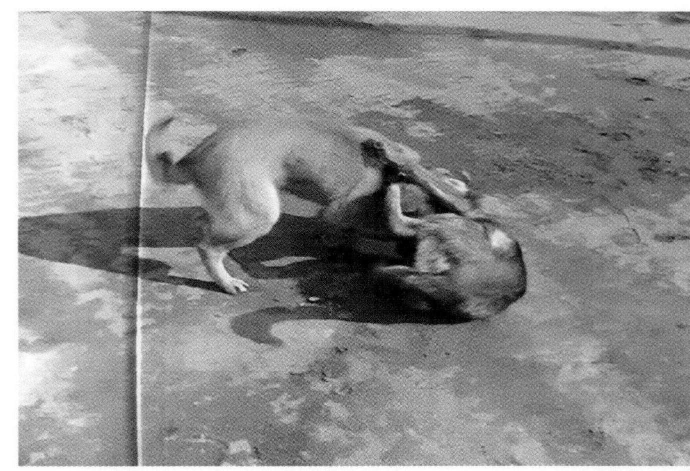

유현목의 초기 몽타주 기교를 보여 주는 영화 속 장면. 〈그대와 영원히〉에서 두 마리의 강아지가 뒤엉켜 싸우는 장면에 이어 광필과 달수가 다투는 모습을 배치함으로써 두 사람의 갈등이 동물적인 약육강식 구조 안에서 전개되고 있음을 보여 준다.

현실감 없는 지나친 우연성은 그만! '멜로 리얼리즘'

유현목은 〈아낌없이 주련다〉에 대해 《국제영화》(1962년 11월호) 편집장과 진행한 대담에서 다음과 같이 설명했다.

> **김재술, 편집장** 유 감독이 이번 영화에 '멜로 리얼리즘'의 영화를 만들겠다고 하셨는데, 좀 자세한 설명을….
>
> **유현목** '리얼리티'를 바탕으로 한 멜로드라마란 뜻입니다. 너무나 속이 들여다보이는 우연성, 안이한 속임수나 허구 같은 것에는 관객이 감동하지 않아요. 실상, 멜로드라마나 리얼리즘이나 거기 담겨진 인생의 진실은 종이 한 장 차이겠지만, 현실감이 없는 지나친 우연성에는 질렸어요.

한운사 원작의 〈아낌없이 주련다〉는 KA 라디오연속극으로, 방영 당시 주인공 하지송의 내레이션으로 피란 생활의 고단함과 연상의 여인에 대한 절절한 마음을 심도 있게 그려 낸 "리얼한 메로드라마"로 평가를 받는 동시에 대중적으로도 많은 인기를 얻은 작품이었다. 영화 〈아낌없이 주련다〉는 이처럼 탄탄한 원작의 바탕에 아름다운 영상미를 더하여 "김장철 전후의 흥행 악씨즌"에 개봉했음에도 불구하고, "부진한 국산영화 중 단연 호조를 보여 〈콰이강〉과 대적하는 기적을 선보임으로써 낙망한 국산영화 제작자들의 용기를 고무"했다는 평가를 받았다.[3]

〈아낌없이 주련다〉의 성공에 힘입어, 유현목은 〈푸른 꿈은 빛나리〉나 〈아내는 고백한다〉와 같이 일본영화를 번안한 멜로드라마, 문예영화(〈김약국의 딸들〉), 사회물(〈잉여인간〉, 〈푸른 별 아래 잠들게 하라〉), 코미디영화(〈특급 결혼작전〉, 〈공처가 삼대〉), 실험영화(〈손〉, 〈춘몽〉) 등 다양한 장르적·형식적 시도를 이어 나갔다.

유현목의 이러한 시도들이 가능할 수 있었던 건 흔히 '한국영화의 르네상스'라고 부르는 영화산업의 폭발적인 성장 덕분이기도 했다. 당시 한국의 극장가에는 〈맨발의 청춘〉 이후 신성일·엄앵란 커플을 내세운 청춘영화 장르가 한차례 돌풍을 일으켰고, 〈007 위기일발〉이 1964년 11월 서울 피카디리에서 개봉하여 이듬해 구정 시즌까지 흥행을 이어 갈 정도로 성공을 거두자, 한동안 한국영화에서도 첩보액션물이 우후죽순 제작되기도 했다.

그러자 다른 한편에서 지나치게 오락물 위주의 영화만이 제작되는 현상을 우려하는 목소리가 나오기 시작했고, '수준 높은 영화 제작을 독려'할 목적으로 정부에서 우수영화 제작사에 수입외화쿼터를 지급하기로 하면서 1966년부터는 각 제작사마다 문예물들이 쏟아져 나왔다. 이중 춘원 이광수의 소설을 각색한 〈유정〉(김수용, 1966)이 서울에서만 30만 관객을 동원하며 크게 흥행했고, 같은 해 12월, 이제는 전설로 남은 영화 〈만추〉(이만희)가 개봉하여 평단과 흥행 모두에서 탁월한 성적을 거두었다. 그리하여 1967년에는 말 그대로 문예영화와 더불어 멜로영화 붐까지 일었다.

이런 분위기 속에서 유현목이 연출한 영화가 바로 〈종야〉(1967)이다. 〈종야〉는 〈만추〉의 오리지널 시나리오를 쓴 김지헌이 그보다 무려 8년 전에 쓴, 먼지가 소복이 쌓인 시나리오를 다시 꺼내 영화화한 작품이다. 이 영화는 주인공 마도란의 집에서 대부분의 이야기가 전개되며, 플래시백이 아닌 대사를 통해 마도란의 과거와 불안하고 고독한 심리 상태가 표현되는 등, 여러 면에서 〈욕망이라는 이름의 전차〉(엘리아 카잔, 1951)를 생각나게 하는 작품이었다.[4] 한국영화에서 이런 형식은 분명 새로운 시도였으나, 대중성을 얻기는 힘들었다.

그럼에도 〈종야〉가 보여 주고자 했던 '인간의 고독'이라는 주제는 당시의 사회적 분위기와도 맞닿는 면이 있었다. 1960년대 후반의 한국 사회는 전쟁 후 회복의 과정에서 급격한 산업화와 도시화를 경험하고 있었고, 이로 인해 문학·미술·영화를 비롯한 문화 전반에 '현대인의 고독과 소외 의식'이라는 화두가 중요하게 떠올랐다. 이러한 풍조를 반영하듯, 유현목의 다음 영화 〈막차로 온 손님들〉 역시 '인간의 고독과 소외'를 주제로 삼았다.

> 〈오발탄〉의 김진규나 최무룡은 전쟁이라는 절박한 상황 속에서, 〈잉여인간〉의 신영균은 생활이라는 비참한 현실감 속에 각각 좌절당했고, 고뇌를 짓씹었지만, 이 영화의 주인공들은 '삶'의 방법에서가 아니라 '삶' 그 자체에 대한 회의와 절망감에 빠져 있다. 구태여 어설픈 실존주의를 들먹일 필요도 없이 그들은 생존 그 자체에 대한 근원적인 불안을 짙게 드리우고 있다.[5]

〈막차로 온 손님들〉의 심의서류에는 이 영화의 기획 의도를 '현대인의 생명과 사랑에 대한 모랄을 그린 애정영화'[6]라고 설명하고 있지만, 폐장육종을 앓고 있는 동민(이순재), 마약을 운반하다 잡혀 교정 시설에 들어갔다가 탈출한 보영(문희), 막대한 유산을 받게 된 젊은 미망인 세정(남정임), 그녀와 결혼을 약속한 정신과의사 경석(성훈), 외국에서 엄청난 돈을 벌어 돌아왔지만 아내에게 버림받고 방황하는 충현(김성옥)은 모두 극한 상황 속에서 해결책을 찾기보다는 스스로를 파멸로 몰아넣고, 친구들은 이를 방관한다. 영화의 마지막에서 우연히 만난 아내를 충동적으로 살해한 충현은 아무렇지 않게 경석과 세정의 결혼식에 참석한다. 두 사람의 결혼식은 보영의 등장으로 엉망이 되고, 세 친구는 하객들의 다툼 속에 보영과 세정을 놔둔 채 결혼식장을 나온다. 세 사람은 술을 마시러 가고, 이 자리에서 충현은 자신의 잔에 독을 타 마신다. 동민과 경석은 이 사실을 알고도 그를 말리지 않고 택시에 태워 보낸다.

> **경석** 따라가 볼까?
> **동민** 어딜?
> **경석** 저 자식 지금 뭘 하는지 알겠지?
> **동민** 모르겠군. 뭐가 뭔지 통 모르겠어.
> **경석** 어쩌면 지금 따라가서 살릴 수 있을지 모르겠어.
> **동민** 살려선 어떡하구?

집에 돌아온 동민의 앞에는 결혼식장에 버리고 온 보영이 기다리고 있다. 다시 만난 두 사람은 갑자기 격렬하게 키스한다. 하지만 폐장육종을 치료하기 위해서는 '술과 여자'를 멀리해야 한다는 의사의 충고를 생각했을 때 이는 극복과 재생의 의지라기보다는 '받아들임'의 의미로 이해해야 할 것이다.

유현목은 이 작품을 연출하며 "나 자신부터 이 작업을 하는 동안 구제의 길을 찾아보려는 것"[7]이라고 말했다. 그러나 그는 이 작품에서도 그 '구제의 길'을 찾지 못한 듯하다. 이후에도 그의 작품 속에서 원죄의 괴로움은 오롯이 혼자서 감당해야 하는 것으로 표현된다. 〈회전목마〉에서 영우는 마지막에야 유주의 사랑을 깨닫지만 그녀는 이미 죽고 없다. 〈여보〉의 춘실은 자신의 몸에 사랑의 결실을 품고 있지만 죽은 줄 알았던 전남편이 살아 돌아오면서 모든 평화가 깨어지고 결국은 스스로 목숨을 끊는다.

낙이불류, 애이불비樂而不流 愛而不悲

그렇다면 사랑이나 타인과의 관계 속에서 해답을 찾지 못한 이들은 어디에서 영혼의 구제를 바라야 하는가? 1970년대 유현목은 다시 그 답을 '예술'에서 찾으려 했던 것으로 보인다. 1977년작 〈문〉은 제주 한라산에서 불가사의한 죽음을 맞이한 일본 고토의 대가 세이징의 죽음을 추적해 나간다. 세이징의 아들 즁은 아버지의 업을 이어 가야 한다는 모두의 바람에도 불구하고 고토 연주자가 되는 것을 한사코 거부하고 컴퓨터공학자가 되었다. 그런 그가 아버지의 사망 소식을 듣고는, 애인인 마사코의 만류에도 불구하고 한국으로 향한다. 한국에 도착한 그는 제주의 이곳저곳을 다니며 민중과 함께 살아 숨 쉬는 전통문화의 힘을 느끼고, 가야금 명인 우단의 딸인 가실과 사랑에 빠진다. 한편 즁과의 만남을 거부하던 우단은 자신에게 마지막이 다가오고 있음을 느끼고, 마침내 즁에게 세이징이 찾아왔을 때의 상황을 이야기해 준다.

예도의 경지를 좇아 우단을 찾아온 세이징은 그에게 가야금 연주를 청한다. 세이징의 사연을

들은 우단은 그런 정신으로는 예도의 경지에 이를 수 없다며 '낙이불류 애이불비'의 의미를 깨우쳐 준다. 그리고 우단은 과거 일제강점기 민족의 혼을 말살하려는 일본에 의해 손이 망가져 더 이상 연주할 수 없게 되었음에도, 마지막 예술혼을 담아 세이징 앞에서 가야금을 연주한다. 가야금 현을 타고 우단의 붉은 피가 흐르고, 곧 가야금은 붉게 물든다. 그 모습을 보고 충격을 받은 듯 세이징은 우단의 집을 나가 백록담을 떠돌다 마지막 힘을 다해 우륵/우단의 가르침 '낙이불류 애이불비'를 담뱃갑 은박지 위에 되새기듯 한 자 한 자 쓴 뒤 죽어 간다(시나리오에서는 이때 세이징이 한라산의 흰 설경을 바라보며 마치 고토를 연주하는 듯한 자세로 사망했다고 적혀 있다).

모든 이야기를 들은 즁은 예술과 고토에 대한 아버지의 의지를 깨닫고, 자신도 뒤를 이어 고토 연주자가 되기로 결심한다. 그는 가실을 사랑하지만 그녀를 그의 마음속에, 그리고 음악 속에 영원히 묻기로 하고 떠나간다. 사실 영화는 여기에서 끝이 나지만, 시나리오에는 이 뒤에 남은 장면들이 있다. 즁은 마지막으로 격렬하게 가실을 끌어안는다. 그리고 멀리서 마사코가 이를 지켜보고 있다. 마사코는 입술을 꼬옥 깨물고 슬픈 얼굴로 돌아서서 산을 내려온다. 심지어 즁은 그런 마사코의 뒤를 따라 걸어가면서도, 자신의 앞에 그녀가 있다는 사실을 인식하지 못한다. 그저 가슴 속에는 새로운 고토의 가락이 흐르고 있을 뿐이다.

즁은 마사코에게 달려가지도, 그렇다고 가실의 곁에 남지도 않는다. 그저 가실에 대한 사랑의 마음은 예술로 승화시키고, 마사코는 열린 결말 뒤에 있기는 하지만, 그의 마음이 이미 가실에게 간 이상 마사코와의 행복한 결말을 상상하기는 어렵다. 그렇기에 유현목은 굳이 시나리오의 마지막 장면을 넣지 않아도 된다고 생각했는지도 모른다.

유현목이 멜로드라마를 연출하면서(어쩌면 영화 이력 전체에서) 줄곧 그 안에서 찾았던 주제 의식이 '죄와 고독으로부터 인간을 구원하는 것'이라고 한다면, 시간이 흐를수록 연인 간의 사랑 안에서는 그 구원을 찾을 수 없었던 것처럼 보인다. 그것이 자신이 저지른 원죄 때문이든, 사회적인 구조(이를테면 남녀 간의 연령 차, 근친 간의 사랑, 불륜) 때문이든, 사랑은 이루어지지 못하고 어느 한쪽의 죽음(때로는 둘 다 죽는다)이 요구되거나 준엄한 법의 심판이 기다린다. 혹은 〈춘몽〉처럼 사랑이란 환상이나 하룻밤 꿈에 불과한 것이다. 그래서 오히려 〈문〉의 결말은 그가 찾은 최고의 해피엔딩으로 보인다. 누구도 죽지 않고, 누구도 원죄에 대한 처벌을 받지 않은 채 예술에 대한 정진만을 마음에 담은 즁은 진정으로 구원을 받은 자의 행복한 표정으로 가실을 떠나간다.

〈문〉에서 "즐거워도 질탕하지 않고 슬퍼도 원통하거나 한스럽지 않다"는 우륵의 '낙이불류 애이불비'는 멜로드라마의 장르적 특성(과잉된 감정, 양식화된 미장센, 극단적인 갈등 구조 등)과는 완전히 배치되는 가르침이다. 그러나 모든 감정을 얇은 필름 위 이미지 안에 그저 흘러가게 두는 것, 그가 찾은 답이 그것이라면 즁이 마지막에 보여 주는 표정이야말로 '예술가'로서 유현목이 영화를 통해 보여 줄 수 있는 리얼한 이미지인 동시에 멜로드라마 속 비극적 인물들과 유현목이 찾던 '구제의 길'인지도 모르겠다.●

주

1 〈[단평] 유전의 애수〉, 《경향신문》 1956년 7월 30일자 4면.

2 〈[은막] 템포의 쾌조, '그대와 영원히'〉, 《동아일보》 1958년 1월 24일자 4면.

3 인용은 〈영화제작계에 적신호〉, 《동아일보》 1962년 11월 21일자 5면.

4 실제로 〈종야〉의 시나리오가 완성된 1957년에 〈욕망이라는 이름의 전차〉가 국내 개봉되었다. 유현목도 이를 의식하여 《영화TV예술》에서 진행된 대담에서, 〈종야〉가 〈욕망이란 이름의 전차〉와 같은 '연극화적 영상주의 영화'이며 연출을 필요로 하는 내면의 깊이를 추구하는 작품이라고 말한다. 〈화제의 기획실, 〈종야〉(연방영화주식회사)의 기획실을 노크하다〉, 《영화TV예술》 1967년 7월호, 97쪽.

5 변인식, 〈[영화비평] 영화의 본질을 향한 쿠데타, '막차로 온 손님들'〉, 《영화TV예술》 1968년 신년호, 84쪽.

6 공보부, '국산영화 "막차로 온 손님들" 검열합격', 〈막차로 온 손님들〉 심의서류, 1967년 12월 12일.

7 〈소외의식 그린 '막차로 온 손님들'〉, 《경향신문》 1967년 11월 18일자 8면.

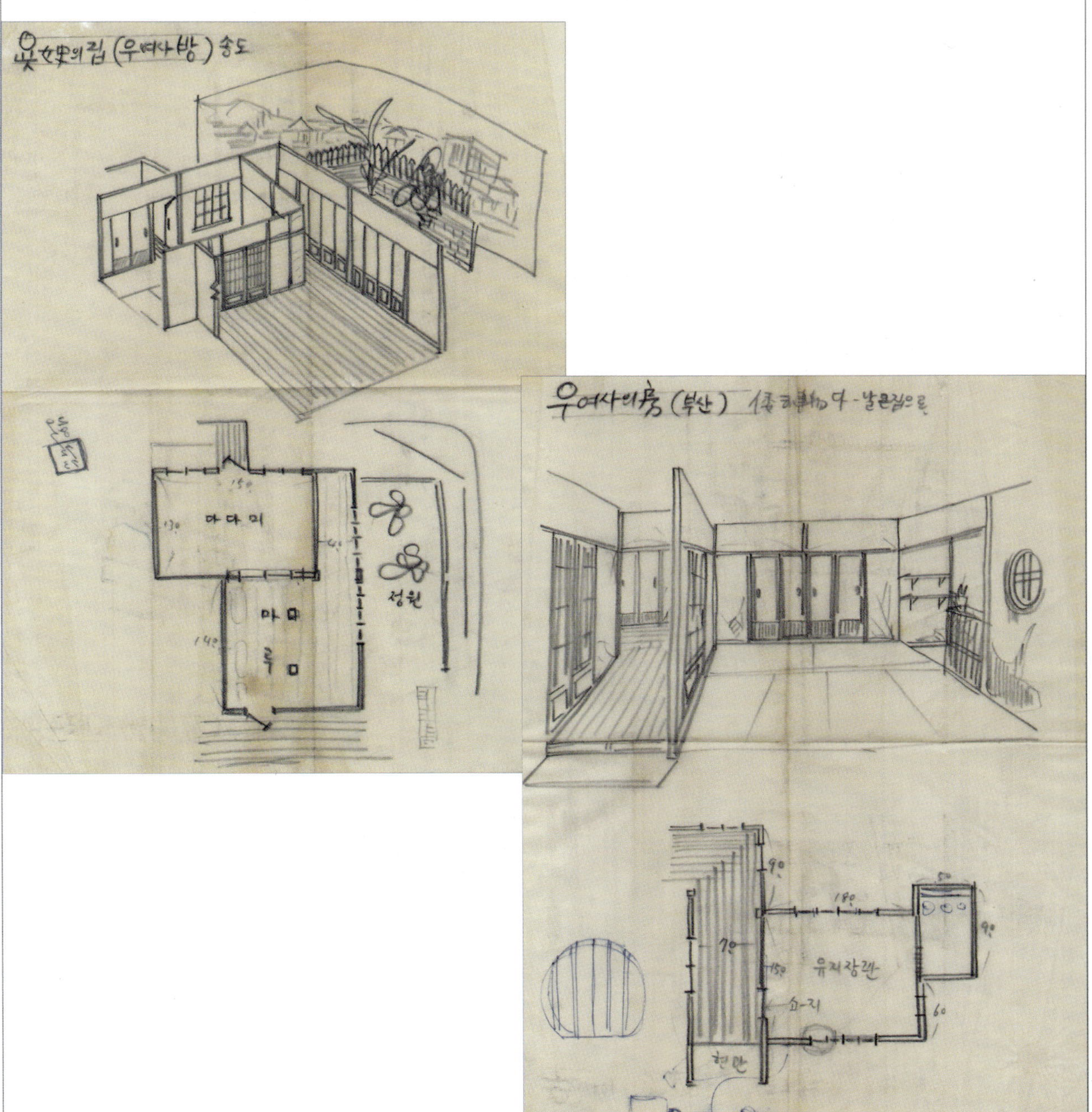

〈아낌없이 주련다〉 우 부인의 집과 방의 도면 (ZK0000529)

〈아낌없이 주련다〉에서 1·4후퇴 이후 부산으로 몰려온 피난민들의 가난하고 고단한 삶을 보여 주기 위해 공간은 매우 중요한 요소 중 하나였다. 또한, 영상미를 강조했던 이 작품에서 공간을 어떻게 보여 줄 것인가는 유현목이 그 어느 때보다 심혈을 기울였을 부분이다. 위의 도면을 보면, 우 부인이 기거하던 집은 다다미방 한 칸에 마루와 작은 정원이 딸린 일본식 가옥구조로 되어 있다. 당시 많은 피난민들이 하꼬방이라고 불리던 방 한 칸짜리 판잣집에서 생활했던 것을 감안했을 때, 이러한 공간은 피난 생활의 고단함을 있는 그대로 보여 준다기에는 다소 미흡함이 있었다. 뿐만 아니라 영화 속에서 대부분의 사건이 진행되는 '댄스홀'도 한국전쟁기의 혹독함과는 거리가 있는 공간으로, 이로 인해 주인공 하지송은 죄책감을 느끼며 갈등하기도 한다. 이 점을 지적하며 당시의 신문 기사들은 영화 속 영상은 서정적이고 아름다우나 '전쟁과 대비한 생활의 리얼리티가 약하다'(〈흐뭇한 서정과 영상미〉, 《동아일보》 1962년 11월 9일)거나, '절박한 고난의 상相이 아쉽다'(〈정감 넘친 애정영상〉, 《경향신문》 1962년 11월 10일)는 평가를 내리기도 했다.

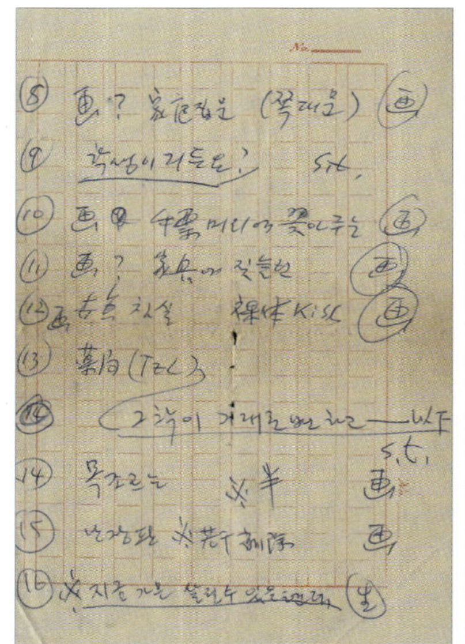

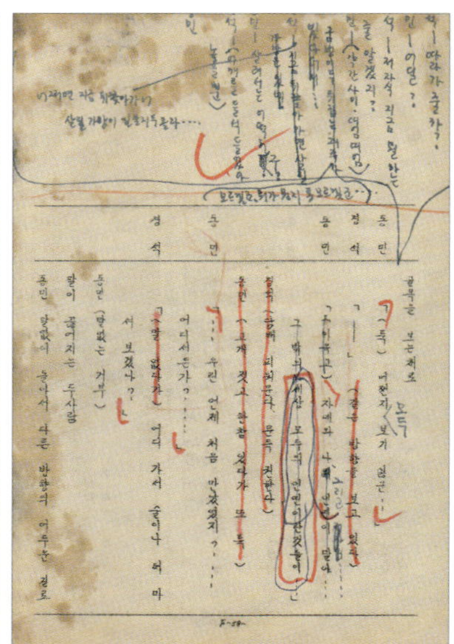

(왼쪽) 감독의 시나리오 수정 메모 (ZK0000510)
(오른쪽) 유현목 감독의 촬영용 시나리오 (CKO000613_01)

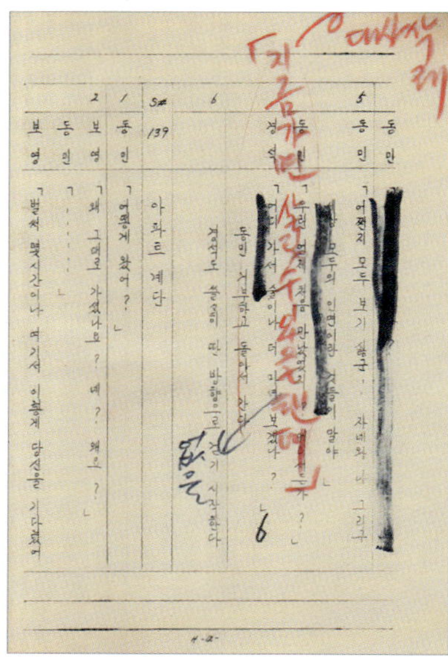

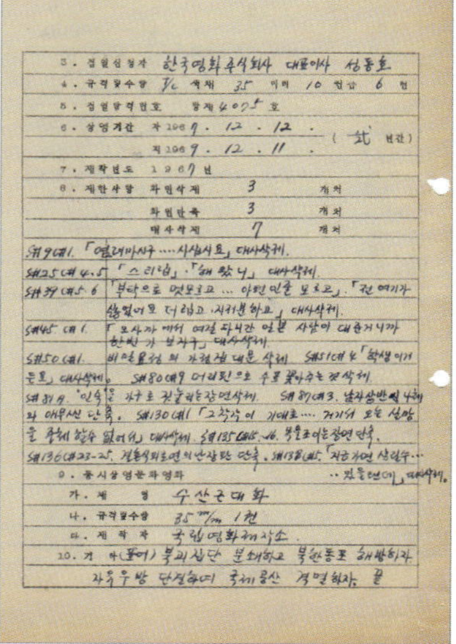

(왼쪽) 심의대본 (DCKD006703_01)
(오른쪽) 공보부, '국산영화 "막차로 온 손님들" 검열합격', 1967년 12월 12일

〈막차로 온 손님들〉 시나리오와 심의서류(대사 삭제 관련)

현재 한국영상자료원에서 보유하고 있는 〈막차로 온 손님들〉에서는 독약을 마신 충현을 택시에 태워 보내며 동민과 경석이 나누는 대화 "따라가 볼까?"부터 "지금 따라가면 살릴 수 있을 텐데"까지를 들을 수 있다. 이 대사는 원작 소설에도 약간의 차이는 있지만 들어가 있다(소설에서는 이 대사가 술집 안에서 이루어진다. 동민과 경석은 이미 충현이 독을 먹은 것을 알면서도 살려 봤자 뭘 하겠냐며 그냥 내버려 둔다). 촬영용 시나리오(CKO0000613_01)를 보면, 유현목은 촬영이 진행되는 중에도 이 대사를 넣어야 할지 삭제해야 할지 고민했던 것으로 보인다. 그리고 공보부가 영화사에 보낸 '국산영화 〈막차로 온 손님들〉 검열합격' 심의서류에서는 이 대사의 삭제를 적시했다. 이후 복사판 검열에서 이에 대한 별도의 언급이 없는 것으로 보아, 오늘날 우리가 볼 수 있는 버전이 검열 이전의 것이거나, 처음 검열에서는 삭제를 명했으나 소설에도 있는 대사이기 때문에 추가 삭제 요청 없이 포함된 것으로 추정할 수 있다.

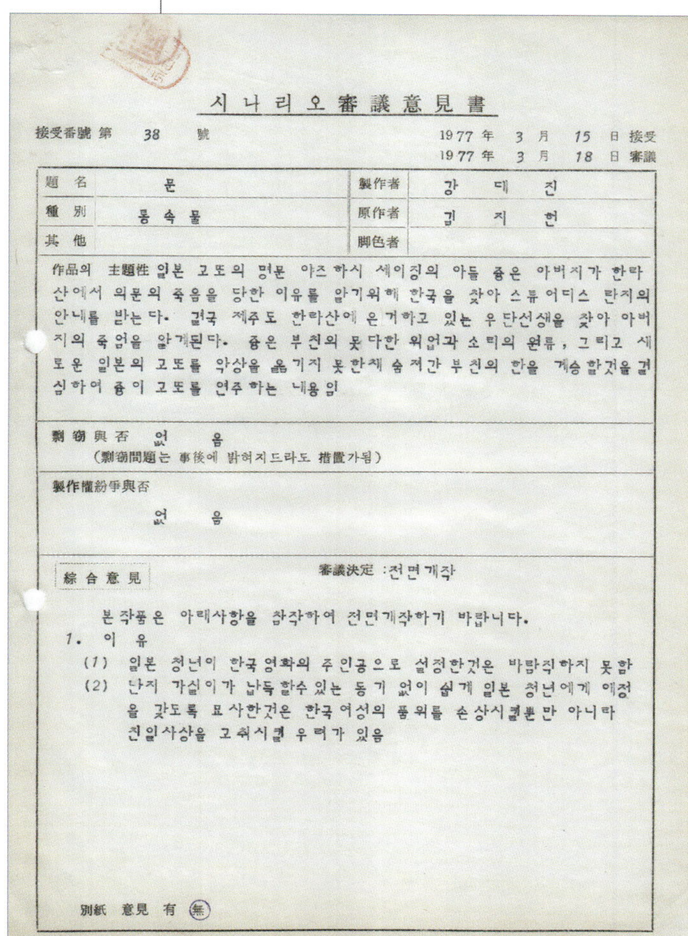

시나리오審議意見書

接受番號 第 38 號

1977年 3月 15日 接受
1977年 3月 18日 審議

題名	문	製作者	강 대 진
種別	통속물	原作者	김 지 헌
其他		脚色者	

作品의 主題性 일본 고또의 명문 야즈하시 세이징의 아들 숭은 아버지가 한라산에서 의문의 죽음을 당한 이유를 알기위해 한국을 찾아 스튜어디스 란지의 안내를 받는다. 결국 제주도 한라산에 은거하고 있는 우단선생을 찾아 아버지의 죽엄을 알게된다. 숭은 부친의 못다한 위업과 소리의 원류, 그리고 새로운 일본의 고또를 악상을 옮기지 못한채 숨져간 부친의 한을 계승할것을 결심하여 숭이 고또를 연주하는 내용임

剽竊與否 없음
(剽竊問題는 事後에 밝혀지드라도 措置가됨)

製作權紛爭與否
없음

綜合意見

審議決定 :전면개작

본작품은 아래사항을 참작하여 전면개작하기 바랍니다.

1. 이유
(1) 일본 청년이 한국영화의 주인공으로 설정한것은 바람직하지 못함
(2) 단지 가실이가 납득할수있는 동기 없이 쉽게 일본 청년에게 애정을 갖도록 묘사한것은 한국여성의 품위를 손상시킬뿐만 아니라 친일사상을 고취시킬 우려가 있음

別紙 意見 有 無

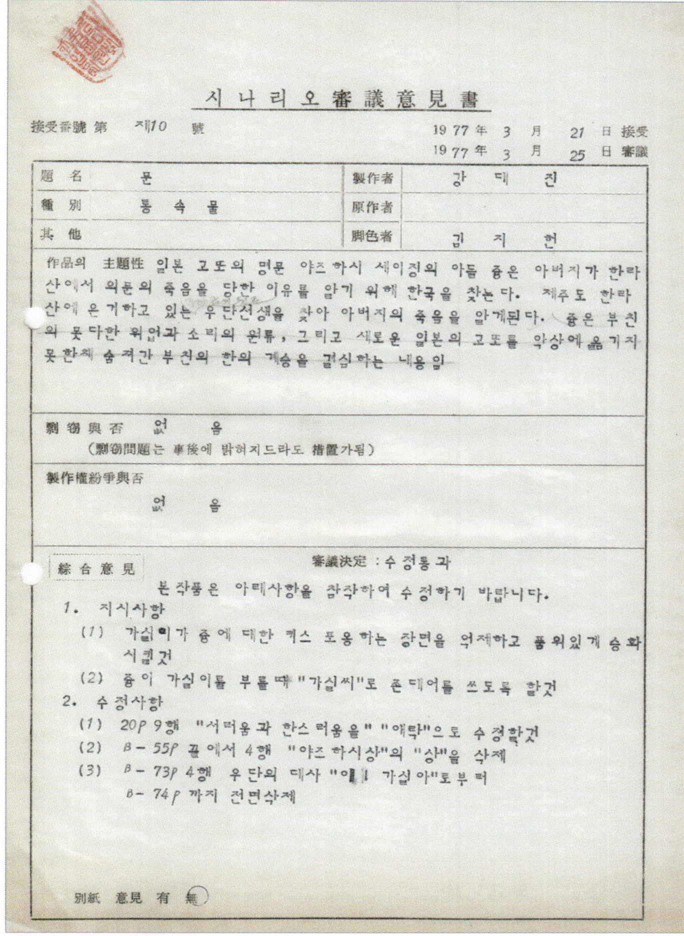

시나리오審議意見書

接受番號 第 제10 號

1977年 3月 21日 接受
1977年 3月 25日 審議

題名	문	製作者	강 대 진
種別	통속물	原作者	
其他		脚色者	김 지 헌

作品의 主題性 일본 고또의 명문 야즈하시 세이징의 아들 숭은 아버지가 한라산에서 의문의 죽음을 당한 이유를 알기 위해 한국을 찾는다. 제주도 한라산에 은거하고 있는 우단선생을 찾아 아버지의 죽음을 알게된다. 숭은 부친의 못다한 위업과 소리의 원류, 그리고 새로운 일본의 고또를 악상에 옮기지 못한채 숨져간 부친의 한의 계승을 결심하는 내용임

剽竊與否 없음
(剽竊問題는 事後에 밝혀지드라도 措置가됨)

製作權紛爭與否
없음

綜合意見

審議決定 :수정통과

본작품은 아래사항을 참작하여 수정하기 바랍니다.

1. 지시사항
(1) 가실이가 숭에 대한 키스 포옹하는 장면을 억제하고 품위있게 승화시킬것
(2) 숭이 가실이를 부를때 "가실씨"로 존대어를 쓰도록 할것

2. 수정사항
(1) 20P 9행 "서러움과 한스러움을" "애락"으로 수정할것
(2) B-55P 끝에서 4행 "야즈하시상"의 "상"을 삭제
(3) B-73P 4행 우단의 대사 "예! 가실아"로부터 B-74P 까지 전면삭제

別紙 意見 有 無

한국공연윤리위원회, '시나리오 심의 의견서', 〈문〉 심의서류, 1977년 3월 18일; 3월 28일

〈문〉은 영화제작 전에 이루어지는 시나리오 사전심의를 두 차례나 받아야 했다. 1977년 3월 18일 있었던 첫 번째 심의(왼쪽)에서 한국공연윤리위원회는 ① 일본 청년이 한국영화의 주인공으로 설정된 것 ② 가실이 동기 없이 쉽게 일본 청년에게 애정을 갖도록 표시한 것을 들어 시나리오 '전면개작' 결정을 내렸다. 이에 시나리오 수정 후 3월 28일 두 번째 심의(오른쪽)가 진행되었고, 이번에는 ① 가실과 숭의 키스·포옹하는 장면을 억제하고 품위 있게 승화시킬 것 ② 숭이 가실에게 '가실 씨'로 존대할 것을 지시한다. 그 외에도 수정 사항으로 '서러움과 한스러움'과 같은 표현을 의미를 알기 어려운 한자 '애락'으로 고치고, 일본어 존칭인 '~상樣'과 같은 표현, S#96의 마지막 대사들이 완전 삭제되었다. 당시 한일 관계가 경색된 상태에서 한국영화에 왜색이 드러나는 것을 경계한 공륜이 시나리오상에서 일본을 추종하는 것 같은 느낌이 드는 모든 장면의 삭제 또는 수정을 지시한 것인데, 그 가운데에서 유독 눈에 띄는 것이 '서러움과 한스러움'이라는 표현을 사용하지 못하게 한 것이다. 이는 국내 정치적 상황으로 인해 민중의 고통과 한을 직접적인 단어로 드러낼 수 없게 하려는 조치였을 것으로 추정된다.

終夜

联邦映画株式會社

俞賢穆 監督

SET SET2

SET	場面	S #	D / N	요	CAST	메모
馬慶蘭의 집	居室	21	N	요	馬	
		27	N	요	馬	
		39	N	요	馬 慶	
		52	N	요	馬	
		54	N	요		
		56	N		馬	
		86	N		〃	
		88	N		〃	
		93	M	요	馬 医看2	비
		95	M	요		
	寢室	31	N		馬	
		53	N		〃	
		55	N		〃	
		94	M	요	〃 医看2	
	應接室	22	N	요	馬 家婦	
		96	M		차디席 INS	비
	慶姬의방	41	N		馬 慶	
		50	N		〃 〃	
		64	N		馬 慶	
	나선형 층계	26	N	요	馬	
		42	N	요	〃	
		85	N		〃	
	아래층 복도	40	N		〃 慶 家婦	
		49	N	요	〃	
		51	N	〃	〃 家婦	
	二층 복도	20	N	〃	〃	
		92	M	〃	馬 医看2	비
	발코니	23	N	〃		
		25	N	〃	馬 慶 家婦	
		28	N	〃	〃	
		30	N	〃	〃	
		32	N	〃		
		34	N	〃	馬	
		36	N	〃	〃	
		38	N	요	〃	
		57	N	(요)	〃	
		60	N		〃	
		62	N		〃	
		87	N		馬	
		97	M	요		비
馬慶	玄關밖	63	N		家婦	
	庭園	19	N		馬 〃	시보레
		24	N		〃 慶 〃	
		43	N	요	〃	
		48	N	요	〃	세
		58	N	요	馬	〃
		61	N		医看	〃 앰브렌스

〈종야〉의 장면구분표 (ZK0000538)

〈종야〉는 처음 마도란과 요한이 만나는 여행사에서부터 공동묘지까지, 그리고 극의 클라이맥스에서 요한이 수도원으로 돌아가는 장면을 제외하고는 대부분의 사건이 마도란의 이층집에서 진행된다. 장면구분표상에서도 이를 확인할 수 있는데, 전체 101개의 신 중 63개 신이 마도란의 집 세트에서 촬영되었다. 마치 연극처럼 한정된 공간 안에서 인물들이 등장과 퇴장을 반복하는데, 그마저도 인물이 마도란과 요한 2인으로 매우 제한적이며, 고전극에서처럼 간혹 가정부가 등장하여 시간이나 사건의 진행을 알려 주거나, 마도란의 동생 도희가 무대에 난입하여 상황을 흐트러뜨리며 지루하게 전개될 수 있는 이야기에 변화를 주고 있다. 장면구분표에는 각 인물들의 등퇴장 시점, 이야기가 진행되는 동안 바깥의 날씨, 영화에 등장하는 차종 등이 꼼꼼하게 기록되어 있다.

거듭되는 아이들, 변화하는 시선들

이지윤 | 한국영상자료원

다양한 소재와 장르를 소화하며 폭넓은 연출 스펙트럼을 펼친 유현목 감독은 때때로 어린이를 주인공으로 삼거나 이야기의 중심 화자로 등장시키는 작품을 선보였다. 바로 이 글에서 다룰 〈구름은 흘러도〉(1959)와 〈수학여행〉(1968), 〈장마〉(1979), 〈말미잘〉(1994)과 같은 작품들이다. 유현목 감독은 〈구름은 흘러도〉와 〈수학여행〉에서처럼 어린이를 본격적으로 영화의 주인공으로 등장시키기도 하고, 〈장마〉와 〈말미잘〉처럼 어린이를 내레이션의 화자로 삼아 극을 풀어 가기도 한다. 어떤 방식이든 그가 어린이를 매개로 동시대 사회에 대해 이야기하는 것에는 변함이 없다. 네 작품 모두에서 감독은 어린아이의 순수한 시선으로 부조리한 사회 내지는 변화하는 사회를 주의 깊게 관찰한다. 하지만 이런 이유로 그의 작품을 특별하다고 말하는 것은 성급한 감이 있다. 어린이를 순수함의 상징으로 보고 어린이의 시선으로 시대를 그리는 것은 오랜 전통을 지닌 문학적 수사이기 때문이다. 그래서 이 글은 오히려, 시간의 흐름에 따라 유현목 감독이 아동에 접근하는 방식이 어떻게 변하는지를 좀 더 주의 깊게 들여다보고자 한다.

'희망'의 이름으로 호명되는 아이들 : 〈구름은 흘러도〉와 〈수학여행〉

유현목 감독의 초기 작품에 해당하는 〈구름은 흘러도〉(1959)는 재일조선인 야스모토 스에코安本末子의 수기 《니안짱 にあんちゃん》(1958)을 원작으로 한다. 일본에서 처음 출간된 이 책은 국내에서 《구름은 흘러도: 재일 10세 한국 소녀의 수기》(신태양사, 1959)와 《재일 한국소녀의 수기: 십 세 소녀의 일기》(대동문화사, 1959)라는 제목으로 번역·출간되어 인기를 끌었다. 원작은 1943년 일본 규슈 사가현에서 태어난 재일조선인 소녀 야스모토 스에코가 패전국 일본에서 살며 겪는 차별과 가난의 일상을 기록한 일기로, 이에 대한 대중의 반향은 일본에서는 이마무라 쇼헤이 감독의 영화 〈니안짱〉(1959)으로, 한국에서는 유현목 감독의 영화 〈구름은 흘러도〉로 이어졌다.

그런데 국내에서 이 영화를 제작하는 데에는 초기에 약간의 어려움이 있었던 것으로 보인다. 그해 초, 문교부와 법무부 등의 관계 당국이 모여 진행한 국산영화 자문위원회가 《니안짱》의 국내 영화화 불가 방침을 발표한 것이다. 원작의 배경이 일본이라는 점과, 용어를 우리말로 할 경우 실감이 나지 않을 것이라는 이유였다.[1] 왜색을 우려한 제작 불가 방침으로 해석된다. 결국 영화 〈구름은 흘러도〉는 한국전쟁 이후 어느 탄광촌을 배경으로 부모 잃은 네 남매의 우애를 감동적으로 그린 작품으로 재탄생했다.

〈구름은 흘러도〉의 주인공 말숙이는 삶의 무게를 이미 잘 알고 있는 소녀이다. 탄광 노동자로 가족의 생계를 책임지던 큰오빠가 하루아침에 해고되자 말숙이네 남매는 뿔뿔이 흩어진다. 큰오빠는 돈을 벌러 서울로 가서 일용직 노동자 생활을 전전하고, 큰언니는 부유한 집의 식모로 자처해 집을 떠난다. 돈을 벌기에는 아직 나이가 어린 작은오빠와 말숙이는 이웃집에 얹혀살며 남모를 눈칫밥을 먹는다. 어리고 힘없는 말숙이가 할 수 있는 것은 가난의 설움과 가족에 대한 그리움을 일기 쓰는 것으로 달래는 일뿐이다.

너무 일찍 철이 들어 버린 아이, 그러나 암담한 현실에 굴하지 않는 어린아이의 용기를 시각화하기 위해, 유현목 감독은 〈구름은 흘러도〉에서 영화적으로 특별한 선택을 한다. 그는 평범한 대화 장면마저 숏/리버스숏으로 분절하는 편집 대신, 카메라가 인물을 향해 천천히 다가가는 트래킹숏을 선택한다. 숏을 자르고 잇는 물리성을 최소화하고 숏의 연속성을 최대한 살림으로써 인물의 진솔한 내면을 해치지 않으려는 감독의 결정으로 보인다. 독자를 울린 원작의 힘이 일기장이 지닌 진솔함에 있었듯, 유현목 감독은 주인공의 일상을 묵묵히 쫓는 트래킹숏으로 연민의 감정을 이끌어 낸다. 한편, 말숙이의 일기장에 동화된 이들의 도움으로 말숙이네 남매가 행복을 맞이한다는 결론을 통해, 감독은 물질적으로 그리고 정신적으로 피폐해진 전후 사회의 관객들에게 희망의 메시지를 전달한다.

그로부터 약 10년 후, 유현목 감독은 아동을 주인공으로 삼은 또 다른 작품 〈수학여행〉을 통해 이번에는 '조국 근대화'의 희망적인 메시지를 전달한다. 〈구름은 흘러도〉와 다른 점이 있다면, 전작이 주인공의 진솔한 내면을 묵묵히 따라가며 관찰하는 트래킹숏을 선택한 것과 달리, 〈수학여행〉은 낙도의 아이들이 서울로 수학여행을 가서 겪는 놀라움과 경이감을 줌 화면으로 전달한다는 점이다.

아이들 스스로 돈을 모아서 드디어 떠나게 된 수학여행, 서울로 가기 위해 배를 타고 군산역에 도착한 아이들은 기차가 내는 경적에 혼비백산해 이리저리 몸을 피한다. 기차 바퀴 아래로 다급히 몸을 숨기는 아이, 철조망 뒤로 도망가는 아이 등 처음 듣는 굉음에 놀란 아이들의 표정을 담기 위해 유현목 감독은 과감히 줌 화면을 선택한다. 이뿐이 아니다. 아이들의 눈에 생경한 서울의 면면이 영화에서 수시로 줌인된다. 복잡한 도로 위로 들어오는 파란불의 신호등, 높은 데서 내려다보는 교차로, 한없이 목을 뒤로 젖혀 올려다보는 고층 빌딩, 멀리서 움직이는 공사장의 타워크레인 등 아이들이 나고 자란 선유도에서는 좀처럼 볼 수 없는 눈부시게 발전하고 있는 서울의 모습이 줌 화면에 담긴다.

이러한 줌 화면은 유현목 감독이 〈구름은 흘러도〉와는 다른 방식으로 어린이를 호명하고 있음을 보여 준다. 1950년대 후반의 〈구름은 흘러도〉에서 전후 한국 사회의 서글픔을 보듬으며 피사체를 향해 천천히 다가갔던(트래킹숏) 유현목의 카메라는, 1960년대 후반의 〈수학여행〉에서는 산업화를 거치며 빠른 속도로 성장하고 있는 한국 사회 앞으로 피사체를 끌어당기고(줌) 있다. "그래서 이 늙은인 이 낡은 전차를 떠나는 것이지만 너희들은 앞으로 부지런히 새것들을 쫓아다녀야 할 게다"라는 극 중 전차 운전사의 대사처럼, 〈수학여행〉의 줌 화면은 성장과 발전을 눈앞에 둔 산업화의 초입에서 새로운 혁신을 불러올 기계(카메라) 앞으로 새 시대를 이끌어 갈 미래의 주역들을 불러온다.

어른들이 만든 '아픔' 위에 선 아이들 : 〈장마〉 그리고 〈말미잘〉

비교적 젊은 나이의 유현목 감독이 가난에 굴하지 않는 내면의 용기(〈구름은 흘러도〉 연출 당시 나이 35세)와 가난을 극복하려는 적극적인 의지(〈수학여행〉 연출 당시 나이 44세)를 일찍이 철이 들어 버린 아이들에게서 찾았다면, 장년 혹은 노년에 접어든 감독은 이제 철없고 티 없이 맑은 영혼의 아이들을 매개로 사회의 부조리를 목도하고 애도한다. 1979년, 그의 나이 55세에 연출한 영화 〈장마〉는 한국전쟁으로 인한 동족상잔의 비극을 친가와 외가가 함께 사는 동만이네 가족의 이야기로 전달한다. 아我가 아니면 적敵이어야 하는 이념 갈등은 우익으로 대변되는 동만의 외삼촌과 좌익으로 대변되는 동만의 친삼촌, 그리고 자식의 편에 설 수밖에 없는 외할머니와 친할머니의 갈등으로 전개된다.

유현목 감독은 이 순간마다 어린 동만이를 관찰자의 위치에 세운다. 외할머니와 친할머니의 갈등이 폭발하는 순간에도 동만이는 한쪽 구석에서 숨죽이며 둘의 모습을 지켜볼 뿐이다. 그러나 그 싸움이 잠시 일단락된 순간, 동만이는 무슨 일이 있었냐는 듯 한 발로 깽깽이를 하며 마당을 뛰어다닌다. "외삼촌이 좋으냐, 친삼촌이 좋으냐"는 외할머니의 질문이 어렵다는 듯 동그란 눈을 굴리며 멀뚱멀뚱 외할머니를 쳐다보는 동만이는 모든 것을 보고 있지만 어떤 것도 이해하지 못하는 관찰자다.

다소 철부지 같아 보이는 어린 관찰자의 눈을 경유하여 보여 주는 것은 전쟁이 낳은 부조리다. 친구들과 몰려다니며 노는 게 일과의 전부인 동만이에게 어른들의 싸움은 이해가 되지 않는다. 누군가의 잘못으로 빚어진 것이 아닐뿐더러 누군가의 편에도 설 수 없는 것이기에 그렇다. 친삼촌과 외삼촌 중에 누가 더 좋은지 역시 선택할 수 없는 문제이다. 이처럼 세상의 티가 묻지 않은 어린 동만이가 관찰하는 어른들의 세계는 이해하기 어려운 것으로 가득 찬 곳이다. 그리고 유현목 감독은 철부지 관찰자 동만이의 눈을 통해 그것이 한국전쟁의 본질임을 역설한다.

〈상한 갈대〉(1984) 이후 현장을 떠나 후학 양성과 영화인 권리 증진에 힘써 오던 유현목 감독은 일흔 살이 되던 1994년, 다시 메가폰을 들고 자신의 마지막 작품이 될 〈말미잘〉을 연출한다. 이 영화 역시 어린 수영이의 눈을 통해 본 어른들의 세계를 그린다는 점에서 〈장마〉와 궤를 같이한다.

아직 밤잠 오줌을 못 가리는 아홉 살 소년 수영이에게는 엄마가 세상의 전부다. 학교가 끝나면 뛰어놀기 바쁜 수영이는 바위틈에서 말미잘을 관찰하고, 짱아와 지순이 누나의 신체를 관찰하며 자신과 다른 데에 호기심을 가진다. 하지만 아홉 살 소년은 그것이 무엇을 의미하는지를 알지 못한다. 수영이 몰래 엄마가 재가하는 날, 할아버지는 수영이를 광주 고모 집으로 보낸다. 수영이는 섬과는 다른 도시를 구경할 생각에 잔뜩 기대감에 부풀지만, 막상 도착해서 본 광주는 수영이가 상상했던 곳이 아니다. 고모의 손에 이끌려 들어선 허름한 골목길, 요란하게 차려입은 누나들, 수시로 폭력을 행사하는 고모부, 시내에서 마주친 시위대와 진압대, 돈을 주고받으며 호텔방으로 향하는 남녀, 호텔 나이트클럽의 스트립쇼 등 동시대의 축소판과 같은 광주에서 어린 수영이가 본 것은 어수선하고 암울할 뿐 아니라 폭력적인 현실이다.

유현목 감독은 〈말미잘〉 시나리오의 한 판본에서 다음과 같은 '작의'를 밝혔다.

"〈자연, 질서, 환경, 섹스 따위들이 성장 과정에 있는 한 소년의 꿈과 소망과 비전에 어떻게 충돌하고 어떻게 영향을 주는가?〉라는 주제를 설정하고 아이의 시각에 인식되는 사회적 아픔, 가정적 아픔을 쫓아보려 했다. 그러나 이 각본에서는 아픔은 이야깃거리 이상을 넘지 않으려고 했다. 자연과 동심의 세계와 충돌하는 악역으로서 아픔을 빌려왔을 뿐이다. 그리하여 〈그런 아픔들 속에서도 소년의 성장은 결코 멈추지 않는다〉라는 가벼운 메시지를 도출하고 싶었다."[2]

그래서인지 노년의 감독은 "사회적 아픔, 가정적 아픔" 속에 놓인 어린 수영이가 점차 철이 들고 성장해 가는 것을 지켜본다. 어른들의 폭력적인 세계에서 그리 즐겁지 못한 여름방학을 보내고 집에 돌아온 수영이가 말없이 떠나 버린 엄마의 부재를 서서히 인정하며 일상을 살아가는 과정을 말이다. 그리고 이제 노년의 감독은 그 과정에서 훌쩍 철이 들어 버린 아이를 통해, 아이가 겪는 아픔을 쓸쓸한 여운과 함께 전달한다.

의욕이 넘치던 젊은 나이에 어른으로서 아이들에게 걸었던 미래에 대한 기대감은, 나이가 들어 지나온 날을 되돌아보는 시점에 이르러 어른으로서 아이들에게 지워서는 안 될 짐을 지운 것에 대한 후회와 반성으로 그의 영화들 속에 각인된다. 그러나 젊었든 나이가 들었든, 어린이에 대한 기대감이든 그들에 대한 미안함이든, 유현목 감독은 그의 작품 속 아이들에 대해 한결같이 다음과 같은 말을 하고 싶었는지도 모른다.

> "거기에도 아이들은 자라고 있소. 가난하지만 아름다운 마음과 자연이 있소."
>
> _ 영화 〈수학여행〉의 김 선생 대사 중 ●

주

1 〈'구름은 흘러도' 영화화는 부적당, 국산영화 자문위서 결론〉, 《조선일보》 1959년 3월 19일 석간 3면.

2 〈〈말미잘〉 시나리오(1994년 8월 18일자)〉(CKN002 741_01).

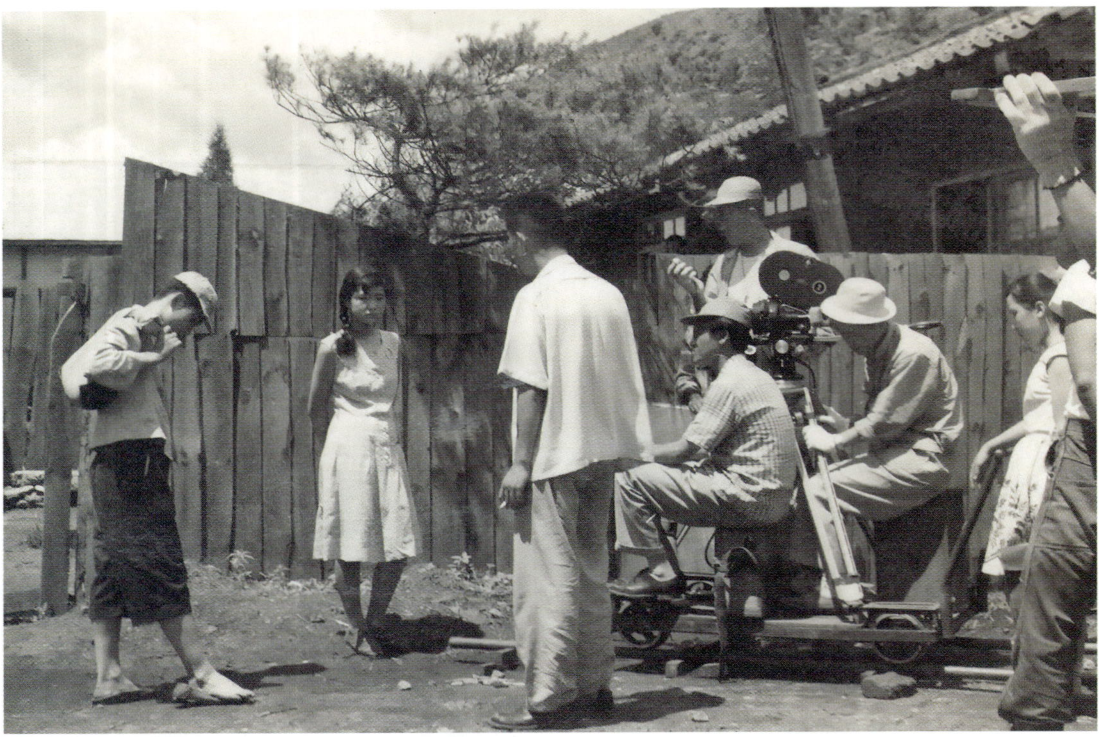

〈구름은 흘러도〉 촬영 현장

수업에 결석한 말숙이 걱정돼 친구 지희가 집으로 찾아온 장면을 촬영하는 모습이다. 이 장면에서 영화는 말숙이 학교에 다시 나오게 해 달라고 소녀상에게 빌었다는 지희의 말에 기뻐하는 말숙이의 표정을 보여 주는데, 사진에서 확인할 수 있듯, 이때 카메라는 트랙과 달리를 이용해 말숙의 앞으로 다가가 그의 얼굴을 클로즈업으로 보여 준다. 이와 함께 화면은 멀리서 말숙의 작은오빠가 쌀자루를 메고 걸어오는 모습을 함께 담아낸다.

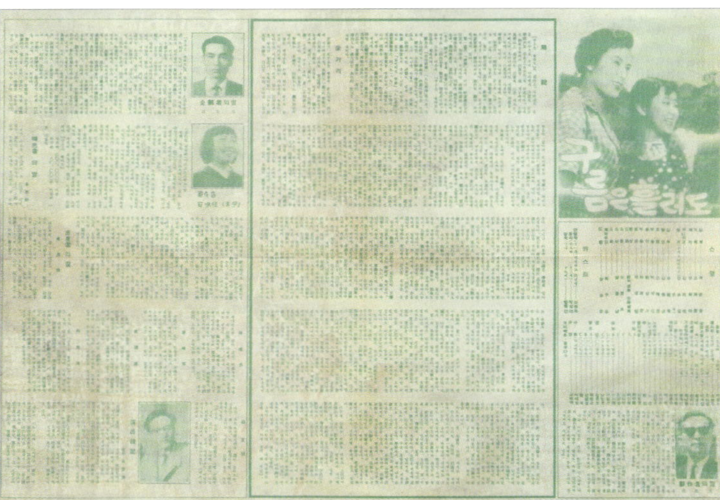

〈구름은 흘러도〉 홍보 전단 (DBKB004616)

양면 접지로 된 영화 홍보 전단. 앞면에는 영화 포스터가, 뒷면에는 작품 해설 및 크레디트, 기획자, 각색자, 연출자의 변 및 원작자 야스모토 스에코에 대한 소개글 등이 수록되어 있다.

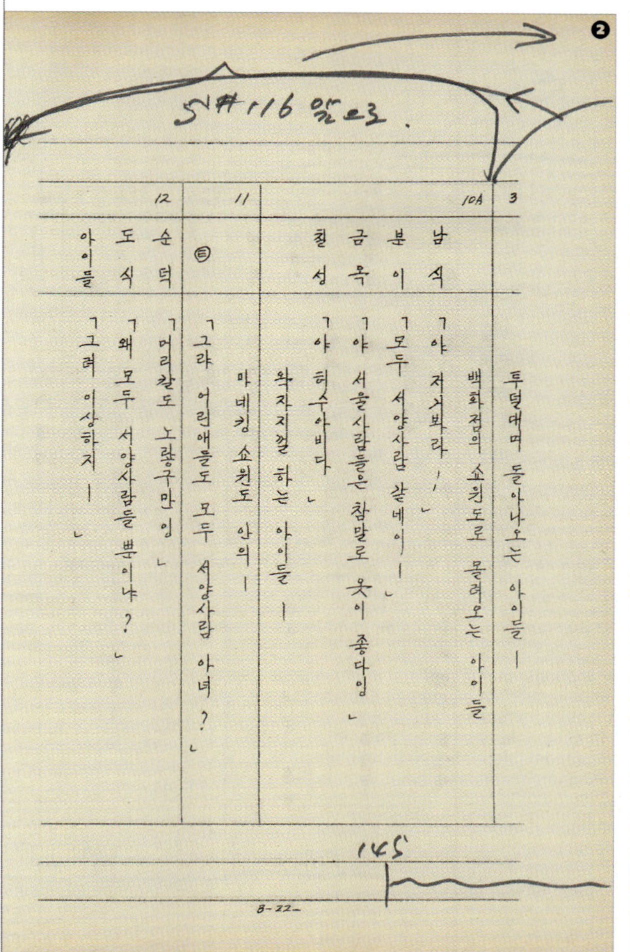

S#116 앞으로.

	3	투덜대며 돌아나오는 아이들—
10A		백화점의 쇼윈도로 몰려오는 아이들
	남식	「야 저거봐라」
	분이	「모두 서양사람 같네이—」
	금옥	「야 서울사람들은 참말로 옷이 좋다잉」
	칠성	「야 허수아비다」
		와자지껄 하는 아이들—
11		마네킹 쇼윈도 안의—
	ⓔ	「그라 어린애들도 모두 서양사람 아녀?」
12	순덕	「머리칼도 노랑구만잉」
	도식	「왜 모두 서양사람들 뿐이냐?」
	아이들	「그려 이상하지—」

145

8-22-

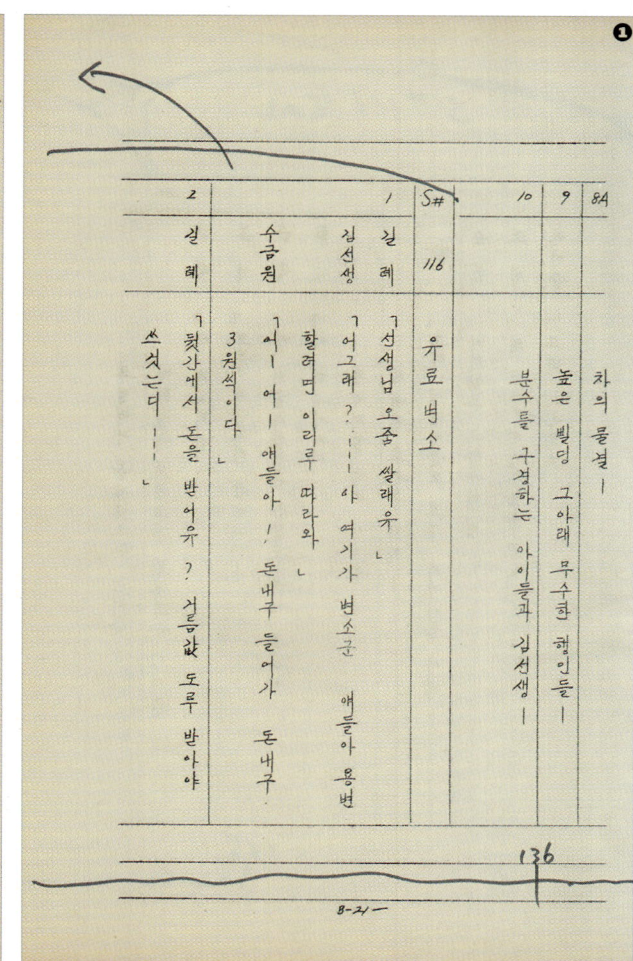

	8A	차의 물결—
	9	높은 빌딩 그 아래 무수한 행인들—
	10	분수를 구경하는 아이들과 김선생—
S# 116		유료 변소
1	길례	「선생님 오줌 쌀래유」
	김선생	「어 그래? … 아 여기가 변소군 얘들아 용변 할려면 이리루 따라와」
	수금원	「어— 어— 얘들아! 돈내구 들어가 돈내구. 3원씩이다」
2	길례	「뭣산에서 돈을 받어유? 거름값 도루 받아야 쓰것는디…」

136

8-21-

〈수학여행〉 시나리오 [CKN002740_01]

한국영상자료원에는 총 네 가지 판본의 〈수학여행〉 시나리오가 소장돼 있는데, 그중 이 시나리오는 영화 편집 시에 사용되었던 것으로 추정된다. 중간중간 검정 사인펜으로 필름 권수 및 권별 길이가 기재돼 있으며, 컷 순서를 변경하는 지시 내용 역시 발견되고 있기 때문이다. 일례로 시나리오에서 서울 거리를 구경하는 선유도 아이들의 모습은 남산, 지하도, 고층 빌딩, 육교, 공사장 기중기, 분수를 차례로 스케치(S#114~115)한 후 유료 변소 장면(S#116 C#1~3)과 쇼윈도 장면(S#116 C#10A~12)이 배치되는데, 이때 쇼윈도 장면 상단에는 "S#116 앞으로"라는 편집 지시 내용이 적혀 있다. 실제 완성된 영화를 보면, 이 지시 내용대로 쇼윈도 장면을 유료 변소 장면 앞에 배치한 것을 확인할 수 있다.

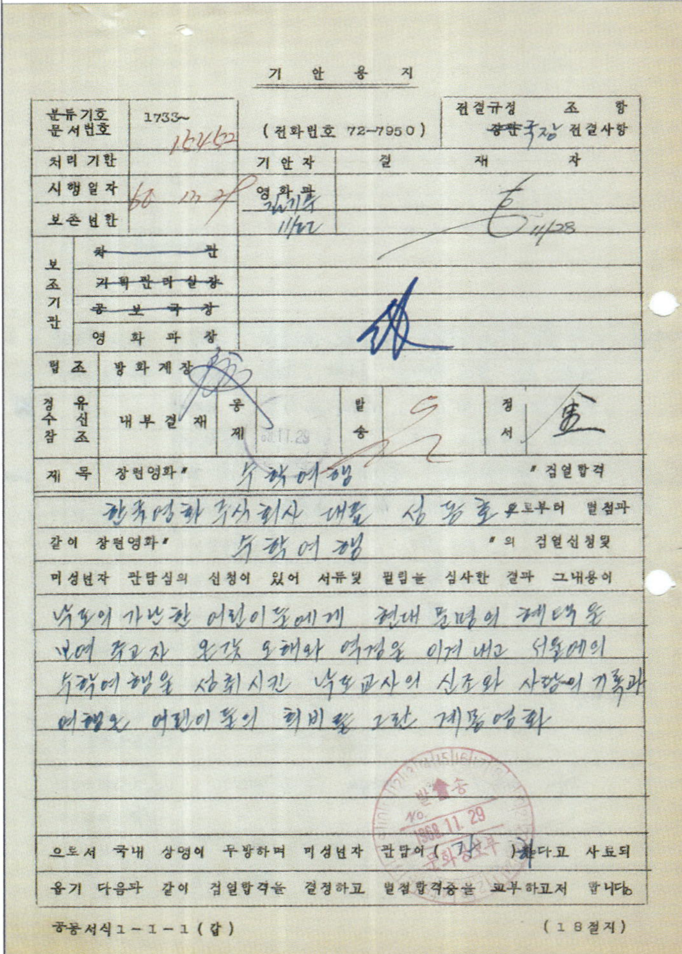

기 안 용 지

분류기호 문서번호	1733~	(전화번호 72-7950)	전결규정 조 항 국장 전결사항
처리기한		기안자	결 재 자
시행일자	68. 11. 29	영화과 11/27	11/28
보존년한			
보조기관	차관		
	기획관리실장		
	공보국장		
	영화과장		
협조	방화계장		
경수참 유신조	내부결재	통제 68.11.29	발송	정서

제 목 장편영화 "수학여행" 검열합격

한국영화주식회사 대표 성동호 으로부터 별첨과 같이 장편영화 "수학여행"의 검열신청및 미성년자 관람심의 신청이 있어 서류및 필름을 심사한 결과 그내용이

낙도의 가난한 어린이들에게 현대 문명의 혜택을 보여 주고자 온갖 오해와 역경을 이겨 내고 서울에의 수학여행을 성취시킨 낙도교사의 신조와 사랑의 기록과 여행은 어린이들의 희비를 그린 계몽영화

으로서 국내 상영에 무방하며 미성년자 관람이 (가)하다고 사료되옵기 다음과 같이 검열합격을 결정하고 별첨합격증을 교부하고저 합니다.

발송 No. 1968. 11. 29 문화공보부

공용서식1-1-1(갑) (18절지)

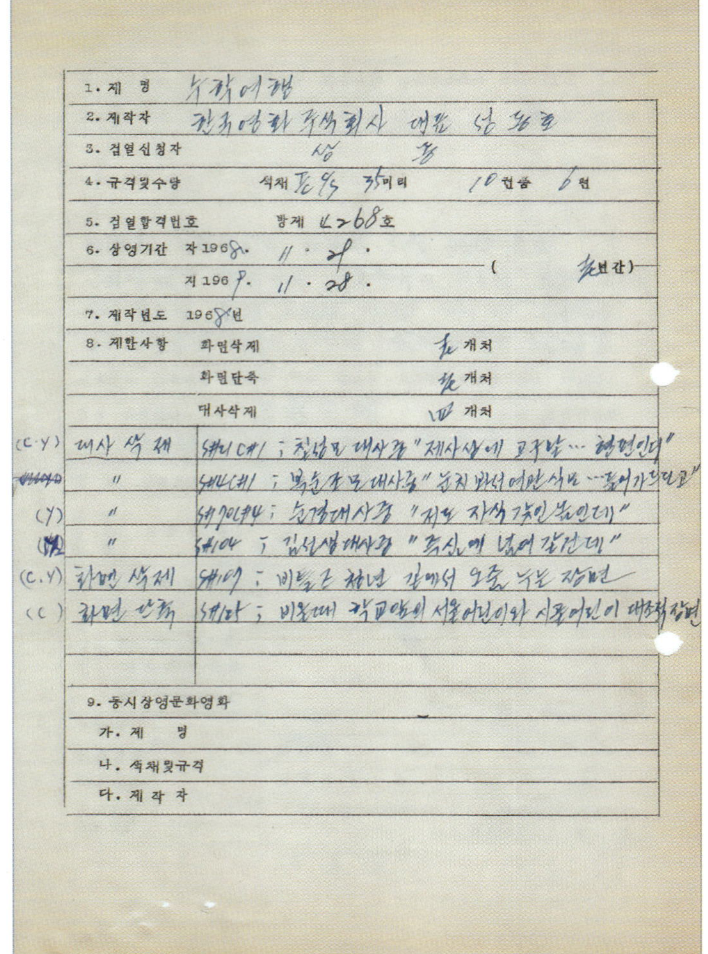

1. 제 명 수학여행
2. 제작자 한국영화주식회사 대표 성동호
3. 검열신청자 상 동
4. 규격및수량 석재 35미리 10권 6
5. 검열합격번호 방제 2268호
6. 상영기간 자 1968. 11. 29. 지 1969. 11. 28. (년간)
7. 제작년도 1968년
8. 제한사항 화면삭제 개처 / 화면단축 개처 / 대사삭제 개처

(C.Y)	대사 삭제	S#1 C#1 ; 칠성모 대사중 "제사상에 고구마 … 형편인데"
	"	S#1 C#1 ; 복순모 대사중 "눈치 봐서 어만 식모 … 들어가는데도"
(Y)	"	S#70 C#4 ; 순경대사중 "저도 자식 가진 놈인데"
	"	S#104 ; 김선생 대사중 "죽산에 넘어 갈건데"
(C.Y)	화면 삭제	S#107 ; 비틀즈 청년 길에서 오줌 누는 장면
(C)	화면 단축	S#105 ; 비올때 학교앞의 서울어린이와 시골어린이 대조적장면

9. 동시상영문화영화
가. 제 명
나. 색채및규격
다. 제 작 자

문화공보부 영화과, '장편영화 "수학여행" 검열 합격', 〈수학여행〉 심의서류, 1968년 11월 29일

〈수학여행〉의 제작사 한국영화주식회사가 1968년 11월 21일, 문화공보부에 제출한 상영허가신청서에 대해 문화공보부가 같은 해 11월 29일에 통보한 검열 합격 통지문. 통지문 마지막 부분에는 화면 삭제 및 단축, 대사 삭제에 대한 제한 사항이 적혀 있는데, 이를 통해 섬마을의 전근대적인 풍습 및 낙도와 도시 간의 빈부격차가 두드러지는 것을 당국에서 우려하고 있었다는 것이 확인된다. 그런데 검열에 의한 제한 사항임에도 불구하고, 지적된 장면과 대사들이 한국영상자료원의 2022년 4K 디지털 판본 영상에 수록돼 있어 의구심을 자아낸다. 이는 한국영상자료원의 디지털 판본이 개봉 당시의 상영용 필름이 아닌 35mm 네거티브필름과 17.5mm 음향 네거티브필름을 원본으로 삼은 데서 기인한다. 따라서 최초 개봉 당시에는 삭제되었을 장면과 대사가 그대로 남아 있는 한국영상자료원의 〈수학여행〉 4K 디지털 판본은 검열을 거치기 전의 판본이라 할 것이다.

	들어서는 동만을 보고)
친 할	이놈 – 이 천하에 벼락맞을 놈
	(벼락같이 소릴 지르며 내달아 온다
	겁결에 뒤로 피하는 동만)
친 할	이런 짐승만도 못한놈 과자 한조각에 제 삼촌까지
	팔아먹는 무지막지한 사람백정 놈 – 이놈! 썩
	나가라 이 주리를 틀 놈
	(부지깽이를 들고와 사정없이 동만의 등줄기
	를 후려친다
	금새 죽어가듯 비명을 질러대는 동만
	죽일듯이 두들겨 패는 친할머니
	그때 외할머니 나와서 안타깝게 바라보며)
외 할	고만 혀 두시오 ...어린것이 뭘 안다고
친 할	오나 이젠 너그들끼리 한 통속이 되야서 이 집안에
	씨를 말릴 작정이구나...~~하나는 악담을 퍼고 하나~~
	~~는 말고를 퍼고~~...
외 할	아아가 알고서야 그랬겠오?
	(동만을 싸안고 사랑채로 간다)
친 할	어이구 어이구 이일을 어쩐디야 집안이 망혀두 곱게
	망혀야제 이일을 어쩐디야
	(바닥에 주저앉아 땅을 치며 통곡한다)

S#90A 삽입

다 – 7

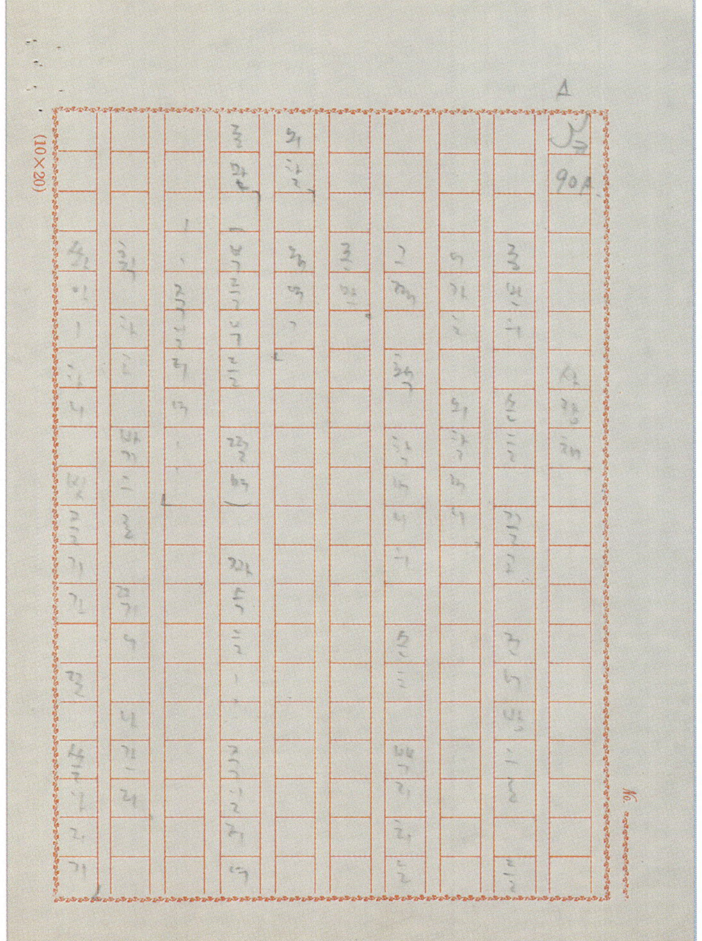

〈장마〉 시나리오(공연윤리위원회 제출 후 육필 수정본) (CKO003257_01)

1979년 7월 9일 공연윤리위원회에 제출한 후에 수정 내용을 육필로 작성한 버전의 시나리오. 공연윤리위원회에 제출한 시나리오(한국영상자료원 소장 관리번호 CKO003257)와 인쇄된 내용은 동일하나, 이 자료에는 수정하거나 삭제한 육필 흔적이 존재하고 원고지에 작성한 추가 장면이 군데군데 삽입돼 있다. 한편, 이 시나리오에는 동만이 자신의 말실수로 아버지가 경찰에 연행되자 형사를 데리고 온 친구를 가만두지 않겠다며 찾아다니는 장면이 새롭게 적힌 원고가 추가돼 있다. 이 장면은 영화 촬영 단계에서 최종적으로는 삭제된 것으로 보이는데, 이는 동만이 목격하는 비극이 그 누구의 잘못도 아니라는 메시지를 강조하려 한 감독의 선택이었을 것으로 해석해 볼 수 있다.

유현목 감독이 남긴 영화들은 스크린 속의 서사와 미학뿐 아니라,
그 작품들을 둘러싼 시대의 기록과 수용의 흔적 속에서도
또 다른 얼굴을 드러냅니다.
동시대 저널 비평은 그의 영화가 어떤 문제의식과 맥락 속에서
읽히고 논쟁되었는지를 보여 주는 중요한 자료이며,
포스터와 같은 시각적 매체는 한 편의 영화가
시대와 관객에게 어떻게 다가가고자 했는지를 선명하게 증언합니다.
기록과 이미지, 그리고 연대기의 단편들을 다시 잇고 살피는 일은
이제까지 따라온 유현목 영화세계의 궤적을 한층 더 선명하게 드러내 줍니다.
이제 여정을 마무리합니다. 한 시네아스트가 남긴 흔적 속에서
한국영화사가 품어 온 질문들과
앞으로 우리가 이어 가야 할 시선의 방향을 다시 한 번 생각합니다.

에필로그

시대를 담아낸 스크린의 기록:
저널 비평으로 읽는 유현목 영화

김종원 | 영화평론가

유현목 탄생 100주년을 보내며 새삼 확인하게 된 것은 그가 영화계에 남긴 자취가 매우 선명하다는 사실이다. 해방 이후 집권한 자유당 정권의 몰락과 박정희 쿠데타에 의한 군사정부, '서울의 봄'의 기대를 무산시킨 전두환 일당의 통치와 1980년 5·18민주화운동 등 시대의 변화를 겪으며 영화계는 일부 소재와 표현에서 위축될 수밖에 없었고, 제작자들 스스로 그 수위를 정하는 자기검열의 단계에까지 이르게 된다. 그 대표적인 예가 유현목 감독의 〈오발탄〉(1961)과 〈푸른 별 아래 잠들게 하라〉(1965)였다.

그에 대해 많은 이야기를 할 수 있겠으나, 여기에서는 당대의 일간신문과 영화잡지에 게재된 평가를 중심으로 유현목 영화를 살펴보기로 한다.

모색기

> 도회의 한복판에 살면서 마치 고도에서 온 것같이 외로운 사람이 있다. (중략) 이런 인간은 영원히 고독한 이방인이며 방황하는 영혼의 코스모폴리탄인 것이다. (중략) 제임스 존스James Jones의 소설 《지상에서 영원으로》(1951)에 나타난 어진 병사들처럼… 유현목이란 인간은 말하자면 이런 비무장지대에 살고 있는 사람이다. (중략)
> 그는 우선 영화의 메카니즘을 체득하기 위해 조감독 생활의 제일보를 내디딘 것이었다. 그러나 유현목의 조감독 생활 기간이었던 1946년부터 1954년대라는

기간은 우리 한국영화가 가장 곤란과 역경 속에 처해 있던 때였다. 이 기간 유현목은 이규환을 위시해서 몇몇 선배의 밑에서 조감독 생활을 계속한 것이다. 또 그는 이 기간 수 편의 시나리오를 썼으며 그중 몇 편은 영화화되었다. 영화감독으로서 정통적인 코스를 밟은 그는 처녀작품으로 이청기李淸基 시나리오의 〈교차로〉를 내놓았다. 〈교차로〉는 가벼운

〈교차로〉(1956)의 신문광고. 《조선일보》 1956년 1월 13일자 4면

멜로드라마로서 그 주제나 인간형들이 결코 이른바 현대적인 것이 아니었다. 여기에 감독 유현목의 고민이 있었다.

이상은 뒷날 메가폰을 잡은 박종호 시나리오작가가 〈유현목 그의 작품과 인간〉[1]에서 언급한 것이다. 또한 영화평론가 유두연劉斗演은 〈감독 유현목 연구〉[2]에서 이같이 평가했다.

유현목, 그는 분명히 아폴론적이 아니고 디오니소스적이다. (중략) 이러한 형의 예술가들을 사상史上에서 찾아 보면 라마르틴, 하이든, 라파엘 등이 있고 이들을 아폴론적이라 할 수 있다. (중략) 그러나 이러한 아폴로형의 예술가들의 작품에서 보다도 우리가 더 큰 감동을 받고 무거운 압력을 느끼게 되는 것은 오히려 보들레르, 베토벤, 로댕 등의 작품이라는 것을 숨길 수가 없다. 전자를 아폴론적이라고 한데 대해 후자는 디오니소스적이라 할만치 비극적이고 숙명적이다. 그들은 조화와 안정 대신에 모순과 불안만을 현실에서 찾고, 타협할 수 없던 현실과의 싸움에서 예술을 창조하였고, 자신들의 생명을 연소시켰던 것이다. 유현목은 틀림없이 후자인 디오니소스적 예술가의 족보를 계승하고 있다.

영화계 진출을 준비 중이던 시인이자 평론가인 이봉래는 〈인간 유현목과 그의 작품세계〉[3]에서 몇 가지 단서를 달긴 했지만 유현목에 대해 우호적인 시선을 보냈다.

(〈교차로〉와 〈유전의 애수〉) 이 두 개의 작품은 그 소재 자체가 지금까지 한국영화의 주류로써 일관되어 왔던 통속적인 멜로드라마의 범주를 벗어나지 못하고 있다. (중략) 통속적 해석에 그치지 않고 그것을 좀더 차원이 다른 세계에까지 이끌고 가려 하고 있다. 즉 그는 작품마다 새겨진 모럴을 기극起克하려고 몸부림치고 있는 것이다. (중략)
즉 〈교차로〉에 있어서 그는 두 개의 여인상을 대차적으로 그려가며, 그 속에서 하나의 테제를

〈잃어버린 청춘〉(1957)의 신문광고. 《조선일보》 1957년 9월 18일자 석간 4면

확립하려고 하였다. 가난하고 무지하고 불행한 환경에 놓여있는 식모와 환경이 좋고 영리한 여대생의 사회라는 시츄에이션 속에서 어떻게 반응하는가를 그린 작품에 있어서 그는 끝내 어느 쪽에도 동정이나 애착을 느끼지 못하고 그저 몰인정한 눈으로써 두 여인의 움직이는 행위 자세를 냉정히 그리고 있을 따름이다. 비정한 객관적인 눈—여기까지는 퍽 좋았다. 그런데 결말이 너무 이지고잉하였기 때문에 도대체 작가는 이 작품에서 무엇을 말하려고 하였는가 하는 초점이 흐리고 말았던 것이다. 두 여인이 쌍둥이었다는 것도 너무 우연한 데다가 여대생이 자기 동생에게 설교적인 대사를 늘어놓는 장면은 너무 상식적이었다. (중략)
허나 그는 어느 모로 보던지 간에 이색적인 존재임에 틀림없다.

〈교차로〉에 이어 만든 〈유전의 애수〉는 1956년 7월 25일 이례적으로 단성사와 중앙극장에서 동시상영하였다. 이에 대해 시나리오작가 이진섭은 "내용으로서는 극적인 부피가 매우 빈약한 감이 있으나 유감독은 세밀한 계산하에서 능숙한

誠實한 作家精神

「人生差押」

『시집가는날』을쓴 吳泳鎭氏의 戱曲臺本을 映畵臺本으로 만들어『잃어버린靑春』의 兪賢穆監督이만든것。李重生(金勝鎬扮)이라는 看板會社社長을中心으로 社會現實과 家庭環境및新舊世代의對立을 씨니갈하게 파고든「시츄에숀·코메디」物 兪賢穆監督의 誠實하고 細心한演出과 金勝鎬 崔남鉉 黃貞順 朴巖 李敏 金槿子等의 好演과「푸롯트」의 運搬의 妙로 올해의 收穫作의 한 篇 問題作으로선 좀 낡았고 畵面의 陰影과「다아크」調는 아까운 흠이다 이만하면 痛快한作品이라고보는데 인색이 必要없다 (國際 上映中)

〈인생차압〉(1958) 영화평, 《조선일보》 1958년 11월 7일자 4면

연출력으로 보충했다. (중략) 결론적으로 이 영화는 능한 연출과 능한 연기로(최남현, 장민호 등—인용자 주) 호흡의 일치를 여실히 느낄 수 있는 쾌작"[4]이라고 했다.

같은 시기 과찬에 가까운 《동아일보》(7월 27일자)의 영화평도 있다. '정감情感의 매력'이라는 제목 아래 C.S라는 이니셜로 쓴 이 글에는 "감독자의 사상, 철학에의 공명보다도 왕성한 정감의 매력 (중략) 건강한 감수성을 가지고 풍부한 정감을 영상에 집약해 놓음으로써 상반기에 나온 처녀작 〈교차로〉에 비해 적어도 10년 이상의 급격한 성장을 보여준 것은 놀랍다"고 하였다.

이 두 편에 이어 나온 작품이 선량한 젊은이가 사람을 죽이고 어쩔 수 없이 막다른 골목으로 쫓겨 가면서 또 살인을 하게 되는 〈잃어버린 청춘〉(1957)이다. 〈유전의 애수〉에 앞서 〈자유부인〉(한형모, 1956)을 만든 제작자 방대훈方大勛은 이에 대해 "대체로 산만한 주제를 주밀周密한 연출로써 담당한 유현목 감독의 장면마다 세심한 모든 배치 등 새로운 수법과 전반적인 서스펜스의 처리가 기교상 해결 등 감독의 노고가 절실히 느껴졌다"[5]고 평가했다.

유현목은 이처럼 데뷔 초부터 언론과 영화계가 기대하는 유망주가 되었다. 이후 그는 〈그대와 영원히〉, 〈인생차압〉(이상 1958), 〈구름은 흘러도〉, 〈아름다운 여인〉(이상 1959) 등을 잇따라 내놓았다. 〈그대와 영원히〉는 빈민가에서 자라난 세 소년이 창고를 털다가 발각되면서 엇갈리는 운명을, 오영진의 희곡 《살아있는 이중생 각하》(1949)를 스크린에 옮긴 〈인생차압〉은 세상에 권력과 금전으로 해결하지 못할 일이 없다는 생활신조를 가진 간판회사 사장(김승호)이 탈세, 횡령 등의 혐의에서 빠져나가려 벌이는 거짓 죽음 행각을 담았다. 이 작품에 대해 《한국일보》는 "현대사회를 부식腐蝕하는 우매분자의 한 원형으로서의 인물과 그 주변 풍속의 희극적 과장 부각의 성공은, 고전희극 수법마저를 인용한 양식미와 함께 가상할 만하다"고 했고,[6] 《조선일보》는 "사회 현실과 가정

환경 및 신구세대의 대립을 시니컬하게 파고든 시츄에이션 코미디로 유현목 감독의 성실하고 세심한 연출과 플롯의 운반의 묘妙로 올해의 수확작의 한 편"[7]이라고 호평했다.

가난하여 때로 끼니를 잇지 못하고 또 뿔뿔이 헤어져 살아야 했던 재일 4남매가 막내인 한말자(김영옥)의 일기가 출판되면서 다시 웃음을 찾게 되는 〈구름은 흘러도〉에 대해서는 극적인 요소는 적지만 "담담한 흐름 속에 시정詩情이 넘치는 (김지헌의) 각본에 힘입어 (중략) 굳세게 살려는 4남매의 생활과 안정된 생활을 희구하는 어린 소녀의 티없이 맑은 바람을 순수한 감동의 경지까지 끌어올리기에 성공하였다"[8]는 반응이 나왔고, 〈아름다운 여인〉에 대해서는 "작품의 구성은 멜로드라마틱하면서도 동양적인 여성의 미덕을 그리기에 성공한 유현목 감독의 우수한 연출 기교와 진지한 작가정신은 격조 높은 멜로드라마로 만들었다"[9]는 호의적인 반응을 끌어내었다. 이때 '웅雄'이라는 이니셜을 사용한 평자는 바로 뒷날 연출가가 된 임영웅 기자였다.

명암 엇갈린 전성기

유현목 시대가 본격적으로 형성된 것은 1960년대에 들어서면서부터였다. 그 출발점이 바로 〈오발탄〉이다. 일반적인 멜로드라마에서 탈피하여 현실 상황에 접근하려는 이런 움직임은 김기영 감독의 〈10대의 반항〉(1959)에서 감지되었으나, 이를 더욱 발전시킨 것은 자유당 정권 말기의 〈오발탄〉이다. 이에 대해 《조선일보》는 "지난 몇 년 동안 수백 편의 국산영화가 제작됐지만 '현대 한국의 현실'을 본격적으로 다룬 작품은 다섯 손가락이 모자랄 정도이다. (중략) 이 영화가 금년도 '베스트 원'이 될지도 모른다. (중략) 간호장교였다는 설희(문혜란)가 등장하는 대목의 감상感傷과 영호가 은행을 습격하는 대목의 통속성은 이 영화가 주는 감동을 반감케 했다. 진지한 의욕이 성공하지 못했지만 (중략) 한국영화가 지향해야 할 것을 제시했다는 의미에서 귀중한 성과임에는 틀림이 없다"[10]고 하였다.

이렇게 〈오발탄〉은 주목을 받았으나 타의에 의한 곡절도 많았다. 1961년 4월 13일 국제극장에서 개봉한 바로 다음 날, 문교부가 재심의에 착수하였으며, 7월 20일에는 문교부 시사실에서 내무부·법무부·중앙정보부 등 관계 기관의 합동 재검열을 거쳐 무기한 상영 보류가 결정되었다. 6·25전쟁 때 받은 충격으로 정신착란증에 빠진 늙은 어머니가 연발하는 "가자"라는 절규, 아이를 업은 채 목매달아 죽은 여인의 모습 등 사회 현실을 너무 어둡게 다루었다는 게 그 이유였다. 결국 일부 장면을 재촬영, 보완하지 않으면 안 되었다.

영화평론가 이영일은 "극적 허구의 상실, 실패에서 체험한 영상미학은 그 스스로가 순교자처럼 나갈 길 없는 현실에의 가열한 작가적 저항을 통해서 얻어진 것"이라며 〈오발탄〉을 "한국 리얼리즘 영화의 절정"이라고 강조했다.[11]

유현목은 이후 1964년까지 한 해에 2편꼴로 메가폰을 잡았다. 〈임꺽정〉(1961)을 비롯한 〈아낌없이 주련다〉, 〈성웅 이순신〉(이상 1962), 〈김약국의 딸들〉, 〈푸른 꿈은 빛나리〉(이상 1963), 〈잉여인간〉, 〈아내는 고백한다〉(이상 1964) 등이 그것이다.

〈오발탄〉(1961)의 김진규와 문정숙

신영균이 타이틀롤을 맡은 〈임꺽정〉은 "빠르고 율동적인 전투 장면의 효과가 옛날 한국식 백병전의 유형을 재현했고, 일관된 템포의 흐름이 역사 활극으로서의 이 영화를 성공"[12]시켰다고 평가받았고, "숨막힐 듯한 중세풍토의 분위기를 배경으로 산채에 몰린 화적 무리들의 민중적인 절규와 저항을 서부극 뺨치는 신나는 액션 플레이로 스크린 가득히 펼친다"[13]는 대중영화로서의 호평도 얻었다. 그 결과, 비록 35mm 흑백필름으로 촬영했다는 한계가 있었으나 시네마스코프 색채 화면으로 만든 신영균 주연의 〈폭군연산〉(신상옥, 1962)에 버금하는 흥행 실적을 올렸다. 유 감독의 작품 가운데서는 상업적으로 가장 성공한 예라고 할 수 있다.

〈아낌없이 주련다〉는 "외로움에 사무친 30대 여인(이민자)과 세상 물정을 모르는 20대 청년(신성일)의 애절한 사랑을 부산 해변지를 배경으로" 펼쳐 냈다. "전쟁과 대비한 생활의 리얼리티가 약해서 간간 멜로드라마의 뼈다귀가 들여다보이긴 하지만, 흐뭇한 서정과 밀도 있는 영상으로 정감의 볼륨을 드높여간 유현목 감독의 연출구도는 섬세하다"[14]는 평가와, "우선 화면과 그림이 좋고 커팅의 리듬이 살아 있는 한편, 전편을 적시는 흐뭇한 정감 등 고급 멜로드라마로서의 여건을 두루 갖추었다"[15]는 호의적인 반응을 얻어 내었다.

그러나 유현목 감독이 모처럼 시네마스코프 대형 화면에 담은 〈성웅 이순신〉에 대해서는 "현 한국 영화제작계의 제작능력 한계를 단적으로 보여준 그림 작품"이라는 쓴소리를 들어야 했다. "인간 이순신을 그렸다기보다는 수난자 예수를 방불케 하는 그야말로 '성웅'을 그렸기 때문"[16]이다.

그러나 〈김약국의 딸들〉에 이르러서는 평가가 달라진다. "주인공이 비극의 땅을 떠나는 것으로 해방감과 새 희망을 갖도록 한 원작과는 달리 영화는 비극을 짓밟고 저주받은 땅에 눌러 앉는다"[17]는 '김약국 집의 3대에 걸친 폐가망신기'에 대해 "〈아낌없이 주련다〉 이래 콤비인 연출의

〈아낌없이 주련다〉(1962)의 신성일과 이민자

유현목과 촬영의 변인집이 유려한 카메라 워크로 아름다운 영상의 시각적 표현에 재능을 보인다"[18]고 평가했다. 특히 《서울신문》은 "연출자의 치밀한 화면구도와 예술적인 눈이 멋있는 그림을 빚어내었다. '연출사전'에 수록될 만한 커트가 적잖다"[19]며 유현목의 영화적 스타일을 상찬했다.

1964년에 이르면서 〈오발탄〉에 견줄 만한 〈잉여인간〉(1964)이 나왔다. 작품 경향으로 따지자면 현실 상황을 직시한 〈오발탄〉 계열에 속한다고 할 수 있다. 자기 일보다 썩어 가는 사회현상에 비분강개하는 무력한 가장(신영균), 전쟁으로 정신이 나간 시인(박암), 원자공학을 공부했으나 사기범으로 전락한 하와이 교포 2세(김석강) 등 실직자들의 이야기가 김진규의 치과의원을 중심으로 전개된다.

직면 구도의 면에서는 〈오발탄〉보다 더욱 참신하고 세련되어,[20] "저속도촬영으로 무성영화 때처럼 팔딱팔딱 움직이는 인간군상을 바탕에 깐 타이틀 백이며 선(線)을 강조한 화면의 구도, 빠른 템포의 커팅 등 연출 솜씨가 새로운 진경을 보이고"[21] 있다. 흠이라면 "주제를 뚜렷이 잡아서

파고들지 못한 각색에 있는 것 같고 아름다운 화면영상에 치우친 나머지 어둠이 지나치게 아름답게 표현되었다는 점"이 있지만 "일반적으로 다른 방화와 비교할 때 월등하게 우수한 양심작임에 틀림없다."[22] 이처럼 영화의 결함을 지적받기는 했으나 대체로 언론의 반응은 호의적이었다.

유 감독은 이후 〈아내는 고백한다〉(1964)를 비롯하여 〈춘몽〉, 〈순교자〉, 〈푸른별 아래 잠들게 하라〉, 〈태양은 다시 뜬다〉(이상 1965)와 〈특급 결혼작전〉(1966)을 내놓았다. 〈아내는 고백한다〉와 〈춘몽〉은 앞서 만든 〈푸른 꿈은 빛나리〉와 마찬가지로 일본영화의 원작 또는 시나리오를 활용한 것이었다.

이시자카 요지로石坂洋次郎 원작 〈푸른 꿈은 빛나리〉(1963)는 국제극장에 걸렸으나 관심을 끌지 못한 채 13일 만에 간판을 내려야 했다. 시골 마을 여학교에서 벌어지는 사춘기 소녀들의 발랄한 사랑과 이들을 죄악시하는 학교 간의 갈등이 의협심 많은 젊은 교사의 활약으로 해결된다는 내용이었다. 이 무렵은 군사정부가 한일 국교 정상화를 위해 대일 통상을 적극적으로 추진하던 시기였다.

〈아내는 고백한다〉는 마스무라 야스조增村保造의 1961년작 동명 영화를, 〈춘몽〉은 다케치 데쓰지武智鉄二의 〈백일몽〉(1964)을 리메이크한 작품이다.

이는 이시자카 요지로 원작의 〈햇빛 비치는 언덕길〉(다사카 도모타카, 1958)이 〈가정교사〉(김기덕, 1963)로, 동 원작의 〈그 녀석과 나〉(나카히라 코우, 1963)가 〈청춘교실〉(김수용, 1963)로, 또 〈진흙투성이의 순정〉(나카히라 고우, 1963)이 〈맨발의 청춘〉(김기덕, 1964)으로 제작되어 흥행에 성공하면서 나타난 현상이다. 이 작품들은 일본의 원작자나 시나리오작가의 승인을 받아 각색한 반면, 〈춘몽〉의 제작사(세기상사)는 이 영화가 〈백일몽〉의 리메이크작임을 밝히지 않았다. 후대에 이르러 신성일이 치과에서 이를 빼는 장면을 공사장에서 인부들이 드릴로 작업하는 장면과 병치하는 등 몽타주 실험이 두드러진다는 평가를 받았으나, 개봉 당시에는 꿈속 여배우와의 행위 등을 두고 유 감독에게 음화제조죄가 적용돼 법정에 서게 되는 곤욕을 치러야 했다.

〈춘몽〉에 이어 같은 해 〈순교자〉(1965)가 나왔다. 이 영화는 "차라리 원작(김은국—인용자 주)이 영화적이고 영화가 소설적이다. 이 말은 영화와 소설은 그 미디어가 다른데 유감독은 원작에 극히 충실히 한다는 자세로서 소설을 한 장 한 장 옮기는 식으로 처리하여(각색의 책임도 있고) 그 결과는 지나치게 설명적인 것이 되었다"[23]는 지적과 함께, "간혹 피부적이라고 느껴지는 대목이 좀더 심장의 고동 소리처럼 스크린을 통해 울려 나왔으면 하는 아쉬움"[24] 같은 비판적 견해에 직면해야 했다.

그러나 《조선일보》는 "오락 일변도의 영화가 판치는 방화계邦畫界서 감히 이런 무거운 주제가 있는 작품에 손을 댄 프로듀서, 유감독의 의욕은 높이 평가되어야 한다. 유감독은 형이상학적 인간의 내면세계를, 신앙의 고뇌를, 취약한 사람의 안팎을, 방황하는 정신영토를 정성껏 화면에 담았다"[25]고 극찬하였다.

같은 시기에 나온 것이 신성일, 엄앵란 주연의 〈푸른 별 아래 잠들게 하라〉(1965)였다. 이 영화는 서울대 기상학과 4학년생으로 입대 당시 애인이 보낸 연서를 상사인 두 상병이 뜯어보고 희롱한 것에 항의했다가 구타당하자 두 상사를 사살하고 형장의 이슬로 사라진 최영오 일등병의 사건을 다루었다. 최 일병은 생전에 애인과 함께 주고받은 사랑의 편지와 옥중 수기를 한데 묶어 《이 캄캄한 무덤에서 나를 잠들게 하라》(1963)라는 단행본을 출간했는데, 이 제목을 영화에서 사용할 수 없게 되자 〈푸른 별 아래 잠들게 하라〉로 바꾼 것이다. 최금동은 이 시나리오를 세 번에 걸쳐 개작하고 자신이 직접 제작에 나설 정도로 애착을 보였다. 그러나 최종 영화는 《동아일보》가 "화면 구도가 새롭고 흥행적인 요소가 적지 않으나 검열에서 잘린 탓인지 이야기의 흐름에 다소 무리가 있다"[26]고 지적한 대로 제작 과정부터 누적된 한계를 보였다.

영화평론가 황운헌은 '정치세력이 침투한 학원의

암흑성을 고발해 보려는 작가의 주제의식을 흐릿하게 느낄 수 있었으나 끝내 사정거리를 빗나간 불발탄이 되고 말았다'[27]고 실망감을 표시했다.

잇따라 〈특급 결혼작전〉, 〈막차로 온 손님들〉, 〈공처가 삼대〉, 〈종야終夜〉(이상 1966) 등이 개봉되었다. 2억 원의 유산을 받게 된 여주인공 태현실을 중심으로 전개되는 〈특급 결혼작전〉에 대해서는 "긴 권투경기 장면 등 좀 사족 같은 데가 있으나 부담 안 느끼고 가볍게 보기에는 알맞은 영화"[28]로 소개됐으며, 결핵으로 허탈한 시한부의 삶을 이어 가는 〈막차로 온 손님〉의 경우는 "이순재, 김성옥이란 생각하는 연기자를 만나 연출력을 과시한 연출과 연기의 앙상블을 훌륭하게 이룬 작품"[29]이며, "자칫하면 구차스럽게 번질 수도 있는 소재지만 연출은 오히려 주제의식을 강요하지 않고 유연하게 이끌어나간다"[30]는 평가가 따랐다.

한편, 조선조 말기 한때 세도가로 행세했던 집안에 데릴사위로 들어온 공 주사(최남현) 일가의 3대에 걸친 가족사가 담긴 〈공처가 삼대〉(1967, 아카데미극장)에 대해서는 "방송극이 보여준 위트와 유머와는 사뭇 거리를 멀리한 듯 웃음에 앞서 불쾌감만 주는 태작"[31]이라는 비판을 찾아볼 수 있다. 유현목 최초의 코미디 장르 연출이어서 평론가들의 기대가 컸던 것이다.

잇따라 선보인 〈종야終夜〉(1967)의 경우는 등장인물이나 시간 설정이 일반적인 영화와는 확연히 구분된다. "등장인물은 단 네 사람, 신부 후보생 신성일, 불佡인과 약혼하여 파리로 시집가는 실연의 베테랑 고은아, 그의 여동생인 미친 발레리나 안인숙, 가정부 김신재. 드라마가 펼쳐지는 무대의 대부분 역시 여주인공 집 안, 이야기는 시간도 전날 오후부터 다음 날 아침까지여서 이것 역시 색다른 경우라고 할 수 있다". 이 영화에 대해 《조선일보》 "미켈란젤로 안토니오니 감독이 집요하게 추구하는 비슷한 주제—사랑의 불모와 개체 간의 단절, 교통이 거부된 현대인의 고독 등을 한국적인 토양 속에 다룬 문제작"[32]이라고 호평했다.

이 여세를 몰아 나온 것이 전래의 괴담을 세 단락의 옴니버스 형식으로 담은 〈한恨〉(1968)이다. 자신의 운명을 알고 있는 여인의 사후 복수담 등 세 가지 이야기를 시네마스코프 색채 화면에 담은 이 영화는 잔혹 취미가 지나치게 노출되어 있다며 "우리의 고유한 소재를 어떻게 예술적인 경지로 승화시키느냐는 앞으로 남은 과제"[33]라는 지적을 받았다. 하지만 이와 달리 《부산일보》는 "서구적인 스타일에서 탈피하여 가장 한국적인 이미지를 창출하려는 표현형식 또한 유려하다"[34]며 유현목의 시도를 긍정적으로 평가했다.

그 뒤를 이어 〈카인의 후예〉, 〈몽땅 드릴까요〉, 〈수학여행〉, 〈아리랑〉, 〈한(속)〉과 옴니버스 형식의 〈여女〉, 반공영화 〈악몽〉(이상 1968) 등 7편이 나왔다. 유현목 감독으로서는 역대 가장 많은 실적을 올린 해였다.

이 가운데 〈카인의 후예〉와 〈수학여행〉, 〈한(속)〉 정도를 제외하고는 범작에 머물렀다. 해방 후 북한 정권이 토지개혁을 내세워 지주들의 개인 재산을 몰수할 때 농민들에게 적선을 베풀었던 지주(김진규)가 붉은 바람이 불면서 공격당하는 내용의 영화 〈카인의 후예〉에 대해 《경향신문》은 "인간 선성善性의 변모를 고발하며 그러한 인간상에 앵글을 댄 차원 높은 묘사의 예술성으로 하여 반공을 가슴으로 느끼게한 68년의 수확작"[35]이라고 했다. 30여 명의 아역들이 등장하는 구봉서 주연의 〈수학여행〉에 대해서는 "낙도와 서울 간에 벌어진 문명의 격차를 좀더 고발형식으로 다뤘으면 하는 아쉬움이 남지만 저변을 흐르고 있는 연출자의 해학을 읽을 수 있어 다행스럽다"[36]는 반응이 나왔다.

침체 국면기

유현목 감독에게 양적 침체 현상이 나타나기 시작한 것은 1969년부터였다. 메가폰을 잡은지 13년, 지난해 일곱 편에 이르렀던 작품이 〈나도 인간이 되련다〉, 〈회전목마〉(미완성) 두 편으로 줄어들고, 1972년부터 1974년까지 3년 동안은 단 한 편도

「未開」가 빛는 鄕土女人의 悲劇

〈분례기〉

映画短評

方榮雄의 同名小說을 兪賢穆감독이 메거폰을잡아 오랜만에 내놓은 水準作。忠南 예산이 무대라서 질은 鄕土色을 바닥에 깔고 貧困과無知, 그리고 未開상태의욕정이 빚어내는 한女人의 悲劇을 충격적으로 그려보았다。

너무도 가난해서 이러저러 시집을 오긴했지만 「가마타고 시집한번 못가본것」을 평생의恨으로 간직한채 늙어버린 노파가 저승길로가는 상여(喪輿)나마 살아서 타보려드는, 그런 念願이 세습되다시피 하는 風土ㅡ「똥뒷간」에서 태어나 고자로 알려진 노총각 용팔이(許長江)에게 몸을 빼앗긴 분례(尹靜姬)는 용팔이에대한 愛情비슷한것을 간직한채 노름꾼 영철이(李純才)에게 재취로들어가나, 분례를 사랑하는 백치까지끼어든 殺人劇으로 분례는 끝내 미치고만다。

小說을 映畵化할때면 으레 擧論되는 얘기지만 映畵는 原作小說과는 별개의것이 되지않을수없다。그것은 미디어의 차이뿐 아니라 作家와 監督의 개성이 같을수 없기때문이다。

映化「분례記」는 興行을 의식했음인지 개그나 喜劇的인것이 강조되긴했으나 상여와 農樂에 쓰이는 새납꼭지의 상징적인 活用, 애기무당 옥화와 백치 사이의 動物的인交接등은 이 作品이 담고있는悲劇性을효과적으로 高潮시킨다。「분례」의運命에대한 豫示的인 향도(嚮導)구실을 하는 「옥화」의 活用같은것은 監督의力量을사줄만하다。

〈국도〉

性에대한 눈이 트이기도전에 「분례」는 「용팔이」에게 몸을 잃고만다。

〈분례기〉 영화평, 《동아일보》 1971년 5월 10일자 10면

만들지 못했다. 그는 이 시기에 문화영화 제작을 전문으로 하는 유프로덕션을 창설(1972)했다.

〈나도 인간이 되련다〉는 북한 국립예술극장 전속 작곡가(김진규)가 월북한 약혼녀(고은아)와의 결혼식을 앞두고 당의 호출을 받으면서 벌어지는 슬픈 곡절을 다루었다. 하지만 이 영화 역시 9일간 상영으로 흥행에 실패하면서 제대로 평가받을 기회를 갖지 못했다.

이후 유현목 감독은 한 여인(문희)이 두 남편과 살아야 하는 소재로 검열 과정에서 문제가 된 〈두 여보〉(1970)를 비롯하여 〈분례기〉(1971), 〈불꽃〉(1975), 〈문〉(1977), 〈옛날 옛적에 훠어이 훠이〉(1978), 〈장마〉, 〈다함께 부르고 싶은 노래〉(이상 1979), 〈사람의 아들〉, 〈상한 갈대〉(이상 1984), 〈말미잘〉(1995) 등 10편을 만들었다. 이 가운데 특히 관심을 끈 작품이 〈분례기〉와 〈불꽃〉, 〈장마〉, 그리고 〈사람의 아들〉이었다.

방영웅의 화제작을 원작으로 한 〈분례기〉(윤정희 주연)는 "향토색을 바닥에 깔고 빈곤과 무지, 그리고 미개未開 상태의 욕정이 빚어내는 한 여인의 비극을 충격적으로 그려보았다. (중략) 흥행을 의식했음인지 개그나 희극적인 것이 강조되긴 했으나 상여와 농악에 쓰이는 새납(태평소—인용자 주) 꼭지의 상징적인 활용, 애기 무당 옥화와 백치 사이의 동물적인 교접 등은 이 작품이 담고 있는 비극성을 효과적으로 고조시킨다"[37]거나, "일체의 세트를 배제하고 전부를 로케이션과 오픈으로 찍은 효과가 살아 있으며 그래서 세분된 커팅의 리듬이 매력적"[38]이라는 호평을 받았다. 반면, 이와 상반된 견해를 표명한 매체도 있었다. 바로 《경향신문》이다. "전반부의 상황 설명이 지리멸렬하여 재미없는 영화의 대표격이 되어 버린 듯한 미흡감마저 느끼게 된다. 줄거리의 전개가 단순하면서도 산만하여 좀처럼 참을성이 없는 관객은 끝까지 보기가 힘에 겨울 정도"[39]라는 것이다.

당시 대종상 작품상, 남우주연상(하명중) 등 4개 부문을 수상한 〈불꽃〉(선우휘 원작)에 대해 《중앙일보》는 "주제가 무거운 탓도 있지만 영화에 있어서 최소한의 오락성은 갖춰져야 한다는 관점에서 외면 당하고 있는 느낌이다. 다만 주인공인 나의 우유부단한 성격, 즉 스스로의

비겁함을 교묘하게 합리화시키며 현실 도피에만 급급했던 성격이 공산주의자들의 만행 앞에서 당위를 위해 결연한 자세를 보인다는 터닝 포인트가 짜릿한 감동을 준다. (중략) 군중 신 등의 디테일 묘사, 슬로 모션의 남용이 눈에 거슬리는 점을 빼놓고는 모처럼의 양화"[40]라고 평가했다.

"79년 대종상 작품상까지 받았으나 흥행을 걱정한 극장 측의 냉대로 이제야 일반공개하게"[41] 된 〈장마〉(윤흥길 원작)는 정당한 평가를 받지 못했다.

한 농촌을 배경으로 6·25전쟁의 회오리 속에 반목하게 된 사돈 간의 불화와 화해를 열 살 소년의 눈을 통해 보여 준 이 영화에 대해 대해 필자는, 줄기차게 내리는 장독대의 빗줄기를 바라보며 무료하게 콩깍지를 까는 외할머니(황정순)의 후렴과 같은 푸념, 후반부의 구렁이를 통한 사돈 간의 교감 등 설정이 무속신앙에 익숙한 우리 선조의 면모를 잘 드러내고 있음을 주목한 바 있다.[42]

이문열 원작인 〈사람의 아들〉에 대해 김규동 시인[43]은 "칙칙하고 중후한 느낌의 〈장마〉의 어두운 이미지는 바로 〈사람의 아들〉에 함께 겹쳐지면서 어둡게 마음을 누르는 것"이라고 운을 떼며 "좁은 공간에 인물의 행동을 몰아넣고 그 진폭에 의하여 축적된 감동이라든가 감격을 자아내려는 의도는 상징의 힘을 빌어 사물을 이야기하려는 각도에서 오는 것이나 전체 화면을 통해서 시종 긴장이 풀리지 않고 병행하는 스토리 처리는 관객의 심리를 도외시하면서까지 일관되어 있다"고 하였다. 이 영화에 대한 신문 지면의 본격적인 평가는 찾아볼 수 없다. 〈상한 갈대〉 이후 11년 만에 내놓은 〈말미잘〉은 안성기가 유현목 감독과 처음 호흡을 맞춘 영화였다. 《조선일보》는 이 작품에 대해 다음과 같이 언급했다.

> 감독은 자신이 메가폰을 놓고 있던 시대에 대한 빚을 갚기라도 하듯 운동권 독고 아저씨, 광주의 모습 등을 통해 80년대 한국사회를 담아냈다. 그러나 영화의 무대가 시대의 변두리에 놓인 외딴섬인 것처럼 이런 사회상 묘사는 영화의 중심에 놓이지 않는다. 대신 〈말미잘〉에는 한국영화에서 찾기 힘들었던 성장기의 성적 호기심에 관한 묘사가 가득하다. (중략) 치열한 현실 인식을 기대한 사람들에겐 뜻밖일지 몰라도 〈말미잘〉은 우리만의 성장영화로 특별한 재미를 안긴다.[44]

〈사람의 아들〉(1984)의 강태기와 최불암

이상 〈교차로〉(1956)에서 〈말미잘〉(1995)에 이르기까지 29년 동안 일구어 낸 유현목 감독의 43편의 극영화(미완성 포함)를 대상으로, 일간신문의 단평을 중심으로 살펴보았다. 오늘의 시점에서 보면 달리 평가할 수 있는 영화도 있을 것이다. 당대의 시대 상황과 기호가 그러한 평가의 기준을 규정했기 때문이다. 그러나 그러한 시대적 한계 속에서도 각 시기의 평문들은 유현목 영화가 당대 한국영화사에서 어떠한 미학적·사회적 의미를 지녔는지를 가늠하게 하는 중요한 사료로 남았다.●

주

1 《국제영화》 1957년 7월호, 94쪽.

2 《국제영화》 1957년 7월호, 97쪽.

3 《국제영화》 1957년 11월호, 84쪽.

4 〈능한 연출, 능한 연기〉, 《한국일보》 1956년 7월 25일자 4면.

5 〈우리 영화의 위치〉, 《조선일보》 1957년 10월 8일자 4면.

6 〈탁월한 풍속희극〉, 《한국일보》 1958년 11월 4일자 4면.

7 〈성실한 작가정신〉, 《조선일보》 1958년 11월 7일자 4면.

8 〈감동 주는 소녀의 수기〉, 《조선일보》 1959년 11월 7일자 4면.

9 〈세련된 유감독의 연출〉, 《조선일보》 1959년 3월 1일자 4면.

10 〈평가될 의욕, 산만한 구성〉, 《조선일보》 1961년 4월 15일자 4면.

11 〈〈오발탄〉의 문제성〉, 《경향신문》 1963년 11월 2일자 5면.

12 〈성공한 사극〉, 《조선일보》 1961년 12월 30일자 4면.

13 〈오락 취향으로 엮은 봉건 민중의 정의감〉, 《동아일보》 1961년 12월 30일자 4면.

14 〈흐뭇한 서정과 영상미〉, 《동아일보》 1962년 11월 9일자 5면.

15 〈영상 살린 멜로드라마〉, 《조선일보》 1962년 11월 11일자 4면.

16 〈기복 적은 각본〉, 《조선일보》 1962년 4월 22일자 4면.

17 〈리얼한 영상 묘사〉, 《경향신문》 1963년 5월 3일자 8면.

18 〈유려한 카메라 워크〉, 《한국일보》 1963년 5월 3일자 7면.

19 〈때를 벗은 화면과 연기진〉, 《서울신문》 1963년 5월 4일자 8면.

20 〈새로운 의욕의 화면 구도〉, 《동아일보》 1964년 4월 16일자 6면.

21 〈새 진경 보인 연출〉, 《조선일보》 1964년 4월 14일자 5면.

22 〈아름답게 승화시킨 비극〉, 《경향신문》 1964년 4월 18일자 8면.

23 〈용기있는 도전과 비영화적인 실험〉, 《동아일보》 1965년 7월 8일자 6면.

24 〈성직자의 고독을 묘파〉, 《경향신문》 1965년 6월 19일자 5면.

25 〈중량감 넘치는 역작〉, 《조선일보》 1965년 6월 20일자 6면.

26 〈우회한 최영오 소재〉, 《동아일보》 1965년 4월 27일자 6면.

27 〈왜곡과 숱한 의문부〉, 《영화예술》 1965년 6월호, 76쪽.

28 〈유산 둘러싼 청춘희극〉, 《경향신문》 1966년 11월 21일자 5면.

29 〈소외된 인간상〉, 《경향신문》 1967년 12월 16일자 4면.

30 〈주제 강요않는 유연한 연출〉, 《동아일보》 1967년 12월 28일자 6면.

31 〈코미디 없는 저속 코미디〉, 《신아일보》 1967년 2월 21일자 5면.

32 〈현대의 고독 다룬 문제작〉, 《조선일보》 1967년 6월 6일자 5면.

33 〈[영화단평] 잔혹미 노출된 괴담〉, 《동아일보》 1967년 8월 22일자 5면.

34 〈토속적인 사랑의 신화〉, 《부산일보》 1967년 8월 29일자.

35 〈차원 높은 반공 문예물〉, 《경향신문》 1968년 6월 5일자 5면.

36 〈낙도 어린이들의 서울 구경〉, 《신아일보》 1969년 1월 25일자.

37 〈'미개'가 빚는 향토 여인의 비극〉, 《동아일보》 1971년 5월 10일자 5면.

38 〈비극 속의 토속적 에로티시즘〉, 《조선일보》 1971년 5월 9일자 5면.

39 〈의욕 못다한 문예물〉, 《경향신문》 1971년 5월 8일자 6면.

40 〈오락성 희박, 원작 주제 재현엔 성공〉, 《중앙일보》 1975년 10월 31일자 4면.

41 〈친족간에 불화를 부른 6·25의 비극〉, 《동아일보》 1981년 5월 18일자 12면.

42 김종원, 〈습기찬 인간의 갈등과 화해〉, 《여성동아》 1979년 12월호.

43 〈철학이 있는 영화의 문제〉, 《영화》 1981년 1-2월호, 76쪽.

44 김명환, 〈섬소년의 '어른들 세상' 읽기〉, 《조선일보》 1995년 4월 1일자 15면.

企劃…芸潭
製作…金仁杰
特히 外国映画 팬 에게보이고싶은韓
韓国初有의 完全한 一
交 교 叉
(一名 青春街)
따로 따로 갈리난 双童児인 女大生과
新鋭 俞賢穆监督과 『春香伝』의 『春香
趙李朴徐姜
(主演)
脚本…李清基
监督…俞賢穆
撮影…金德珍

映画의 華新版!!
二役!
路
로
아비저내는 蓮悲劇!
美鈴의 畢生의 力作
金星映画社 作品
鈴(一人二役)
權一晴
梁一民
成笑民…外40余名의 豪華캬스트!

교차로 1956

THE HOMLES WOMAN
BY CHO NAM SA
製作 俞聖在
企劃 姜鴻
監督 俞賢穆
作 趙南史
撮影 金明済
主演
文貞淑
白星姬
崔戊竜
崔湳鉉
流転의 哀愁
漢城映画社·提供
유전의 애수 1956

※자료 제공: 양해남 컬렉션

잃어버린 청춘 1957

인생차압 1958

※자료 제공: 양해남 컬렉션

아름다운 여인 1959

※자료 제공: 양해남 컬렉션

구름은 흘러도 1959

오발탄 1961

임꺽정 1961

全民族에게보내드리는一大雄渾篇!
企劃·製作 金榮嬅
撮影監督·金學成
總指揮·鄭棊珪
監督·俞賢穆
原案·李殷相
副監督·權林進
美術監督·李奉先
特殊美術·權鎭圭
撮影·趙根在
音樂·金東振
照明·崔義正
壬辰亂과 聖雄李舜臣
씨네마스코-프
第二回作品
世連映画社

성웅 이순신 1962

※자료 제공: 양해남 컬렉션

김약국의 딸들 1963

※자료 제공: 양해남 컬렉션

잉여인간 1964

※자료 제공: 양해남 컬렉션

푸른 별 아래 잠들게 하라 1963

※자료 제공: 양해남 컬렉션

순교자 1965

아내는 고백한다 1964

喜悅과 懊惱의 呻吟에젖은 쇽킹한 場面의連續!
仮面을 벗겨본 人間愛慾!
申星一
朴水靜
500余名을 물리치고 拔擢된 新星
朴 岸
趙希蘭
製作·禹基東
完全異色의藝術名作
春夢
춘
몽
兪賢穆
監督作品
世紀商事株式会社 製作

춘몽 1965

※자료 제공: 양해남 컬렉션

공처가 삼대 1967

※자료 제공: 양해남 컬렉션

한 1967

다시 있어서 안될 민족 최대의 비극!!
■누구도 갈라 놓을 수 없는 사랑의 불꽃!!
■끓어 오르는 연인들의 정염!!
카인이여 인류최초의 살인자여
네가 형제를 죽이니
땅에서 저주를 받아
발갈아도 땅이
네게 효력을 주지아니하니
네가 땅에서
유리표박하리라。
■감독: 유현목
●문 희
●김진규
●박노식
*自由文學賞 受賞作品!
카인의後裔
후 예
■원작 : 황순원 ■각본 : 이상현
연방영 화주식회사

카인의 후예 1968

※자료 제공: 양해남 컬렉션

악몽 1968

※자료 제공: 양해남 컬렉션

여女 1968

몽땅 드릴까요 1968

※자료 제공: 양해남 컬렉션

수학여행 1968

※자료 제공: 양해남 컬렉션

※자료 제공: 양해남 컬렉션

나도 인간이 되련다 1969

여보 1970

※자료 제공: 양해남 컬렉션

분례기 1971

1975年度 大鐘賞最優秀作品賞獲得!
邦画史上最高의 栄誉
〈大統領賞 受賞〉
最優秀作品賞
最優秀男優主演賞
最優秀美術賞
最優秀照明賞
大鐘賞 男優主演賞 受賞
大鐘賞 男優助演賞 受賞
河明中 金振奎
高銀兒 尹素羅 康民浩
製作 徐宗浩 企劃 李知龍
兪賢穆監督作品
제2회 東仁文学賞 受賞作品
불꽃
原作 鮮于煇
CinemaScope
総天然色
南亜振興株式会社 作品

불꽃 1975

「탄생의 門」에서…「죽엄의 門」에 이르기까지…「청춘의 門」도…
「사랑의 門」도 超越하여 오로지―芸人精神을 映像으로 昇華시킨
휴머니즘의 讚歌!
제작 강대진
오리지날 시나리오
金志軒
総天然色
CINEMASCOPE
巨匠
俞賢穆演出作品
門
촬영 정일성
조명 서병수
미술 김성배
음악 최창권
池芳烈
秋松雄
崔湳鉉
趙英淑
朴根瑩
李永河
崔佛岩
方姫
株式会社 三映필림 製作配給

문 1977

※자료 제공: 양해남 컬렉션

옛날 옛적에 훠어이 훠이 1978

韓国映画60年史를総決算한至高의名篇!
1979年度大鍾賞優秀作品賞 受賞
촬영 유영길
음악 한상기
李黃金박선김
大貞信예우석
根順哉경용녀훈
'그날밤 구렁이우는 소리가 들렸답니다
巨匠兪賢穆監督作品
장마
南亜振興(株)作品

韓国映画60年史를総決算한至高의名篇!
1979年度大鍾賞 優秀 作品賞
撮影賞 受賞
인간의 절규가
인간의 진실이
알알이 맺혀오는
사랑의 서정시!
촬영 유영길
음악 한상기
李黃金강김박선김
大貞信석달예우석
根順哉구호경용녀훈
巨匠兪賢穆監督作品
'그날밤 구렁이우는 소리가 들렸답니다
장마

장마 1979

合同映画(株)作品
▼徹底한 人間彷徨·挫折·죽음…
오늘의 作家賞을 受賞한
▼李文烈原作의 問題作!!
製作·郭貞煥
企劃·李知龍
俞賢穆 演出
●鄭一成·撮影
原作·李文烈
脚本·洪 坡
사람의 아들
●河明中/崔佛岩/姜部起(主演)
●吳樹美/吳美燕/金尤美/李純才/朴岩/朱善泰

사람의 아들 1980

눈물로 기도한 자식은 결코 망하지 않는다.
*하나님 나의 정성, 나의 생명
모두 바치오니
부디 내 아들을 구하소서…
당당 2시간의
간증 드라마!
뉴욕·하와이
現地로케 斷行!
巨匠 유현목/감독
傷한갈대
최정민 /박일준 /문순섭
주관. 국제구라선교단. 다이얀·그리셀/리랑·베느으스/죤·리
●신한영화(주)제작

상한 갈대 1984

삶·性·바다
말미잘
감독 유현목

말미잘 1994

Tracing Imprints

1925 7월 2일 황해도 봉산군 사리원읍 출생. 유희준과 이희선 사이 9남매 중 5남으로 태어남
1933 기독교계 덕성보통학교 입학
1939 휘문중학교(5년제) 입학
1945 8·15광복
1947 동국대학교 국문과 입학
1948 최초의 대학영화서클인 '영화예술연구회' 창립
〈해풍〉 연출
1950 한국전쟁 발발
1951 1·4후퇴 때 아버지와 남동생이 UN군 폭격으로 사망
1953 휴전협정 조인 7월 25일
국산영화 입장세 면세조치 시행 10월 15일
1955 마지막 조감독 작품 〈춘향전〉(이규환) 1월 16일 개봉
1956 〈교차로〉로 감독 데뷔(1월 15일 개봉)
〈유전의 애수〉 7월 25일 개봉
1957 〈잃어버린 청춘〉 9월 18일 개봉
1958 서양화가 박근자와 결혼
〈그대와 영원히〉 1월 15일, 〈인생차압〉 10월 29일 개봉
1959 〈아름다운 여인〉 2월 27일, 〈구름은 흘러도〉 11월 5일 개봉
1960 4·19혁명 후 이승만 대통령 하야
민간자율기관인 영화윤리위원회 발족
1961 5·16군사정변으로 서울 시내 극장 5일간 영업정지
〈오발탄〉 4월 13일 개봉, 상영 중지 7월 20일
〈임꺽정〉 12월 31일 개봉
1962 영화법 제정 공포(법률 제995호)
〈성웅 이순신〉 4월 14일, 〈아낌없이 주련다〉 11월 9일 개봉
1963 제1차 영화법 개정 3월 12일
〈오발탄〉 상영금지 해제 8월 23일
〈오발탄〉 제7회 샌프란시스코영화제 출품 10월
〈김약국의 딸들〉 5월 1일, 〈푸른 꿈은 빛나리〉 9월 14일 개봉
조선일보사 주최 제1회 청룡영화상 개최 11월 30일

1964 실험영화제작클럽 '시네포엠' 창립
실험영화 〈선〉 연출
〈잉여인간〉 4월 11일, 〈아내는 고백한다〉 10월 29일 개봉
1965 '세계문화자유회의'에서 이만희 감독의 〈7인의 여포로〉 옹호 발언으로 반공법 위반, 〈춘몽〉으로 음화제조죄 혐의로 피소(1966년 기소)
〈푸른 별 아래 잠들게 하라〉 4월 24일, 〈순교자〉 6월 17일, 〈춘몽〉 7월 3일, 〈태양은 다시 뜬다〉 5월 5일 개봉
1966 한국예술문화윤리위원회(예륜) 발족 1월 27일
제2차 영화법 개정(법률 제1830호)
〈특급 결혼작전〉 11월 17일 개봉
스크린쿼터제(연 6편 이상, 90일) 실시 12월 27일
1967 음화제조혐의로 실형(벌금 3만 원) 선고 3월 15일
공보부 내 영화각본심의위원회 설치 12월 1일
〈공처가 삼대〉 2월 9일, 〈종야〉 6월 3일, 〈한〉 8월 12일, 〈막차로 온 손님들〉 12월 14일 개봉
실험영화 〈손〉 연출
1968 〈한(속)〉 1월 30일, 〈아리랑〉 4월 4일, 〈카인의 후예〉 6월 1일, 〈악몽〉 6월 29일, 〈몽땅 드릴까요(토끼와 포수)〉 7월 27일 개봉
김기영·정진우 감독과 옴니버스영화 〈여〉(12월 13일 개봉) 연출
1969 한국영화심의위원회 발족(시나리오 심의 일원화) 3월 28일
박종호, 신상옥, 이형표 감독 외설 혐의로 입건 7월 14일
미국, 영국, 독일 정부 초청으로 20여 개국 영화계 시찰
〈수학여행〉 1월 23일, 〈나도 인간이 되련다〉 9월 16일 개봉
1970 제3차 영화법 개정(법률 제2217호) 공포 8월 4일
한국소형영화동호회 창설(회장 역임)
〈여보〉 2월 28일 개봉
1971 〈분례기〉 5월 6일 개봉
1972 문화영화사 '유프로덕션' 설립
1973 제4차 영화법 개정 2월 16일
영화진흥공사 창립 4월 3일

유현목의 흔적을 따라 쓴 연대기

1974 한국필름보관소 설립 1월 18일
한국영화감독위원회 위원장 선출
1975 문공부에서 영화검열제도 강화 정책 및 영화검열자문위원회 구성 발표 11월 5일
〈불꽃〉 개봉 11월 8일
1976 한국공연윤리위원회 발족 5월 12일
동국대학교 연극영화과 교수 취임
한국문화영화제작자협의회 창립(초대 회장 역임)
1978 대한민국 문화예술상 대통령상 수상
1979 독일문화원 후원으로 '동서영화동우회' 조직
1980 5·17 자정을 기점으로 전국에 비상계엄 선포(정치활동 금지·전 대학 휴교령 등)
5·18 광주에서 계엄군이 계엄 해제를 요구하는 시위대를 향해 발포
《한국영화발달사》(한진) 출간
컬러TV 방영 시작
1981 〈장마〉 개봉 1월 1일
대한민국예술원 정회원
1982 통행금지 해제 1월 5일
스카라극장에서 〈엄마결혼식〉(김원두)으로 심야상영 시작 3월 13일
서울영화집단 결성 8월 21일
소극장 영동극장 최초 개관 10월 4일
1984 영화 월간지 《스크린》 창간 3월 1일
한국영화아카데미 설립 3월 1일
제5차 영화법 개정 12월 31일
1986 옥관문화훈장 수여
한국외대 영화동아리 울림 주최로 '유현목영화제' 개막 11월 19일
1987 영화시나리오 사전심의 폐지 9월 1일
1988 미국영화배급회사 UIP·20세기폭스 국내 영업 승인
한국영화총연합회 발족 5월 13일
제20회 대한민국 문화예술상 옥관문화훈장
1989 공연윤리위원회의 〈구로아리랑〉 검열 사건 관련 한국영화감독협회 항의 성명 발표 7월 5일
한국영화학회 회장 선출
1990 동국대학교 정년퇴임
박정희 대통령 10주기 기념 기록영화 〈조국의 등불〉 연출
한국필름보관소(한국영상자료원 전신)에서 동국대학교 대학원 연극영화과 주최 '동국대 정년퇴임기념 유현목영화제' 개최 12월 27~29일
1993 스크린쿼터감시단 발족 2월 1일
1995 영화업 세금감면 혜택 정책 시행 3월 25일
〈말미잘(엄마와별과말미잘)〉 개봉 4월 1일
한국영화평론가협회 특별공로상
《유현목 영화인생》(혜화당) 출간
1996 부산국제영화제 개막 9월 13일
1997 정부, IMF에 긴급금융지원 요청 11월 21일
1998 한국독립영화협회 창립 9월 18일
1999 영화진흥법 개정안 통과 1월 6일
영화진흥위원회 출범 5월 28일
영상물등급위원회 발족 6월 7일
2004 한국 최초 〈실미도〉 천만 관객 달성 2월 19일
대구대학교 석좌교수 임명
2005 일본 동경국립근대미술관 내셔널필름센터 유현목 감독전 개최
2006 스크린쿼터 축소(146일 → 73일) 7월 1일
영화 및 비디오물의 진흥에 관한 법률 시행 10월 29일
2007 제16회 대한민국영화대상 공로상 수상
2009 6월 28일 별세. 대한민국 영화감독장. 금관문화훈장 추서

저자 소개

이순진

중앙대학교 첨단영상대학원에서 〈조선 무성영화의 활극성과 공연성에 대한 연구〉로 박사학위를 받았다. 〈냉전체제의 문화논리와 한국영화의 존재 방식〉, 〈아시아재단의 한국에서의 문화사업〉 〈영화인의 부역과 냉전 한국영화의 형성〉 등의 학술논문을 썼고, 《조선인 극장 단성사, 1907~1939》(2011), 《민주주의와 한국영화》(공저, 2011), 《미국과 아시아: 1950년대 세계성의 심상지리》(공저, 2018), 《영화하는 여자들》(공저, 2020) 등의 책을 썼다.

정영권

부산대 영화연구소 학술연구교수로 재직하며 1990~2010년대 한국의 영화 장르를 정치·사회·문화사적 관점으로 연구하고 있다. 동국대 대학원 영화영상학과에서 박사학위를 받았다. 저서로 《분단시대의 영화학: 남북한 영화의 쟁점들》(2025), 《적대와 동원의 문화정치: 한국 반공영화의 제도화 1949~1968》(2015), 《영화 이론 입문: 포토제니론에서 디지털 이론까지》(2018), 《영화 장르의 이해》(2017), 《해방과 전쟁 사이의 한국영화》(공저, 2017) 등이 있다.

박유희

한국 현대문학을 전공한 한국영화사 연구자로 문학, 장르, 검열과의 관계에 주목하여 한국영화를 연구하고 비평해 왔다. 지은 책으로는 《한국영화 표상의 지도》(2019), 《서사의 숲에서 한국영화를 바라보다》(2008), 《디지털 시대의 서사와 매체》(2005) 등이 있고, 대중서사장르에 대한 공동연구를 기획하여 《대중서사장르의 모든 것》 시리즈 5권을 출간했다. 현재 고려대 미디어문예창작 전공 교수로 재직하며 검열시대(1960년대 말~1980년대 초) 한국영화사를 집필하고 있다.

김수연

영화 연구자. 부산대학교 예술문화영상학과에서 〈한국 실험영화 동인(同人)의 등장과 뉴시네마 실천 연구, 1960년대에서 1970년대를 중심으로〉(2024) 논문으로 예술학 박사학위를 받았다. 〈시적 다큐멘터리를 통한 시적 영화의 의미: 하길종의 UCLA 석사 졸업논문을 중심으로〉(《영화연구》 제99호, 2024), 〈유현목의 영상과 실험적 예술영화의 의미〉(《한국예술연구》 제46호, 2024) 등 한국영화사를 바탕으로 한 영화 연구를 수행하고 있으며, 조명되지 않았던 실험영화나 독립영화에 관심을 갖고 있다. 현재는 부산대학교에서 한국영화사를 강의하면서 영상물등급위원회에서 영화전문위원으로 활동하고 있다.

이준엽

한양대학교 대학원 연극영화학과에서 〈해방 이후 한국 영화의 리얼리즘 연구(1945~1965)〉(2022)로 박사학위를 받았다. 한국영화의 역사와 미학, 북한영화의 기술(技術)사, 중·동부 유럽영화 감독 등에 관한 연구를 진행해 왔다. 현재 세종대학교 영화예술학과 겸임교수로 재직하고 있다.

백동엽

중앙대학교 첨단영상대학원 영화영상이론전공 박사과정에 재학 중이며, 영화미디어학센터 보조연구원이다. 석사논문 〈물신 혹은 물질로서 반도체 : 삼성전자 반도체 제조공정의 인프라구조적 배치분석〉(2024)에서 한국 반도체 산업에 투여되는 물질과 노동, 그리고 물신주의적 진보의 환상, 그리고 이에 개입하는 다큐멘터리 실천들을 조망하였다. 국책영화와 산업영화를 포함하여 근대성을 표상하거나 공구성하는 다양한 미디어 실천들에 관심을 갖고 있다.

정종화

한국영화사 연구자이자 한국영상자료원 학예연구팀장. 중앙대학교 첨단영상대학원에서 〈조선 무성영화 스타일의 역사적 연구〉(2012)로 박사학위를 받았고, 동 대학원 겸임교수로 한국영화사를 강의하고 있다. 주요 저서로 《韓国映画100年史ーその誕生からグローバル展開まで》(2017), 《조선영화라는 근대: 식민지와 제국의 영화교섭史》(2020), 《표절과 번안의 영화사: 1960년대 한국영화계와 일본영화》(2024) 등이 있다.

조준형

한국영상자료원 선임연구원으로 한국영화사, 특히 제도사 연구에 주력해 왔다. 주요 저서로는 《한국영화사 공부 2: 1980~1997》(공저, 2005), 《한국영화 정책사》(공저, 2005), 《The South Korean Film Industry》(공저, 2024), 《영화제국 신필름》(2009), 《최후의 증인》(2024) 등이 있다. 현재는 아카이브 자료를 바탕으로 다양한 연구를 진행 중으로, 무엇보다 한국영화검열사 연구에 주력하고 있다.

이지윤

한국영상자료원 시네마테크KOFA 프로그래머를 거쳐, 현재는 학예연구팀 연구원으로 'KOFA컬렉션' 사업을 담당하고 있다. 중앙대학교 첨단영상대학원에서 〈자본주의적 선진 문화공간으로서의 1950년대 극장 연구: 1950년대 중후반 서울 개봉관을 중심으로〉(2017)로 박사학위를 취득했다. 주요 관심사는 1950년대 한국영화 및 영화관, 아카이브 자료를 통한 영화사 서술 등이다.

이수연

한국영상자료원 학예연구팀 연구원으로 영화인 구술채록과 도서 발간을 담당하고 있다. 《21세기 한국영화》(2020), 《우리가 영화를 만듭니다》(2021), 《1990년대 한국영화》(2022), 《1980년대 한국영화》(2023)를 비롯해, 2024년부터는 'KOFA영화비평총서'와 '아카이브 프리즘 총서'의 기획·편집을 담당하고 있다.

김종원

1937년생. 시인이자 영화평론가. 서라벌예술대학 문예창작과와 동국대학교 국문학과를 졸업했다. 1957년 《문학예술》, 1959년 《사상계》를 통해 시인으로 등단했다. 1959년 영화평론 활동을 시작하였으며, 1965년 창립된 한국영화평론가협회 발기인이자 3대 회장을 역임했다. 학원사와 조선일보사에서 근무했으며, 1975년 자유언론 수호를 위해 조선투위에 참여하여 강제 해직당했다. 이후 공연윤리위원회 영화심의위원을 역임했으며, 인하대, 동국대, 청주대, 한국예술종합학교 영상원 등에서 후학을 가르쳤다.

아카이브 프리즘 총서
유현목 더 시네아스트

2025년 12월 15일 초판1쇄 발행
엮은이 한국영상자료원
펴낸이 김홍준
펴낸곳 한국영상자료원

주소 서울시 마포구 월드컵북로 400
출판등록 2007년 8월 3일 제313-2007-000160호
대표전화 02-3153-2001
팩스 02-3153-2080
이메일 kofa@koreafilm.or.kr
홈페이지 www.koreafilm.or.kr

디자인 스튜디오 페이지엔 page_n@naver.com
총판 및 유통 도서출판 앨피 02 710 5526

값 25,000원
ISBN 978-89-93056-76-1